MA VIE POUR LA FRANCE

DU MÊME AUTEUR

Aucune bête au monde, La Pensée moderne, 1956.
Piste sans fin, La Pensée moderne, 1956.
Contre-Guérilla, Baconnier, 1957.
Pour une parcelle de gloire, Plon, 1975.
De la brousse à la jungle, Hachette-Carrère, 1994.
Ma guerre d'Indochine /Album, Hachette-Carrère, 1994.
Ma guerre d'Algérie /Album, Hachette-Carrère, 1995.
France, réveille-toi !, Éditions N° 1, 1997.
Pour une parcelle de gloire, réédition, Éditions N° 1, 1997.
Lettres d'Indochine, tome 1, Éditions N° 1, 1998.
Lettres d'Indochine, tome 2, Éditions N° 1, 1999.
Le Siècle des héros, Éditions N° 1, 2000.
J'ai mal à la France, Éditions du Polygone, 2001.
Crier ma vérité, Éditions du Rocher, 2002.
Ma guerre d'Algérie, réédition, Éditions du Rocher, 2003.
Ma guerre d'Indochine, réédition, Éditions du Rocher, 2004.
Paroles d'Indochine, Éditions du Rocher, 2004.
Adieu, ma France, Éditions du Rocher, 2006.
Mon dernier round, Éditions du Rocher, 2009.

Général Bigeard

MA VIE POUR LA FRANCE

éditions du ROCHER

ISBN : 978-2-268-06435-2

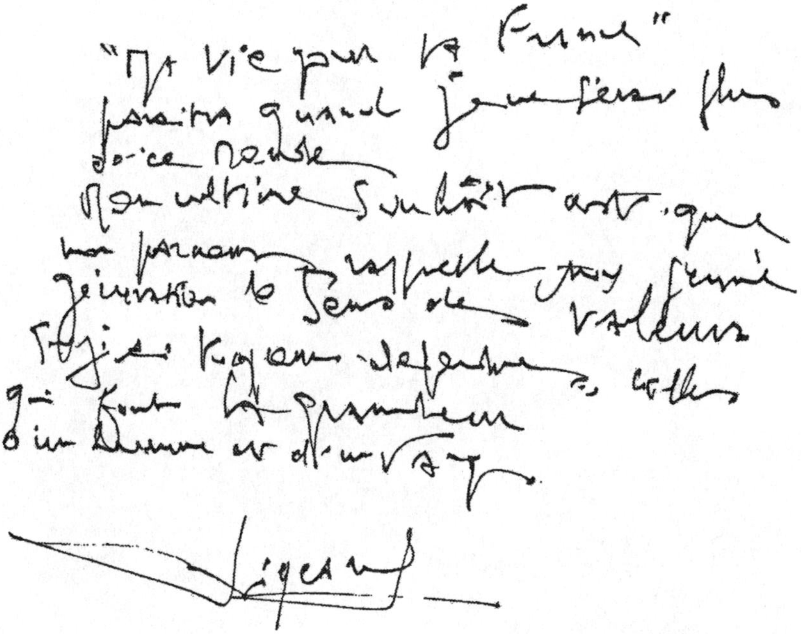

Ma vie pour la France

paraîtra quand je ne serai plus de ce monde.
Mon ultime souhait est que mon parcours rappelle
aux jeunes générations le sens des valeurs que
j'ai toujours défendues, celles qui font la grandeur
d'un homme et d'un pays.

Marcel Bigeard

AVANT-PROPOS

La France pour idéal

Dans ma jeunesse, rien ne me préparait à écrire des livres. J'ai pourtant rédigé des souvenirs, des témoignages, des récits de combat, des coups de gueule, des albums avec photos sur mes guerres d'Indochine et d'Algérie, mais cela n'a jamais été pour le simple plaisir d'écrire. Dans chacun de mes ouvrages, j'ai voulu attirer l'attention sur la guerre, sur les guerres et les conditions dans lesquelles mes hommes les ont vécues. J'ai voulu également dénoncer l'oubli de ces batailles qui ont contribué à bâtir la France, comme les combats d'Indochine par exemple. J'ai tenu à réfuter les mensonges sur l'Algérie et à donner aussi mon avis sur la grandeur et la décadence de notre pays. Avec cette autobiographie, cet ultime livre qui sera publié après ma mort, je veux faire le bilan d'une vie que je n'aurais pas pu imaginer telle qu'elle s'est déroulée.

Je n'ai suivi aucune formation particulière pour écrire. Pourtant, je n'ai jamais cessé de remplir des pages et des pages. Je l'ai fait naturellement, j'ai appris sur le tas, comme on dit, en m'exprimant simplement, sans chercher à faire de belles phrases. J'ai toujours été un homme d'action et de terrain, et je le suis resté. Dans mes bouquins, je dis les choses directement, comme je le fais dans la vie quand je parle. Être sincère, authentique, ça a été et c'est toujours mon seul souci. Être vrai, ne pas chercher à envelopper dans du papier de soie ce que j'ai à dire, telle a été ma ligne de conduite depuis mon plus jeune âge. Chacun sait que je ne me suis jamais gêné pour dire franchement le fond de ma pensée. Aussi bien avec les gens simples qu'avec les grands de ce monde. Cela en a choqué plus d'un, mais, au moins, on sait à quoi s'en tenir. C'est parfois un avantage, c'est souvent un inconvénient. On ne se refait pas. Aujourd'hui, au moment où j'écris ces lignes, il est trop tard pour ça.

Mes premiers livres sont parus en 1956, quand je baroudais en Algérie. Avec mes gars, nous voulions déjà exprimer notre avis sur la guerre, cette piste sans fin qui ramène les hommes à leur point de départ. Nous avons osé l'écrire. Depuis, je ne suis jamais revenu sur ce que je disais déjà à quarante ans. Car les années passées n'ont fait que me convaincre de la justesse de mes propos de l'époque et de la vision que j'avais de l'avenir. Nous revenions vivants de la Seconde Guerre mondiale, puis d'Indochine, avec leur cortège d'horreurs et de morts, et je prenais conscience de l'inutilité des guerres.

À mon âge, je peux me retourner sur ma vie sans rougir, et revoir tout le film pour en transmettre les leçons principales. Je voudrais passer le relais et crier encore une fois ma vérité, surtout à la jeunesse. C'est aussi un peu un livre d'histoire, celle du XXe siècle, ce siècle durant lequel j'ai combattu sur tous les fronts, en Europe, en Asie, en Afrique.

Dans ces pages, je raconterai les événements tels que je les ai vécus, sans fioritures, sans cacher quoi que ce soit, tout simplement parce que je n'ai rien à cacher. J'ai toujours suivi une ligne droite, dans ma vie de soldat comme dans ma vie privée. C'est pour cela que je marcherai la tête haute jusqu'au dernier jour.

Je veux raconter ici les moments importants que j'ai eu la chance de vivre, pour montrer que tout est possible, même quand on vient de la « France d'en bas », comme c'est mon cas. Même quand on n'a pas fait de longues études.

Tout est possible à condition d'avoir un idéal, d'avoir envie de servir son pays, d'aimer ce que l'on fait, d'avoir du courage et aussi du bon sens. Si les politiciens, les chefs d'entreprise et tous ceux qui prétendent nous gouverner avaient un peu plus de ce bon sens et de ce cœur dont nous avons tant besoin, la France serait plus avancée qu'elle ne l'est.

L'amour de la patrie par exemple ! Je n'ai eu qu'une passion dans ma vie, en temps de guerre comme en temps de paix, la France. Ma France, « mon cher et vieux pays », comme disait le général de Gaulle. Je me suis battu pour elle de toutes mes forces. Tout ce que je lui ai donné, elle me l'a rendu au centuple.

J'écris ce livre pour dire aussi une dernière fois merci à ce pays qui m'a fait, pour raconter ma vie au service de la nation.

J'ai eu trois grands amours : mon pays, ma femme et ma fille. La France m'a vu naître, puis j'ai connu très jeune celle qui allait devenir ma femme, Gaby, et nous avons eu une fille, Marie-France. Dans son prénom il y avait déjà le mot France, mon idéal.

J'ai fait la guerre, j'ai remporté de nombreuses batailles, j'ai mené des hommes, j'ai perdu des camarades et des combats. Mais un soldat doit accepter de perdre sans haïr ses ennemis, et de gagner sans les mépriser. Oui, j'ai toujours respecté mes ennemis. C'est pour ça que je n'ai aucun regret des combats perdus ou gagnés. C'est pour ça que mes anciens ennemis, une fois les guerres passées, m'ont écrit, aussi bien d'Indochine que d'Algérie, et le font encore aujourd'hui.

Quand je me battais avec mes gars en Indochine ou en Algérie, je n'aurais jamais cru arriver jusqu'à quatre-vingts berges. Alors pensez, quatre-vingt-dix... Encore moins ! Chaque année qui passe, depuis, a été du « rab », comme on disait dans l'armée, du rabiot que le père bon Dieu m'a accordé. Peut-être pour bons et loyaux services. Peut-être pour avoir suivi une ligne droite, sans fioritures ni hypocrisie.

Dans mes combats, je frôlais la mort tous les jours mais, peu à peu, j'ai appris à l'apprivoiser. Malgré les années, j'ai gardé à peu près bon pied bon œil ; tout dans le crâne comme j'aime à le dire, même si la vieillesse n'est pas toujours marrante à vivre.

Si l'on m'avait dit que j'atteindrais l'an 2000, je ne l'aurais jamais cru. L'an 2000 ! C'était de la science-fiction pour ma génération, une limite que je n'aurais jamais pensée accessible pour moi. Malgré mon âge, rien ne m'aura empêché de continuer à me battre et à me révolter contre les absurdités.

Livre après livre, interview après interview, visite après visite, lettre après lettre, je n'ai cessé de répéter mes éternelles remarques sur les seules vraies valeurs qui doivent faire un homme. Même si je reconnais chaque jour un peu moins la France.

Après ce long parcours, je suis heureux de constater ici et là des marques de respect et de reconnaissance à mon égard. Je reçois un courrier fou ! Les lettres sont toujours aimables, il n'y en a jamais une seule qui soit désagréable. Des ministres, et non des moindres, me consultent et m'invitent à déjeuner. Des personnalités de premier plan font le voyage jusqu'à Toul pour venir me voir et me demander mon opinion sur tel ou tel dossier sensible. D'autres, ministres ou Premiers ministres, me dédicacent leurs livres et me les envoient sans que je le leur demande. De grands généraux étrangers se servent de mes batailles pour mieux comprendre les leurs, comme le général David H. Petraeus, par exemple, qui était commandant en chef des armées américaines en Irak.

La bataille d'Alger que j'ai menée en 1957 est étudiée comme un exemple dans les écoles de guerre, mais aussi dans les états-majors américains. Des places, des rues, des avenues portent mon nom… sans que je l'aie sollicité. Ce sont là autant de témoignages qui ne cessent d'étonner le petit saute-ruisseau que j'étais à l'époque où je débutais à l'agence de la Société générale à Toul.

Tout cela peut-être aussi parce qu'on me connaît. On sait ma rudesse à toute épreuve, ma droiture et mon caractère bien trempé. Oui, je m'emporte quand je vois depuis des années mon pays s'engager sur des chemins dangereux, se décourager, renoncer à ce qui fait sa grandeur.

La France est un beau et grand pays, qui a une longue histoire. Si l'on ne se reconnaît plus dans la nation qui nous a vus naître, tout est fichu.

L'idéal : je le répète ! Il faut un idéal à la jeunesse. Même si la France n'est pas toujours parfaite, elle est comme un être cher, c'est notre pays, on doit l'aimer. Bien sûr il y a des événements dont on ne peut pas être fiers, des moments douloureux, comme, entre autres, certains épisodes de la Seconde Guerre mondiale. Mais quand j'entendais parler de repentance concernant des événements plus récents, que j'ai vécus, alors oui, ça me révoltait !

La repentance ! Se repentir c'est avoir le regret profond d'avoir mal agi, c'est avoir honte de ce qui s'est passé, de ce qu'on a fait. Il ne faut jamais oublier de replacer l'histoire dans son contexte. Si l'on veut être objectif, il faut l'avoir sans cesse présente à l'esprit et ne pas oublier le rôle joué par les politiques, qui donnent des ordres contradictoires sans vivre les choses sur le terrain : l'Indochine en a été un exemple, l'Algérie aussi.

Il faut également dire de façon claire ce que faisait l'adversaire. Alors, seulement, on peut en tirer des conclusions honnêtes, sans mépriser l'action qui a été menée par nos troupes. C'est la règle que je me suis fixée. Dans ce livre, je retracerai tous les événements que j'ai vécus sans chercher à en camoufler les points faibles. Il faut avoir le courage de regarder la vérité en face.

Je sais qu'au fond, les Français, quelle que soit leur origine, aiment leur pays. Il suffit de se souvenir de la joie populaire quand la France a gagné la Coupe du monde de football en 1998. Quelle union, quelle ferveur ! Dans ces moments-là on se dit que tout est encore possible.

Très vite, hélas, on retombe dans les mauvaises habitudes, le découragement, le doute et la facilité.

Nous le savons tous : la vie n'est pas facile. C'est un combat de tous les instants. Des doutes, tout le monde en a, à certains moments. Moi aussi, j'en ai eu, mais je n'ai jamais renoncé. Ce qui m'a toujours tenu debout, c'est la certitude que je me battais pour quelque chose de beaucoup plus grand que moi : la France ! La France qui en vaut la peine.

J'ai été un homme d'expérience, personne ne peut le contester. La vie m'a appris beaucoup de choses, et je tiens à dire qu'elles pourront encore servir au-delà de moi.

Aujourd'hui, je voudrais exprimer ici mon plus grand souhait : que nos jeunes, quelles que soient leurs origines, tous ces jeunes qui prendront la relève, aiment notre pays comme je l'ai aimé, et qu'ils aient, comme moi, la France pour idéal.

Chapitre 1

Il y a si longtemps !

Je suis né à Toul, en Lorraine, le 14 février 1916, et c'est là que je finirai ma vie. Je suis toujours revenu à Toul. C'est important d'avoir un endroit où l'on se sent chez soi. Important d'avoir des racines auxquelles on est toujours attaché. Surtout quand on a baroudé aux quatre coins du monde. Et moi, j'ai aimé la Lorraine avec mes tripes, de tout mon être. C'est ainsi, ça ne s'explique pas.

Quand je suis né, la France était en pleine guerre, la Première Guerre mondiale. Mes parents avaient déjà une fille, ma sœur aînée Charlotte. Charles, mon père, était aiguilleur à la Compagnie des chemins de fer de l'Est. Comme ma mère, il venait d'une famille de paysans pauvre. Chez nous, c'était loin d'être l'opulence. Mon père travaillait, ma mère, Sophie, tenait le ménage. C'est elle qui portait la culotte, comme on dit. Elle n'était pas commode. Dure, mais juste. Il paraît que j'avais de qui tenir. Elle était exigeante, économe : à la maison, on ne faisait pas de festin tous les jours; on mangeait souvent des patates à l'eau et des harengs bouillis et, certains dimanches, un peu de viande. Ma mère n'avait qu'une idée en tête: acheter un bout de terre pour faire construire une maison bien à nous. Elle a fini par y arriver. Sacrée Sophie, un vrai caractère!

Quand j'ai commencé à aller à l'école, elle voulait que je sois toujours premier. Quand je n'étais que deuxième, ça bardait. On a beau dire, une éducation pareille, ça vous forge un homme. Le soir, quand je rentrais, elle m'inspectait de la tête aux pieds pour vérifier si je ne m'étais pas écorché ou sali. J'ai dit un jour que j'avais toujours trouvé plus facile d'affronter mes ennemis en guerre que ma mère quand j'étais môme. Malgré le recul, je maintiens cette affirmation.

J'étais bon élève. J'aimais la géographie et le calcul mental. Les chiffres me serviront plus tard, quand je serai employé à la Société générale de Toul. Et puis, pourquoi le cacher, bien après, pour jouer au poker! Il paraît que j'étais un joueur redoutable... Quant à la géographie, c'est bien utile quand il faut s'orienter en territoire ennemi... Géographie physique, géographie humaine... Sentir le terrain, sentir les hommes, sentir leurs réactions, leur mode de vie.

À l'école, j'étais assez doué en français, plus en grammaire et en analyse logique qu'en rédaction. Je n'avais pas assez d'imagination. Je préférais la réalité, les choses concrètes plutôt que les rêves. Oui, j'ai toujours aimé la vie comme elle est, pas celle qu'on invente.

Ma mère était sacrément pieuse: à neuf ans elle m'a donc envoyé tout naturellement au catéchisme. J'ai même été enfant de chœur. Cela m'ennuyait un peu. Je respectais la religion et ses valeurs, car il faut toujours chercher à se dépasser et à se conduire comme un type bien, mais, déjà tout gosse, j'avais horreur des salamalecs. Le pire, c'était quand je devais accompagner le curé, l'abbé Rion, pour célébrer un office funèbre. Je n'avais jamais vu de mort, ni de famille en deuil. Je me suis bien rattrapé depuis, hélas. Quand on fait la guerre on assiste trop souvent à des scènes atroces. Môme, la vision d'un mort m'épouvantait. La première fois, je me suis demandé ce que je fichais là, enfant de chœur, à défiler en soutane derrière un corbillard. Je me suis senti de trop et j'ai tout plaqué.

Je n'ai pas fait ma première communion. Ma mère n'a pas insisté. Finalement, nous nous comprenions, elle et moi. Le seul diplôme que j'ai obtenu a été le certificat d'études, en 1930. C'est tout.

J'avais quatorze ans. À cette époque, c'était quelque chose, le certificat d'études. On ne nous le donnait pas, il fallait vraiment bûcher pour l'avoir. On respectait l'école et les maîtres, même quand on avait l'esprit chahuteur. Les gamins n'insultaient pas leurs instituteurs ou leurs professeurs en les traitant de bouffons, on ne voyait pas de parents d'élèves entrer dans les classes pour frapper un prof parce qu'il avait giflé un gamin insolent. L'école fonctionnait mieux dans ce temps-là. Avec un certificat d'études, on savait au moins lire, écrire et compter, ce qui n'est pas toujours le cas aujourd'hui pour certains élèves des collèges et lycées.

Je n'imagine même pas ce qui se serait passé si j'avais été collé au certificat. J'avais quatorze ans, il fallait que je me mette vite au travail, que je gagne ma vie. Nous avions une nouvelle maison. Mon salaire était un complément très modeste, et pourtant indispensable pour payer les traites.

Je suis entré à la Société générale comme commissionnaire ou, pour parler plus franchement, comme « saute-ruisseau ». Quatre-vingts ans plus tard, j'avais toujours mes comptes à la même banque, dans la même agence et cela jusqu'à mon dernier jour. Quel client peut se vanter d'être plus fidèle que moi ?

En amour aussi, je suis fidèle. Je n'ai eu qu'une femme dans ma vie, Gaby. Oui, je sais, aujourd'hui cela peut paraître incroyable, ringard même. Pourtant c'est vrai ! Quand je l'ai vue pour la première fois, elle avait onze ans. C'était l'une des filles de nos nouveaux voisins, les Grandemanche, une famille humble, pour qui la vie n'était pas drôle tous les jours : le père, handicapé, avait été gazé pendant la guerre de 1914-1918.

Gaby m'a tout de suite plu.

Une petite fille très vive, avec du caractère. Il y a d'abord eu l'amitié, puis des sentiments plus forts. La première fois que nous avons fait l'amour, c'est un copain, réceptionniste dans un hôtel de Toul, qui m'avait arrangé le coup. À l'hôtel de l'Europe, aujourd'hui avenue Victor-Hugo. C'est drôle, quand j'y pense, cet hôtel est toujours là, au cœur de la ville, avec ses chambres qui conservent encore nos souvenirs. Chaque fois que je passe devant, depuis tant d'années, je nous revois entrer en douce, pas fiers, mais tellement impatients de nous retrouver tous les deux seuls que cela nous donnait tous les courages. Je n'ai pas souvent raconté ces moments-là, mais après tant de temps, il y a prescription.

Bien sûr, ma mère voyait cette relation avec Gaby d'un mauvais œil. Elle était persuadée que ma petite chérie avait la tuberculose parce que son père avait été gazé. Quand elle la voyait dans le jardin, elle la traitait de « fille sans dot », et lui disait qu'elle ne m'aurait jamais ! En fait Gaby m'a eu, et même pour toujours. À la maison, les engueulades se succédaient à cause d'elle. Je tenais bon en me disant que la Sophie finirait bien par se faire une raison. J'ai bien fait de m'obstiner: Gaby est devenue la femme de ma vie. La seule. Il faut reconnaître que j'ai eu beaucoup de chance de la rencontrer car, pour une maîtresse femme, c'en est une. La suite de notre existence ensemble, que je raconte dans ce livre, le démontre.

Tout cela se passait au début des années 1930. Les temps étaient durs. Il y avait beaucoup de chômage, à Toul comme ailleurs. Je connais la vie du peuple, j'en viens. Plus tard, dans l'armée, certains m'ont même soupçonné d'avoir des sympathies communistes, notamment parce que j'étais issu d'un milieu modeste. Ça me fait bien rire, car je n'ai jamais cru au grand soir rouge, même si je comprends qu'on veuille se battre pour améliorer sa condition. C'est d'ailleurs ce que j'ai fait, répétant à qui voulait l'entendre que jusqu'au bout, la vie est un combat. Mais j'ai toujours pensé qu'on réussit mieux par le travail et par l'effort qu'en râlant et en faisant porter toutes les difficultés et les fautes sur les autres.

J'ai fait mon petit bout de chemin à la Société générale. J'étais efficace dans le travail car c'était mon tempérament. Je n'ai jamais aimé que les choses traînent en longueur, et j'avais déjà un bon contact avec les gens. Avec les femmes surtout, qui me trouvaient « pas mal ». Avoir les yeux bleus, les « châsses claires » comme disait Jean Gabin, il paraît que ça aide. Je cite Jean Gabin, dont j'adore les films, peut-être aussi parce que j'ai eu l'occasion et l'honneur de le rencontrer bien plus tard. Mais j'y reviendrai plus loin.

Le jour est venu où il a fallu tout quitter : la famille, ma mère et son mauvais caractère, mon père qui se crevait au boulot, ma sœur, les copains de la Société générale où j'avais fait mon trou. Et Gaby. Surtout Gaby. En 1936, âge oblige, je devais faire mon service militaire.

Je vais peut-être en surprendre plus d'un, mais, à ce moment-là, je n'avais pas la vocation militaire. Partir ne m'amusait absolument pas. De plus, j'étais loin d'imaginer ce qui m'attendait à Haguenau, en Alsace, où j'avais été affecté.

J'avais l'impression d'être très loin de chez moi. Je ne pouvais pas imaginer que la vie m'en éloignerait bien plus encore par la suite. Je n'avais aucune idée de ce qu'était le reste du monde. Je découvrais la caserne, un immense bâtiment gris et froid. Le dortoir, vingt-quatre lits, des couvertures et des draps rugueux. Un seul poêle pour toute la chambrée. Je me retrouvais seul, perdu comme un gosse. J'embrassais la photo de Gaby. J'avais presque envie de chialer.

Heureusement, je ne suis pas resté seul longtemps. J'ai vite fait la connaissance de mes nouveaux camarades. Il y avait Millot, un Parisien, un grand type gouailleur avec un immense nez et une guitare. Il se prétendait chanteur…

mais il était davantage maquereau. Quelques filles travaillaient pour lui sur le trottoir parisien. Il y avait aussi Bébert, parisien, un grand costaud qui faisait de la boxe. Et il y avait également un autre type, osseux, sec, maigre à faire peur, qui répétait à qui voulait l'entendre qu'il était « syphilitique mais non contagieux » !

Voilà, c'était avec ces jeunes hommes que j'allais devoir vivre pendant deux ans. Ceux-là et d'autres, dont ma mémoire a presque effacé le souvenir, pour ne retenir que ceux qui sont restés mes amis.

Aussi loin que je me souvienne, j'ai toujours eu pour devise : « Être et durer ». Elle m'a servi toute ma vie. Y compris au service militaire. Les premières semaines ont été affreuses. La maison était loin, la vie trop dure sans ceux que j'aimais. Les officiers étaient distants, méprisants, les sous-offs nous en faisaient baver comme je l'ai rarement vu. Exercices, tirs, marches de vingt kilomètres. Pour moi qui n'avais jusque-là que travaillé à la banque, le changement était brutal, radical même. Je n'avais aucune expérience de l'exercice physique, encore moins de cette sorte d'entraînement, que je trouvais très éprouvant. Mais je tenais bon.

On m'a coupé les cheveux, comme à un bagnard. Au début, j'ai refusé. Le caporal a été contraint de me faire attacher pour qu'on puisse tranquillement me raser la tignasse. C'est donc la boule presque à zéro, et en uniforme militaire – on m'avait volé mon costume dans ma valise en carton –, que je suis parti un jour pour ma première permission.

Les miens étaient là pour m'accueillir à la gare, ils m'attendaient. J'enlevai vite ma tenue militaire, retrouvai Gaby qui me manquait, et l'emmenai en promenade sur les remparts de la ville pour vivre mon bonheur.

L'armée transforme un homme. Du moins l'armée telle qu'elle était à l'époque. J'ai rapidement perdu du poids, et je suis devenu redoutable à la course à pied et à la boxe. Un soir, je suis même parvenu à mettre K.-O. mon ami Bébert !

J'ai suivi le peloton des élèves caporaux, pour faire plaisir à ma mère : elle voulait que je devienne officier. Elle avait plus d'ambition que moi. Je suis arrivé premier à l'examen, mais on m'a refusé le grade sous prétexte que je n'avais pas, d'après mon capitaine, « l'attitude militaire ». Avec le recul, ça me fait bien rigoler. Tous ceux qui m'ont connu doivent rigoler aussi.

Vingt ans plus tard, au cours d'une réception à l'Élysée, je retrouvai ce capitaine, devenu général. Le président René Coty me faisait officier de la Légion d'honneur. Mon ex-capitaine ne cessait de répéter : « C'est moi qui ai eu l'honneur de former ce garçon. » On peut aisément imaginer combien j'ai savouré cet instant. Pour moi, c'était une simple petite revanche, sans plus. Je ne suis pas rancunier.

Les mois s'écoulaient lentement, au rythme des marches, des tirs, des séjours dans les casemates, ce qui m'a permis d'apprendre à jouer au poker. J'y passais des nuits entières, dans des parties endiablées. Je m'acharnais et me perfectionnais. Le jeu exige des nerfs d'acier, je me trouvais dans mon élément. Bien sûr, on ne jouait pas des fortunes, nous n'en avions pas, mais j'ai souvent gagné de quoi payer mon voyage en train pour rentrer à la maison en permission.

Au bout de deux ans, en septembre 1938, on me libéra enfin. La quille ! À ce moment-là, j'étais fou de joie de quitter l'armée. Par la suite, je compris combien cette famille savait former les hommes, je compris combien se frotter à la discipline, obéir, donne aux jeunes le sens d'une valeur essentielle : le respect. Oui, respecter tous les individus, c'est la moindre des dignités. Quand récemment encore j'entendais certains jeunes rouler des mécaniques et crier « respect ! » à tout bout de champ, je me disais qu'ils devraient commencer par respecter les autres pour que les autres les respectent à leur tour.

À l'horizon se profilait un fou qui ne respecterait rien : Hitler. Ses ambitions devenaient inquiétantes. La situation internationale était de plus en plus tendue et le nouveau trublion éructait à la radio ses discours enflammés. Il faut l'avouer, rares étaient ceux qui prenaient vraiment la mesure de ce qui nous attendait. Les accords de Munich laissaient penser aux naïfs qu'on allait pouvoir éviter la guerre. Quelle erreur ! En réalité, Hitler se moquait de tout le monde et utilisait les faiblesses des démocraties. Il voulait sa guerre, il l'aurait.

À l'époque, j'étais loin de ces préoccupations politiques. Ce qui m'intéressait, c'était plutôt le sport : la boxe, le vélo, et le cinéma du dimanche avec Gaby.

J'étais caporal de réserve et j'avais repris mon travail à la Société générale. La vie militaire était finie pour moi : du moins je le croyais. Après deux ans d'armée et d'activité physique intense, ma situation s'était radicalement inversée : à présent, je souffrais de me retrouver enfermé dans un bureau sans bouger. L'action me manquait. Les journées me paraissaient interminables. J'avais envie de voir du pays, de partir loin avec Gaby, car je ne voulais pas non plus vivre sans elle. La réalité était bien loin de mes rêves. Le soir, je devais rester à la banque après la fermeture, pour faire les comptes, et je n'en sortais qu'à 19 heures. Souvent Gaby m'attendait. En cachette, nous faisions le tour des remparts enlacés, car ma mère ne voulait toujours pas entendre parler d'elle, pensant que son fils devait épouser une femme qui avait du bien.

Malgré les faibles moyens que nous avions, mais aussi grâce à son sens de l'épargne, la Sophie put s'acheter une petite automobile, une Fiat. À l'époque, il était rare que des gens aussi modestes possèdent leur propre voiture. Papa avait dû s'y reprendre à trois fois pour décrocher son permis et, par souci d'économie, il coupait même le moteur dans les descentes pour consommer moins d'essence.

J'avais le droit de conduire le dimanche, mais pas plus de dix kilomètres. Un soir, alors que je rentrais d'un bal distant d'une vingtaine de bornes, ma mère vérifia le compteur. Elle piqua une colère, me traita de fils indigne et de gaspilleur, puis me flanqua dehors avec pertes et fracas. Pendant un mois j'ai dû habiter dans un hôtel borgne.

C'était ça maman ! Pourquoi était-elle si dure ? Par souci d'économie ? Par peur que je me conduise mal ou bien que je ne suive pas le droit chemin ? Je crois surtout qu'elle craignait de me perdre, que je quitte définitivement le nid pour voler de mes propres ailes. C'était sa manière à elle de me le signifier, de me montrer qu'elle m'aimait. Sa méthode aurait pu être plus douce, mais, comme on dit, « qui aime bien châtie bien ». Au bout d'un mois la punition fut levée et je retrouvai la maison. Pas pour longtemps.

Chapitre 2

Ma Grande Guerre

Début 1939, les menaces se font de plus en plus précises. Le 22 mars, je suis rappelé et je rejoins le 23e régiment d'infanterie à Haguenau. J'ai l'impression de me retrouver trois ans en arrière. De nouveau je suis avec mes parents sur le quai de la gare, ma mère pleure. Elle devine que, bientôt, il y aura la guerre.

La guerre, les miens la connaissent. Ils ont vécu celle de 1914-1918 aux premières loges, dans cette région de l'Est qui fut le théâtre de tant de combats sanglants.

Gaby est aussi sur le quai. Pour une fois, ma mère ne lui fait pas de remarques désagréables, c'est l'union sacrée de la famille autour de celui qui s'en va, dont on n'est pas sûr qu'il reviendra.

J'ai bien changé. Il y a trois ans, je quittais Toul la mort dans l'âme. Aujourd'hui, mon état d'esprit est différent. Je sais que je pars pour défendre mon pays, et surtout ma

Lorraine. Je sais, je sens que la guerre est proche. Plus personne ne se fait d'illusions, même si certains veulent encore croire au miracle et refusent de regarder la vérité en face. Il y a les pacifistes, les défaitistes, ceux qui n'ont pas envie de recommencer, vingt ans après, à se battre contre l'Allemagne. Toute mon enfance j'ai été élevé dans l'idée qu'il fallait défendre sa patrie. Nos maîtres nous l'apprenaient à l'école. Je leur dois une fière chandelle.

Je retrouve Haguenau, la caserne, les mêmes copains, dont, avec plaisir, mon brave Millot, le fameux chanteur, maquereau à ses heures et râleur professionnel. Il n'a pas du tout envie d'aller au feu. Ni lui ni les autres. « Ils nous cassent les pieds, avec leur guerre ! » Je me rends vite compte que l'esprit n'est pas au combat, ni au sacrifice : personne n'a envie de se battre.

Pour ma part, j'ai changé de point de vue. La caserne n'est plus seulement ce lieu où l'on s'ennuie en faisant des choses inutiles. Maintenant, je sais pourquoi je suis là : pour me battre, s'il le faut. Pour défendre notre sol, avec ses mères, ses filles et ses fils. Dès qu'on vous donne un but, une raison d'agir, les choses deviennent beaucoup plus faciles et acceptables. J'ai l'impression que c'est ce qui manque dans la vie de tant de jeunes aujourd'hui : avoir un but, un idéal.

Cette fois j'accepte, sans faire de difficulté, qu'on me coupe les cheveux. J'accepte la discipline, j'accepte le travail.

Je suis promu sergent. Je prépare le brevet de chef de section pour devenir officier de réserve. À l'examen, j'arrive premier et laisse dans le rétroviseur des gars plus âgés que moi. Je n'ai pourtant pas l'impression d'avoir brillé. La motivation, l'envie, voilà mes seules recettes de succès. Aussitôt je télégraphie à ma famille: « Reçu premier. J'arrive en permission. » Je suis de nouveau à Toul, en tenue de sergent cette fois, dans une forme olympique, sec, les muscles faits, et pas peu fier. Il paraît même que j'ai une attitude nouvelle. On me dit plus sûr de moi, plus détaché, j'ai l'impression de dominer ma petite ville, les gens qui n'ont pas bougé, et même ma mère n'ose plus trop chercher la petite bête puisque je porte l'uniforme… y compris quand je découche pour aller passer la nuit dans un hôtel avec Gaby. Un dernier été presque insouciant. L'amour est bon, la vie militaire me va.

Septembre 1939, Hitler envahit la Pologne. Aussitôt la France et l'Angleterre lui déclarent la guerre. C'est le début de cette période invraisemblable qu'on a appelée « la drôle de guerre ». Nous sommes en guerre, oui, mais on ne se bat pas. Nous manœuvrons dans les intervalles de la ligne Maginot pour organiser des points d'appui. Les Allemands sont en face, invisibles. Parfois, la nuit, une escarmouche.

Je suis chef de poste. J'ai des responsabilités. Me voilà maintenant un vrai militaire. J'aime cette vie de mouvement, d'action, même si nous ne sommes pas encore dans la bagarre. Je ne le souhaite pas d'ailleurs, qui peut souhaiter la guerre? Mais j'y suis prêt. Si elle éclate vraiment, il faudra la faire. Je crois à tous ces slogans qui endorment notre confiance: « Nous vaincrons parce que nous sommes les plus forts! » Je fredonne même ces chansons amusantes et un peu bêtes qu'on entend à la radio… « Nous irons pendre not' linge sur la ligne Siegfried ! »

Je suis volontaire pour les groupes francs. Nous sommes quarante de notre régiment à faire partie de cette unité d'élite. Je reçois mon premier commandement. Nous sommes regroupés dans le petit village alsacien de Trimbach. Celui-ci est ensuite devenu une ville qui a baptisé de mon nom l'une de ses rues, sans que je le demande. L'affaire a même défrayé la chronique : une ministre zélée de notre bonne République, Dominique Voynet, s'est opposée par écrit, sur papier à en-tête de son ministère, à cette initiative. Elle a exigé du maire qu'il renonce à cette rue Bigeard. L'élu a tenu bon et refusé d'enlever la plaque. Qu'il en soit ici remercié une fois encore.

À l'approche des Allemands, tous les habitants ont été évacués. Ces pauvres gens ont tout laissé derrière eux, y compris les animaux, le bétail, ce qui fait notre affaire quand il s'agit d'améliorer l'ordinaire. Mon cœur se serre quand je vois ce village abandonné par des malheureux, contraints de quitter leurs maisons. Cela affermit mes résolutions. Il ne faut pas que les Allemands passent. Non ! À aucun prix.

Ce n'est pas encore la guerre, mais les combattants sont en place. Nous patrouillons sur la ligne de contact. Une nuit, nous tombons sur un groupe d'Allemands. Ils sont nombreux, bien armés. Ils nous piègent. Les coups de feu claquent. Nous nous replions avec trois blessés légers. Mais l'un d'entre nous a disparu, le deuxième classe Chausson.

Je demande l'autorisation d'aller le chercher. Je retourne avec mes hommes sur les lieux de l'embuscade. Ne jamais abandonner un gars en difficulté, c'est la règle, c'est le devoir. Nous retrouvons le soldat Chausson, mort, hélas ! Une balle dans la tête. À quelques mètres de nous, les Allemands. Ils ne nous ont pas vus. Je les entends discuter. Je charge le corps sur mon épaule, nous le ramenons à notre cantonnement. C'est lourd, un mort. Notre premier mort. Pas le dernier, hélas !

Cette perte nous frappe tous. Nous n'avons pas fini d'en voir. J'obtiens à cette occasion ma première citation.

En représailles, on nous donne l'ordre de nous débrouiller pour nous emparer d'un Allemand. Il s'agit de faire un prisonnier, à tout prix. Telle était encore l'armée, à cette époque ; elle conservait le souvenir des exploits héroïques de la guerre de 1914-1918. Il faut partir au combat, coûte que coûte, malgré les risques, pour le principe, pour le panache, pour la gloriole. Je préfère l'efficacité. Notre mission est simple : pénétrer dans un poste allemand et capturer la sentinelle. Nous voilà partis, en pleine nuit, traversant la rivière, de l'eau jusqu'au ventre, franchissant les barbelés. La sentinelle allemande est là, à une dizaine de mètres. Ce n'est pas une opération nécessaire, mais les ordres sont les ordres, il faut y aller. Je dois assommer le soldat de garde. Malheureusement, l'adjoint du lieutenant heurte des boîtes de conserve suspendues aux barbelés : un système d'alerte folklorique, peut-être, mais efficace. Dans la nuit silencieuse, ça fait un vrai bruit de carillon.

C'est le branle-bas de combat. Nous sommes allongés à plat ventre, rampant en plein milieu du poste allemand. Des balles sifflent autour de nous. Le lieutenant est blessé à l'épaule. Nous réussissons tant bien que mal à nous sortir du guêpier. Heureusement, il fait une nuit d'encre.

Le retour n'est pas glorieux, mais, dans cette affaire, je récolte néanmoins ma deuxième citation.

Le 10 mai 1940, l'armée de Hitler envahit la France, contournant la ligne Maginot, fonçant à travers les Ardennes. En quelques heures nos divisions sont écrasées, c'est le désastre le plus total. Aujourd'hui encore, cette défaite éclair semble incroyable. Bien sûr, l'armée avait des faiblesses, l'état-major manquait de discernement, et notre état d'impréparation nous a cruellement affaiblis. Toutes les belles théories de ces états-majors, faisant la guerre depuis leur bureau, ont été balayées en quelques heures. La réalité est impitoyable.

Mais la principale raison de ce désastre, à mon sens, c'est le manque d'envie de se battre, cette ambiance de défaitisme qui régnait dans l'armée et la population. Les gens ruminaient l'idée que ce n'était pas possible, qu'on n'allait pas repartir en guerre et mourir pour Danzig, qu'il y avait mieux à faire que de se battre. C'est bien joli le pacifisme, sauf quand l'ennemi est à nos portes, armé jusqu'aux dents.

Les régiments sont contraints de se replier sans combattre, abandonnant leurs armes dans les bois. Il n'y a plus de chefs pour commander les troupes. Où sont-ils passés ? Ils fuient, comme tout le monde, devant l'avancée implacable des divisions allemandes.

Nous n'avons plus rien à faire face à la ligne Maginot. Il est clair maintenant que les Allemands ne chercheront pas à la franchir. On nous expédie alors dans les Vosges, sur l'ordre du général Weygand, qui décide de déplacer des unités n'ayant pas encore combattu pour aller renforcer le dispositif.

Le 13 juin 1940, nous rejoignons la région de Saint-Dizier. Quatre trains ont été réquisitionnés. Ils n'arriveront pas tous à destination à cause de la désorganisation de la SNCF. Oui, le désordre est incroyable ! Notre train avance très lentement, et s'arrête souvent.

Le 16 juin, à 6 heures du matin, nous arrivons à Épinal. Vers le milieu de la matinée, le train s'arrête à hauteur d'Aillevillers. Des bombes tombent tout près de nous. On traverse la gare détruite. Il ne reste qu'un agent de la SNCF. On atteint la gare de Conflans-Varigney. Les quais sont vides, les aiguillages bloqués. Des fugitifs suivent la route qui longe la voie ferrée. Ils nous donnent des renseignements confus et contradictoires. En plein cœur de la bataille, on manque d'une vue générale : difficile de savoir ce qui se passe vraiment. Nous finissons par échouer à Luxeuil, que le colonel Rethoré a reçu l'ordre de défendre.

Luxeuil. C'est le retour à mes origines. Mon grand-père est enterré à quelques kilomètres de là. Émotion. Terre de mes ancêtres, des miens. La défendre, à tout prix.

17 juin. Toute la journée nous organisons le point d'appui défensif autour de Luxeuil. Le lieutenant Bouilloc, notre chef, ne s'avoue pas vaincu. Il est même d'un courage qui

frise l'inconscience : il m'annonce subitement qu'il part en liaison jusqu'au pont de Breuches, et me laisse le commandement du groupe franc. « Ce soir, dit-il, nous irons monter une embuscade en avant d'Ormoiches. Préparez tout en attendant mon retour. »

Le voilà enfourchant sa moto, toujours volontaire pour toutes les missions, même les plus dangereuses. Comme s'il avait décidé d'arrêter l'armée allemande à lui tout seul.

Je le vois partir sur son engin. Dernière image. Un jeune type rieur, béret vert vissé sur la tête, démarrant en trombe vers son destin. Il n'atteindra jamais son but. Il fonce droit devant. Au pont de Breuches, une rafale de mitrailleuse le fauche et fait exploser le réservoir de sa moto.

Les Allemands sont là, tout près. Ils ont déjà débordé Luxeuil par le nord, nous devons déplacer le dispositif vers Faucogney et la montagne. Toute la journée du 18 juin les combats font rage. Ça canarde de tous les côtés. Les points d'appui tombent les uns après les autres. Le plus souvent, ils ont résisté héroïquement. Le soir du 18, le PC du colonel Rethoré se replie sur Raddon. Nous sommes coupés de tous les éléments avancés.

Le colonel Rethoré m'appelle alors : « Envoyez une estafette motocycliste au point d'appui d'Ormoiches, chez le lieutenant Leclère. Ordonnez-lui de décrocher de sa position et de rallier l'axe Faucogney-col de la Fourche. Faites vite ! »

Je vais voir l'estafette, lui transmets l'ordre du colonel. Le type a l'air hésitant et même carrément paralysé par la frousse. Je l'engueule. « Qu'est-ce que tu veux qu'il t'arrive ? Tu as peur ? »

Je décide de monter avec lui. Et ce sera toujours ma tactique : montrer l'exemple, passer devant et dire « Suivez-moi » à mes hommes, plutôt que : « En avant » tout en restant derrière eux. Quoi qu'il en coûte. Le chef doit savoir se mouiller. J'ai peur moi aussi, bien sûr. J'ai encore dans la tête l'image du lieutenant Bouilloc chevauchant sa moto en riant. Mais j'essaie de n'en rien montrer.

Nous roulons vite. Le soleil cogne dur sur la route. Je scrute le paysage, les bois, les fourrés, je m'attends à tout moment à ce que nous tombions dans une embuscade.

Elle nous attend à la sortie d'un virage. Des rafales de mitrailleuses déchirent l'air. La moto part en zigzaguant. Mon gars a été touché. Je n'hésite pas. Je saute de la moto, je tombe sur le macadam, les balles sifflent autour de moi. Une roulade et je suis dans le fossé. Je vois la bécane qui achève sa course et stoppe quelques mètres plus loin. Mon gaillard est mort. Je n'ai pas le temps de penser que c'est à cause de moi. Les Boches sont tout près. Je les entends qui marchent dans le bois, écrasant branches et feuilles sèches. Je suis blessé. J'ai mal à l'épaule et à la jambe. Je n'ai pas le choix : je bondis, je fonce. Course folle dans les buissons, encadré par les balles de la mitraille : ça crépite et éclate de tous les côtés. Si je ne me surpasse pas, elles vont me découper. J'atteins des fourrés plus épais, je rampe le long des haies. Je dois continuer, ne pas m'arrêter. Échapper à l'embuscade, à la mort. Finir ma mission. Faire mon rapport.

Les mitrailleuses se sont calmées. Les Allemands ont perdu ma trace. J'avance lentement, pistolet-mitrailleur sur le bras. J'arrive enfin à une ferme. Je meurs de soif, je suis épuisé. Je m'approche de la fenêtre. À l'intérieur, une famille de paysans blottis les uns contre les autres, terrorisés. Je frappe à la porte. Rien. J'entends une voix :

« Allez-vous-en ! Nous ne voulons pas d'histoires avec les Allemands ! »

J'essaie de leur expliquer :

« Je suis un soldat français, je suis blessé, je veux boire, je ne resterai pas, juste boire et me reposer. »

À nouveau la voix :

« Foutez le camp ! »

Je m'éloigne alors comme un chien, déçu, en colère, désespéré. Comment gagner une guerre avec de tels lâches ? Si les populations civiles traitent ainsi les soldats chargés de les défendre, ceux qui risquent leur vie pour eux, c'est à désespérer de mes compatriotes ! Je repars. Je souffre, j'ai de plus en plus soif. J'ai perdu mon chemin. Je ne sais plus quelles sont nos positions, et surtout où se trouve l'ennemi.

À la sortie du chemin, une route. Les premières maisons d'un village. Est-ce que les Allemands s'y trouvent déjà ? J'entends le bruit d'une motocyclette. Je me cache. Et soudain… miracle. Une jeune fille, cheveux au vent, en jupe. Je m'avance. Elle me voit et s'arrête. Je lui explique. L'embuscade, la mort de mon estafette, ma fuite, l'accueil que j'ai reçu auprès de ces paysans… Elle écoute.

« Faites attention, lui dis-je, il y a des Allemands embusqués partout. Ils tirent sur les motos. »

Elle rit. Elle hausse les épaules.

« Je sais, dit-elle. Moi je ne risque rien. C'est plutôt à vous de faire attention. Les Allemands sont partout dans le pays. Venez ! Venez avec moi. »

Elle m'embarque sur sa moto. Nous roulons jusque chez elle. Elle me donne à boire, à manger, elle me soigne. Elle est belle, un visage franc, ouvert. À la nuit tombée, je suis prêt à repartir. Elle me guide. Vraiment une belle fille. Elle marche devant moi, sur des sentiers qu'elle connaît par cœur. C'est une magnifique nuit de juin. Jamais je n'ai oublié cette fuite, qui ressemblait plus à une promenade dans la nuit calme où l'on efface presque la réalité des combats : la présence des Allemands non loin de nous.

Les Allemands ! À cette époque nous les appelions les Boches. Les Fritz. Je n'emploie plus ces mots depuis longtemps. Le passé n'est pas oublié, mais il faut avancer et nous avons tous tourné la page. Nous nous sommes assez battus pour ça ! Après les guerres successives de 1870, de 1914-1918 et la dernière, 1939-1945, deux hommes, deux grands bonhommes, Charles de Gaulle et Konrad Adenauer, ont décidé qu'il fallait mettre fin définitivement aux conflits qui se répétaient tous les trente ou quarante ans entre nos deux pays. Depuis, par leur volonté et celle de quelques autres, la paix a gagné.

Soudain mon guide se retourne. « Voilà. Vos camarades sont tout près, à cent mètres d'ici. Vous n'avez qu'à continuer tout droit. »

C'est le moment de se séparer. Je ne peux pas y croire. J'aimerais tellement rester avec elle. Nous échangeons un baiser. Un autre. Long… ! Moment délicieux, de ceux que seules les situations extrêmes réservent parfois. Je m'attarde. Un peu plus qu'il ne faudrait.

Je ne sais pas ce qu'est devenue cette fille. Est-elle entrée dans la Résistance ? Elle en aurait été capable. A-t-elle été tuée ? A-t-elle vécu paisiblement avec un mari, des enfants ? Je ne l'ai jamais su.

Me voici devant mon colonel. Je lui fais mon rapport. « Je suis content de vous revoir, Bigeard. J'étais sûr que vous réussiriez. »

Ces mots me laissent pantois. J'ai quand même failli mourir une bonne dizaine de fois. Le colonel s'éloigne, me laissant avec mes hommes.

Je garde des jours suivants un souvenir très confus. Nous nous défendons comme nous pouvons. Les Allemands poursuivent sans relâche ce qui reste de notre régiment. Nous sommes épuisés. Nous nous frayons un chemin à travers la montagne, en direction du col de la Fourche. Nous savons que nous menons un combat désespéré

Nous réussissons à nous regrouper le 21 juin à Rupt-sur-Moselle. Nous rejoignons le 168e RIF, qui tient la rive droite du fleuve. Au sud, les Allemands viennent d'occuper Le Thillot. Nous sommes pris dans la nasse. Nous n'avons plus qu'à nous préparer à vendre chèrement notre peau. Je n'ai même plus peur de mourir.

Un combat nous oppose à une concentration de blindés allemands dévalant du fort de Rupt. Nous réussissons à en détruire quelques-uns, les empêchant de franchir la Moselle. Dans notre groupe franc, il n'y a plus que vingt survivants.

Samedi 22 juin, nous sommes complètement encerclés. Dans la journée, nous apprenons que l'armistice vient d'être signé. C'est la fin de la guerre. Du moins le croyons-nous. Les pertes sont lourdes. Nous n'avons pas beaucoup combattu. Dimanche 23, nous attendons toute la journée. Les hommes dorment. Plus rien à manger.

Le 25, c'est l'armistice avec l'Italie. Le colonel Rethoré se rend à Saulx pour entrer en contact avec le commandement allemand. Vers midi, nous descendons dans la vallée. Nous sommes encerclés, sans aucun moyen de nous échapper. Prisonniers ! Je suis fou de rage ! Nous avons été pris dans un piège, mais je ne veux pas m'avouer vaincu. Je suis sûr que l'armistice ne signifie pas la fin de la guerre. Ce n'est pas possible ! Un pays comme la France ne tombe pas comme ça, en quelques jours. Et pourtant…

La pluie se met à tomber. Nous ne sommes plus des combattants mais de simples et piteux prisonniers. Nous restons néanmoins des soldats et je n'ai pas dit mon dernier mot.

CHAPITRE 3

Captivité

Nous sommes vaincus.

Je suis en captivité dans un oflag, au camp d'officiers de Mayence, tournant comme un ours en cage. Je ne suis que sous-officier, mais je suis « invité » à séjourner dans cet oflag par faveur spéciale, sur intervention du colonel Rethoré qui a besoin d'un aide de camp.

Cette situation ne m'arrange pas. Je ne me sens pas à ma place auprès de ces officiers vaincus qui semblent porter la défaite sur leurs épaules courbées. Je n'ai qu'une idée en tête : m'évader !

Mais on ne s'évade pas d'un oflag. Je me dis que ce serait plus facile depuis un stalag, plus fréquenté, plus peuplé, où il est plus difficile de surveiller les prisonniers.

C'est bientôt chose faite. L'adjudant Bigeard est envoyé de Mayence à Limbourg, au stalag 12A, à la frontière de la Hesse et du Palatinat.

Le camp renferme quinze mille prisonniers. Des gars qui viennent de toute l'Europe. Des Polonais, des Hollandais, des Belges, des Français. Il faut reconnaître que les Allemands ont bien organisé leur affaire. C'est une sorte de ville, sinistre, avec ses rues, ses quartiers séparés par des rangées de barbelés. Les Allemands ont le sens de l'ordre et de la hiérarchie. Dans chaque baraque, ils regroupent cinq cents prisonniers, par origine, par profession, par grade, en fonction aussi de leur situation sociale ou de leur nationalité. Quelle que soit notre provenance, nous crevons tous de faim. Certains, pour s'en sortir, essaient de faire ami-ami avec l'ennemi. Ils y gagnent quelquefois une ration supplémentaire. Ils y perdent un peu de leur honneur, et surtout de leur combativité. Sans parler du dédain des geôliers qui méprisent ces comportements de faiblesse.

Au centre du camp, isolée par quatre rangs de fil de fer barbelé, c'est la baraque des évadés. Ceux qui ont déjà tenté la belle. Je ne rêve que de ça, foutre le camp. Par tous les moyens. Mais je comprends vite que pour avoir une petite chance de se carapater, il ne faut pas rester dans ce camp.

Justement c'est l'été.

La saison des moissons.

Les fermes manquent de bras. Tous les Allemands en âge de travailler sont à la guerre. On les remplace par des prisonniers. Voilà qui fait mon affaire. Travailler dans une ferme, c'est un bon moyen de prendre la poudre d'escampette. Seul problème, les officiers et les sous-officiers, selon les conventions de Genève, ne sont pas astreints à l'obligation de travailler. Beaucoup s'en accommodent. Les travaux des champs sont pénibles. Peu m'importe. Je veux à tout prix être affecté à une ferme. Je me porte volontaire pour ces besognes que les officiers refusent du haut de leur superbe.

Qu'est-ce que j'ai pu entendre de la part de mes camarades ! Je ne sais pas tenir mon rang de gradé, je fayote avec les Boches. Certains officiers me reprochent même de me mêler aux hommes de troupe. Je tiens bon, même s'il m'en coûte de passer pour ce que je ne suis pas. Je ne peux pas leur expliquer que si je veux aller travailler, c'est pour pouvoir m'évader plus rapidement ! Dans un camp de prisonniers, même les murs ont des oreilles.

Je bous littéralement d'impatience à ne rien faire toute la journée. J'ai besoin d'exercice, d'éprouver mes forces, dans la perspective d'une longue marche. Car je sais que si je m'évade, il me faudra marcher des jours, des nuits, dans des conditions difficiles et dangereuses.

Je me suis fait un ami en la personne de Jean Bled, un Parisien qui, lui aussi, ne pense qu'à s'évader. Pour se faire accepter, il prétend même être paysan, lui qui ne sait pas distinguer un plant de carotte d'un plant de radis.

À la mi-août, nous sommes affectés dans une ancienne ferme, à une cinquantaine de kilomètres du stalag. Elle est aménagée en enceinte militaire. Au rez-de-chaussée, le carré des gardes. Au premier, notre chambrée. Une vingtaine de gars, pour la plupart fils de paysans. Ils sont presque heureux de se retrouver dans un milieu familier. Tout plutôt que le sinistre ennui du stalag.

Une nouvelle vie commence. Elle est dure. Nous travaillons douze à quatorze heures par jour. Le soir, nous

nous retrouvons, vingt gars épuisés mais ensemble. Nous nous racontons des histoires du pays, échangeons nos impressions sur les fermes dans lesquelles nous trimons. Car, dans la journée, nous sommes séparés. Les patrons nous mènent la vie dure. Ce sont des paysans résistants à la tâche, exigeants, pointilleux sur les méthodes de travail. Ils ont une main-d'œuvre à bon compte, ils en profitent. Toute la journée sur notre dos, ils nous exploitent jusqu'à la corde.

Pour la plupart de mes compagnons, ouvriers agricoles, petits paysans, ça ne fait pas une grosse différence avec la vie qu'ils ont connue depuis leur enfance. Tous essaient de ménager leurs forces, de ne pas travailler aussi dur que les fermiers l'exigent.

Je suis dans une petite ferme, à quatre kilomètres du *kommando*. Quatre le matin, quatre le soir. Ça ne me fait pas peur. Au début, je suis accompagné par un brave bougre d'Allemand qui a du mal à me suivre. Je n'ai pas perdu mon habitude de marcher vite, et même de courir. Je n'ai pas attendu qu'on invente le jogging. Au début, il essaie bien de tenir le rythme, puis il me laisse aller bon train sans s'occuper de moi. Que peut-il se passer? Je ne vais pas m'échapper comme ça.

Me voilà donc paysan. Je fais les moissons jusqu'à la fin août. Puis, en septembre, c'est le ramassage des pommes de terre. Un travail épuisant. Rentré des champs, je dois traire les vaches, les nourrir, nettoyer l'étable...

Mon patron s'appelle M. Lamm. Il a l'air content de moi. C'est un ancien de 1914-1918. Je lui plais parce que je suis blond aux yeux bleus. En somme, pour lui, je pourrais presque être un fridolin! Merci bien. Son fils est sur le front de l'Est, mais ce M. Lamm a une bru qui m'a pris en affection. Elle me nourrit, me gâte comme une mère. Ce qui met en rogne un autre prisonnier qui travaille avec moi, un Polonais. Il me déteste.

Un jour, pendant un repas dans la grange, il me saute dessus. Comme il sait qu'il n'aura pas le dernier mot avec moi, il saisit une fourche et essaie de m'embrocher. Je l'évite tant bien que mal, j'attrape le manche de la fourche, le lui arrache et lui envoie mon poing dans la figure. Mon Polonais se retrouve par terre, K.-O. Fracture de la mâchoire. Cela aurait pu me coûter cher. Rien ne se passe. Les Allemands n'aiment pas les Polonais.

Les mois passent trop lentement : un hiver, un printemps. 1941. Bien nourri, avec des exercices qui me maintiennent en forme, je pète le feu. Mon copain Jean Bled n'est pas plus mal loti que moi. Il travaille dans une ferme, non loin de la mienne. Sa patronne est une jeune veuve. Elle est folle amoureuse de lui malgré son chagrin. La nature a ses exigences. Elle lui apporte son aide en vue de l'évasion. Jean ne lui a pas fait mystère de ses intentions. Il a des vêtements, des vivres, et même de l'argent. Nous pouvons songer à partir. Reste à choisir la date. Je lui propose le 14 juillet. « Un bon jour pour retrouver la liberté, dit-il. Je suis républicain. »

Pendant plusieurs semaines nous préparons notre cavale. Fausser compagnie à nos geôliers n'est pas le plus difficile. Les problèmes commencent après. Nous n'avons pas de carte. Nous décidons de suivre les vallées. La Lahn nous conduira jusqu'au Rhin. De là nous trouverons le confluent avec la Moselle. Nous suivrons la rivière jusqu'à la frontière. Deux cents kilomètres de marche.

14 juillet. Nous sommes prêts. Au *kommando*, la surveillance s'est relâchée. Aucune difficulté à sortir de la baraque. Nous descellons un vieux barreau. Nous descendons du premier étage avec une corde. Nous franchissons les barbelés sans encombre. Nous voici dehors. Habillés en paysans, grâce à la belle veuve éprise de mon ami Jean, à qui il a fallu du mérite pour s'arracher à cette situation de coq en pâte !

Mais rien ne vaut la liberté. Même si s'évader d'un territoire ennemi dans des conditions aussi précaires se révèle encore plus difficile que prévu.

Nous marchons pendant dix jours dans un état de tension extrême. Nous évitons les fermes, les hameaux, les villages. Nous nous perdons plusieurs fois sur des chemins qui ne mènent nulle part. Mais toujours vers l'ouest. Nous dormons le plus possible pendant la journée, nous marchons la nuit pour éviter d'être repérés. Ce que nous avons vécu, bien des gars dans la même situation pourraient le raconter comme moi.

Nous réussissons à franchir le Rhin. Nous descendons jusqu'au confluent de la Moselle.

Moselle, ma chère Moselle, ma chère rivière ! L'eau que je vois couler est déjà passée chez moi, à Toul. J'en ai les larmes aux yeux. Je pense à Toul, je pense à Gaby. Ces images de paradis me donnent la force de continuer. À tout prix.

La ville de Trèves. Nous passons deux jours à la contourner. La frontière est proche. Bientôt nous serons chez nous. Nous approchons d'un village. Soudain: « *Halt! Papier!* »

Il est 3 heures du matin. Nous sommes arrêtés par un barrage. Il n'est pas là pour nous. Trente officiers polonais se sont évadés d'un oflag de la région. Les Allemands les recherchent.

C'est fichu. Nous levons les bras, désespérés. Tant d'efforts pour échouer si près du but! Nous passons la fin de la nuit au poste. Le lendemain matin, on nous conduit jusqu'à la gare. Nous sommes menottés comme des criminels. On a enlevé les lacets de nos godillots, nos bretelles. Nous tenons à deux mains nos pantalons trop grands. De vrais clochards! Nous montons dans le train, au milieu de passagers ordinaires qui nous regardent avec mépris et dégoût. Jean Bled me dit: « T'en fais pas, mon vieux, on remettra ça, et vite. »

En attendant, on nous enferme dans une forteresse où nous devons rester à l'isolement et dans l'angoisse des résultats de l'enquête de gendarmerie. C'est la règle. Quand on reprend des prisonniers, on enquête pour vérifier qu'ils n'ont pas commis de méfaits au cours de leur évasion – vol, agression ou plus grave encore.

Pendant vingt jours, seul, dans une cellule de deux mètres sur deux, je ronge mon frein. Au pain et à l'eau. La faim me mord le ventre. Dans une situation pareille il faut se maîtriser pour tenir le coup et ne pas devenir fou. Je m'impose de découper mon pain en plusieurs morceaux au lieu de dévorer d'un coup ma ration quotidienne. J'essaie de faire un peu de culture physique dans la cellule.

Au bout de trois semaines, je sors. J'ai perdu dix kilos. Je suis de nouveau à Limbourg, stalag 12A, baraque des évadés. C'est là que je rencontre Gérard Masbourian. Un grand type calme, sympathique, cavalier, sous-officier d'active. Au moment de l'armistice, il servait dans les rangs du 8e Chasseurs du colonel Caldairou. Au mépris des accords signés, les Allemands ont désarmé les Français et les ont envoyés en Allemagne. Masbourian est fou de rage contre ce manquement à la parole donnée et écrite. Il s'est évadé du stalag 17B, à Krems sur le Danube, en juin 1941. Il m'explique qu'il a été repris le 14 juillet dernier sur la ligne Siegfried, à la frontière du Luxembourg.

« C'est marrant, lui dis-je, c'est le jour où je me suis évadé.

– Si je m'évade encore, reprend Masbourian, je passerai par le même endroit. Je sais où sont les postes de contrôle et les sentinelles. »

Je lui propose de tenter l'aventure ensemble. Il n'hésite pas une seconde.

« Ok, dit-il, mais pas plus de deux. »

Masbourian devient vite mon ami, mon frère. Il est gai, solide. Il a pratiqué les sports de combat, la lutte gréco-romaine, le catch. Il m'initie à ces sports. D'abord il me bat sans difficulté, mais un jour, j'arrive à le plaquer au sol. Et il en sera ainsi toute ma vie : me surpasser.

Préparatifs. Je réussis à faucher une pince coupante pour les barbelés. Nous sommes prêts à nous enfuir. Cette fois je projette de nous rendre à la gare de triage où nous pourrons trouver un train en partance pour la France.

Nous fixons la date de notre départ au 22 septembre 1941. Pour préparer le terrain, je coupe discrètement quelques fils de fer barbelés autour de la baraque.

Parmi nos camarades de misère, tout le monde semble être au courant de nos projets. Chacun veut faire la même chose ; on s'observe, on s'épie. Ce n'est un mystère pour personne.

3 heures du matin.

Nous ne sommes pas seuls.

D'autres prisonniers ont décidé de tenter l'aventure avec nous. Il n'y a pas moyen de les en empêcher. Voilà une troupe entière en train d'essayer de franchir les barbelés. Je donne quelques coups de pince coupante, l'espace autour de la baraque se libère, et même celui qui ferme le camp. Nous sommes nombreux. Combien ? Je ne le sais pas exactement.

Soudain, des projecteurs sont braqués sur nous ! Les mitrailleuses entrent en action. Tout le camp est réveillé. Les Allemands se précipitent avec les chiens. Il y a quelques blessés. Les autres se laissent reprendre sans opposer de résistance.

Nous savions ce que nous risquions. Ça ne manque pas. Le mitard, au pain et à l'eau. Quelques jours plus tard, nous comparaissons devant le tribunal militaire du camp et nous sommes condamnés à vingt et un jours de cellule.

Le *Hauptmann* qui préside le tribunal ajoute que, pour le cas où nous aurions envie de nous évader de nouveau, nous serions immédiatement transférés dans un autre camp à Rawa Ruska, où l'on pratique le régime pénitentiaire le plus dur. Les détenus sont rasés, à peine vêtus, n'ont rien à manger, on y meurt de dysenterie, du choléra et du typhus. On dit même qu'il n'y a qu'un seul robinet pour plusieurs milliers d'internés. On appelle cet endroit « Le camp de la goutte d'eau ». Pas très tentant. La prochaine fois que nous essaierons de nous évader, nous n'aurons pas intérêt à échouer !

Vingt et un jours d'isolement, puis retour au baraquement. Nous comprenons vite que nous ne pourrons pas nous échapper de ce lieu trop bien surveillé. Il nous faut essayer d'être affectés à nouveau à un *kommando* de travailleurs. Les Allemands se méfient de ceux qui ont déjà tenté une ou plusieurs évasions. Ce n'est pas gagné. Mais ils ont besoin de main-d'œuvre. La plupart des hommes valides sont expédiés sur le front de l'Est. La campagne de Russie vide l'Allemagne de ses forces vives. Ils n'ont plus les moyens de faire la fine bouche et notre candidature finit par être acceptée.

Avec Gérard, nous nous retrouvons dans une usine. Comparé au camp, c'est un paradis ! Une chambre, des draps, des couvertures, une douche, une nourriture convenable. L'usine fabrique des pièces détachées pour moteurs d'avion. Nous retrouvons là d'autres prisonniers français. L'accueil est glacial. Ils savent que nous avons déjà tenté de nous évader et ne veulent pas d'histoires avec les Allemands. Ils ne se sentent pas si mal ici, finalement, et mangent au moins à leur faim. Cette attitude leur vaut pourtant le mépris du sous-lieutenant allemand chargé de la surveillance des prisonniers. En revanche, il nous a à la bonne. Il nous surveille de près, mais on voit bien qu'il nous respecte.

« Je suis sûr que vous voulez recommencer, dit-il.

– Nous ? Pas question, ça nous suffit. Nous sommes trop fatigués. »

À l'usine le travail est dur. Il faut décharger des wagons. Trente tonnes de matériel divers. Mais nous tenons le coup. Le soir nous rentrons épuisés, les reins brisés, avec toujours pour seul objectif: la fuite.

Masbourian plaît aux femmes. Il noue contact avec une serveuse qui nous procure des vêtements civils. J'ai repéré une faille dans le dispositif de sécurité: le bâtiment des douches donne sur le garage. En démontant un vasistas, on peut se glisser par l'ouverture.

Nous sommes déjà à la fin de l'automne 1941. Il commence à faire froid.

Pour nous, il n'est pas question de passer un deuxième hiver en Allemagne. Il nous faut choisir une date. Les événements se précipitent. Un matin, nous déchargeons un wagon rempli d'une poudre chimique qui dégage une puanteur infernale. À coup sûr, c'est un produit toxique. Vite épuisé, je décide de faire une pause. Aussitôt le *Feldwebel* de garde me fonce dessus et commence à me houspiller. C'est un imbécile avec lequel je me suis déjà accroché. Cette fois, la colère monte. Je prends ma pelle, je marche sur l'Allemand. Il comprend que je suis prêt à le tuer. Il s'enfuit.

Bien entendu, ça se termine devant le conseil de discipline du stalag. Je n'écope que d'un avertissement. Le sous-lieutenant allemand m'a fait un rapport favorable. On peut s'estimer, même entre ennemis.

La première fois, je m'étais évadé un 14 juillet. Cette fois, ce sera le 11 novembre: le sens du symbole. Nous sommes prêts. Nous avons dévissé les gonds du vasistas dans le quartier des douches.

Le 11 novembre 1941 à minuit, nous sortons du bâtiment des manœuvres français, direction les douches. Il neige. Un vent violent et glacial souffle. Gérard me dit :

« J'ai l'impression que le moment est mal choisi. On n'y voit pas à deux pas. »

Je réponds :

« Tant mieux, la neige effacera nos traces. »

Doucement il me pousse du coude. Deux autres prisonniers sont en train de nous surveiller. Je m'approche d'eux.

« Vous voulez notre photo ?

– Non, dit l'un d'eux. Nous avons remarqué que vous prépariez une évasion. Vous avez trouvé un moyen de sortir d'ici ? Nous sommes prêts. Aidez-nous juste à passer de l'autre côté. Une fois dehors, nous nous séparerons. »

J'hésite un instant, puis j'accepte. Je descelle le vasistas. Je descends dans la cour. Je prends deux bicyclettes suspendues à des crochets. Nous nous séparons. Et maintenant, *Inch'Allah !*

Masbourian possède une carte de l'Allemagne. Nous avons prévu d'être à Coblence en quatre jours. En réalité, il nous faudra plus d'une semaine.

Une semaine en enfer.

Première nuit. Nous nous perdons et nous tournons en rond. Au matin, nous sommes revenus pratiquement à notre point de départ. Nous trouvons refuge au milieu d'un bois, dans une petite cabane de garde-chasse. Nous attendons toute la journée. Le soir, nous repartons vers l'ouest. Nous avons quelques vivres. Nous espérons trouver en cours de route de quoi subsister. Un vrai désert blanc. Nous pédalons comme ça six nuits dans le froid sans jamais être sûrs de notre chemin. La faim et la fatigue sont telles que nous roulons sans penser à rien.

Une nuit, nous sommes arrêtés par un policier. Je n'ai plus de lumière à l'arrière de ma bécane. « *Ja, ja !* » Il nous laisse repartir. Nous arrivons sur les hauteurs de Coblence. Je m'écroule. Je suis épuisé. Il paraît même que je commence à délirer. Un peu plus tard, c'est Masbourian à son tour qui tombe dans les pommes. Il n'est plus question d'avancer. Il nous faut du repos. Nous restons vingt-quatre heures dans le froid, blottis sous une vieille meule de paille.

Toute la journée suivante, nous observons les environs. Les ponts sur le Rhin sont gardés. Le truc est d'essayer de passer quand tout le monde se rend au travail ou en sort. Nous attendons le matin pour descendre dans la ville. Nous nous mêlons à la foule. C'est ce moment-là que ma bécane choisit pour me lâcher. La pédale est cassée. Masbourian me crie : « Accroche-toi à ma selle ! »

Ce n'est pas le moment de se faire remarquer. Nous finissons par franchir le pont et nous disparaissons. Mais impossible de continuer à vélo. Nous allons devoir marcher jusqu'à Trèves. Quarante-cinq kilomètres. Aujourd'hui encore, je ne sais pas comment nous avons fait pour arriver jusque-là. Nous avons marché des jours, franchi la Moselle en utilisant une barque de pêcheur, descendant le courant, ramant avec les mains pour nous déporter vers l'autre rive.

20 novembre 1941 : Wasserbillig, frontière du Luxembourg. C'est là que Masbourian a été repris le 14 juillet dernier. Il connaît l'endroit. Il sait qu'il ne faut pas emprunter la route car tout est gardé. Mais nous pouvons tenter le coup par le pont de la voie ferrée qui enjambe la Moselle.

Nous grimpons sur le ballast. Au milieu du pont, il y a une petite baraque de garde-voie. Un rai de lumière à travers le volet et la porte. Je ramasse une barre de fer. Le premier qui se montre, je l'assomme. Mais tout se passe sans problème. Personne ne sort de la masure. Avec ce froid et cette neige fine qui tombe…

La frontière. Nous franchissons le pont. Ouf ! Enfin ! Nous sommes au Luxembourg ! « Mais le Luxembourg est occupé par les Boches ! », me rappelle Gérard.

Prudence.

Dix kilomètres plus loin, affamés, nous débouchons sur un carrefour. À gauche une ferme. À droite une auberge. Où aller ? De toute façon il faut s'arrêter. Nous ne pouvons pas continuer plus longtemps dans cet état. Gérard opte pour l'auberge : plus de chance de passer inaperçus. La ferme risque d'abriter des soldats.

Il a raison.

En entrant dans l'auberge, nous parlons à la serveuse :

« Nous avons faim, pas d'argent. Prisonniers. »

Aussitôt elle nous dit :

« Je vais vous donner à manger. Du pain et du lait chaud. Mais vous ne pouvez pas rester longtemps. Les Allemands s'arrêtent souvent ici. Nous sommes juste entre Longuyon et Trèves. »

Longuyon ! C'est bon d'entendre ce nom. Longuyon, c'est la France. Malgré la fatigue et la faim, un bonheur nous envahit. Nous savons que nous allons réussir.

Dans la matinée, nous repartons puis nous décidons de sonner à la première maison, un pavillon un peu à l'écart de la route.

C'est le domicile d'un médecin. Il nous ouvre. Il pige au premier coup d'œil à qui il a affaire. Il nous accompagne jusqu'au fond de son jardin et nous indique la suite : « Prenez dans cette direction. À un kilomètre d'ici, vous verrez une ferme. Entrez-y, on vous attendra. »

Nous avons eu de la chance : le médecin est un des chefs de la Résistance locale.

Nous arrivons à la ferme. On nous déshabille, on nous nettoie, on nous lave, on nous rase. Nous allons nous coucher. Nous dormons quarante-huit heures. Puis, avec nouveaux vêtements, nous reprenons la route jusqu'à la frontière française, à Rédange. C'est un entrelacs d'usines, de voies ferrées, de barrières. Notre guide nous montre la route.

« Tout droit devant, dit-il.

– Tout droit ! grogne Gérard, c'est quoi, tout droit dans ce merdier ? »

Je lui dis :

« Marchons, on verra bien. Nous demanderons notre chemin plus loin.

– Et si on tombe sur un Boche ?

– J'ai toujours ma barre de fer. Je l'assomme. »

Et nous marchons au milieu des aciéries.

Un peu plus loin, un type surgit. Gérard l'interroge :

« *Sprechen Sie Deutsch ?* »

L'autre répond en français :

« Je ne parle pas l'allemand.

– Où sommes-nous ?

– En France, évidemment ! »

Le type a compris. À quelques pas de là, un bistrot. L'homme nous dit :

« Allez là, présentez-vous. Les gens sont de notre côté. »

Nous entrons dans le bistrot. Nous ne sommes pas beaux à voir, trempés et couverts de boue. Au comptoir, deux gendarmes boivent un Viandox. Gérard se décide à avancer. Un des gendarmes se retourne, comprend aussitôt : « Entrez vite. Allez vous asseoir au fond de la salle. On va s'occuper de vous. »

Il ordonne à la serveuse de nous offrir une boisson chaude. Nous respirons. C'est gagné. Nous avons frappé à la bonne porte. Enfin, on va nous aider !

Nous sommes pris en charge. Un guide nous conduit par les caves jusqu'au sous-sol d'une boulangerie. Nous nous glissons avec volupté dans un bon bain, nous mangeons, puis nous dormons. Ça sent bon le pain et les croissants chauds. C'est l'odeur de la liberté.

À la gare de Longwy, on nous prend des billets pour Toul. Le train roule. Nous sommes tassés dans le coin d'un compartiment bondé, en face de deux soldats allemands. Nous nous taisons prudemment. Rien n'est gagné. À la boulangerie, on nous a prévenus : « Vous n'êtes pas en sécurité dans la région, c'est une zone rouge, où la circulation est réglementée. »

Il y a aussi des individus patibulaires, enveloppés dans de longs manteaux de cuir : ça sent la Gestapo à plein nez.

À Pagny-sur-Moselle le train s'arrête. La porte s'ouvre. Je sursaute. Incroyable ! Ma sœur et mon beau-frère montent dans le train ! Même compartiment.

Je ne dis rien. Trop de monde autour. Ma sœur me regarde, me fixe comme paralysée… Elle se met à pleurer.

« Monsieur, excusez-moi, mais vous ressemblez tellement à mon frère prisonnier en Allemagne…

– Écrase ! C'est moi, mais tais-toi ! »

Mon beau-frère nous emmène dans le couloir avec Gérard. Tout juste s'il ne nous engueule pas :

« Vous êtes imprudents ! C'est infesté de Boches dans le coin ! »

Il nous conduit discrètement au chef de train. Celui-ci nous habille en cheminots français. J'ai toujours gardé beaucoup d'affection et de respect pour ces gars de la SNCF qui se sont si bien battus durant les heures sombres de l'Occupation.

Le soir, Toul. Je me précipite vers la petite maison que mon père a construite de ses mains. Notre maison. Je frappe. La Sophie ouvre. Dès qu'elle me voit, elle éclate en sanglots. Puis elle se reprend vite :

« J'étais sûr que tu réussirais.

– Et Gaby ? Elle est là ?

– Non. Elle vient de partir pour Nancy, chez sa tante.

– Allez vite me la chercher. »

On ne refuse rien à un gars qui vient de s'évader d'Allemagne. Gaby va arriver, tard le soir, juste avant l'heure d'aller dormir. Enfin, dormir… Une sacrée nuit, ouais ! Deux années sans faire l'amour… Inoubliable !

Mais je n'ai pas le temps de m'attarder.

Dès le lendemain, il faut filer vers la zone libre. Ce serait tellement bête d'être repris à la maison, après ces épreuves. Il est impossible de partir tout de suite. Je ne peux pas circuler en ville, où je risque d'être reconnu et dénoncé. Une seule solution : rester planqué dans ma chambre pendant quelques jours. Avec Gaby. Pas désagréable !

Masbourian, qui n'est pas du coin, peut circuler. Il va partir pour Nancy, chercher un contact qui nous aidera à franchir la ligne de démarcation. Il se met en quête, demande la mystérieuse « mademoiselle Rosa ». On lui a dit qu'elle travaillait aux Magasins réunis. Gérard finit par aborder une de ses collègues. Quand il lui parle de mademoiselle Rosa, elle prend un air effrayé : « Taisez-vous ! Elle vient d'être arrêtée par la Gestapo. Si vous voulez aller en zone libre, j'ai un message pour vous : le Café de la Gare, à Besançon. »

Gérard ne traîne pas à Nancy. Il rentre vite à Toul et demande à mon père d'avertir nos amis que le contact est grillé.

Il faut partir sans tarder. J'apprends même que M. Lamm, le fermier, mon premier patron en Allemagne, est déjà venu chez mes parents, rue de l'Abbaye, pour leur dire combien il a été satisfait de mon travail dans sa ferme, et qu'il aimerait bien me voir revenir ! Si lui-même a fait le chemin jusqu'ici, qu'est-ce qui empêcherait la gendarmerie ou la Gestapo de venir me cueillir ?

Mes parents s'inquiètent. Je n'ai plus d'endroit où aller, pas de métier, pas d'argent. Pourtant, j'ai une idée en tête. Rempiler. Me réengager. La guerre n'est pas finie. J'ai vingt-six ans, je suis adjudant, ma place est dans l'armée. Le combat doit continuer.

Gérard est de mon avis. Lui aussi veut retrouver les siens dans un premier temps. Ses parents et son frère Robert habitent Nice.

C'est décidé. Nous partons, pris en charge par les réseaux de Résistance des chemins de fer. À la maison, les adieux sont tristes. Je promets à ma mère de lui donner des nouvelles et je jure à Gaby que nous nous retrouverons bientôt.

Le trajet est long, pénible. Nous parvenons à Besançon et nous allons directement chez notre contact, mais il n'y a pas de contact ! Il est absent. Nous voilà lâchés dans une ville inconnue, sans papiers. La moindre arrestation serait fatale. Je décide d'agir. Où serions-nous plus en sécurité qu'à l'intérieur d'un commissariat ? Si nous tombons sur des flics patriotes, ils nous protégeront.

Aussitôt dit, aussitôt fait. Nous entrons dans le premier poste de police venu. Le commissaire, énergique, comprend la situation. Il nous fait tirer le portrait, établit des cartes d'identité authentiques. Le lendemain, nous nous présentons au contact : le « capitaine ». Il nous attend au Café de la Gare. Deux jours plus tard, nous franchissons la ligne de démarcation à proximité de Lons-le-Saunier. De là, des camions militaires nous conduisent jusqu'à Lyon. Nous nous présentons aux autorités et nous sommes à nouveau, officiellement, des militaires.

L'officier chargé des effectifs nous conseille de partir en permission :

« Vous pourrez simplement venir pointer chaque semaine.

– Mais nous avons envie de rejoindre l'armée d'active.

– Il faut d'abord attendre les résultats de l'enquête vous concernant. »

On nous décore, une nouvelle Croix de guerre, la médaille des évadés, et nous touchons un pécule, notre rappel de solde : 28 000 francs pour moi. Une fortune !

Nous décidons de rejoindre Nice. Voilà deux ans que Masbourian n'a pas vu les siens. Je tiens d'abord à faire un crochet par Annecy où je retrouve M. Perriot, mon ancien directeur de la Société générale de Toul. Il me reçoit comme un fils. Pour moi, d'ailleurs, c'est un peu un père. Il voudrait que je réintègre la banque. Je lui explique que je veux reprendre le combat. Après la victoire, peut-être… « Je vous comprends, me dit-il. À votre âge, j'aurais fait comme vous. »

Nous arrivons à Nice quelques jours avant Noël.

C'est un autre monde. Je n'ai jamais vu la mer. Nice ne peut être comparée à ma Lorraine. Toute une faune s'y est réfugiée, hommes politiques sans mandat, artistes, producteurs de cinéma, acteurs, journalistes. Beaucoup d'argent, beaucoup de fêtes, des célébrités à tous les coins de rue, de grosses voitures, un étalage de richesses et de luxe.

Je pense à ma Lorraine, à la France occupée où il n'y a rien à manger, où les gens vivent dans la peur, menacés d'arrestation. Je suis choqué. Tous ces privilégiés irresponsables rient, font la fête, étalent un luxe insolent, comme si la France n'était pas en guerre. J'aimerais expliquer tout ça, mais à quoi bon ? On me rirait au nez. En tout cas, je sais que ces gens ne font pas partie de mon monde.

J'écris à Gaby. Je lui demande de me rejoindre. Elle est forcément d'accord. Adorable Gaby.

Je n'ai ni travail ni logement. Je dois gagner ma vie. Par chance, Robert, le frère de Gérard, occupe le pavillon de gardien d'une magnifique propriété dont il assure l'entretien. Il me propose de loger chez lui. En échange, je prendrai en charge une partie du travail. Rien de plus facile. Après les travaux à la ferme et à l'usine en Allemagne, le jardinage ressemble à une distraction.

Gaby arrive, après un voyage épouvantable. Elle est épuisée, les vêtements fripés, mais heureuse de me retrouver.

Je décide de l'épouser.

Cela fait bientôt six ans que nous sommes comme mari et femme. Elle veut un mariage religieux. Moi, ça m'est égal. Je n'ai pas suivi de parcours religieux. Je suis seulement baptisé. Il faut donc que je fasse ma première communion, que je me confesse, et tout le tralala ! J'explique au prêtre que je suis un type honnête, que j'ai toujours fait ce que j'avais à faire et même un peu plus, que je n'ai rien à me reprocher.

« Et pour le reste, me dit-il, est-ce que le mariage a été consommé ?

– Oui. Depuis longtemps, et avec plaisir ! »

Nous nous marions le 6 janvier 1942. Il pleut. Nous sommes cinq : Gaby et moi, Gérard, son frère Robert et la femme de ce dernier. J'ai acheté un beau costard gris, un tailleur clair pour Gaby. Je n'ai plus un sou mais nous voilà mari et femme, pour la vie. Si j'avais pu penser que ça durerait si longtemps, j'aurais signé de la même façon, et avec encore plus de bonheur.

Quelques jours plus tard, l'autorité militaire me convoque. On me propose un engagement spécial pour les troupes de l'AOF. L'Afrique occidentale française ! Cette perspective me réjouit. Je signe aussitôt. Il me faut un travail. C'est décidé, ce sera l'armée.

Chapitre 4

L'Afrique

Février 1942. J'embarque à bord du *Kairouan.* Gérard Masbourian et Gaby sont sur le quai. Gaby pleure. Si je me laissais aller, je chialerais moi aussi. Nous sommes encore séparés. Est-ce que ce sera ainsi toute notre vie ?

Masbourian va rester à Nice. Il vient de passer avec succès l'examen d'entrée dans la police. Gaby va regagner Toul. Moi, je pars pour le Sénégal.

C'est mon premier voyage en bateau, dans une cabine de deuxième classe. Les repas sont copieux, trop abondants pour moi qui ai jeûné pendant tant de mois, dans des conditions difficiles. La plupart de mes camarades sont plus vieux. Il n'empêche que je deviens rapidement le leader. Trois Croix de guerre, trois évasions, et mes talents au poker, ça classe un homme.

En mer, le danger est permanent. On risque de sauter sur une mine, ou d'être bombardés par des avions ennemis. En même temps, ce voyage est comme une parenthèse délicieuse. Il y a pas mal de jeunes femmes sur le bateau. Certaines rejoignent leur mari à Dakar. L'ambiance est douce et tendre, du velours à côté de ce que j'ai connu dans les camps. La mer et le ciel sont bleus. Il est difficile de ne pas craquer. Je pense à Gaby.

Escale à Casablanca. Mes collègues descendent du bateau, en quête d'un bordel. Moi, j'essaie de réfléchir. Tout est allé si vite. Il y a trois mois, j'étais prisonnier en Allemagne. Me voici à nouveau militaire de l'armée française, embarqué sur un bateau, marié et déjà célibataire. Ma femme est loin et je suis en route vers l'Afrique. Est-ce que ce crapahutage permanent est mon destin ?

Dakar. Avec mes états de service, je fais figure de phénomène. Les officiers me battent froid. Ils ne connaissent rien de la guerre, ils n'ont rien vu, ni la déroute, ni les stalags, ni la misère des populations. Dans l'ensemble, ces planqués sont « légitimistes », c'est-à-dire des maréchalistes. Tous ceux qu'on soupçonne de sympathies gaullistes sont écartés. On ne tarde pas à m'affecter au régiment stationné à Thiès, à l'intérieur des terres. C'est une manière de se débarrasser de moi. Ça ne me fait ni chaud ni froid. Je ne suis pas venu jusqu'ici pour passer mon temps en villégiature.

Je m'y rends en train. Un vrai train de western. À Thiès, on m'apprend que ma compagnie se trouve à Bandia. C'est une unité d'instruction basée dans un camp en plein air. Va pour Bandia. Là ou ailleurs, il y a toujours quelque chose à faire si l'on a du courage et l'envie de servir son pays.

Un camion me conduit par une piste défoncée jusqu'à ce petit village. En fait de camp, quelques cases indigènes, des murs lépreux, des ruelles défoncées, des tirailleurs errant d'une cabane à l'autre, commandés par des officiers lymphatiques, accablés de chaleur. Pas très folichon tout ça. Mais à partir de rien, on peut faire beaucoup.

L'officier qui commande ce « camp » est le lieutenant Raynal. C'est un colonial sympathique. Il me fait aussitôt confiance et me confie le poste de chef comptable, le temps de m'acclimater.

La comptabilité de cette unité ne demande pas un gros travail. Je connais. J'ai fait mes classes à la banque, à Toul. Ça me laisse des loisirs. J'en profite pour parcourir les alentours et étudier le terrain au lieu de passer mes après-midi à faire la sieste. Déjà j'imagine comment améliorer le camp.

J'ai peu de contacts avec les officiers, deux lieutenants qui passent leur temps à attendre le dimanche pour que quelques jeunes Dakaroises viennent les distraire. Chaque mois, je descends à Thiès à vélo pour rendre ma comptabilité. Je n'aime pas cette vie de fainéantise, bornée de tous côtés par la savane.

Bientôt, le lieutenant me confie le commandement d'une section et la direction des travaux. Je m'y attaque aussitôt. Il faut améliorer ce camp à moitié abandonné. Tout progresse vite. Je fais même construire un stade. Quinze ans plus tard, dans *Aux écoutes*, je lirai un article dont je n'ai jamais retrouvé le signataire, portant témoignage de cette période et de mon passage à Bandia :

« C'était au Sénégal, entre 1942 et 1943, à Bandia, morne village perdu dans la brousse désolée, sous un soleil écrasant et où le cafard régnait en maître, à cause du désœuvrement, de l'ennui, et surtout, du manque d'âme, dû aux querelles qui divisaient l'armée d'alors à la suite des options politiques qu'il lui avait fallu prendre.

La vie dans ce bled se traînait donc, monotone et fastidieuse, jusqu'au jour où un jeune adjudant survint.

De ce camp lépreux il fit bien vite un camp propre, ordonné, avec des cases fraîches et des plantations de jeunes arbres que l'on soignait avec amour.

Un stade fut édifié où jusqu'à la tombée du soir les soldats pouvaient s'exercer.

Dans cette ambiance renouvelée, la vie changea du tout au tout, et la vieille camaraderie ne tarda pas à refleurir.

Celui qui avait accompli ce miracle, celui qui, en quelques semaines, avait refait au camp un moral du tonnerre, c'était l'adjudant Bigeard qui déjà faisait apparaître sa vocation irrésistible d'entraîneur et de bâtisseur.

Il était grand et svelte, cordial, simple et direct, parlant peu, mais avec un bel accent des faubourgs. Et, nous dit notre correspondant, tous le suivaient et lui obéissaient en aveugles : il nous aurait emmenés au bout du monde que nous l'aurions suivi. »

C'est plus fort que moi, je ne peux pas admettre cette atmosphère de feignasserie et de torpeur. La chaleur n'est pas une excuse, même si elle rend le travail et l'effort plus difficiles. Et je ne parle pas des idées que défendaient les officiers dans ce Sénégal à la solde du maréchal Pétain.

Les mois passent. Parfois, le cafard me guette. Je me suis fait un ami, le sergent-chef Jeandroz, un vieux blédard au cœur d'or qui connaît l'Afrique comme sa poche, qui a brûlé au soleil de tous les déserts. Il m'enseigne les vertus de la patience : « Si tu as un ennemi, me dit-il, creuse un puits. Il finira par venir s'y désaltérer. »

Six mois passent. Un matin, je reçois un télégramme : « J'arrive. Gaby. » Je crois d'abord à une blague. Comment aurait-elle pu, seule, franchir la ligne de démarcation, descendre jusqu'à Marseille et y embarquer sur un paquebot ?

C'est pourtant bien vrai ! Elle arrive.

Je commence à avoir peur pour elle. J'espère qu'elle ne va pas sauter sur une mine, qu'elle n'aura pas à subir la « tendresse » des officiers sur le paquebot. Si jeune, ma Gaby.

Je suis là à l'arrivée du bateau. Nous voilà ensemble à nouveau. Rien ne vaut ce bonheur-là. Le train jusqu'à Thiès, enlacés sur un siège en bois. Elle trouve le patelin à son goût. Mais ce n'est pas notre destination.

Bandia. Elle ouvre de grands yeux. Où est notre maison ? Notre maison ! C'est ça, une case en terre sèche recouverte de chaume, pas de porte, deux lits de soldat, une table, une armoire militaire, une douche formée d'un bac vide de vingt-cinq litres percé au fond. Et la savane tout près, les moustiques, les hyènes. Elle est surprise, peut-être déçue, mais elle n'en montre rien et me dit : « Tous les deux : c'est l'essentiel. »

Nous sommes heureux comme des gamins. Gaby est la seule femme du poste. Je possède un phonographe qu'il faut remonter à la main, quelques disques pour créer l'ambiance dans les moments chauds. Mais nous n'en avons pas besoin ! Chaque dimanche, nous partons à cheval pour la plage de Popenguine, distante de quinze kilomètres.

Nous passons une année entière à Bandia, résistant aux accès de paludisme et aux fièvres qui font monter la température jusqu'à des 40 ou 41 degrés.

1943. J'apprends que je suis promu sous-lieutenant. Me voilà officier. Un des rêves de ma vie. Mais à quoi bon être officier ici, dans ce trou paumé ? Je voudrais retourner au combat.

En octobre de la même année, le régiment doit rejoindre Meknès, au Maroc. De là je pourrai peut-être embarquer pour la France et la Lorraine. Mais il me faut de nouveau laisser Gaby, vingt-trois ans, seule à Bandia sur cette terre d'Afrique. Nous n'avons presque plus d'argent. Je lui donne les trois quarts de ma solde, puis nous partons pour Dakar.

Le paquebot *Pasteur* m'attend. Nouveau déchirement. Elle pleure. C'est très dur. Moi non plus, je n'ai pas envie de partir :

« Accroche-toi, Gaby, tu me rejoindras bientôt. »

Jeandroz nous engueule gentiment, avec son air bourru :

« Allez, allez, pas de gamineries, vous vous retrouverez ! »

Le quai s'éloigne. Je ne vois plus Gaby.

Meknès. Notre régiment défile dans la ville, applaudi par les Européens. Nous nous entraînons dans les camps, et attendons qu'on fasse appel à nous. Quelques mois sans intérêt, seulement l'ennui, et le temps qui passe lentement.

Gaby pourrait peut-être me rejoindre. En fait, c'est trop tard. En même temps j'en suis heureux. Nous recevons la visite d'officiers supérieurs parachutistes qui arrivent de Londres. Ils sont chargés de recruter des volontaires pour sauter en France. Tant que le départ pour le combat restait une hypothèse théorique, tout le monde avait envie d'y aller et piaffait d'impatience. Maintenant, ils sont beaucoup moins nombreux à vouloir se battre ! Nous ne sommes qu'une poignée à répondre présents.

Raynal, mon lieutenant, est parmi les volontaires. Nous nous retrouverons plus tard en Extrême-Orient et, en 1967, en France. Moi général, lui colonel à la retraite. Il n'y avait pas que des officiers planqués en Afrique !

Chapitre 5

Sauter en France

De Meknès, nous partons pour Alger. Nouveaux adieux à Gaby qui est venue me rejoindre. Ça devient une habitude. Mais j'ai moins de mal qu'elle à supporter ce nouveau départ. Maintenant je sais que j'ai un but : je vais aller me battre pour libérer mon pays.

Pourquoi Alger ? Cela mérite une explication pour les jeunes qui n'ont pas connu cette époque ou qui sont passés à côté de cet épisode de l'histoire.

Le 8 novembre 1940, les Américains ont débarqué à Casablanca. Les hésitations du général Noguès (le général No-Yes, comme disent les Africains) ont conduit à des affrontements violents, à des bombardements et à la perte du croiseur *Primauguet*. Quelques jours plus tard, Alger a été libéré. L'armée d'Afrique est entrée en guerre contre les Allemands. On s'est battu en Tunisie pendant tout l'hiver 1942-1943. À Dakar, le gouverneur général Pierre Boisson, qui était jusque-là resté fidèle à Vichy, a dû changer son fusil d'épaule : l'AOF, l'Afrique occidentale française, se rallie à Darlan, puis, après l'assassinat de ce dernier, reconnaît l'autorité de Giraud. Voilà pourquoi nous quittons le territoire de l'Afrique noire en direction de l'Afrique du Nord.

Ce qui m'attend : des sauts en parachute. Des sauts dans l'inconnu. Je ne me suis jamais livré à ce genre d'acrobaties. Nous nous entraînons au club des Pins, à une vingtaine de kilomètres d'Alger. Le camp est dirigé par les Anglais. Il y a là une trentaine d'officiers d'origines diverses, quatre ou cinq commandants, une vingtaine de capitaines, quelques lieutenants. Je suis le plus jeune en âge et en grade.

Les Anglais ne font pas de manières : « Vous allez subir un entraînement rigoureux pendant trois mois. Pour nous, vos galons français n'existent pas. Vous recevrez en fin de stage un grade fictif correspondant à la mission qui vous sera confiée suivant vos aptitudes. »

J'ai mes chances et cette façon de penser me plaît. L'entraînement est dur en effet. En trois mois, j'apprends à sauter en parachute, ce qui n'est pas le plus difficile, à manipuler les explosifs, à effectuer une filature, mais aussi à savoir y échapper, à vivre dans la clandestinité avec de faux papiers, sans compter les exercices habituels : raids de cinquante à quatre-vingts kilomètres, close-combat, escalade, assaut avec cordes et grappins. Il y a même des gadgets, pas tout à fait James Bond mais presque : stylos boussole, crayons à retardement pour faire sauter une charge, valise radio. Rien à dire, les Anglais savent faire la guerre.

À la fin du deuxième mois, le major anglais me convoque :

« Bigeard, me dit-il, votre femme s'est présentée près du camp. Ce lieu est secret, vous aviez reçu pour consigne de n'en dévoiler l'emplacement à personne. En conséquence, je suis dans l'obligation de vous renvoyer. Je le regrette, car vous êtes l'un de nos meilleurs éléments. »

Je blêmis :

« Je ne comprends pas, je n'ai jamais rien dit à ma femme. »

Finalement il sourit.

« Allez, filez. Vous avez trois jours de permission. »

Soulagement. Rires. Sacrée Gaby ! Elle me dénicherait au bout du monde ! Elle a appris elle aussi à me suivre comme un vrai détective. Je ne m'en plains pas. Retrouvailles.

Le stage se termine. Je suis promu chef de bataillon, quatre galons. Je devrais recevoir une mission. Je vais enfin revoir ma patrie.

Mon nom de Résistance est « Aube ». Ma mission : « Le commandant Aube de l'armée française est nommé délégué militaire départemental de l'Ariège. En conséquence, il assumera les missions suivantes :

1. Conseiller technique des FFI.

2. Liaison entre les FFI, Londres ou Alger.

3. Commandement de tout le personnel français en mission venant de Londres ou d'Alger, et des services d'opération.

4. Financement du budget militaire dans la mesure où les fonds lui seront remis. »

Je dois sauter sur l'Ariège. Nous sommes quatre. Bill Probert, mon agent anglais, trente ans, beau comme un dieu, beaucoup d'expérience ; John Deller, vingt-huit ans, radio, un Canadien d'Ottawa, grand, blond, timide, avec un accent savoureux qui nous fait marrer ; Casanova, sergent-chef ariégeois, jeune, vingt-deux ans, petit, costaud. Et quelques moyens en matériel : une valise radio, des codes de camouflage, 500 000 francs en bons de la Défense, 50 000 francs en pièces d'or. Voilà avec quoi nous allons sauter sur la France ce 6 août 1944. À nous quatre, nous devons organiser la Résistance et mettre le feu aux poudres dans le département. Sacré programme !

L'Ariège, je n'y ai jamais mis les pieds, mais j'ai étudié une carte pendant des jours.

22 heures. L'avion décolle de l'aéroport de Blida. Il y a une trappe ronde dans la carlingue, au bord de laquelle il faut s'asseoir avant de se jeter dans le vide. Nous survolons Blida, la Méditerranée. Excitation du départ. Pas moyen de dormir. Nous nous préparons mais la météo est mauvaise, il faut rentrer. Atterrissage à Blida, je regagne l'hôtel. Je frappe à la porte de la chambre et j'entends sa voix :

« Qui est là ?

– C'est moi, Gaby. Ouvre ! »

Encore une nuit inoubliable.

Nous repartons quarante-huit heures plus tard par le même avion, avec le même équipage. Cette fois nous sommes épuisés. L'attente, la fatigue nerveuse. Nous dormons au-dessus de la Méditerranée. Le largueur nous secoue. Café. « Équipez-vous ! »

Ça y est, c'est la France.

À 1 heure du matin, la trappe est ouverte. Nous sommes assis au bord, les jambes dans le vide. Je saute le premier. *Go !*

Sous moi, les trois feux allumés par des maquisards. J'approche de la terre française. L'air est vif, froid, il efface toute la fatigue. Je me prépare au choc de l'atterrissage. Mais en guise de choc, rien ! Je ne sens pas la terre ferme sous mes pieds, et pour cause, je suis suspendu à un arbre, dix mètres au-dessus du sol. Des bruits, des hommes qui parlent fort. J'entends Probert qui gueule :

« Marcel ! Où es-tu ?

– Ok, Bill, là-haut ! »

Je déplie mon ventral, me dégrafe, me laisse glisser le long des suspentes. J'embrasse enfin la terre de France.

Ceux qui nous accueillent ne sont pas français. Je suis surpris. Ils sont espagnols. Leur chef, le commandant Royo, se présente. Il commence par nous fouiller, ne sachant pas si nous sommes vraiment des alliés.

Royo est le chef d'une bande d'anarchistes, guérilleros antifranquistes. C'est un petit homme d'un mètre soixante, noir de peau et de cheveux. Il est à la tête de deux cents gaillards, et il n'a pas l'intention de se laisser voler son pouvoir.

Je me retrouve à poil, mes armes et l'argent confisqués. Mes compagnons subissent le même sort. Probert est fou de rage : « Bravo pour l'accueil ! » Mais avec des fusils braqués sur soi, pas la peine de résister. Il faut s'expliquer. Je tâche de garder mon sang-froid. J'ai une lettre de service qui me désigne comme le chef de la mission. Pas question que je me laisse reléguer à un rôle subalterne. Et j'ai beau descendre du ciel, je ne suis pas le Père Noël.

Le commandant Royo donne un ordre. On nous embarque dans des voitures dont les portières ont été découpées et le toit enlevé, pour permettre le passage des armes. Nous suivons une route accidentée jusqu'à Merviel, hameau perché au-dessus d'une vallée. Les véhicules sont abandonnés, camouflés sous des branchages. Nous finissons le chemin à pied.

Le PC du maquis espagnol est une vieille ferme en ruine. Un petit déjeuner nous attend, café, pain, beurre. Réconfortant. Mais je pense à ma mission. Régler le problème de la répartition des responsabilités. Royo est un vrai chef. Je comprends vite à qui j'ai affaire. Je le respecte. Ses anarchistes républicains sont soumis à une discipline de fer. Pour eux, la lutte contre les Allemands fait partie de la lutte générale contre le fascisme. Ils veulent d'abord se débarrasser de Hitler, ensuite ce sera le tour de Franco.

Ne pas braquer Royo, mais ne rien céder non plus. Je dois lui faire comprendre que je suis en mission et que je suis forcé d'obéir aux directives du commandant des FFI, le général Kœnig, toujours à Alger. Si Royo refuse de l'admettre, nous sommes réduits à l'impuissance, otages de ses hommes.

Mais je mesure vite chez ce desperado de vraies qualités d'homme et de chef. C'est un professionnel du combat. Nous avons tout pour nous entendre. Je lui explique :

« Sans toi et ta troupe, je ne peux rien. Mais sans moi et mes compagnons, tu ne pourras pas surmonter tes problèmes, armer tes gars, les nourrir et préparer le combat contre les nazis. Notre intérêt à tous les deux est de nous entendre. Tu gardes le commandement de ton maquis, mais au combat, je serai là pour prendre la direction des opérations. Moi aussi je suis un soldat. »

Royo réfléchit un instant. Il hoche la tête.

« D'accord. Tu es un homme comme je les aime.

– Pour commencer, rendez-nous tout ce que vous nous avez pris cette nuit, les armes, le poste, l'argent. »

Il accepte. Ensuite, ensemble, nous faisons le point sur l'implantation de la Résistance dans la région.

Il y a le maquis espagnol, et deux autres maquis, l'un composé de FTP, communiste, mal armé, qui selon Royo pense surtout à la libération et à la prise du pouvoir dès que les nazis auront été battus. L'autre maquis, FFI, est apolitique. Il regroupe des types qui ont refusé le STO, une centaine, mal armés aussi, peu combatifs.

Royo m'apprend que les Allemands tiennent Foix avec une garnison importante, deux cents soldats environ, installés dans le château qui domine la ville et dans les bâtiments du lycée. Il y en a également à Ax-les-Thermes. Et à Saint-Girons se tient un bataillon de SS Mongols de l'armée Vlassov. « Des brutes, dit Royo. Il faudra compter avec eux. » Je prends des notes pour le rapport que j'enverrai à Alger. Le plus urgent est de permettre d'accélérer le rythme des parachutages pour équiper les maquisards du département.

Le jour suivant, j'entre en action.

J'ai des papiers qui indiquent que je me nomme Bugeaud, employé de banque. Je descends à Foix revêtu d'un costume civil. Pas très à l'aise quand je croise des Allemands. Je dois contacter le capitaine des douanes Gisquié. Il entretient d'excellentes relations avec l'occupant, alors qu'il joue en fait un rôle important dans la Résistance. C'est « le père tranquille », un bon père de famille, un peu comme Noël-Noël dans le film du même nom. Sa femme et son fils de quinze ans sont dans le secret.

Je retourne au maquis, muni d'un plan de la ville. Il y a vraiment des Français qui font leur devoir. Il faudra s'en souvenir au moment de la Libération.

15 août. La veille, les alliés ont débarqué sur les côtes de Provence. Les événements se précipitent. La Libération est proche. Nous n'avons plus droit à l'erreur.

CHAPITRE 6

La bataille de Foix

19 août. Nous décidons d'attaquer Foix.

Nous formons deux groupes de cinquante hommes.

Le premier groupe auquel j'appartiens, avec Royo et le major Probert, arrive du nord-est par la nationale 20, au début de l'après-midi. Nous avons choisi cette heure parce que c'est le moment où les Allemands, écrasés par la chaleur, relâchent un peu leur vigilance.

Le second groupe doit intervenir un peu plus tard par l'entrée ouest de la ville et la route de Saint-Girons.

13h30. Grenades, rafales de mitrailleuses. Nous partons a l'assaut. Les Allemands qui gardent le pont sont tués avant d'avoir compris ce qui leur arrive. Nous récupérons deux FM et pénétrons dans la ville. Les Ariégeois pigent au quart de tour. Ils rentrent chez eux, ferment leurs portes, leurs volets. De temps en temps quelqu'un nous avertit par une fenêtre entrouverte : « Attention ! Ils sont au coin de la rue ! »

Nous poursuivons la progression. Les Allemands, qui finissent leur déjeuner, ne comprennent rien. Nos armes tirent sans discontinuer. Nous sommes sûrs de notre coup. Les Allemands se replient vers le lycée. Il est 15 heures. Pas de nouvelles du détachement espagnol, qui devrait débouler par l'ouest. Il viendra finalement à 17 heures, par la route de Prayols, pour prendre les Allemands à revers.

Nous avons laissé une vingtaine de nos hommes à l'entrée de la ville pour assurer le contrôle en cas d'arrivée des renforts ennemis. Avec les autres, nous encerclons maintenant le lycée où les Allemands sont retranchés. Nous tirons des maisons voisines, planqués derrière les arbres. Il y a quatre tués et six blessés de notre côté dont un capitaine, chef de commando espagnol. Nous ignorons tout des pertes ennemies. Importantes à coup sûr à en croire la suite des événements. À 19 heures, un drapeau blanc apparaît au balcon du lycée. Je hurle pour qu'on m'entende de loin:

« Cessez le feu ! »

Le calme. Est-ce un piège ?

Nous avançons avec Probert.

« Si dans un quart d'heure vous n'êtes pas revenus, dit Royo, je fais donner l'assaut.

– Ok. »

Nous traversons l'esplanade, béret rouge sur la tête. Nous nous dirigeons lentement, prudemment, vers la porte du lycée qui s'ouvre devant nous. Moment inoubliable, à la fois mêlé de peur et d'un sentiment indicible de triomphe. Nous sommes accueillis dès l'entrée par une vingtaine d'officiers allemands qui nous saluent, main à la visière, talons joints. Nous leur rendons leur salut.

« Où est votre commandant ? »

Il est là, colonel rondouillard, une bonne tête de brave type, parlant un français impeccable. Il me donne son pistolet et m'informe qu'il est prêt à se rendre à l'armée régulière, mais non aux maquisards. Je le rassure. « Je commande des parachutistes largués dans le maquis. Je vous donne ma parole de soldat qu'aucun mal ne sera fait à vos hommes. »

Mon groupe sabre le champagne. La cave du colonel est excellente mais elle n'a pas dû lui coûter cher. Il me fait un peu pitié. Il pourrait être mon père. Bizarre, maintenant que nous sommes vainqueurs j'ai presque un sentiment de dégoût pour cette guerre. Toute cette violence, ces morts étendus au soleil. Des civils viennent regarder, certains détroussent les cadavres, les couvrent de crachats et d'insultes. Écœurant ! Je donne mes ordres au colonel :

« Il faut en finir. Vous avez trente minutes pour vous rassembler en ordre devant le lycée. Vous aurez droit à une valise. Vos officiers seront répartis dans six de vos voitures. Vos hommes utiliseront des camions.

– Bien, mon commandant, dit le colonel. »

Une demi-heure plus tard le convoi s'ébranle. Cent soixante-dix prisonniers, une trentaine de tués et de blessés. Nous les poussons vers notre repère dans le maquis. Les pauvres types devront marcher pendant deux heures avec leur valise sur le dos. Les Espagnols, pendant ce temps, pillent le lycée. Nourriture, vins, équipements, armements, jumelles. La victoire n'est pas toujours belle, mais ils ne pensent qu'à une chose, continuer la lutte en Espagne.

J'envoie par radio un message à Alger : « Garnison Foix anéantie, cent soixante-dix prisonniers, trente tués et blessés. »

La bataille de Foix n'est pas terminée pour autant. Les Allemands risquent de revenir et d'envoyer des troupes fraîches : leurs terrifiants Mongols. Nous postons des commandos de trente hommes à une vingtaine de kilomètres de la ville sur les axes menant vers Foix. D'autres unités sont en réserve, prêtes à intervenir s'il le faut. Nous ne nous faisons pas d'illusions : si les Allemands reprennent la ville, il n'y aura pas de quartier malgré notre moyen de pression : cent soixante-dix prisonniers détenus en pleine nature, dans la ferme des maquisards espagnols.

Le lendemain, 11 heures, installés dans l'enceinte du lycée, nous sommes informés qu'une colonne venant d'Ax-les-Thermes se dirige vers Foix. Trois commandos, une centaine d'hommes, embarquent dans les camions récupérés, direction Prayols au sud de Foix. Nous sommes en tête tous les trois, Royo, Probert et moi, dans la Mercedes du colonel, pour chercher un emplacement d'embuscade. Nous le trouvons un peu après Prayols, sur une route très encaissée. Énormes rochers sur les hauteurs, derrière lesquels nous pourrons nous planquer.

Une centaine de gars sont tapis et attendent depuis trente minutes, équipés d'armes automatiques, de mitraillettes, de grenades, bien abrités derrière les taillis et les rochers quand le convoi allemand arrive, aux premières heures de l'après-midi, roulant au pas.

Ils ont commis une erreur.

Quand on effectue un déplacement en zone d'insécurité, il faut faire escorter les véhicules par des fantassins qui se déplacent en avant, occupant les points élevés. Négligence fatale ! Les Espagnols laissent le convoi allemand s'engager dans la gorge avant d'ouvrir le feu. Ils concentrent leurs rafales sur le camion de tête et celui de queue, qui s'enflamment et bloquent le passage. Alors plus rien n'empêche le carnage.

Une heure plus tard, les cent vingt *Feldgrau* partis pour reconquérir Foix sont morts, en fuite ou prisonniers, agitant leurs mouchoirs blancs au-dessus de leur tête. À la tombée de la nuit, nous entrons dans Foix où déjà quelques résistants de la dernière heure s'excitent contre les vaincus pressés dans les camions, terrorisés à l'idée d'être lynchés. Pas beau à voir la vengeance de la foule, même si on peut comprendre les haines accumulées après quatre années d'occupation.

Mais la bataille est toujours loin d'être terminée. Vingt-quatre heures après, nous apprenons qu'un bataillon de Mongols est signalé à Saint-Girons et se dirige vers nous. Pas de temps à perdre. On nous les dépeint comme de vrais sauvages. Ce sont des transfuges de l'armée soviétique, recrutés dans des camps de prisonniers par le général Vlassov. Ils sont utilisés par les Allemands dans la chasse aux maquisards. Un peu partout en France ils ont commis des actes atroces. Si jamais ils débarquent à Foix, ce sera un massacre.

Je convoque les chefs de maquis, descendus en ville avec leurs hommes pour participer aux festivités d'une libération encore loin d'être acquise.

Je donne mes ordres :

« Faites distribuer à vos hommes tout l'armement nécessaire. Ensuite, départ immédiat direction Rimont. Il faut stopper ces SS ! »

Nous embarquons en bon ordre dans les camions. Espagnols, FTP, FFI : une armée de types inexpérimentés.

« Souhaitons simplement que ceux qui ne foutront pas le camp au premier coup de fusil ne nous tirent pas dans le dos par erreur, dit Probert. »

Et Royo d'ajouter :

« Heureusement, tu peux compter sur mes hommes. »

À midi, je fais débarquer mes unités à la sortie du bourg de Rimont. Les Mongols sont déjà là. Ils débordent par les hauteurs, vite et bien. Leurs tirs de mortier sont meurtriers. J'ordonne un décrochage immédiat et un regroupement à l'est du village. Ces sauvages viennent de brûler une partie des maisons et ont fusillé au hasard quelques habitants.

Pas de radio. La coordination du mouvement est difficile. La plupart des maquisards se sont volatilisés. Le colonel qui les dirige a disparu. Il a décampé à la première rafale. « Les ordres du commandant Marcel », a-t-il dit.

Nos véhicules sont planqués plus loin, derrière un coude de la route. J'ordonne un nouveau repli, protégé par quelques éléments retardateurs.

Tout va très vite.

Nous nous installons à l'entrée de Castelnau-Durban et transformons les premières maisons du village en blockhaus. Nous tenons les hauteurs sud et nord de la route, mais sommes en nombre insuffisant pour faire face à mille cinq cents Allemands fanatisés, rodés, rompus aux techniques du combat. Ils ont compris que nous allions opposer une résistance farouche : ils sont donc prudents.

Cinq heures que le combat fait rage. J'ordonne à Probert de décrocher avec une partie de ses hommes et d'aller s'installer en point d'appui à l'entrée de Castelnau-Durban. Il refuse. Il veut rester avec moi. « Vas-y, lui dis-je, je me débrouille bien tout seul. »

Pendant une heure, avec Royo et ses cinquante anarchistes, nous parvenons à contenir l'assaut ennemi. Au début de la soirée, nous sommes menacés d'encerclement. Nous fonçons jusqu'aux camions. Décrochage en voltige sous le feu des mitrailleuses, dans l'éclatement des torpilles de mortier. Les Mongols ont suivi, mais ils ne s'attendent pas à ce que nous soyons tous à l'entrée du village pour les arrêter. Grâce à la nuit tombante, nous pouvons viser les phares de leurs camions, cibles idéales.

Puis c'est le calme.

Nous entendons les blessés allemands râler dans les fossés. La nuit est très noire. Pas d'attaque avant le lever du jour. Quelques tirs sporadiques. Dès l'aurore, les Mongols progressent par le haut, débordent notre position nord. La situation dans le village devient critique. Royo et Probert décrochent avec le gros des effectifs. Je reste avec douze Espagnols et deux FM dans ma maison blockhaus. Nous tirons sur les Allemands qui progressent dans les hauteurs. Deux heures durant nous faisons face. Je ne sais pas ce que sont devenus mes camarades.

J'envoie deux guides repérer un chemin de repli à travers la garrigue, au sud du village. Avec Royo et les autres commandants d'unité, je répartis les missions. Il faudra tenir aussi longtemps que possible à l'entrée de Castelnau, puis opérer un repli général, sous la protection d'un élément retardateur. Puis nous devrons à nouveau nous installer en défensive, cinq kilomètres à l'est, à la hauteur du hameau de Vic, quatre ou cinq maisons qui marquent un coude à angle droit de la départementale 113.

Mes souvenirs sont précis. J'ai souvent revécu ces moments dans ma tête, même si je n'utilisais pas mes journées à ruminer le passé. C'est ma première vraie bataille en tant que chef.

Au lever du jour les Mongols progressent. Débordent notre position nord. Une heure plus tard, nouvelle attaque. Nous sommes planqués derrière les rochers. Nous les tirons un à un, comme à la foire. Les heures passent. Attaques moins nourries. À 18 heures, deux Allemands se pointent au milieu de la route. J'ordonne un cessez-le-feu et m'engage à leur rencontre. C'est le chef du bataillon et un interprète qui s'avancent vers moi. Sacré gars, ce commandant, sec, musclé, de la gueule. Il me dit :

« Je demande l'interruption des combats, le temps d'évacuer mes blessés. »

J'y vais au bluff et réponds aussi sec :

« Inutile. Rendez-vous. Nous sommes trois mille échelonnés entre ici et Foix, dont de nombreux parachutistes largués avec moi. Vous n'avez aucune chance. »

Ça sert d'être bon joueur de poker. Il hésite. Mon coup de bluff a l'air de fonctionner. Il hésite encore, pour finalement accepter de capituler sous réserve de rendre toutes ses armes inopérantes, pour ne pas nous les laisser. Je fais semblant de réfléchir :

« Ok. »

Quelques explosions, quelques rafales. Ils vont détruire environ la moitié de leur matériel. Je jubile. S'ils savaient que nous ne sommes qu'une poignée pour les empêcher de rentrer dans Foix !

Le bataillon allemand est rassemblé. Des gueules de brutes. En ordre, sans armes, ils embarquent dans les camions, encadrés par quelques maquisards.

3 heures du matin.

La population de Foix nous attend. Ça sent la victoire. Un goût amer pourtant. Mille deux cents prisonniers et soixante tués chez les Allemands. Chez nous, quarante tués et blessés. Plus tout ce qu'on ne dit pas : la souffrance, l'horreur d'avoir passé ces heures à massacrer et à voir tomber les gars tout près de nous.

22 août 1944. Deux semaines après notre largage, nous sommes maîtres du département.

C'est fini. Nous devons une fière chandelle au commandant Royo et à ses guérilleros, ainsi qu'à quelques FFI courageux qui n'ont pas hésité à tout risquer.

Je m'installe avec ma mission au château de Loquié, ex-PC de la Gestapo. Maintenant il faut organiser la Libération. Après le temps des soldats va venir celui des politiques. J'y suis moins à l'aise.

Je ne pensais pas que la bassesse humaine pourrait aller jusqu'à ces débordements dont nous avons été témoins les jours suivants. Règlements de comptes, exécutions sommaires, femmes tondues pour avoir collaboré ou couché avec les Allemands... Tant bien que mal nous essayons d'empêcher les pires horreurs. Mais que faire ? Cela dépasse notre mission. Et puis il y a les visites de ceux qui veulent glaner des renseignements, obtenir un papier, une attestation de bonne conduite dans la Résistance...

J'ai un accrochage avec le chef FTP du département. J'avais demandé sa présence au combat de Rimont, mais il avait déguerpi pendant le coup de feu. Maintenant il tient des meetings sur la place de Foix, il plastronne, il pousse ses pions. Je le traite de lâche et de pauvre type. Ça ne l'empêchera pas de placer ses camarades communistes aux postes clés du département. Seul de Gaulle saura arrêter cette poussée rouge, qui risqua de prendre le pouvoir en France dès la Libération, en envoyant des préfets, des hommes à lui pour imposer le nouveau gouvernement de la France.

Je rends compte de la situation à mon supérieur direct, le délégué militaire régional du PC de Toulouse. Lui aussi a maille à partir avec les communistes qui cherchent à s'imposer.

Pour faire oublier la présence de la Gestapo pendant des mois et venir en aide aux sinistrés de Rimont, nous organisons une soirée dans le château. Nous invitons en particulier les gens riches. Nous réussissons à collecter 300 000 francs. Mon parachute est mis aux enchères. Adjugé ! 40 000 francs. Nous sommes les héros, les vedettes. Je n'en tire nulle gloriole. Je sais trop quel en a été le prix.

La presse parle de nous en termes flatteurs. Nous sommes les trois mousquetaires alliés, l'Anglais, l'Espagnol, le Français. Royo est un héros, chef de bataillon de ses guérilleros à la reconquête de l'Espagne, fraternité des armes. Long article sur Probert, roi du désert promu lieutenant à Tobrouk, et sur moi, commandant de carrière Bigeard, chef de la mission.

Royo me demande de partir avec lui pour l'Espagne, comme général de brigade : « Paris vient d'être libéré, me dit-il. La guerre se termine. Qu'est-ce que tu vas faire ? Retourner travailler dans une banque ? Viens avec moi ! Ne va pas reprendre ta place derrière ton guichet ! Je t'invite dans mon pays. Je t'offre la reconquête ! Nous entrerons dans Barcelone sous les fleurs, nous pendrons les fascistes et les curés, puis nous marcherons sur Madrid. La foule nous suivra. »

En attendant, il ne songe qu'à piller le maximum de matériel allemand pour repartir dans ses maquis espagnols. Je l'écoute, mais il ne me convainc pas.

Il retournera là-bas et y mourra. J'apprendrai la nouvelle avec chagrin, quelques années plus tard.

À présent, c'est la fête. Nous recevons des visites galantes, les filles aiment les héros. Probert a fait fondre le cœur d'une très belle petite blonde. Mon Canadien passe de l'une à l'autre avec appétit et regrette que de si jolies filles aient été tondues. Nous avons récupéré des voitures pour notre usage personnel : Bill une traction avant, moi un coupé Mercedes décapotable.

Mais il est temps de quitter l'Ariège et de rallier, à Paris, la direction générale Études et Recherches, dirigée par

Soustelle. Prise d'armes sur la place de Foix. Je remets quelques Croix de guerre, et adieu.

Je ne reviendrai en Ariège que vingt-deux ans plus tard, pour assister à la manœuvre d'un de mes régiments. Je serai reçu en ami par le maire et retrouverai, avec beaucoup d'émotion, la vieille ferme qui nous a servi de repaire dans le maquis. Mais la page est tournée. La vie continue.

Chapitre 7

L'école du Pyla

Je quitte l'Ariège, pas peu fier, au volant de ma Mercedes rutilante, direction Toulouse. Dans chaque village traversé, des acclamations, des parachutes blancs peints sur les portières.

Mais à Toulouse l'ambiance n'est pas à la rigolade. Les militaires, et en particulier les parachutistes arborant la croix de Lorraine, ne sont pas bien accueillis. Les communistes règnent sur la ville. Le délégué militaire, parachuté quelques semaines plus tôt, est purement et simplement ignoré des autorités locales. Il me reçoit avec chaleur et sympathie.

« Je vous ai proposé pour la Légion d'honneur, me dit-il. Voici le texte que j'ai adressé à Alger. Il me le lit à haute voix : "Le commandant Bigeard, sous le pseudo de Marcel, est devenu pendant les journées de libération de l'Ariège un héros légendaire dont le renom a dépassé les frontières du département." »

J'en reste stupéfait ! Un héros ! Si mes vieux pouvaient lire ça !

« Et maintenant, me dit-il, qu'allez-vous faire ?

– Rendre compte à mes supérieurs. Le BCRA est devenu la BGER et vient de s'installer dans Paris libéré. Je vais essayer de décrocher une autre mission.

– Bonne route. Et bonne chance. »

Je repars pour Paris que je découvre pour la première fois. Je me sens un peu perdu avec ma Mercedes au milieu de cette circulation.

Je fais le rapport de ma mission et restitue les fonds mis à ma disposition. Les officiers sont logés au Claridge, sur les Champs-Élysées. Après les épreuves traversées, une impression de luxe incroyable. Nous sommes traités comme des nababs. Bill Probert, qui est avec moi, accompagné de sa charmante conquête blonde, me propose pour la *Distinguished Service Order*, une décoration prestigieuse.

Il écrit : « Le commandant Bigeard organisa une embuscade avec douze hommes et des FM, stoppa l'avance allemande, permettant aux maquisards démoralisés et battant en retraite de se regrouper pour se rétablir sur une nouvelle position. »

Je ne recevrai cette distinction que quelques années plus tard, des mains de l'ambassadeur d'Angleterre à Paris, qui avait d'abord convoqué un Bigeard de la Marine tout surpris d'apprendre sa participation à la Résistance.

À Paris la vie est belle. Trop belle. Ce n'est pas ce que j'aime. Les mondanités, très peu pour moi ! Nous sortons, dînons dans des restaurants, et il y a le marché noir où tout est disponible en abondance, pourvu qu'on paie. Nous retrouvons des camarades parachutés en France pour d'autres missions.

Un soir, dans une boîte, nous dînons à côté de Raimu, Marie Bell, Édith Piaf. Un capitaine para traite Raimu de bourgeois, de planqué, de profiteur. Raimu réplique d'une voix tonitruante : « Taisez-vous, galopin ! » Je m'interpose, et dis à Raimu toute mon admiration. Un peu plus tard je danse avec la Môme Piaf, ses cheveux frisés m'arrivent à la taille. Quel chien elle a ! Moi, le petit gars de Toul, je la tiens dans mes bras ! Je n'en reviens pas.

Justement Toul : j'y pars en permission. Je dis adieu à Probert, avec qui j'ai partagé tant de bons et de mauvais moments. Parfois il me reproche en rigolant de ne pas parler anglais. Il doit faire des efforts pour qu'on le comprenne en français. Sacré Bill ! Pendant douze ans je n'aurai aucune nouvelle de lui. Au retour de captivité, après Diên Biên Phu, je le retrouverai, toujours le même, beau et élégant, à ma descente d'avion. Il sera l'un des rares à nous rendre hommage : « Hello, Marcel, comment vas-tu ? Tu es devenu une vraie vedette ! Il est facile de te suivre par la presse. Je tenais à voir dans quel état les Viets te libéreraient. »

Il viendra passer une semaine en Lorraine, dans ma petite maison, accompagné de sa femme. Nous reparlerons de l'Ariège, de nos aventures, mais jamais je ne pourrai savoir ce qu'il fabrique vraiment. Agent secret ? Peu importe.

En Lorraine, pendant ma permission, c'est l'automne, le brouillard, le froid. Mais je suis chez moi, heureux. Je roule dans ma Mercedes sur des routes familières. J'imagine la surprise de mes parents, sans nouvelles depuis si longtemps.

Rue de l'Abbaye. La petite maison aux volets verts. Toul vient d'être libéré par les Américains. En me voyant, ma mère me serre dans ses bras, comme si j'étais encore un gamin. « Marcel, c'est toi ! » Papa tire sur sa cigarette roulée. Son œil s'éclaire de joie. Quatre galons, parachutiste. La vieille dure à cuire fond en larmes. Je ne suis pas loin de faire pareil. C'est vrai que je suis para, j'aurais du mal à le cacher : il y a même deux parachutes blancs peints sur ma voiture. Un peu bête et dérisoire peut-être, mais qui n'a pas été jeune ?

La nouvelle de mon retour se répand dans le voisinage. Toutes les vieilles du quartier qui m'ont connu gosse déboulent pour m'embrasser. Il faut que je raconte mes exploits. Maman est fière de moi. Je pense à Gaby, seule à Alger. Encore des moments qu'elle n'aura pas partagés avec moi. Chienne de guerre, fichu métier parfois !

Des articles dans les journaux du coin, ma photo en grand chez le photographe de la ville. Des titres racoleurs : le retour du héros, de l'enfant prodigue ! Du calme. Éviter de prendre la grosse tête et de s'y croire. Je n'ai jamais aimé les types qui crânent. Ni les faux modestes d'ailleurs. Rester lucide. On fait son boulot, c'est la moindre des choses. Le mieux possible, c'est un minimum. Pour le reste, tout est beaucoup affaire de circonstances, de baraka. Et aussi de courage quand on a la chance d'en avoir. Je n'en ai jamais voulu aux types qui ont peur, la peur est naturelle. Mais je n'aime pas les lâches qui essaient de ramasser la mise après avoir déguerpi ou refusé de se battre. J'ai l'air de ne rien aimer, si : j'aime par-dessus tout la justice.

Fini la perm. Je rentre à Paris. J'espère vite recevoir une nouvelle mission. J'en ai marre de jouer au héros. J'obtiens une autorisation pour aller rejoindre Gaby à Alger, et prends place dans un avion qu'on met à ma disposition. Avantage sur lequel je ne crache pas, je l'ai un peu mérité. Je télégraphie : « Arrive. »

Retrouvailles. Tant de semaines, séparés. Elle me dit :

« Tu as été sérieux, au moins ?

– Je n'ai songé qu'à cet instant. Prépare vite tes affaires, nous rentrons à Paris. »

Nous dînons dans un restaurant du bord de mer, nous dansons un peu sur *Bésame mucho*. Puis la nuit…

À Paris, je reçois ma nouvelle mission. La guerre n'est pas finie. Je dois créer une école de type anglais dans la région de Bordeaux pour regrouper les officiers FFI du Sud-Ouest, qui devront y effectuer un stage de trois mois pour faire homologuer leur grade. Ce qui signifie en éliminer un certain nombre, et proposer les autres au grade de lieutenant ou de capitaine. On peut me faire confiance pour bien choisir et jauger rapidement la qualité des hommes. Ça, je sais bien le faire. On me donne d'ailleurs carte blanche.

Je roule vers Bordeaux avec ma Mercedes immatriculée M-G 6.1.42. Si je donne cette immatriculation, et si je ne peux pas l'oublier, c'est qu'il y a une bonne raison : ma plaque signifie M pour Marcel, G pour Gaby, et la date de notre mariage.

Une dizaine d'années plus tard, de retour d'Indochine, je me déciderai à aller aux Domaines pour leur expliquer cette immatriculation fantaisiste et demander à racheter la voiture, ma prise de guerre. Elle me sera vendue, pour la forme, à un prix dérisoire.

Aux environs de Limoges, je renverse une vieille dame de soixante-dix ans. Elle a traversé la route comme si elle voulait se jeter sous ma voiture. Elle est K.-O., grosse bosse à la tête, jambe brisée. Je la transporte à l'hôpital, décline mon identité.

Quatre ans plus tard, dans un maquis indochinois encerclé par les Viets, j'apprendrai par courrier parachuté que l'on me maintient *en liberté provisoire* suite à cet accident ! Au retour, non-lieu. J'ai cherché à savoir ce qu'était devenue cette pauvre grand-mère. Complètement rétablie et en bonne santé. Soulagement. Je n'ai jamais eu d'autre accident. La route n'est pas un champ de bataille, il ne faut pas être tendre avec les marioles du volant.

À Bordeaux je retrouve le colonel Constans, chef des missions parachutées depuis Alger. C'est lui qui a tenu à me donner ce commandement, ayant eu vent de mes « exploits » en Ariège. Époque bénie. Militaires, parachutistes, nous avons tous les droits, pas pour en abuser mais pour agir. Je réquisitionne l'hôtel Haitza et une dizaine de villas au Pyla, près d'Arcachon. Lieu magnifique au milieu des pins, en bord de mer.

Je prépare mon affaire, je fais mes plans, évalue les moyens nécessaires. Bordeaux me suit. Il y a urgence. Intérêt à clarifier au plus tôt la situation de ces officiers FFI : il faut séparer le bon grain de l'ivraie.

On me donne pour adjoint le capitaine de réserve Castaing, dit Michel. Il a suivi l'entraînement en Algérie avec moi, a été largué en France avec une autre mission. Plus une vingtaine d'officiers cyrards qui n'ont pas fait la guerre, et quelques sous-officiers pour compléter mon encadrement. Nous disposons des véhicules nécessaires. Des bateaux pneumatiques récupérés dans les stocks allemands serviront pour les exercices de débarquement. J'ai quelques crédits pour engager serveuses et blanchisseuses. C'est que je dois nourrir, loger et habiller deux cent cinquante officiers.

Les choses s'organisent vite. Chaque matin les couleurs montent en haut du mât. J'installe salles de conférences, d'éducation physique, d'exercices à l'explosif. Je fais venir de Bordeaux une carlingue de Dakota pour l'entraînement parachutiste et fais même installer un ring où parfois je « m'explique » avec les stagiaires.

Une ambiance du tonnerre. Je ne ménage personne. Les FFI comme les autres. Un sacré régime. Décrassage dès l'aube, instruction dans le style anglais, tir, manipulation d'explosifs, raids de trente puis de quatre-vingts kilomètres, Castaing et moi en tête. Exercices de débarquement au Cap-Ferret. Castaing est un coéquipier de première, malgré sa petite taille et ses cinquante-cinq kilos. Toujours ensemble, notre contraste physique amuse les stagiaires.

Heureux dans cette mission. Ça tourne rond. Aucun mal à m'imposer auprès des hommes. Je pense parfois à ma vie d'avant, petit employé de banque. Ce n'est pas si vieux. Le soir, les gars chantent, improvisent des paroles sur des chansons d'école.

Gaby me rejoint. J'ai un peu mieux à lui offrir que la case de Bandia. On m'a installé dans la somptueuse villa d'Annabella et de Jean Murat, en bord de mer. Annabella, mon actrice préférée. Qui m'aurait dit qu'un jour je logerais dans sa maison ! J'emmène mes stagiaires à la pointe de Grave, encore tenue par les Allemands. Baptême du feu pour beaucoup. Ça me permet de détecter les plus courageux. Je suis en tête. J'ai une réputation à défendre.

Six mois passent. Menés à la dure, mes stagiaires deviennent des combattants aguerris, sportifs, capables de toutes les missions. Car il va bien falloir repartir pour débarrasser la France de ce qui reste d'Allemands sur son territoire.

8 mai 1945. Capitulation de l'Allemagne. La guerre en France est finie. Les militaires vont rentrer dans le rang. L'administration reprend les affaires en main. J'espère garder mon grade de commandant. Mes supérieurs proposent de me reconduire avec mes quatre galons. Mais la décision tombe. Je suis nommé capitaine d'active. Je n'ai que vingt-neuf ans. C'est réglo. Adjudant en 1942, capitaine en 1945 : pas mal comme parcours !

Quelques jours à Toul, puis j'apprends que je suis affecté au 23e régiment d'infanterie coloniale à Villingen, en Allemagne occupée. Accueil plutôt frais. On me considère comme un FFI. On doit partir pour le Japon, mais le 5 août 1945, la bombe atomique vitrifie Hiroshima et Nagasaki. Le Japon capitule. Le 9e DCI n'ira pas dans cette région de l'Asie, mais je ferai partie plus tard du corps expéditionnaire pour l'Indochine. Une autre histoire commencera pour moi.

CHAPITRE 8

L'Indochine

Octobre 1945. J'embarque à Marseille avec ma compagnie pour l'Indochine. Gaby est enceinte. Je ne verrai sans doute pas naître l'enfant qu'elle porte. Je fulmine et me répète que je fais un chien de métier. Mais je n'en voudrais pas d'autre.

Les Japonais ont décampé d'Indochine après avoir occupé plusieurs années ce pays, qui fait partie de l'empire colonial de la France. À leur départ, le 2 septembre 1945, Hô Chi Minh a déclaré le Vietnam indépendant. Des PC viets surgissent un peu partout, il s'agit de rétablir la présence française.

Je ne sais tout ça que très vaguement. Le Japon a capitulé, le Viêt-minh déclare l'indépendance, mon devoir est d'aller là où la France se bat. J'y vais pour remplir ma mission, fier d'aller servir sous les ordres du maréchal Leclerc.

Leclerc, un seigneur, un grand chef, une volonté farouche, un gradé proche de ses hommes. Et une carrière magnifique :

campagne de France, prisonnier en Allemagne, évadé, rejoint de Gaulle à Londres, puis c'est l'épopée de la 2e DB : le Tchad, l'Afrique du Nord, la Libération de Paris.

Nous embarquons sur le *Stamford Victory*, un transport de troupes délabré où nous sommes entassés, serrés comme des sardines. Une chaleur à crever. Chaleur humide, moiteur. De temps en temps on monte sur le pont pour respirer. Voyage interminable. Pour tuer le temps avec mes lieutenants, nous entamons une partie de poker qui durera trois semaines. À la fin, certains me doivent plusieurs mois de solde. Ils m'offriront un bon repas à l'arrivée et on n'en parlera plus.

Pendant le voyage, nous en apprenons un peu plus sur les événements au Vietnam. Les Anglais et les Chinois, chargés de désarmer les Japonais, sont présents depuis septembre 1945. Le maréchal Leclerc, qui dirige le corps expéditionnaire français, est arrivé début octobre. Il a commencé à dégager la Cochinchine avec ses chars. Les Viets se sont repliés provisoirement dans la jungle. Notre mission : l'épauler, finir le travail, achever la pacification.

Novembre. Je foule le sol indochinois pour la première fois. Saigon, la Cochinchine. Je vais passer là mes plus belles années. Ce pays me marquera à jamais. Je vais y attraper le mal jaune, selon l'expression de mon ami, le grand journaliste Jean Lartéguy. Le Tonkin… le Pays Thaï…

J'installe mon bataillon en point d'appui fermé à Gia Dinh, à quelques kilomètres de Saigon. Mille hommes confinés dans un minuscule village. Je me sens mal à l'aise, je tourne en rond. Les ordres de la hiérarchie me semblent absurdes. Enfin une mission nous est confiée : pacifier la plaine des Joncs.

Nous patrouillons dans les villages, fouillons les planques d'armes dans les rizières. Résultats décevants malgré le bourrage de mou du haut commandement. Aucun village ne nous résiste, parce que l'ennemi a fui à notre approche et revient après notre départ. En fait, nous brassons de l'air. Pas ainsi qu'il faut s'y prendre. Nous ne sommes plus en guerre contre l'armée allemande mais face à une guérilla mobile, insaisissable. Je connais ces méthodes, je les ai pratiquées moi-même en Ariège.

Trois ou quatre mois passent ainsi. Début mars 1946, le maréchal Leclerc a reconquis toute la Cochinchine et l'Annam avec des éléments de sa 2e DB. Il sait que le principal problème reste le Tonkin. La situation y est confuse. Le Viêt-minh occupe le terrain. Les Chinois, en principe nos alliés, aussi. Ils sont venus désarmer les Japonais, mais ils s'attardent… Un traité a été signé avec eux, on peut débarquer. Le 23e RIC fait partie des premières troupes qui arrivent à Haiphong. On remonte sur des barges le long de la Cochinchine, puis l'Annam et le Tonkin. Mille cinq cents kilomètres.

Le 5 mars 1946, nous sommes dans la baie d'Haiphong. Demain nous débarquons. Leclerc veut rassurer les milliers de Français présents, qui ont beaucoup souffert de la situation. Et intimider les Viets. Nous devons être impeccables. Sur le pont nous contemplons ce Tonkin plein de mystères.

Soudain, des tirs d'armes automatiques et de canons. Une barge de débarquement brûle devant moi. Le lieutenant Ciais, médecin du bataillon, est touché. Il prend son pouls régulièrement et me dit : « Bigeard, plus que dix minutes à vivre. » Puis un peu plus tard : « Plus que cinq minutes. » Et il meurt.

Les Chinois continuent de nous canarder. Mon radio est coupé en deux par un obus. Au bout d'une heure, Leclerc donne l'ordre de riposter. Les canons du *Triomphant* crachent à leur tour leurs obus. Mouche ! Les Chinois volent, explosés ! Ils hissent le drapeau blanc. Discussions. Ils affirment que c'était une erreur. Personne ne les croit.

Le 8 mars. Nous accostons. Les Français nous accueillent en liesse, soulagés par notre arrivée. Nous sommes les héros qui ont libéré la France, nous allons les protéger. Le calme revient. Situation bizarre, c'est comme à Saigon. Nous sommes des dizaines de militaires postés à des carrefours. Je trouve ça un peu fort : avoir été parachuté sur les Allemands, avoir libéré l'Ariège, et je me retrouve agent de police, en train de faire la circulation ! Pour parler clair, un beau merdier ! Les Chinois sont toujours là, et nous sommes obligés d'accepter de nous laisser fouiller quand l'envie leur prend. Agaçant et humiliant !

Pendant ce temps, Leclerc est parti à Hanoi négocier avec Hô Chi Minh. Il sait bien que malgré la présence de nos troupes la situation est bloquée. On ne peut s'opposer à un peuple qui veut son indépendance. Avec l'expérience de la France face à l'Allemagne, j'étais bien placé pour le savoir, et l'avenir allait le prouver sous toutes les latitudes.

Des accords provisoires sont signés. Français et Tonkinois cohabitent, on fait des patrouilles mixtes, marsouins et Viets ensemble. C'est une entente de façade, nous savons que nous sommes ennemis et que dans peu de temps nous allons nous opposer par les armes.

Haiphong, c'est quand même la belle vie, si l'on aime ce genre de détente. Mais un télégramme m'annonce la naissance de notre fille Marie-France, un vrai coup de tonnerre qui me ramène aux réalités, sans faille. Sérieux, comme dit Gaby. Ce sera d'ailleurs ma seule ligne de conduite. En amour comme à la guerre, il ne faut pas tricher.

La situation à Haiphong me pèse. Impression d'inutilité. J'apprends que Quilichini, un des hommes de Leclerc, trente-quatre ans, lieutenant-colonel, demande des capitaines pour aller en Haute Région où les combats continuent. Il s'agit d'encadrer les troupes françaises qui ont dû se replier avec le général Alessandri en Chine, devant l'offensive japonaise de mars 1945. Je me porte immédiatement volontaire.

1er juillet 1946: j'embarque à l'aéroport de Cat Bi, direction Diên Biên Phu. Je survole le Pays Thaï. Un chaos de montagnes, d'arbres gigantesques, qui forment une masse végétale impénétrable, un spectacle fabuleux. Le Dakota se pose. Premier contact avec ce pays. Une merveille. Petite vallée paisible, habitants souriants.

Je rejoins Quilichini à Tuen Chau. Il m'explique la mission: « Vous ferez des commandos avec les repliés de Chine, vous rayonnerez sur les arrières des Viets. »

Ça me convient. Enfin l'action, des ordres clairs, une mission à ma mesure. Mes hommes, au nombre d'une centaine, viennent de plusieurs compagnies. Ces rescapés de la débâcle chinoise sont en guenilles, fatigués, pieds nus, vidés par la dysenterie. Mais leur armement est nickel. Je sens qu'ils en veulent, besoin de revanche pour effacer leur défaite devant les Japs.

Je forme quatre commandos de vingt-cinq hommes. Nous partons à trois ou quatre unités, avec en moyenne une ou deux sorties par semaine. Nous marchons des nuits entières, cadence commando, pour attaquer les Viets au petit matin et nous replier grâce à des itinéraires étudiés à l'avance. Travail fait proprement, les attaques éclair sont minutées, les replis impeccables.

Les Viets, maintenant, c'est nous. Nous avons leurs méthodes, presque la même tenue. Je suis habillé comme mes hommes, en short, pieds nus, grenades à la ceinture, carabine en bandoulière. Pas une tenue très réglementaire ! Nous ressemblons à des Indiens sur le sentier de la guerre, mais l'important est que ça marche. Le moral est là, formidable, les actions efficaces. Pendant quatre mois nous semons la terreur chez les Viets. Je me sens bien, à l'aise, comme chez moi dans ce pays fantastique.

En octobre, fin du séjour pour mes hommes. Ils doivent repartir. On se quitte à regret. Ils m'ont appris à vivre dans cette nature impitoyable et magnifique. Ils ont retrouvé leur honneur et leur fierté. Ils rentrent chez eux en bouclant leur séjour indochinois sur des victoires.

Je reste. Hô Chi Minh vient de passer l'été en France pour négocier l'indépendance. Ça n'a rien donné. Juste un *modus vivendi* jusqu'en janvier 1947. Un sursis pour rien. Nous savons qu'il va falloir se battre.

Le 20 novembre, après plusieurs incidents, notre flotte bombarde le quartier tonkinois d'Haiphong. En décembre, c'est l'insurrection générale.

Je commande maintenant la 3e compagnie du bataillon autonome thaï. Environ quatre cents hommes, solides, entraînés, qui connaissent bien la région, avec quelques officiers français pour les encadrer. Des jeunes cyrards qui ont peu combattu mais que je formerai vite à mes méthodes. Nous devenons la « colonne Bigeard ». En moins d'un an, nous allons reprendre aux Viets la totalité du Pays Thaï noir. Soutien sans faille de la population.

Les Thaïs sont un peuple à part, avec leurs chefs, leurs seigneurs, leurs coutumes. Ils n'aiment pas les Tonkinois. Dans chaque village nous sommes accueillis comme des libérateurs. Nourris, logés, fêtés. J'ai retrouvé certains d'entre eux, dans ces régions, quand je suis retourné au Vietnam en 1994. Ils m'ont réservé le même accueil. Toujours aussi émouvant. Mais je reviendrai plus loin, dans ce livre, sur ce séjour plus récent.

En décembre 1946, je reçois l'ordre de reprendre Son La sur la route coloniale 41 qui traverse la Haute Région tonkinoise. Je répartis mes hommes en quatre commandos. Les Thaïs nous ont ouvert des pistes inconnues des Viets. Nous marchons deux jours sans nous arrêter, traînant avec nous des mortiers, des radios, des obus. Le 2 janvier 1947 au matin, nous sommes à Muong La. Nous observons les Viets à la jumelle puis installons les mortiers sur les hauteurs. Tirs d'obus. Deux de mes sections passent à l'assaut et s'emparent facilement du village. Nous continuons à marche forcée sur Son La, petit village au pied d'un piton rocheux. J'installe mes commandos de chaque côté. Un autre est chargé de faire diversion et arrive par la RC 41. Les Viets sont pris dans la nasse. Ils foncent sur la route. Nous déboulons en hurlant. Nous sommes dans leur dos. Surprise totale. Leur garnison est anéantie. Cent vingt tués ou prisonniers. Chez nous, pas de pertes.

Je ne reste que vingt-quatre heures dans ce village. Nous poursuivons notre avance et prenons en trois semaines Nasan et le col de Conoï.

Début février, nous sommes dans les parages de Yan Chau et Ban Thin. Le moral de la colonne Bigeard est extraordinaire. Nous avons dégagé des dizaines de kilomètres de terrain. Toujours la même tactique : renseignements, marche de nuit, arrivée près de l'ennemi à l'aube, puis diversion et attaque par les hauteurs. C'est une vie de guérilla, d'aventures, de marches dans la montagne par des pistes impossibles. Effort constant, mais expérience extraordinaire. Nous perdons des hommes. Il faut récupérer. Je décide un repos d'un mois à Ban Thin. J'en profite pour régulariser la situation administrative, je complète l'instruction des hommes et renforce l'effectif par un apport de partisans.

Le 2 avril 1947, nos émissaires nous annoncent un important mouvement viet à quelques kilomètres. Deux solutions : partir de nuit, en douce, ou se préparer à les affronter. Je choisis le combat. Notre défense est solide, ce sera une bonne expérience pour mes soldats habitués surtout à l'attaque.

Le 4 avril, à 2 heures du matin, ils nous tombent dessus. Nous sommes prêts. Huit heures de combat. Tirs d'armes automatiques. Lancers d'obus. Les Viets finissent par décrocher. Je reprends l'offensive. Nous continuons d'avancer. De longues journées de marche, quelques heures de sommeil à même le sol, des boules de riz froid pour toute nourriture, les attaques à l'aube. Nous prenons, dans un même mouvement, Dan Na Nga, Tu Nang, Muong Lum.

Le 3 mai, nous construisons des radeaux pour franchir la rivière Noire face à Van Yen. Le village tombe le 8 mai 1947. Depuis un mois je vis comme un seigneur de guerre, isolé avec mes hommes. Je n'ai pas rendu compte des événements à mes supérieurs. J'envoie un simple message : *Van Yen pris !*

Ce sont des semaines triomphales. Rien ne nous résiste. Nous sommes invincibles, souples, invisibles, résistants, forts comme des tigres. La prise de Van Yen et le dégagement de Moc Chau au sud par d'autres unités marquent la libération quasi totale du Pays Thaï. J'y établis mon PC pendant quelques mois. Mes sections s'installent dans la vallée de la Suôï Toc, jusqu'à Kouê Lang. Liaisons radio, réseau de renseignements bien organisé, contact permanent avec la population thaïe, qui nous est acquise. Je mets à profit ces quelques mois pour ramener la paix dans le pays et mener quelques raids contre les Viets.

Tout ne va pas sans coups durs.

Un souvenir : trois fois par mois, j'envoie des hommes chercher courrier et munitions à Moc Chau. Un jour, le lieutenant Guilleminot part à la tête d'un groupe de partisans. Ils reviennent le lendemain sans lui, et m'expliquent qu'ils sont tombés dans une embuscade près de la rivière Noire. J'accuse le coup. Persuadé d'avoir perdu mon lieutenant, remarquable officier. Quelques heures plus tard, il déboule dans une tenue bizarre, une espèce de pyjama fabriqué avec un parachute. Les Viets l'ont capturé dans cet accoutrement ; dans l'obscurité, ils ont cru que c'était une jeune femme thaïe et l'ont laissé repartir. On a la baraka ou on ne l'a pas ! Je l'engueule, je lui demande s'il croit qu'on fait la guerre en pyjama et lui colle quinze jours d'arrêt. Bidons, bien sûr ! Je le serre dans mes bras, je rigole. Lui aussi. Jaune !

Automne 1947, c'est bientôt la fin de mon séjour. Je veux partir sur un coup d'éclat. On m'indique la présence d'un PC viet et d'un bataillon à quarante kilomètres de notre base. Les Thaïs proposent de nous guider, ils sont sûrs de ne pas être repérés.

Je prends cent hommes avec moi, et nous marchons pendant trois jours. Nous arrivons enfin à deux kilomètres du PC ennemi. Un peu de repos avant l'attaque, rapide briefing, puis nous partons à l'assaut. Nous nous ruons sur les Viets, appuyés par les mortiers de 60. Quinze minutes plus tard, repli. Nous laissons vingt Viets sur le terrain et revenons avec six prisonniers. Pas un blessé chez nous, sauf moi, légèrement touché par un éclat de grenade dans le cou. Marche forcée pour le retour. À Van Yen, j'entends mes hommes dire : « Le vieux a encore réussi son coup. »

Le « vieux » ? J'ai à peine trente ans, mais ces paroles me touchent.

Adieux émouvants à toute mon équipe. Le lieutenant Logier, mon adjoint, fait tirer toutes les armes au moment où je me suis éloigné d'une centaine de mètres. Je pars sous les balles et les tirs d'obus. Exactement le style de cette année de bandera dans la brousse.

20 septembre 1947. Après un long voyage, je suis à Orly. Gaby m'attend avec notre fille Marie-France qui a déjà presque deux ans. Je ne l'ai jamais vue bébé, nous faisons connaissance. À Van Yen, dans mon PC, j'avais accroché son portrait à un grand drap blanc. Mais les photos, les souvenirs, ça ne remplace pas la présence physique, bien sûr. La chaleur de ce petit bout de chou dans mes bras me fait fondre. J'ai vu tant de morts ! Cette nouvelle vie me bouleverse.

CHAPITRE 9

Deuxième séjour. Le Pays Thaï

Je passe quatre mois de permission chez moi, à Toul, avec Gaby et la petite Marie-France. Heureux d'être là, triste aussi. Papa est rongé par le cancer qui va l'emporter. Maman tient le cap, toujours autoritaire. Difficile de se réhabituer à cette vie. Tout semble étroit, étriqué, gris. La nourriture trop riche me rend malade, je ne peux avaler que du riz et de la viande bouillie. Je ne supporte même plus de porter des chaussures.

Je paie deux années d'action intenses et de surmenage physique. Crises de palu, les tripes infestées d'amibes. La facture est salée. Ma chambre dans la maison familiale est trop petite. Nous logeons chez la belle-mère. J'étouffe. Une sale période pour moi, malgré la présence de Gaby et de Marie-France. Je suis comme consigné à Toul. Je regrette les grands espaces, le Pays Thaï, et le commandement de mes hommes.

Je reçois des nouvelles de là-bas. Des camarades ont été tués, François, l'aspirant Bréaud... J'assomme tout le monde avec mes histoires, je commence à radoter comme un vieux con. Je ne pense qu'à repartir. J'ai compris. J'ai chopé là-bas la maladie la plus indécrottable : le mal jaune !

En Indochine, ça se passe mal. Les Français mènent une guerre classique alors qu'il faudrait des troupes antiguérilla, bien renseignées, souples, mobiles, connaissant le terrain. Les politiques tergiversent, comme d'habitude. Ils n'ont rien compris à la situation. Ils pensent avoir trouvé une solution avec Bao Dai, un empereur d'opérette que personne ne reconnaît. Ce sont de fausses solutions, des concessions minables. Dans une guerre de ce type, s'il s'agit de garder la présence française dans un pays lointain, il faut se battre sans états d'âme et avec les moyens appropriés, sinon il n'y a qu'à s'en aller.

Je me porte volontaire pour un deuxième séjour. J'en ai très envie, pour le devoir. Aller partout où la France se bat. J'en rajoute un peu pour me donner bonne conscience. En fait, j'ai une formidable envie de foutre le camp, de me battre de nouveau, de revoir mes camarades, et plus encore cette Haute Région qui m'a filé le virus.

Avant de repartir, on m'envoie neuf mois à Saint-Brieuc entraîner une compagnie para. Avantage : Gaby et Marie-France peuvent m'accompagner et nous habitons une petite maison près du camp.

La place est dirigée par le commandant Ayrolles. De prime abord, je le trouve sympathique. Petit, sec, nerveux, autoritaire, assenant ses idées avec conviction : un parachutiste exemplaire. À l'usage, je me rends compte qu'Ayrolles est bizarre. Assez excité, avec la folie des grandeurs. Il prétend être capable de commander l'armée française à la place des généraux, tous incompétents. Il affirme des vérités étranges. D'après lui, si l'on se trouve au détour d'une piste, seul et sans armes, face à un tigre, il suffit de le regarder droit dans les yeux et de crier « pan ! pan ! » pour mettre le fauve en fuite. Il a fini par gagner le surnom de « pan-pan Ayrolles ». Il va falloir que je m'habitue à travailler avec un pareil zigoto. D'ailleurs je le vois peu, je m'occupe de mon boulot. Pas de la tarte. Je dois former des hommes, tout reprendre à zéro, leur faire profiter de mon expérience, les motiver, créer un esprit de corps. Je les reçois un à un, les sélectionne. Quand je les sens un peu justes, je les vire.

La boutique tourne rapidement. Footings de dix à quinze kilomètres tous les jours, marches forcées, entraînements au tir instinctif, raids de nuit à la boussole, sauts. Un jour, je leur impose même un raid de cent vingt kilomètres que nous bouclons en quarante-huit heures. Le rythme est dur, la sélection impitoyable : une discipline de fer.

Une autre fois, j'autorise deux types à partir en permission en douce pour le week-end, faire le mur en somme, avec mission de rentrer le lundi. Ils se pointent le vendredi suivant, et viennent me voir :

« Mon capitaine, nous sommes des salopards, nous avons manqué à notre parole.

– Ok, les gars, vous avez le choix. Soit je vous fais un rapport carabiné, soit on s'explique. »

Ils opteront aussitôt pour « l'explication » à mains nues. Je les mets K.-O. en moins de cinq minutes. Ils me suivront pendant des années, jusqu'à Diên Biên Phu, avec le grade de sergent.

Ma méthode est peut-être un peu particulière mais elle a le mérite d'être efficace. Je sélectionne les gars sans mollir. Deux sur trois sont éliminés. Indispensable, car là-bas, en Indochine, ça ne rigole pas, il n'y aura pas le droit à l'erreur. Après quelques mois de ce régime, nous filons au camp d'entraînement de Meucon pour l'exercice au saut.

Plusieurs semaines d'entraînement, par tous les temps : un para doit toujours être opérationnel. Nous sommes souvent balayés par le vent, atterrissons n'importe où, sur une piste en dur, parfois plaqués contre les hangars du terrain d'aviation. Les meilleurs se débrouillent, les autres se retrouvent à l'hôpital. Ça vaut mieux ainsi, en Indochine ils se feraient tuer à la première sortie.

En octobre, nous partons. Je dispose d'un outil opérationnel impeccable. Mes hommes sont des paras. Ils sont solides et ont une allure folle.

Le 23 octobre 1948, le 3e BCCP embarque à Marseille sur le *Pasteur*, un ancien paquebot transformé en transport de troupes. Pendant toute la guerre, ce bateau n'arrêtera pas de faire la navette entre la France et l'Indochine, chargeant à chaque voyage de nouvelles troupes fraîches, de jeunes types souvent promis à la mort, impatients de combattre, grisés par l'aventure.

Gaby et Marie-France sont sur le quai, encore les adieux. Mais cette fois je suis blindé, j'irai toujours servir l'armée là où elle se bat.

Sur le bateau l'ambiance est formidable. Mes hommes, surentraînés, s'impatientent, ont envie de se confronter aux combats. Avec nous il y a quelques PFAT, des filles qui font un travail magnifique en Indochine, infirmières, secrétaires, et qui distraient aussi les hommes pendant la traversée, en tout bien tout honneur.

Aden, Suez, Colombo, Sumatra, Singapour : je connais le voyage. Je reste tranquille, je rassemble mes forces, je pense à ma famille et j'imagine ce qui nous attend.

Débarquement à Saigon.

Rien n'a changé. Je n'aime pas cette ville. La guerre ici semble lointaine. Quelques hauts gradés plastronnent, alors que ces militaires ne connaissent ni le combat ni la jungle. Ce sont des semaines sans intérêt. Mes gars tiennent un carrefour tout près de la ville. Perte de temps. Je ne les ai pas formés pour ça. Je bous d'impatience. Tout ce voyage, se retrouver à douze mille bornes de chez soi, de sa famille, et jouer encore les agents de police !

Heureusement, ma compagnie est rapidement désignée pour partir au Tonkin. On se souvient de ce que la « colonne Bigeard » a réalisé là-bas. En fait, je m'aperçois vite que nous ne servons à rien. Je suis engagé dans de grosses opérations que je trouve stupides, où l'on ne me laisse aucune initiative. Ma compagnie de paras travaille dans le delta, en renforcement d'autres groupements. Le commandement n'a toujours rien compris. Les mêmes manœuvres classiques pour essayer d'attraper un ennemi insaisissable, qui continue sa tactique de harcèlement et de guérilla. Les chars ne servent à rien, on les voit arriver à des kilomètres. Les Viets ne nous attendent pas.

À Haiphong, le patron du détachement « Amarante » est le commandant Romain-Desfossés. Un soldat de valeur, qui s'est battu en 1945 contre les Japonais et a participé à la retraite de la colonne Alessandri. Un type cultivé, belle allure, souvent non-conformiste. Il est devenu para sur le tard. Il m'impressionne par sa classe et sa culture, moi qui n'ai que mon certificat d'études. Le commandant Château-Jobert dirige les troupes aéroportées du Nord. C'est un petit homme tout sec, nerveux, avec une bonne tête de Breton, regard bleu. Il est assez mystique, il parle d'une voix haut perchée. Très autoritaire, il supporte mal la contradiction.

Des mois durant, nous arpentons les rizières et les diguettes dans le froid de l'hiver tonkinois, traquant un ennemi insaisissable que le commandement s'obstine à défier avec ses gros bataillons, ses blindés et ses canons. Autant utiliser un marteau-pilon pour écraser une mouche.

Quand le commandant Romain-Desfossés est touché à la cuisse alors qu'il dirige une opération depuis la cabine d'un petit avion d'observation, je reçois le commandement de l'unité.

La *dolce vita* d'Haiphong ne m'intéresse plus du tout, même si j'éprouve un peu de nostalgie à voir le Café du Commerce, avec ses taxi-girls chinoises et vietnamiennes, ses Européennes si séduisantes, qui ne demandent qu'à plaire aux militaires...

Une ambiance irréelle, irresponsable. La guerre est loin, abstraite pour tous ces gens qui font la fête alors que les Viets sont en train de s'armer et de grignoter du terrain. Ils ont repris le Pays Thaï. Les Français ne tiennent plus que les grandes villes, les routes, quelques postes au milieu de la jungle. Je râle quand je pense à mes dix-huit mois en Pays Thaï, quand nous faisions la guerre aux Viets avec les mêmes armes et les mêmes méthodes qu'eux. Si seulement on me laissait recommencer avec mes paras si bien entraînés, formés à mes méthodes ! Ce que je leur ai appris ne sert à rien pour le moment. Quel gâchis !

Mais les événements nous rattrapent.

Le poste de Yen Chau, en Haute Région, vient d'être attaqué. Quelques Européens résistent, soutenus par des partisans thaïs. Ils ne vont pas tarder à être débordés. Le commandement décide de parachuter mon unité. Enfin une véritable opération. Il était temps, je sentais que je ne tiendrais plus mes gars très longtemps dans ces tâches subalternes de maintien de l'ordre.

18 janvier 1949, terrain d'aviation de Cat Bi, petit aéroport à côté d'Haiphong. Pour beaucoup de mes paras, c'est la première mission. Chacun bluffe comme il le peut, prend un air décontracté, fait semblant d'examiner son paquetage. L'avion décolle. Haiphong disparaît dans la lumière de l'aube. Je me tiens à la porte ouverte. Je vois sous mes pieds défiler le Pays Thaï. Souvenirs. La RC 4 n'est qu'un minuscule ruban, de nouveau aux mains des Viets.

Arrivons à Yen Chau. Le poste de bambou est toujours là, sur ce piton où je m'étais battu lors de mon premier séjour. Tout le monde se met debout, accroche sa sangle, prêt pour le grand saut. *Go !* Mes hommes suivent. Impression de s'envoler, petit choc du parachute, lente descente accroché au bout de son pépin. Au-dessus de moi, je vois que les hommes ont enchaîné rapidement. Les parachutes s'ouvrent, au-dessous les Viets fuient. À nouveau je suis maître de l'action, de mon destin, de celui de mes hommes.

Atterrissage brutal, regroupement rapide, direction le poste. Les hommes qui ont subi l'attaque viet nous accueillent en libérateurs. Le commandant Paccioni, un Corse sympathique, chaleureux, sourd comme un pot, qui m'oblige à hurler quand je lui parle, nous accueille. Nous nous occupons des blessés et faisons toute la journée des patrouilles pour protéger le poste.

La nuit vient.

Direction Nasan, quarante kilomètres à pied avec des blessés que nous portons sur des brancards. Six heures de marche. Des camions nous attendent et nous transportent jusqu'à l'hôpital de Son La. Quelques heures de repos et nous repartons en sens inverse. Le commandant Paccioni nous accompagne. Il m'explique avec faconde que le terrain est sûr : tous les Viets ont foutu le camp à notre arrivée. Je suis sceptique. J'envoie six de mes hommes en éclaireurs, nous continuons de marcher. C'est très dur. Chaleur étouffante.

Soudain des rafales d'armes automatiques. Mes six éclaireurs sont massacrés. Notre groupe compte plusieurs blessés. Je vide le chargeur de ma carabine en criant : « Tir au maximum ! À couvert du côté viet ! »

Les paras réagissent au quart de tour. Aucune panique. Chacun est embusqué, protégé, prêt à recevoir les Viets s'ils attaquent. Ils ont compris qu'ils ne pourront pas enlever la position. Ils se replient. Nous récupérons nos morts, soignons nos blessés, reprenons la progression. Je n'en veux pas à Paccioni, je m'en veux à moi-même. Comment ai-je pu me laisser berner de façon aussi grossière ? Tout est à recommencer. Il faut reprendre le combat sur le même terrain que l'ennemi. En attendant, des hommes sont morts par ma faute.

Le lendemain, seul, je fais un footing sur la route de l'embuscade, comme pour conjurer le mauvais sort et montrer à mes hommes que tout va bien.

Je vais passer à nouveau plus de huit mois, jusqu'en septembre, dans la région de Chien Dong. Mon nom de code : Bruno. Ma mission : nettoyer le terrain et détruire les bataillons viets qui viennent du fleuve Rouge. Je suis maintenant responsable de tous les postes existants, un peu plus de mille Thaïs. Pourtant, je n'ai toujours que le grade de capitaine et demeure attaché à ma compagnie. Je dois rendre compte à mon commandant. Mais on me confie des responsabilités largement supérieures à mon grade.

J'installe rapidement mon PC sur le piton de Chien Dong, je remets en place un réseau de renseignements : je reprends la guerre où je l'avais laissée. Le chef de la province m'a envoyé un des membres de sa famille, Théo van Thuc, qui fera un travail formidable. La population thaïe nous soutient, et nous informe au besoin.

J'ai changé les règles du jeu. Chacun de mes lieutenants reçoit une zone d'action et nous effectuons des raids très souvent. Ce n'est pas le fonctionnement habituel d'un poste. Nous ne nous contentons pas de patrouiller, sur la défensive, autour de la base, nous partons en mission, traquons le Viet là où il se cache, là où il se croit en sécurité, et nous semons la panique dans leurs rangs. Nombreux succès.

Un soir, de retour d'une de ces missions, un télégramme m'attend : « *Arrive à Saigon. Gaby.* » Je n'en suis pas surpris. Ce n'est pas la première fois, et c'est bien elle, têtue, volontaire, aimant comme moi l'aventure et le risque. Malheureusement je ne peux pas aller l'attendre à Saigon. Impossible de lâcher mes hommes. Un chef doit montrer l'exemple et ne pas s'escamper au milieu du combat pour aller chercher sa femme !

Je télégraphie à un camarade pour qu'il aille l'accueillir à Saigon. Finalement, elle parvient à se faire loger à Son La, chez l'administrateur, là où normalement les civils sont interdits. Sacrée Gaby ! C'est un réconfort de la savoir près de moi.

Les mois passent. Je regagne Hanoi avec le 3e BCCP. Le nouveau commandement m'abreuve de bonnes paroles, me félicite pour mon action. Mais je garde un goût amer. J'ai perdu trente hommes. Morts par ma faute. J'ai voulu brûler les étapes. Il faudra que je prépare mieux mon affaire pour les prochaines missions.

Le général Alessandri, qui commande le Tonkin, décide de me maintenir dans la Haute Région. Il me charge de former le 3e bataillon thaï, qui sera constitué de volontaires. Ils sont nombreux, je dois presque en refuser. Les Thaïs sont toujours hostiles aux Tonkinois.

Le 1er octobre 1949, le 3e BT est formé. J'ai comme effectif cinq compagnies de combat et neuf formées de partisans thaïs, plus de deux mille cinq cents hommes. Et je ne suis toujours que capitaine.

Ce même 1er octobre, la République populaire de Chine est proclamée, dirigée par Mao. Les Viets vont disposer à partir de maintenant d'un soutien considérable, d'une structure militaire pour les entraîner, d'un matériel militaire efficace, livré par la Chine. Pour l'instant, je n'ai pas conscience de cette nouvelle situation. L'urgence est de soutenir les deux sous-secteurs de Son La et de Moc Chau.

Je me sens appartenir de plus en plus au Pays Thaï. Mon PC est à Son La, capitale du Pays Thaï noir. J'ai laissé dans ce village des souvenirs indélébiles. Je l'ai pris une première fois en 1947. J'y suis à nouveau en 1949. Y retournerai avec mes paras en 1952. Le destin voudra que j'y repasse une quatrième fois, lors de ma captivité, déchu et humilié. Et enfin, beaucoup plus tard, lors de mon voyage en temps de paix cette fois, en 1994.

Mes lieutenants disposent leurs hommes tout autour du village. J'exige d'eux qu'ils adoptent la même attitude que moi avec mes partisans : être totalement dévoué à ses hommes, toujours avec eux, ne jamais faillir, ne jamais dire : « En avant ! », mais : « Suivez-moi ! » Ils pigent vite ce que je leur demande : nous sommes sur la même longueur d'onde.

Tous les soirs je les joins par radio, fais le point des événements de la journée, donne des ordres pour le lendemain. C'est grâce à cette liaison permanente que mes hommes ont confiance. Ils savent que je serai toujours là avec les renforts nécessaires en cas de besoin.

Nous continuons à mener des raids permanents contre les Viets, qui perdent peu à peu confiance. Ils ne se sentent plus en sécurité, c'est nous les chasseurs. Les Thaïs continuent à nous soutenir et à nous renseigner. Grâce à eux, nous pouvons préparer minutieusement nos coups avant de partir en mission. Marches forcées épuisantes, trente ou quarante kilomètres par jour, à travers des pistes qu'il faut ouvrir au coupe-coupe, passage de cols élevés, nourriture frugale. Nous récupérons un peu, observation de l'ennemi, puis attaque à l'aube et repli immédiat. Les bilans sont remarquables : deux cent cinquante Viets tués, cinquante-deux déserteurs et dix mille paysans ralliés.

À Son La, ma femme est auprès de moi. Je redeviens un seigneur de guerre. Je rends compte à mes supérieurs de temps en temps. Ils me font confiance, pourvu que je me débrouille et ne leur demande pas de renforts. Je suis libre, heureux, amoureux. Ça roule.

Sauf que certains membres des autorités civiles françaises, installés confortablement dans cette Haute Région, n'apprécient pas mes succès. Je ne fais d'ailleurs aucun effort pour leur être agréable. J'établis même un rapport salé sur le comportement de certains coloniaux, dont le sport favori est de s'enrichir avec le trafic d'opium et de piastres. Effet immédiat. L'administrateur est relevé de ses fonctions. En France, l'Assemblée nationale nomme une commission d'enquête pour éclaircir cette affaire honteuse de trafic de piastres. Cela n'empêchera pas Ramadier, président du Conseil, de demander ma mise à pied.

Ça se passe de la façon suivante.

En février 1950, je reçois une mission difficile. Les Chinois nationalistes fuient l'avance des troupes de Mao. Ils arrivent à la frontière du Tonkin. Quatre mille cinq cents hommes armés se présentent à Lai Chau. L'état-major me confie la tâche de désarmer ces troupes, de les convoyer à travers le territoire et de les amener jusqu'à la rivière Noire. Là, un bataillon venant du delta les prendra en charge.

Ça ne devrait pas poser de problèmes, un accord a été signé ; mais je me méfie. Un incident est vite arrivé. Je me souviens que les Chinois nous avaient tiré dessus quand nous avions débarqué à Haiphong. Je prends mes précautions. Mieux vaut éviter le combat, en espérant que les Viets ne nous tomberont pas dessus. Sinon, la prise en charge de ces Chinois nationalistes risque de se transformer en carnage.

Pendant un mois, les soldats thaïs s'emploient à faire traverser le territoire aux hommes de Tchang Kaï-Chek. En mars, le général Alessandri vient me voir sur le terrain. Je lui montre le dispositif, les troupes. Il est très impressionné. Le soir, il dîne avec nous à la maison. Ambiance chaleureuse. Le lendemain matin, avant son départ, il me convoque. « Bigeard, je n'ai pas eu le courage de vous le dire hier soir, mais vous êtes relevé de vos fonctions. Votre rapport sur les trafics a fait très mauvaise impression à Paris. Un militaire n'a pas à se mêler de politique, ni à s'occuper des trafics locaux. »

Il s'en va. Je m'effondre. Je ne comprends rien. J'ai obtenu des résultats fantastiques et je suis viré simplement pour avoir dit la vérité sur des pratiques inacceptables !

Quelques jours plus tard, retour à Hanoi en avion. Gaby est à mes côtés. Elle ne dit rien. Je suis au fond du malheur. Ai décidé de démissionner de l'armée. À Hanoi, le commandement m'en dissuade et m'accorde deux semaines de repos. Nous allons les passer, Gaby et moi, dans la baie d'Along. Un décor de rêve, un séjour qui pourrait être merveilleux, notre vrai voyage de noces. Mais je suis tendu, inquiet, révolté par l'injustice qu'on me fait. Je saurai m'en souvenir plus tard quand j'entrerai dans la vie politique. Ce ne sera pas pour me conduire comme un imbécile ou un voyou.

Finalement, en avril 1950, je reçois le commandement du bataillon de marche indochinois basé entre Haiphong et Hai Duong. Un bataillon d'élite, composé d'anciens tirailleurs tonkinois parfaitement formés. Plus de mille hommes, et je ne suis toujours que capitaine. C'est pourtant un poste de commandant. Dans l'armée, comme trop souvent ailleurs en France, on ne tient pas assez compte de la compétence des gens, ni de leurs états de service. Pour passer au grade supérieur il faut des diplômes, et je n'ai que mon certificat d'études. Je n'ai pas fait Saint-Cyr ni l'École de guerre. J'ai juste un don naturel pour le commandement. J'aime former les hommes, les diriger, les mener au combat et à la victoire. Ça emmerde beaucoup d'officiers supérieurs, surtout ceux qui n'ont pas vu le feu et se contentent de donner des ordres depuis un bureau. Simple capitaine, sans diplômes, beaucoup de victoires à mon actif, je fais tache.

Je sais qu'on m'attend au tournant, qu'on me laisse au grade de capitaine le plus longtemps possible, en espérant que je vais trébucher. Je ne leur donnerai pas ce plaisir.

J'arrive au bataillon de marche indochinois. Le moral est en berne. Deux des anciens commandants ont été tués, et quelques jeunes officiers, dont le fils du maréchal Leclerc. Je reprends vite les choses en main. Toujours le même topo: changer les uniformes, l'habit ne fait pas le moine mais ça aide, communiquer un état d'esprit, souder l'équipe. On s'entraîne dur, on apprend à souffrir ensemble. Très vite nous avons des résultats excellents. Nous participons à des opérations amphibies, comme l'opération « Tonneau » qui nous envoie au nord de la rivière Rouge. Ensuite, nous devons nous occuper de villages fortifiés, en bordure du canal des Bambous. Accrochages quotidiens avec les Viets. Toujours à notre avantage. Quelques pertes. Pour moi, c'est une nouvelle façon de faire la guerre. Dans le delta, en terrain plat. Je pige très vite le truc. Le rythme est intense mais le Haut Pays me manque. Je suis un vrai montagnard, j'ai horreur de la plaine. Mais pas le temps pour les états d'âme.

Au vu de nos résultats, le haut commandement décide de doter notre bataillon d'un drapeau. Le général Alessandri n'est malheureusement pas là pour cette cérémonie: il a dû rentrer en France. J'apprécie ce général qui commande tout le Tonkin: un type franc, direct, qui m'a jaugé et n'a pas hésité à me faire confiance. Le général Marchand le remplace. Je le connais à peine.

Avec mes Tonkinois, tout se passe bien. Ils sont fiers de ce qu'ils font, de leur chef, ils savent se battre, ils ont les mêmes méthodes que leurs frères ennemis viets. Nous allons de succès en succès. Je pourrais raconter beaucoup d'anecdotes. En voici une.

Un jour à Hanoi, de retour d'opération, la route vers Hai Duong est fermée pour la nuit. Je décide d'y aller quand même. Je monte dans ma jeep, prends le volant, mon chauffeur tonkinois à mes côtés. Nous roulons sur la route à la lumière des phares. Soudain j'aperçois une trentaine de Viets en train de scier des poteaux télégraphiques. Je fonce. Mon chauffeur vide le chargeur de sa mitraillette et je balance toutes mes grenades. À nous deux, nous faisons autant de boucan qu'une armée. Les Viets ripostent à la mitraillette, mais trop tard. Les balles nous passent au-dessus.

Je surprends Gaby vers minuit, je me glisse dans le lit. Elle est effrayée. Je lui murmure : « Ne t'affole pas, c'est moi. Pour te revoir, j'ai corsé un peu le retour. »

Des moments qui valent la peine d'être vécus.

Car entre deux interventions j'ai la chance d'avoir Gaby à mes côtés. Elle est logée dans une petite villa au milieu de la ville. Afin d'éviter un attentat, un groupe de combat est chargé de la garde de la maison. Mes retours auprès d'elle sont malheureusement de courte durée. Ça ne les rend que plus intenses.

Un soir nous nous endormons vers 22 heures, heureux. À 23 heures, alerte ! Le bataillon doit faire un mouvement d'urgence en véhicule et effectuer ensuite une progression à pied de trente kilomètres avant le jour. Je me lève. Ordre de départ. Une nuit d'enfer, jambes coupées, souffle court. Pas facile de mélanger la guerre et l'amour.

Une autre fois, de retour d'une opération qui a duré trois semaines, je retrouve Gaby avec un foulard sur la tête. Je m'inquiète.

« Que se passe-t-il ?

– Mes cheveux tombaient, dit-elle, je me suis fait tondre complètement. »

Ça fait tout drôle. Quel courage ! J'ai presque l'impression de faire l'amour avec un garçon. Mais ses cheveux repousseront vite.

Ma date de rapatriement approche. Je continue à regretter mes raids en Haute Région. Je ne sais pas encore que je vais y retourner une troisième fois, et que ce sera un vrai cauchemar.

À l'automne 1950, nous sommes engagés dans une dernière opération importante, l'opération « Phoque ». Nous devons marcher sur la ville de Thai Nguyen où se trouve le PC de Hô Chi Minh.

Nous progressons sans rencontrer de résistance. Les Viets refusent l'affrontement, fuyant à notre approche. Pas assez forts pour s'opposer à notre puissance de feu. Je rentre à Hanoi à la mi-octobre. Je ne sais rien de ce qui s'est passé à Cao Bang : l'état-major a décidé l'évacuation des Européens de cette ville, ainsi que de Lang Son. Mais la retraite est complètement manquée. Un désastre, un massacre, les Viets sont partout, attaquent les convois, dressent des embuscades, des bataillons entiers se font cueillir. Il y a des milliers de morts.

On envoie en catastrophe le 3e BCCP sur That Khê pour aider les quelques survivants. Ils sont à leur tour massacrés. Je pense à mes anciens lieutenants, tous ces soldats que j'ai formés, aux côtés desquels je me suis battu, tous ces types sacrifiés, morts pour rien, engloutis dans une opération mal préparée par des officiers incompétents. Des avions ramènent quelques rares survivants de ce 3e bataillon. Ils sont blessés, épuisés, les yeux hagards, terrifiés par ce qu'ils ont vu. Un gâchis épouvantable.

Je ne suis plus là.

J'ai laissé mon commandement et quitté le Tonkin. Je vogue avec Gaby sur un bateau. Dix semaines en mer, un merveilleux voyage, gâché par quelques jours de mauvaise forme, palu, dysenterie. Je n'ose même plus profiter des délicieux menus, tant notre organisme affaibli a du mal à supporter les vins et les sauces. À Marseille, Gaby pique un méchant coup de palu, température entre 41 et 42 degrés. Ai des douleurs terribles au ventre : les amibes.

Arrivons à Paris sonnés. La sœur de Gaby est à la descente du train, tenant Marie-France par la main. Marie-France, une petite fille solide. Nous nous adoptons immédiatement, c'est l'adoration. Soixante ans que ça dure, ma chérie.

Hôtel Terminus, gare Saint-Lazare. C'est là que je descends à Paris. Nous allons y rester quelques jours et renouveler notre garde-robe.

Décembre 1950, retour à Toul. Maman est seule sur le quai de la gare. Papa et ma sœur ne sont plus. Ils reposent dans le petit cimetière, près de l'ancien poste d'aiguillage du paternel. Emporté par son cancer, il a murmuré avant de mourir : « J'aurais tant aimé revoir le petit. » Ma sœur, brunette, calme, douce, pas très solide, est morte lors de son premier accouchement. Je n'ai pas pu les embrasser une dernière fois.

Nous restons quatre mois à Toul, évoquant tout ce que nous avons vu là-bas, en Indochine. Cette population avec laquelle nous avons vécu, souffert, que nous aimons tant. Je réfléchis à ce deuxième séjour. Il a été dur mais je ne regrette rien. J'ai une nouvelle fois libéré le Pays Thaï, j'ai formé un bataillon, j'en ai remis un autre sur les rails, j'ai accumulé sur le pays des connaissances formidables qui vont me servir à nouveau, dans des conditions particulièrement difficiles.

Chapitre 10

De Tu Lê à Diên Biên Phu

De novembre 1950 à juin 1952, je passe dix-huit mois en France. Je me refais une santé, je reste avec ma famille. Je suis capitaine depuis six ans. J'ai commandé deux bataillons au sol. J'ignore à l'époque qu'il existe un annuaire des officiers dans lequel je pourrais constater que certains sont promus chefs de bataillon à quatre ou cinq ans de grade, mais je ne pense pas à l'avancement. Je rejoins la Bretagne et le PC de la demi-brigade qui forme des bataillons de volontaires. Ambiance extraordinaire. Massu, alors colonel, a été muté en Afrique. Tel que je le connais, il doit se morfondre de ne pas pouvoir continuer le combat avec ceux qu'il a marqués à vie par ses méthodes.

Je m'occupe d'abord de l'administration des unités en partance. Employé de banque, chef comptable dans l'armée, pas une grosse différence. Mais six mois monotones, cloué au bureau huit heures par jour à voir partir mes camarades pour le combat. Ça ne m'empêche pas de continuer l'entraînement, footing dès 6 heures du matin, saut en parachute sur le plateau de Maucon. Six mois de ce régime, et je suis chargé de former le 6e bataillon de parachutistes coloniaux. Je dispose de neuf mois pour débarquer en Indochine avec mille hommes, et me mettre à leur tête pendant deux ans, dans des conditions de plus en plus difficiles. Car là-bas ça se passe très mal, malgré le commandement exceptionnel de De Lattre de Tassigny.

L'entraînement me convient tout à fait. C'est le genre de boulot que j'aime : former les hommes, créer un esprit, se préparer à affronter le combat. Mes jeunes officiers sont tous remarquables. Les sous-officiers sont dans l'ensemble des baroudeurs confirmés. Gaby et Marie-France sont installées à Saint-Brieuc, dans le même petit deux pièces que nous occupions en 1948. La vie est formidable, je retrouve mon équilibre. Les semaines passent trop vite. Entraînements, manœuvres, sauts en parachute.

Un soir, pour faire chic et m'attirer les sympathies des civils, je décide d'organiser un grand bal dans l'Hôtel d'Angleterre. Parachutes partout, lumières d'ambiance, invitations où j'exige tenues de soirée et robes longues. Nous obtenons même la participation d'Annie Flore, chanteuse cotée à l'époque. C'est Pleven, le ministre de la Défense nationale, qui préside la fête. Un fiasco. Peu de civils présents, une soirée sinistre. Pleven m'offre de participer aux frais. Pas question, Monsieur le ministre, on se débrouillera. Mais ça me servira de leçon : les mondanités et moi, ça fait deux.

Janvier 1952, je suis promu chef de bataillon. Le 20 juin, c'est mon troisième embarquement à Marseille. Je sais ce qui m'attend, j'ai déjà combattu quatre ans au Tonkin, je connais bien les Viets, leur courage, leur discipline, leur fanatisme.

En Indochine les choses ont bien changé. Un mois après mon départ, en décembre 1950, le général de Lattre de Tassigny a pris la tête du corps expéditionnaire. Ce chef exceptionnel a su remotiver les troupes. Pendant toute l'année 1951 nos soldats ont été victorieux, et les offensives de Giáp stoppées. Nous sommes puissamment aidés par les États-Unis qui se battent contre les Chinois et ont compris que nos objectifs sont les mêmes.

Mais la scoumoune semble poursuivre les troupes françaises. Leclerc est mort dans un accident d'avion en 1947 ; de Lattre est emporté par un cancer. Salan le remplace. Il est en Indochine depuis des années, connaît le terrain. Mais il n'est pas comme ses prédécesseurs.

En juillet 1952, c'est mon troisième débarquement en Indochine. Le temps presse. Nous sommes envoyés immédiatement à Haiphong et engagés dans le delta. Allons tendre des embuscades, le Viet est partout. Maintenant il ne fuit plus, il nous affronte, la Chine le fournit en matériel. L'état-major a une carte des villages aux mains de Giáp : ils sont tous entourés de rouge. Des milliers de petites taches. On l'appelle la « carte vérole ».

C'est le commandant Ducourneau qui doit prendre incessamment le commandement des paras du Tonkin. Il nous attend sur le quai. Un grand chef. Il a tout pour lui. Meneur d'hommes, il a participé à toutes les campagnes Breveté de l'École de guerre. Petit, musclé, de la dynamite. Il accédera aux plus hauts postes. Hélas, sa carrière s'arrêtera quinze ans plus tard, au cours d'un accident d'hélicoptère, alors qu'il est général 4 étoiles. Je suis fier de servir sous les ordres d'un tel patron.

Le bataillon s'installe dans l'ancien séminaire d'Hanoi. Grand bâtiment à deux étages, complété d'un pavillon pour mon état-major. Je dois me présenter au général de Linarès, commandant le Tonkin. De Linarès, un chef à l'ancienne, grand, beaucoup d'allure, le nez fort.

« J'espère que vous savez commander un bataillon, Bigeard ! Bon nombre de vos collègues sont courageux, mais ce n'est pas suffisant.

– Je pense que oui, mon général.

– On verra ça. »

On m'assure que de Linarès est un homme de cœur sous des dehors bourrus. À voir.

Nous passons deux mois exténuants à marcher dans les rizières, l'eau jusqu'à la taille, à vérifier chacun de nos pas pour ne pas tomber dans un piège viet, à fouiller les villages en craignant toujours les tireurs embusqués. Nous opérons des actions coups de poing dès que nous repérons une concentration ennemie. Mon bataillon se rode. Les plus jeunes s'habituent au feu, mes vieux briscards retrouvent leurs sensations. Je suis fier de mon unité. Je regrette toujours ma Haute Région et mes partisans thaïs. Là-bas, je pouvais mener les combats à ma guise, jouer le même jeu que le Viet. Je l'ai dit, j'étais un seigneur de guerre. Ici, je suis un peu coincé par le commandement, les ordres, la hiérarchie.

Chapitre 11

La longue marche

Début octobre 1952, nous prenons une semaine de repos à Hanoi au séminaire, rue de la Mission. C'est une sorte de base arrière où les paras viennent se reposer avant de repartir au combat. La situation est si mauvaise que les unités d'élite sont en permanence sollicitées.

Le 15 octobre, 21 heures, mon adjoint le capitaine Touret débarque dans ma chambre.

« Alerte ! Nous devons sauter demain sur la Haute Région. »

Enfin ! Je vais retrouver la Haute Région. Je prends mes instructions au PC de Ducourneau. « Bigeard, me dit-il, une grosse offensive viet se dirige vers Nghia Lo. Vous sauterez à quarante kilomètres de là, sur Tu Lê. Mission : tenir le poste et intervenir en renfort du poste de Nghia Lo ou de Gia Hoi. »

Je fonce au séminaire. Mes sous-officiers récupèrent les permissionnaires qui se détendent en ville, au cinéma ou dans les bars. Nous passons la nuit à préparer notre matériel et à organiser l'opération sur les cartes.

Le lendemain matin, 5 h 30, briefing sur le terrain d'aviation. Tout est ok. Les hommes sont remontés, ne demandent qu'à se battre. Première mission para en Haute Région. À chaque coup dur dans le coin on enverra systématiquement mon bataillon. Le commandement sait à qui il s'adresse. Depuis quatre ans j'ai l'expérience de ce pays difficile. Ce sont des choses qui ne s'apprennent pas dans les livres ni sur les cartes.

Nous attendons plus de trois heures à cause de la météo. Enfin le départ. Il faudrait trente Dakota pour larguer mes sept cents paras, mais nous manquons de matériel. Nous ferons deux rotations.

2 octobre, 12 heures. *Go !* Je me lance dans le vide. Toujours cette sensation indescriptible, unique. Le parachute s'ouvre au-dessus de moi. En dessous c'est la terre, l'inconnu. Atterrissage sans problème. Sauf un incident. Deux parachutes sont partis en torche. Je les regarde descendre. Je prie le ciel qu'ils s'ouvrent ! À trente mètres du sol les deux hommes réussissent à ouvrir leur ventral. Dieu soit loué ! Au total pas de casse. Quelques contusions, chevilles foulées, un pourcentage moins important que lors d'un entraînement classique. Mon 6e BPC est rodé.

Regroupement au poste de Tu Lê, pliage des parachutes. Nous n'avons pas les moyens de gaspiller le matériel.

17 heures. Le matériel arrive avec la seconde vague. Munitions, rouleaux de barbelés, vivres. Nous nous organisons.

Le poste, composé d'une muraille de bambous et de quelques trous, n'abrite qu'une trentaine de Thaïs. Je prends le relais et je reconfigure la boutique.

Un premier coup d'œil et je comprends la difficulté de la tâche. Tu Lê est dominé par deux pitons hauts de huit cents mètres. Je répartis le travail entre mes officiers. Trapp, un cyrard compétent et taciturne, tiendra la cote 868. Leroy fera de même sur la cote 820. Magnillat sera en réserve, et moi, avec mon PC et les armes lourdes, dans le poste même.

La défense s'organise. Toute la nuit, nous creusons, piochons, installons les rouleaux de barbelés. Nous oublions la fatigue, et sommes tous à notre mission. Nous ne pensons à rien d'autre. Des tranchées, des barbelés quelques mètres devant, et les lignes de tir bien dégagées. Nous continuons toute la journée au même rythme. C'est dur mais c'est le prix à payer pour être en sécurité. Nous perfectionnons notre dispositif: les armes sont dotées de munitions de réserve, les hommes ont leurs rations à portée de main. Les itinéraires de dégagement sont prévus et les blessés seront évacués par avion Morane. Les contacts radio entre les différents points d'appui sont vérifiés. Premier boulot du para: creuser son trou, se protéger. Ça évite les mauvaises surprises, en particulier se faire tuer sans s'en apercevoir. Je veux limiter les pertes, ne pas sacrifier les hommes pour rien. Je prends contact avec le commandement, tout est prêt.

Dans la nuit du 17 au 18 octobre, une grande lueur à l'est. Nous voyons des éclairs, des explosions, des marques de balles traçantes. Le poste de Nghia Lo est attaqué. Contact radio impossible. Nous ne pouvons rien faire. Nuit d'attente. Gia Hoi me répond, mais n'a aucune information.

Le 18 octobre à 10 heures, un message d'Hanoi nous apprend que Nghia Lo est tombé. Gia Hoi m'appelle juste après. Les Viets investissent les positions qui dominent leur poste : il y a le feu dans la maison.

21 heures. De Linarès a donné l'ordre à Gia Hoi de se replier sur moi. C'est la panique, l'offensive viet semble irrésistible. Notre mission prend l'eau. Nouvelle nuit sans sommeil. Au petit matin, j'envoie Magnillat en renfort à Gia Hoi. Quelques minutes plus tard il me répond par un message radio : « Forte concentration de troupes devant moi. Ça doit être les nôtres. » Mais ce sont les Viets ! Accrochage violent. Magnillat se replie sur moi en laissant quelques éléments retardateurs. Nous suivons ce qui se passe minute par minute. De mon poste, je commande à la voix.

Le 19 octobre, à 21 heures, de Linarès me donne l'ordre de me replier sur la rivière Noire. Je refuse. J'attends les gars de Gia Hoi. Si nous les lâchons, ils vont se faire massacrer.

La nuit est tombée. Nouvelle attente. Nous n'avons pas dormi depuis quatre jours. Des lueurs à l'est. Cette fois ce sont eux, les gars de Gia Hoi. Je leur ordonne de s'installer en point d'appui au pied du piton. Ils me préviennent que les Viets sont juste derrière eux. Mais pour le moment, rien : ils attendent leur heure, se mettent en position. Il est clair qu'ils veulent tous nous massacrer.

Le 20 octobre à 2 heures du matin, nouvelles illuminations de tirs dans la nuit. Les Viets attaquent. Ils se concentrent sur ma position. Enterrés, armés, équipés, nous les recevons dans un déluge de tirs, mortiers, canons, grenades, armes automatiques.

Les Viets montent à l'assaut en hurlant, essaient plusieurs fois, rien à faire : ils ne passent pas et s'empêtrent dans nos barbelés. Trapp et Leroy, depuis leurs pitons, les tirent comme à la foire. C'est la panique dans les rangs viets.

À 4 heures du matin le calme est revenu, mais les Viets ont compris qu'ils doivent concentrer leurs efforts sur Hervé pour prendre possession du camp.

Nouvelle attaque, nouvelle marée humaine qui déferle sur nous. Leurs morts sont aussitôt remplacés par une nouvelle vague ; j'ai l'impression que leur nombre est infini. Des explosions, des combats au corps à corps. Trapp ne cède rien. Il mérite bien son surnom de « roc ». Personne ne passe.

Le jour se lève. Les Viets ont échoué. Quatre-vingt-seize cadavres sont accrochés aux fils de fer barbelés. Chez nous, casse peu importante.

À l'horizon apparaît un B-26. C'est le général de Linarès qui vient se rendre compte. Il me félicite et me demande de décrocher. Je réclame des Morane pour évacuer les blessés. J'ordonne à ceux de Gia Hoi de se replier. Ils sont sauvés.

À 12 heures, un message d'Hanoi m'informe qu'aucun avion ne peut atterrir, la météo est trop mauvaise. Je fais enterrer nos morts sur place, j'installe les blessés dans des parachutes, chacun porté par deux hommes, et c'est le repli par le col de Kao Pha.

Une marche terrible. Un supplice. Cent kilomètres à travers la jungle, des cols dépassant les mille cinq cents mètres, quatre jours sans dormir.

Il pleut. Les conditions sont effroyables. Nous glissons sur les pentes. Notre matériel est trop lourd, beaucoup sont au-delà de l'épuisement. Un message arrive de la colonne arrière : « Les Viets sont sur nous, déjà trente gars au tapis. » Dans la seconde je lance mes ordres : « Balancez votre matériel et foncez sur le col ! »

Le but : l'atteindre avec le minimum de pertes. À minuit, la dernière compagnie est sur l'objectif. Des blessés ont dû être abandonnés. Nous pouvons prendre un peu de repos. Nous tenons le col, les Viets ne peuvent rien faire pour le moment. J'accorde trois heures de récupération. Les gars sont au bout du rouleau et ne parviennent plus à avancer.

Le 21 octobre, à 3 heures du matin, nous repartons. Commence une longue retraite. Manœuvre en perroquet. Une unité attend les Viets, les canarde, se replie sur quelques kilomètres. Une autre est embusquée un peu plus loin, canarde à son tour les Viets qui sont passés. Stratégie de retardement. Ça marche bien. J'admire le courage de mes paras. Ils n'hésitent pas un instant à aller au feu alors qu'ils savent que nous ne pouvons pas transporter les blessés.

Nous arrivons à Muong Chen. Huit heures pour parcourir quinze kilomètres. Une piste impraticable, les Viets à nos trousses. Le poste comprend une quarantaine de partisans thaïs, commandés par l'adjudant Peyrol. Il nous attend avec des repas chauds. Mes hommes s'effondrent. Certains tombent dans les pommes, d'autres gémissent, moitié râlant, moitié pleurant, pour évacuer l'horreur.

De Linarès m'appelle à nouveau : « Les Viets investissent les positions qui vous dominent. Qu'allez-vous faire ? »

Pour une fois, je n'ai pas de réponse. Nous sommes dans la nasse. Impossible de se défendre ici. Je dois réfléchir, me reposer un peu pour retrouver les idées claires. Entre mes mains, la vie de plusieurs centaines d'hommes. Pas le droit à l'erreur ni à la faiblesse.

J'ordonne un repli à marche forcée sur le poste de It Hong, quatorze heures de marche. Peyrol reste avec ses quarante Thaïs face à plusieurs centaines de Viets pour les retarder. Il accepte sans lever un sourcil. Il connaît le pays comme sa poche, et utilisera des pistes inconnues des Viets.

Le 22 octobre, à 19 heures, nous repartons.

État de fatigue tel que nous ressemblons à des zombies. Je ne sais pas comment, par quelle volonté puisée au fond de nous-mêmes, nous parvenons à progresser. Chaque pas est un effort surhumain.

Derrière nous, Peyrol vient de commencer son combat contre les Viets. Je fais accélérer le rythme. Repli qui a tout du chemin de croix. Je joins mes officiers par radio :

« Si tout va bien, ne dites rien. »

Je capte un message :

« Bernard à Bruno. Traversons des groupes de Viets. Ils nous prennent pour les leurs. »

J'en ai le souffle coupé. Cent cinquante de nos hommes traversent un bataillon ennemi. Pas un seul coup de feu. Ce qu'on appelle la baraka. Mon surnom : « Bruno la baraka ».

Plusieurs de mes hommes meurent sur place, épuisés. À peine le temps de prier pour eux et de les faire rouler dans le fossé. Minuit, 1 heure du matin. Nous continuons, dans un état second, proche du coma. Depuis quarante-huit heures nous nous battons, et nous marchons.

Un B-26 nous survole : « Muong Chen est détruit. » Aucune nouvelle de l'adjudant Peyrol. Je prie pour qu'il s'en soit sorti.

Le 23 octobre, à 14 heures, nous arrivons à It Hong. Un bataillon de partisans vietnamiens est là pour nous accueillir et nous protéger. Enfin nous pouvons souffler un peu.

20 heures, les Viets sont de nouveau là. Le bataillon de protection est salement chahuté. Nous devons repartir, tenir, continuer. Nous n'avons plus ni mortiers ni radios. Trop lourd à transporter, et nous avons dû aussi laisser les blessés. Nous avançons sans penser à rien.

Le 24 octobre, à 2 heures du matin, nous arrivons à la rivière Noire. Des légionnaires nous attendent avec des pirogues. Mes hommes passent la rivière par petits groupes. Je la franchis à mon tour, en dernier pour bien refermer la marche et protéger mon groupe si nous sommes rattrapés. Des forces importantes nous attendent, nous protègent. Tout a été organisé. Nous sommes sauvés.

Ce repli héroïque de Tu Lê, c'est le symbole de l'armée française qui gagne. Ce que nous avons fait, aucune bête au monde ne l'aurait fait, comme disait à Mermoz un héros de l'aviation, Guillaumet, après avoir marché des jours dans la cordillère des Andes. Pas de sommeil, pas de nourriture, des efforts surhumains. Certains ont flanché, sont morts, la plupart ont continué.

Je ramène mon bataillon presque intact. Nous avons tenu par le courage et l'abnégation. Les hommes n'ont pas flanché, même au-delà du supportable. Incroyables ressources de l'être humain ! Tous admirables, même ceux dont je n'étais pas sûr au départ. Touret par exemple, un adjoint saint-cyrien que je trouvais froid et prenais pour un petit péteux, s'est révélé exceptionnel, toujours là, intelligent, précis dans ses ordres. Plusieurs fois j'ai dû le mettre au garde à vous parce qu'il refusait d'aller à l'avant de la colonne. Il voulait toujours rester à l'arrière, participer à toutes les embuscades.

Le 24 octobre au matin, nous sommes à Tabu. Mes hommes se reposent, sont pris en charge par des infirmières, des médecins. Reste à récupérer. Un Morane m'attend et me conduit à Nasan. Je retrouve de Linarès. Il a toujours été là, avec nous, survolant les opérations avec son B56. Un type exceptionnel, un grand chef, humain, généreux. À l'un de ses messages radio, j'avais répondu :

« On s'en sortira, mon général. Bons baisers. »

Il m'accueille avec un grand sourire :

« Alors, Bruno, on prend son général pour une fille de joie ? »

Que c'est bon un peu de sourire, un peu d'humanité, enfin ! Après cette aventure, avec mon 6e BPC, nous devenons des vedettes. On nous pensait foutus, nous sommes de retour. Grâce à ma connaissance du pays, à ma rigueur, à l'entraînement que j'ai fait subir à mes hommes, nous nous en sommes sortis.

Nous restons quelques jours à Hanoi pour récupérer. Pas le temps d'aller en ville pour faire les jolis cœurs. Les femmes, les bars, les cinémas, ce sera pour plus tard. Repos à ma façon, c'est-à-dire reprise de l'entraînement tous les matins, décrassage, footings de quinze à vingt kilomètres, tir, close-combat. Plus de contacts avec la population en ville. Nous nous contentons de traverser à toute berzingue, en jeep, sans cesse en alerte. Nous sommes basés non loin de la cathédrale, mais nous n'avons même pas le temps d'y entrer pour une prière. D'autres prient pour nous, chacun son boulot.

Sur le terrain nous avons toujours un aumônier. Je l'ai dit, je suis croyant mais pas pratiquant. Ça ne m'empêche pas de respecter notre religieux, et finalement de vivre comme lui : en campagne pas de femmes, être proche des hommes, ne pas se laisser aller. Le tout est d'avoir la foi. En Dieu ou en sa mission. C'est ce qui nous tient debout. Pour moi, la volonté d'aller toujours plus loin, le plaisir de former une équipe et de la commander.

Chapitre 12

Nasan

Très vite nous reprenons les opérations. Il faut dégager et protéger l'axe Hanoi-Haiphong. Le petit village de Nasan est devenu un camp retranché. Douze mille hommes s'y entassent pour le défendre. L'endroit est doté d'un aéroport, de barbelés, de batteries de 105, de munitions. Comme un avant-goût de Diên Biên Phu : une position fortifiée, placée à un point stratégique, faite pour empêcher les Viets de passer en les obligeant à livrer bataille, et à sortir de leur stratégie de guérilla.

Cette fois, ça a marché. Gilles, qui commande tous les bataillons envoyés en renfort, a réussi à bloquer l'offensive de Giáp grâce à l'aviation et à l'artillerie. Il y gagne ses étoiles de général. Enfin une bataille remportée !

Mais les Viets contrôlent le reste de la région. Je suis chargé d'aérer le camp en lançant des raids tout autour. À nouveau je suis dans ce Pays Thaï noir, je retrouve des lieux que je connais bien : le col de Conoï, Chien Dong, la rivière Noire et Son La.

Son La est détruit. Il ne reste plus rien. La citadelle, la résidence où je m'étais installé ont été soufflées. Raid éclair. Plus question de se poser ici et d'y régner comme un seigneur de guerre. Les Viets sont partout.

Pendant ces quelques semaines, je suis sous les ordres du colonel Ducourneau. Un type formidable, courageux, compétent, qui va participer à toutes les missions. Il préfère rester avec mes hommes, être à nos côtés pour les marches de nuit, attendre couché dans la boue et prendre part aussi aux combats. Parfois c'est très chaud.

Un jour j'envoie en embuscade un de mes capitaines, Chabannes, que j'appelle le « chat-tigre ». Caractère de cochon, un courage extraordinaire, beaucoup d'ascendant sur ses hommes. Il réussit son raid puis se replie. Soudain il tombe sur des Viets. Il cherche à se dégager, n'y parvient pas, le combat commence. Il me contacte finalement par radio. Immédiatement je lui envoie Trapp et Le Boudec pour le soulager. Ils reviennent tous sains et saufs quelques heures plus tard. Je suis en pétard :

« Chabannes, pourquoi ne m'avez-vous pas prévenu plus tôt ? Je vous aurais envoyé tout de suite des renforts.

– Mon commandant, répond-il, j'ai l'habitude de mener mon affaire tout seul. »

Je suis obligé de l'engueuler, mais je reconnais en lui un semblable : il est comme moi pendant mes deux premiers séjours, et ne veut être aux ordres de personne.

Mais les choses ont bien changé. Ce n'est plus la guérilla avec des partisans, mais un bataillon para.

Fin mars, je peux afficher un beau bilan. De jolis coups ont été réussis, nous avons semé la panique chez les Viets et nos pertes sont faibles.

Je tiens maintenant à dire un mot sur l'opération « Adolphe » du 29 mars au 3 avril 1953, pour parler d'un homme hors du commun, le commandant Bréchignac, chef du 1er régiment de chasseurs parachutistes. Un saint-cyrien, carré, une force de la nature, increvable. Des yeux bleus pénétrants, durs. Jusqu'à la fin de mon séjour il sera mon principal rival. Gilles nous a mis en concurrence, évidemment pour nous stimuler. Cela ne nous empêche pas de nous estimer.

Gilles sait que plusieurs bataillons viets venant de Moc Chau progressent vers l'ouest, en direction de Yen Chau. Bréchignac et moi sommes désignés pour les intercepter au plus vite, semer la panique dans leurs rangs et nous replier. Apparemment une mission de routine. Bréchignac ne la prend pas très au sérieux. Je progresse au nord, lui au sud. Avant la nuit chacun creuse son trou, les champs de tirs sont dégagés, les pitons tenus peuvent s'appuyer mutuellement. Bréchignac a pris moins de précautions.

Au milieu de la nuit c'est l'attaque viet classique. Tirs au mortier et assaut. Je l'appelle par radio :

« Où en es-tu ? Chez moi ça tient. »

Il me répond :

« J'ai une compagnie bousculée, des pertes sérieuses. »

C'est ainsi que le 1er RCP perdra une soixantaine d'hommes alors que mes pertes seront minimes. Mais Bréchignac réagit, stimule ses unités et nous pouvons décrocher en effectuant un combat retardateur à la même hauteur. Retour chez Gilles, mission remplie. Les Viets ont dérouillé.

Janvier, février, mars, avril 1953. Quatre mois déjà à avaler des kilomètres, à bouffer la boîte de ration, à se laver dans un ruisseau quand nous en trouvons un… Nous soufflons à Nasan. De Linarès vient de se poser en avion. Il me convoque en présence de Gilles. Je me présente, soulagé, espérant qu'il va m'annoncer notre retour à Hanoi. Je rêve.

« Bruno, j'ai besoin de toi pour une mission délicate. Ne me dis pas que tu es fatigué, je le sais. Demain tu seras transporté par avion au Laos avec ton bataillon. Une offensive viet se dessine. Tu seras en avant-garde du groupe mobile n° 1 déjà en place, commandé par le colonel Daillier, qui te donnera ses instructions. »

Je garde mes sentiments pour moi.

« Bien, mon général. »

On ne discute pas avec de Linarès. Le genre de type avec qui l'on accepte de mourir les yeux fermés. Je réunis mon équipe. Ils sont déçus mais fiers de recevoir une nouvelle mission. Seul Leroy, dit « Polo », fait la gueule. Son épouse institutrice a pu rejoindre Hanoi où elle enseigne, il ne supporte pas l'idée de passer six mois sans voir sa petite femme. Il la rejoindra à Hanoi, recevra une autre affectation dans un état-major. Poussé par son épouse qui veut le garder pour elle, il quittera l'armée quelques années plus tard. Tant pis.

Deux cent cinquante kilomètres en Dakota. Nous nous posons à Luang Prabang. Je ne connais pas le Laos. Un beau pays, des gens souriants, des femmes magnifiques. Pas le temps d'en profiter. Avec moi il y a Pierre Schoendoerffer, photographe, vingt-deux ans. Très jeune mais courageux, il fera une belle carrière de cinéaste et d'écrivain, en particulier avec son film *La 317ᵉ section* et son formidable roman, *L'Adieu au roi*. Je le retrouverai aux combats de Diên Biên Phu, en captivité et en France. Un chic type, sentimental, modeste, fidèle en amitié et très doué.

Ordre du colonel Daillier. Je dois remonter le Mékong vers le nord jusqu'à Pak Hou, m'y installer en position défensive et de là rayonner au plus loin vers le nord-est en vue d'aller au contact des Viets. Pak Hou, grand village sur pilotis, des palmiers, des filles aux seins nus…

Je nous place sur un immense piton dominant le village. Le Mékong coule paisiblement à nos pieds. En quarante-huit heures, le bataillon organise une forteresse : PC enterré, trous individuels, pose de ribards. Nous souhaitons une attaque viet qui ne viendra pas, et nous allons devoir les chercher au cours de raids de plus en plus profonds, vingt, trente, puis quatre-vingts kilomètres.

Daillier, de son PC, nous envoie des ordres dont il ne mesure ni la portée ni la faisabilité. Je suis dans l'obligation de jouer serré, me renseigner, me couvrir, m'enterrer en fin d'étape. Il faut éviter les pertes. Ce brave colonel n'imagine pas ce qu'il nous demande. C'est facile de faire une étape en lisant une carte. J'aimerais l'emmener crapahuter avec nous, au moins une fois.

Enfin nous rentrons à Hanoi. À peine le temps de souffler. À la tête de l'état-major, les généraux continuent de valser. Navarre est le nouveau commandant en chef. De Linarès a quitté l'Indochine, le cher de Linarès. Il est relevé par Cogny, qui décrète que nous devons maintenant être « offensifs ». À présent nous allons être commandés. Merci mon général, nous n'attendions que vous.

Nasan a été abandonné, ainsi que le Pays Thaï noir, maintenant aux mains des Viets. Cinq années de combats, de souffrances, pour en arriver là ! Servitude et grandeur… Gilles et Ducourneau sont à Hanoi. Le général Giáp, solide à son poste, va continuer à user nos généraux.

Le moral de nos bataillons est extraordinaire.

Le 16 juillet 1953, Ducourneau me convoque à son PC. Sont aussi présents Touret, mon adjoint à Tu Lê qui dirige maintenant le 8e BPC, le chef du 2e BEP. Ducourneau comme à son habitude fait un topo synthétique et clair. Nous sautons demain sur Lang Son. Les Viets ont entreposé d'importants stocks d'armes et de munitions dans les grottes avoisinantes. Il faut les détruire. C'est le boulot de mon 6e BPC. Touret tiendra Lang Son et Bréchignac demeurera à Hanoi, prêt à intervenir si l'opération tourne mal. Retour au séminaire, briefing. Une nouvelle mission para comme nous les aimons : saut derrière les lignes ennemies, action coup de poing, repli rapide.

Le 17 juillet, à 7 heures du matin, nous décollons dans nos Dakota. Après une heure de trajet, nous sommes à deux cents mètres au-dessus de Lang Son. *Go !* Nouveau contact avec le sol, atterrissage impeccable. Contact radio avec mes lieutenants : « Regroupez vos hommes, envoyez-les sur les objectifs prévus, dirigez les blessés sur mon PC. » La machine tourne, pas de problème. Pour la première fois mes hommes portent tous le même signe distinctif, une casquette. Elle deviendra vite la « casquette Bigeard ». Fini le chapeau de brousse, trop encombrant, et le béret para. En opération ou en permission nous porterons la casquette, idéal signe de reconnaissance, nouveau moyen de souder l'équipe.

Ducourneau m'appelle à la radio : « Où en êtes-vous ? Avez-vous déjà pris les grottes ? » Du calme, mon colonel, nous arrivons à peine, nous nous organisons. Toute la journée, nous nettoyons la ville, les alentours, et prenons possession des grottes. Quelques accrochages avec les Viets, mais rien de grave, presque une promenade après les épreuves subies. Mes paras sont installés aux carrefours, prêts à affronter une contre-attaque.

En ville sont placardés des affiches de propagande vietminh, des portraits de Staline, de Mao et autres héros du communisme. Un soldat me montre celles qui vantent la force militaire de la Chine. Pas difficile de comprendre que c'est le fanatisme des Viets qui fait leur force. Ils sont bien conditionnés. Giáp est un grand général, et aussi un idéologue. Tous ses soldats sont prêts à se sacrifier pour la grandeur du communisme. Chez nous, seuls des bataillons d'élite comme les paras peuvent se mesurer à eux. Mais c'est l'exception. Dans l'ensemble, c'est l'idéal qui fait défaut. Et sans idéal, on ne gagne pas une guerre. Nous sommes à des milliers de kilomètres de chez nous, nous

nous battons pour la France, pour le monde libre, contre le marxisme et les dictatures communistes, mais le monde libre ne se soucie pas de nous, ou si peu. Nous menons une guerre presque oubliée, voire honteuse. On ne remporte pas un combat d'une telle envergure seulement avec des armes sophistiquées : on le fait avec son cœur, sa volonté, sa foi. Les hommes politiques ne l'ont pas compris. Ils nous envoient au casse-pipe, presque honteux, ils voudraient même nous oublier.

À la fin de la journée, nous avons pris Lang Son et nous occupons toutes les grottes. Prenons quelques minutes pour examiner le matériel qu'elles contiennent : une véritable caverne d'Ali Baba. Une grotte aux trésors : six camions russes Molotova, mille FM Skoda, cinq cents mètres cubes de matériel de fabrication chinoise ou russe, pas étonnant que le Viet soit devenu un adversaire redoutable. Ça ne pourra qu'empirer. Il ne leur faudrait plus que des avions ou des chars pour faire jeu égal avec nous.

À 17 h 30 nous faisons tout sauter. Il ne reste rien. Du bon travail. Pour une fois c'est nous qui redevenons les maîtres du jeu, les Viets ne nous attendaient pas à cet endroit. Ça nous change. Je suis satisfait d'avoir pu reprendre l'initiative. La « colonne Bigeard » n'est plus qu'un lointain souvenir. Nous sommes des libérateurs, mais constamment sur la défensive. Nous subissions jusqu'ici. Maintenant, il s'agit de ne pas se faire encercler. Nous accélérons le rythme, allure commando. Huit heures de marche avant de prendre contact avec les légionnaires qui ont été largués sur Loc Binh. Marche exténuante. Nuit blanche. Il fait chaud.

À la fin du jour suivant, mes hommes sont épuisés. Ici, c'est vraiment marche ou crève.

À 2 heures du matin, nous effectuons la liaison avec la Légion. Nous sommes maintenant en position de force. Des troupes fraîches nous soutiennent et peuvent retarder les Viets, s'ils arrivent. Pour le moment, l'effet de surprise dans les grottes a joué à plein. Mais nous ne sommes pas tirés d'affaire pour autant. Il faut encore traverser la rivière Song Ki Cung, cinquante mètres de large et un fort courant. Ça dure toute la nuit. Mes hommes patrouillent dans les environs pour éviter une attaque surprise.

19 juillet, midi : nous sommes maintenant bien à l'abri, à quelques kilomètres sur l'autre rive. Le ravitaillement nous parvient par les airs, il y a même quelques bouteilles de whisky dans les conteneurs. 17 heures, la nuit tombe, il fait frais, la progression reprend. Nous sommes en sécurité, mais encore huit heures de marche. Fatigue. Je pense à ma famille, à Gaby, à Marie-France, à ma Lorraine. Ça m'évite de voir ce chemin interminable. S'évader dans l'imagination, un bon moyen pour faire passer le temps.

22 h 30, mes premiers éléments prennent contact avec le groupement mobile n° 5. Mission accomplie. Navarre exulte. L'opération des grottes a été menée de main de maître. Son commandement débute bien.

Il m'invite à dîner. Pas moyen de refuser, mais je ne l'aime guère. Il est froid et distant. Il s'arroge les mérites de la réussite de l'opération. Je pense à mes hommes qui ont impeccablement fait leur boulot. Ils mériteraient tous d'être à la table du général.

Quelques jours de repos, au séminaire. Repos occupé par le footing, le parcours du combattant, l'entraînement au tir. Il ne faut pas mollir. Dur, mais rien à voir avec les missions. Rythme régulier, on récupère quand même.

À peine le temps de se retaper, et on nous renvoie dans le delta. Le Viet y règne en maître. La situation n'est pas brillante pour les Français. Pourtant, les effectifs de nos forces sont nombreux. Plus même que ceux des Viets. Quatre cent cinquante mille hommes contre quatre cent mille en face. Mais ici, les chiffres ne signifient rien. La moitié de notre armée est composée d'effectifs locaux, des gens de bonne volonté, mais peu entraînés et inutiles en cas de coup dur. Les paras ne comptent que huit bataillons. Troupes d'élite dont peut disposer le haut commandement. Le reste est immobilisé dans des postes, attendant les attaques des Viets alors qu'il faudrait prendre l'initiative.

Peu à peu le sentiment s'installe que c'est foutu. La France ne nous envoie plus de renforts. Il est clair, je l'ai dit, que cette guerre n'intéresse personne. Pourquoi continuer à se battre dans ces conditions, pourquoi garder un pays qui ne veut plus de nous ? Pas le droit de se poser la question. Un para doit remplir sa mission. Le reste ne le regarde pas.

CHAPITRE 13

Première prise de Diên Biên Phu

Nous ne restons pas longtemps à Hanoi. Le 19 novembre 1953, Bréchignac et moi sommes convoqués au PC des forces terrestres du Nord-Vietnam par le général Bodet, adjoint de Navarre. Ducourneau et Gilles sont également présents. Nous sautons demain en première vague sur Diên Biên Phu. Ce devrait être une mission facile. Si l'on rencontre trop de résistance, ordre de se replier sur le Laos. À nous de juger sur place. Sinon, nous serons renforcés par un troisième bataillon. Reste à espérer une météo favorable.

Je suis donc à nouveau dans le coup avec Bréchignac. On ne nous sépare plus. Ensemble nous étudions les plans plus précisément. Je sauterai sur le village, sur la DZ « Natacha », et Bréchignac sur la DZ « Simone », à six kilomètres au sud. Toujours de la fête pour les missions délicates. Je ne peux m'empêcher de remarquer que le 6e a encore une fois le plus beau rôle. Le plus dangereux aussi : la rançon de la gloire !

Je passe la nuit à préparer notre mission. Je connais bien Diên Biên Phu, depuis mon premier contact avec le Pays Thaï, sept ans auparavant. Je me rappelle ce petit village tranquille traversé par la rivière Nam Yum. Je me souviens des deux adjudants qui m'attendaient avec de petits chevaux pour que j'aille rejoindre le PC de Quilichini, à cent vingt kilomètres de là, des chevaux tellement petits que mes pieds touchaient le sol. Je me demande ce qu'est devenu le village maintenant que le Pays Thaï est tenu par les Viets. On n'a pas de renseignements, on nous dit que le régiment viet 148 serait à une cinquantaine de kilomètres de là.

À 7 heures du matin, nous sommes à l'aéroport de Cat Bi. Tous mes officiers sont près de moi. Les Dakota attendent l'ordre de décollage. Les gars sont tous prêts pour le départ. 8 heures : la météo est mauvaise. Mais si la mission est maintenue, il faut qu'on parte maintenant : après il fera trop chaud.

L'ordre de départ est enfin donné. Embarquement immédiat. Décollage. Trois cents kilomètres pour être à la verticale de Diên Biên Phu. Interminable. Ça bouge dur à l'intérieur de la carlingue. Le vent est violent. Certains hommes sont malades et vomissent. Je suis dans l'avion de tête, porte ouverte, je regarde les paysages. Mes souvenirs d'Indochine défilent sous mes pieds : Conoï, Son La, Moc Chau...

À 10 heures nous arrivons. Debout, accrochés, sonnette, le largueur aux abords de la porte... *Go !* Le pépin qui s'ouvre aussitôt, nous sommes largués très bas à cause du vent. J'entends des balles siffler. Les Viets sont là et nous attendent. Le sol approche. Je dégrafe mon parachute avant de toucher terre. Pas de temps à perdre. Roulé-boulé, j'atterris correctement. Mon radio et mon garde du corps secrétaire, Martial Chevalier, sont tout de suite à mes côtés. Où sont les autres ? Le vent nous a déportés, c'est la panique. Ça tire de partout. Une vingtaine d'hommes finissent par se regrouper autour de moi. Je fais le point radio avec mes officiers : ils ne sont pas arrivés sur le lieu prévu. Leurs compagnies sont dispersées. Sur mes huit cents gars, j'ai l'impression d'en avoir perdu la moitié.

À 11 h 30 mon PC est enfin autour de moi, la situation est grave. Beaucoup d'hommes manquent. Allaire, celui qui s'occupe des armes à feu, me dit qu'il a perdu ses mortiers. Je l'engueule : pas mon problème, il faut qu'il les retrouve. Quelques minutes plus tard, il revient avec tous ses tubes.

À 13 h 30, l'attaque de Diên Biên Phu peut commencer.

Les 81 ouvrent les hostilités. L'aviation nous soutient. J'ai retrouvé la quasi-totalité de mes hommes. Ça s'annonce difficile. Les Viets ont transformé les villages en camps retranchés. Je n'arrive pas à entrer en contact avec Bréchignac par radio. J'aurais besoin de lui pour leur couper la retraite, mais il a dû lui aussi avoir des problèmes à l'atterrissage.

Les combats durent des heures. Les Viets commencent à lâcher du terrain. À la fin de la journée, nous avons conquis le village. Non sans peine : dix tués, dix blessés graves. En face, cent quinze Viets HS, sans compter les armes et les documents. J'apprends par des prisonniers que nous sommes tombés en plein entraînement de deux bataillons. Ils étaient prêts au combat, ce qui explique la violence de l'affrontement. Mais grâce à notre habitude de manœuvrer ensemble, grâce à nos heures d'expérience, à notre volonté de vaincre, nous avons pu improviser et remporter le morceau.

Dans la soirée, Bréchignac arrive avec ses hommes. Une fois de plus le 6e BPC a fait le gros boulot avec le minimum de pertes, cela dit sans gloriole. Mais dix tués, ce sont dix morts de trop. Ça fait mal de voir les corps de ces hommes, jeunes, heureux de vivre le matin même, morts maintenant. Parmi eux, mon petit sergent Martellino, l'un des deux que j'avais mis K.-O. à Saint-Brieuc, un jour qu'il était rentré trop tard de permission. Depuis, chaque fois qu'il me croisait, il me disait : « Sans rancune, Marcel. » Ce petit gars gouailleur était devenu un combattant d'élite.

Le soir, mes hommes sont enterrés, prêts à recevoir une contre-attaque. Diên Biên Phu est pris. Maintenant que je connais la suite, je pense qu'il aurait sans doute mieux valu être moins performants ce jour-là, ou que la météo ne soit pas bonne.

Le lendemain, Gilles, qui doit commander le camp, arrive avec son état-major. Langlais est avec eux. Je le connais depuis Saint-Brieuc. Ils déboulent en parachute alors qu'ils auraient pu simplement utiliser un hélico. Coup de pub, coup de com, comme on dit aujourd'hui ? En tout cas le dernier coup d'éclat de Gilles. Dans quelques semaines il retourne en France. Il passera le relais à de Castries.

Le colonel de Castries, je l'ai rencontré à Nam Dinh. Cinquante et un ans, grand seigneur, Croix de guerre, un type très séduisant, beau cavalier, ex-champion du monde de saut en hauteur. J'aurai toujours à me féliciter de son fair play. Dès qu'il prend le commandement, les armes, les munitions, les barbelés et le ravitaillement descendent du ciel.

L'activité autour de Diên Biên Phu est intense. Le terrain d'aviation est rapidement remis en état. Ce sont les paras qui se chargent d'aplanir la piste avec leurs pelles. La défense s'organise. Après le coup de Nasan, Diên Biên Phu devient un endroit à la mode, une sorte d'exemple. L'état-major a décidé d'y défier Giáp. On y voit des journalistes, des ministres. Pendant ce temps, nous faisons le boulot dans la jungle. Encore une fois, il faut aérer les abords.

En faisant des patrouilles autour de Diên Biên Phu, je me rends compte à quel point cette cuvette est vulnérable. Elle est partout dominée par les montagnes. Je me souviens, lors de mes deux séjours en Pays Thaï, c'est en installant mes armes lourdes sur un piton, puis en déboulant des hauteurs, que j'ai pu prendre Song La, Moc Chau et d'autres villages. Ici, il risque bien de nous arriver la même chose. Mais cette fois, c'est nous qui serons dans le piège.

Début décembre, je retourne à Hanoi avec mon bataillon et celui de Bréchignac. Quelques jours de repos. Je sais que ce sera court. Le 29 décembre en effet, je reçois l'ordre de rejoindre d'urgence le Moyen-Laos, base de Seno. Nous sommes vraiment de toutes les aventures.

Le général Franqui, qui commande le secteur, et le général Gilles m'accueillent et précisent ma mission. Sept bataillons viets se dirigent sur le Laos. Il faut renforcer cette base, contrôler la route par laquelle ils arrivent, et surtout aller au contact. Évaluer leur nombre, les situer, mesurer leurs forces. Encore une mission facile sur le papier. Pour l'occasion, je dirigerai aussi le bataillon de Bréchignac. Je ne suis pas sûr qu'il acceptera. Pas du genre à se laisser commander, « Brèche »! Il a l'esprit d'indépendance. Même s'il est irréprochable côté courage et loyauté. Gilles me dit: « Pas de problème, on va lui demander. » Bréchignac accepte. C'est aussi un seigneur.

Le lendemain, je réunis mes officiers et ceux de Bréchignac. Le plan: le 1er RCP se dirigera vers le nord en camion jusqu'à la rivière Sé Noï, à quatre-vingts kilomètres. Mon bataillon fera le même chemin plus à l'est, dans la brousse. Je veux une action de guérilla, comme je l'ai déjà pratiquée avec succès dans la Haute Région. D'abord le renseignement, puis la préparation du coup, l'attaque éclair, le décrochage par les itinéraires prévus pour éviter les pertes. L'objectif est de faire des prisonniers et de récupérer des documents.

Le 31 décembre 1953, départ pour le Moyen-Laos. Nous allons à l'aventure sans savoir exactement ce qui nous attend. Je dois me fier à mon instinct. Je sais que je dirige les deux meilleurs bataillons d'Indochine.

Les premiers jours, progression sans discontinuer. Reconnaissance, installation dès notre arrivée dans un village. Bréchignac est à Ban Nakhmey, nous sommes à Ban Pho Xay. Nous n'avons pas vu un seul Viet, mais nous savons qu'ils sont tout près. Chaque soir nous installons un point d'appui solide, entouré de ribards et de mines. En cas d'assaut, nous n'aurons pas de surprise. J'envoie régulièrement des rapports au commandement. Mon bataillon se dirige sur Ban Som Hong. Le 4 janvier 1954 au soir, les Laotiens nous préviennent que les Viets se dirigent vers nous. Nous nous protégeons davantage.

Le Boudec part en éclaireur vers l'ouest. Il est sévèrement accroché à quelques centaines de mètres de notre position. Je lui envoie les mortiers en soutien et j'appelle l'aviation. Malgré un combat acharné, Le Boudec ne parvient pas à déloger l'ennemi. Nous nous préparons à encaisser l'assaut. Bréchignac lui aussi a été méchamment secoué. Une vingtaine de ses hommes sont morts. Je lui envoie l'aviation en soutien, alors que nous allons nous-mêmes en avoir besoin. Il parvient à se dégager. Il a rempli sa mission. Il peut maintenant rentrer à Seno. Il n'est plus sous mes ordres.

De mon côté ça va mal. Le poste de Ban Hine Siu, au sud de notre position, vient de tomber. Sa garnison s'est enfuie dans la jungle. Il est clair que les Viets sont partout, au nord, au sud, et cherchent à nous encercler. L'après-midi, nous essayons de contre-attaquer par l'ouest. Pertes sérieuses des deux côtés. Le soir arrive. Nous ne pouvons ni dormir ni nous replier en pleine nuit. Les hommes sont anxieux mais combatifs. Je lance des éclaireurs de tous les côtés. Ils reviennent toujours avec la même réponse : les Viets sont partout. Oui, nous sommes complètement encerclés.

Heure par heure, j'appelle le général Franqui :

« Pouvez-vous nous envoyer des renforts ? L'aviation ?

– Pas pour le moment. Tenez bon ! me répond-il. »

Le 6 janvier au matin. Mon anniversaire de mariage. Douze ans. Depuis, j'ai passé beaucoup plus de temps sur les terrains de combat qu'avec ma femme. Mais c'est ainsi, pas de place pour les états d'âme.

Deux de mes éclaireurs reviennent en courant. Ils ont trouvé un chemin libre, apparemment ignoré des Viets.

J'hésite. C'est peut-être le moyen de sortir du piège, mais s'ils nous tombent dessus nous allons tous nous faire massacrer. Alors qu'ici, planqués, enterrés, nous pouvons nous défendre et les aligner s'ils approchent. Je prends ma décision : toujours choisir l'offensive. Je fais confiance à ma chance. Bruno la baraka. J'appelle Franqui pour lui demander carte blanche. Il me l'accorde. Les officiers sont d'accord. Je sais que je joue l'avenir de tout le bataillon.

Nous quittons le village le plus discrètement possible et marchons toute la nuit à travers cette piste. J'appelle l'aviation par radio pour lui demander de bombarder le village juste après notre départ. Une marche en silence. J'ordonne à tout le monde de la boucler. Aucun mot. Nous avançons en file indienne dans la jungle épaisse. L'ennemi ne s'est aperçu de rien. Les groupes de tête sont déjà à plusieurs centaines de mètres du village. La dernière section part à son tour. Tous les hommes sont maintenant sur la piste. Dix minutes après notre départ, les Viets attaquent et ne rencontrent aucune résistance. Ils ne comprennent pas. Où sommes-nous passés ? C'est le moment que choisit l'aviation pour intervenir. Bombes, mitrailleuses, napalm : un massacre. Les Viets sont à découvert et se font aligner sans pouvoir réagir ni fuir. Opération réussie. Mais pas question de moisir ici, ils vont bientôt être à nos trousses. Je les connais, ils ne lâchent rien, jamais.

La nuit arrive. Nous continuons notre progression. Encore quelques heures et nous nous en sortons. Une fois de plus, mon bataillon a remporté une victoire. Plus de quatre cents Viets sont morts. Chez nous, pertes peu importantes.

Après cette opération, l'ennemi abandonne son offensive au Moyen-Laos. Le haut commandement pavoise. Il pense que les Viets sont K.-O. Notre hiérarchie ne doute de rien, n'a rien vu, nos chefs vivent dans une totale inconscience. En fait, Giáp a toujours un coup d'avance, comme un bon joueur d'échecs. Il a décidé de masser ses troupes autour de Diên Biên Phu.

Nous restons dans la région jusqu'à la fin du mois de février 1954. Un peu de repos, beaucoup d'entraînement, quelques raids pour voir si les Viets se sont définitivement retirés. Cela semble être le cas. Nous jouissons enfin d'un peu de calme.

Fin janvier 1954, nous rentrons à Hanoi. Une fois de plus le séminaire nous accueille pour un peu de récupération. Mais les nouvelles sont mauvaises. Pendant que nous étions au Laos, Giáp a accentué la pression sur Diên Biên Phu. Il est désormais impossible de sortir du camp. Les avions font la navette pour assurer le ravitaillement, mais ils repartent chaque jour avec des cercueils dans leurs soutes. Pendant l'opération « Castor », nous avions enterré nos morts dans le petit cimetière du village. Nous les avions enveloppés dans des parachutes et leur avions rendu les derniers honneurs. Dans un mois, la bataille va complètement bouleverser le paysage et ensevelir ces tombes à jamais. Plus aucune trace de ces jeunes types morts héroïquement pour la France.

Pendant les mois de janvier et février, le général Giáp améliore son dispositif. Il sait que les Français sont pris au piège dans le camp et ne pourront plus le quitter. La moindre tentative de sortie se solderait par un massacre effroyable. La nasse de Diên Biên Phu se referme. L'état-major ne l'a pas encore compris. Il tombe dans tous les pièges tendus par le général Giáp, ce grand soldat, ce génie militaire – formé par la France, soit dit en passant. Mon bataillon et celui de Bréchignac envoyés au Laos pour stopper une offensive, c'était en fait une diversion de Giáp. Il a parfaitement réussi son coup. Navarre et Cogny ont relâché l'effort sur Diên Biên Phu. Les bombardements de l'aviation sur les positions viets se font plus rares. Les troupes envoyées manquent d'expérience.

Au mois de février, le général Cogny me convoque : « Bruno, vous allez à l'aéroport de Cat Bi prendre contact avec le colonel Brunet, et renforcer sa défense. J'ai comme l'impression qu'il va être attaqué. »

Diên Biên Phu ne tient plus que grâce au ravitaillement aérien. Cent quatre mille Viets sont postés autour de ce camp retranché, en tout cinq divisions. Pas difficile de comprendre que l'adversaire va tenter de détruire un maximum d'avions au sol.

J'arrive à Cat Bi le 1er mars 1954 et me présente à Brunet. « Mon colonel, j'ai ordre de protéger votre base. » Il m'engueule. Il n'a d'ordres à recevoir de personne. Cogny l'emmerde, dit-il, il est assez grand pour défendre sa base tout seul. Je réplique, je m'échauffe, il ne faut pas trop me chatouiller, nous en venons presque aux mains. En tout cas les ordres sont les ordres, pas question pour moi de m'installer sur la base. J'en rends compte à Cogny et place mes troupes en appui, à quelques mètres du terrain d'aviation. Je donne mes ordres en cas d'attaque et reste éveillé toute la nuit. Vers 4 heures du matin, des explosions, des tirs : les Viets attaquent. Nous fonçons. Trois avions sont déjà détruits. Les Viets s'enfuient, et nous avons juste le temps de retirer les charges posées sur les autres avions. Brunet arrive avec un grand sourire et me présente ses excuses. Il a été stupide, dit-il. Je ne suis pas rancunier, tout le monde a droit à l'erreur. C'est le début d'une grande amitié.

Nous passons quinze jours à garder la base. Il n'y aura plus de raids viets. Nous écoutons ensemble les premières informations sur le début de la bataille de Diên Biên Phu. Les Viets sont passés à l'offensive dans la nuit du 12 au 13 mars. Nos généraux espéraient stopper Giáp dans cette cuvette et l'amener à combattre en terrain découvert. Mais Giáp a été plus malin. L'affaire est décidément bien mal engagée.

Le 15 mars, je suis à nouveau convoqué chez Cogny.

« Bigeard, tout va mal. Le Viet nous a pris par surprise. Les deux points d'appui Gabrielle et Béatrice sont tombés. Deux bataillons ont été engloutis et notre artillerie est inefficace. Vous sautez demain. Voyez ce que vous pouvez faire.

– Bien, mon général. »

Je sais qu'on nous envoie au casse-pipe, que nous sommes le dernier recours. Mais pas le choix. Un para va où on lui dit d'aller, sans discuter.

Le 16 mars, nous sommes de nouveau sur le coup. Tous mes hommes sont là. J'aurais bien aimé leur épargner ce saut sur Diên Biên Phu. Je l'ai quand même dit à Cogny, il m'a répondu : « Bigeard, je sais que vos hommes sont épuisés, mais ils sont expérimentés, rodés, et je n'ai personne d'autre à mettre à la place. Il faut que vous y alliez. » J'ai transmis le message. Beaucoup de mes gars arrivent à la fin de leur période, mais ils ont tous répondu présent comme un seul homme. C'est pour ça que j'ai tellement aimé commander, et que je me suis à ce point attaché à mes paras, ma famille. Chef ou pas, nous sommes ensemble, et c'est cette fraternité qui fait notre force et nous conduit au-delà de nos limites. Jamais aucune hésitation : en cas de coup dur on sait qu'on est épaulé, qu'un copain sera toujours là, et que dans ces conditions on peut aller au bout du monde.

Un souvenir : 14 février 1954. J'ai trente-huit ans. À 5 heures du matin, je suis réveillé par un vacarme terrible. Tirs de mortiers, rafales de dizaines d'armes automatiques, des grenades qui explosent. Je bondis. Je gueule :

« Alerte ! »

Mon équipe entre en souriant dans ma tente, officiers et sous-officiers.

« Bon anniversaire, Bruno ! Nous n'avons pas de fleurs, mais nous vous offrons ce que nous pouvons.

– Bande de salauds ! Vous avez failli me faire peur ! »

Maintenant, ils manquent de me faire chialer. Merveilleux gars, oui, ma deuxième famille, ma vie, ma raison d'être.

Ils sont encore là ce 16 mars, alors que nous nous apprêtons à sauter sur Diên Biên Phu. Les Viets nous canardent pendant que nous sommes suspendus à nos pépins, entre ciel et terre. Nous sautons sur le poste Isabelle, à six kilomètres au sud du camp. Je vois arriver le sol avec appréhension. Il me faut absolument éviter de tomber sur ma jambe droite. Je l'ai abîmée quelques semaines auparavant, elle me fait mal. Le choc. Je hurle ! Une douleur à tomber dans les pommes. Je me relève quand même. Martial et le radio sont tout de suite à mes côtés. Je fais le point avec mes officiers. Regroupement, et direction Diên Biên Phu. Je me dirige vers le PC d'Isabelle. Ce point d'appui, au sud, qui tombera avec la chute de Diên Biên Phu, est tenu par la Légion. J'entre dans le poste. L'ambiance est sinistre. Personne ne parle. Pourtant les légionnaires ne sont pas des petites natures, il leur en faut beaucoup pour les déprimer.

Je rencontre le lieutenant-colonel Lalande. Il porte le casque dans son PC, comme si le ciel allait lui tomber sur la tête. Il est vrai que le 13 mars, le commandant de Béatrice est mort dans son abri, tué par un obus. Personne ne pensait que les Viets possédaient de l'artillerie lourde.

« Bonjour, mon colonel. Pouvez-vous mettre une jeep à ma disposition ? J'ai la jambe droite blessée.

– Pas de problème. Plus personne n'utilise de véhicules : trop dangereux. »

Avec Martial, nous zigzaguons au milieu des obus jusqu'à la citadelle. Je ne reconnais plus rien de l'endroit. Plus de végétation : tout est rasé. Des barbelés partout, personne. Les douze mille hommes sont cachés dans la terre. Une impression de mort. Au PC c'est encore pire. Je m'enfonce à mon tour sous la terre pour arriver chez de Castries. Je l'ai déjà croisé plusieurs fois. Après le départ de Gilles, c'est lui qui a pris le commandement du camp. « Heureux de te voir, Bruno », me dit-il.

Il a l'air épuisé, les traits tirés. Pourtant, la bataille n'a commencé que depuis soixante-douze heures. Nous discutons. Il ne me donne que des instructions vagues. Il est clair qu'il ne maîtrise pas la situation. Je n'ai qu'une envie : remonter à l'air libre, sortir de ce trou à rats, retrouver mes gars.

Nous devons nous poster sur le point d'appui d'Éliane 4. Rien n'a été prévu pour nous. Pas de problème : avant le soir mes hommes ont tous creusé leur trou et j'ai installé mon PC.

À l'est de mon point d'appui sur Éliane 4 se trouve le 5e BPVN de Botella, un para qui a fait les campagnes de France, droit, direct, pour moi un frère. Il sait que je suis là et me rejoint : « Bruno, je me mets sous tes ordres. Tu verras, ici c'est un sacré bordel. » Il me raconte la contre-attaque meurtrière dans laquelle il a été engagé la veille alors que ses paras venaient d'arriver. Plusieurs de ses hommes ne voulaient pas avancer. « Des lâches », dit-il. Je ne parle jamais de lâcheté. La peur fait partie de la guerre et parfois elle vous submerge au point que vous ne pouvez plus bouger. Par chance, ça ne m'est jamais arrivé.

Nous peaufinons notre défense sur Éliane 4, toujours le même topo, trous, tranchées, barbelés. Je me suis creusé un alvéole, comme font les Viets ; en cas de fort bombardement, ça évite de prendre des éclats d'obus. On peut apprendre des trucs chez l'ennemi, surtout quand il est malin et courageux, ce qui est le cas ici.

À la fin de la matinée, un de mes officiers, Lepage, est convoqué par Langlais qui dirige les forces d'intervention. Il veut l'envoyer avec sa compagnie faire une reconnaissance. Je saute dans ma jeep et fonce voir Langlais.

« Mon colonel, je dirige mon bataillon. Vous n'avez pas à donner d'ordres à mes hommes. »

Cogny m'a dit que rien n'était commandé ici. Ça va changer. Langlais, je le connais, je l'ai croisé à Saint-Brieuc. Je ne l'ai jamais aimé. Je le trouve froid et nerveux. Il se plante en face de moi.

« Bigeard, je suis breton, j'ai le crâne dur. Tu es lorrain. On tape chacun dans ce poteau, on verra lequel des deux est le plus solide. »

J'hésite. Puis nous partons ensemble d'un grand éclat de rire. Nous nous sommes reconnus. Faits pour nous entendre.

Pendant une semaine je regarde les installations, évalue nos forces, cherche à comprendre ce que fait l'ennemi. La situation est catastrophique. Le camp n'est pas du tout prêt à essuyer une attaque. Depuis mon départ au mois de décembre, rien de sérieux n'a été préparé. Les tranchées ne sont pas assez profondes, les abris pas assez résistants. Mes hommes savent mieux se protéger quand ils creusent un trou, ne serait-ce que pour un soir. Il n'y a plus de pistes. L'artillerie viet empêche les avions d'atterrir ou de décoller. Il n'y a plus que le parachutage. Le moral des troupes est au plus bas. Beaucoup n'y croient plus. Les pièces d'artillerie sont insuffisantes et mal protégées, totalement inefficaces contre les canons ennemis.

Les Viets, sont enterrés à flanc de montagne, ils sortent pour tirer et rentrent juste après, parfaitement organisés. Impossible de les toucher. Leurs conseillers chinois ont fait du bon boulot.

Le colonel Piroth, artilleur, désespéré par la situation, s'est suicidé la veille de mon arrivée. Il s'est allongé sur une grenade.

Je m'entends bien avec Botella. J'ai encore très mal à la jambe mais ça va un peu mieux. Je suis allé à l'hôpital, où j'ai rencontré pour la première fois le docteur Grauwin, un grand type athlétique, torse nu, constamment en train de fumer. Il opère, nuit et jour, dans des conditions impossibles. Les blessés sont allongés sur des grabats, en train de pourrir, dans une odeur épouvantable. Pas d'infirmières, pas de médicaments. Il me fait quelques piqûres dans l'artère fémorale pour soulager ma douleur.

C'est là que je rencontre pour la première fois Geneviève de Galard. Son nom fera le tour du monde. Elle est la seule femme du camp. C'est une PFAT, admirable de courage, qui s'est retrouvée bloquée là une fois son avion détruit. Elle ne ménage pas sa peine pour apporter un réconfort moral à mes hommes. Toujours vaillante, toujours de bonne humeur, optimiste, merveilleuse femme.

Tout le camp sait maintenant que le 6e BPC est là. Les gars reprennent espoir, comme si nous étions leurs sauveurs. Si l'état-major envoie son bataillon d'élite, c'est que tout n'est pas fichu. Et puis le commandant Bruno ne se serait pas fourré dans un guêpier mortel s'il n'y avait vraiment rien à faire. De toute façon, Bruno la baraka va encore s'en sortir et nous en sortir ! Voilà les rumeurs qui courent. S'ils savaient… Je ne suis qu'un para, un exécutant. J'obéis aux ordres. Je les ai appliqués sans aucun commentaire, même si je n'en pense pas moins. Car au fond de moi, je sens bien qu'il n'y a pas grand espoir. Je sais de quoi est capable un peuple qui lutte pour sa liberté, même si la liberté sous le joug des communistes est une malheureuse illusion.

Le 25 mars, neuf jours après mon arrivée, nous sommes prêts au combat. Mais je me sens mal à l'aise. Pas dans mon élément. Ici, c'est une guerre de positions à laquelle je ne suis pas habitué, et je n'ai aucune initiative. Je suis juste un chef de bataillon, au milieu de hauts gradés.

De Castries me convoque à son PC. « Bruno, Hanoi me demande de faire l'impossible pour nous débarrasser de la DCA qui empêche tout parachutage. Tu as carte blanche. Mène ton affaire comme tu le veux. »

Je m'incline. Je garde une grande reconnaissance à de Castries pour m'avoir confié une mission pareille. Une telle responsabilité, à moi, simple chef de bataillon ! Le soir, briefing à mon PC. J'organise tous les moyens dont je peux disposer. Toutes les pièces d'artillerie du camp, l'aviation d'Hanoi, mon 6ᵉ BPC et le 8ᵉ BPC de Tourret. En recueil, un bataillon léger de la Légion et, en réserve, le 1ᵉʳ BEP.

Le 26 mars, à 6 heures du matin, nous lançons l'offensive. Nous concentrons massivement l'artillerie sur les positions viets. Dès que le feu cesse, le 6ᵉ et le 8ᵉ entrent en action et progressent vers les positions ennemies. À 6 h 15, c'est le contact. Combats extrêmement violents, meurtriers, au corps à corps le plus souvent. Mes troupes progressent. Rage de vaincre, courage admirable. Je suis dans mon trou d'obus. Je donne mes ordres à toutes les unités. J'orchestre infanterie, aviation, artillerie et le seul escadron de chars. Les deux mille hommes qui sont sous mes ordres travaillent dans un même esprit, ne faiblissent pas. On ne compte plus les actes héroïques.

À 15 heures j'ordonne le repli. Toute notre artillerie, l'aviation et les tubes du lieutenant Allaire assurent nos arrières. La journée a été dure. Beaucoup de pertes, vingt tués dont deux officiers, soixante-dix blessés et deux chars détruits. Mais en face, les Viets ont salement morflé : trois cent cinquante tués, cinq canons, douze mitrailleuses , deux bazookas et une dizaine de prisonniers. L'aviation va pouvoir travailler plus tranquillement.

De Castries m'embrasse à mon retour : « Bravo, Bruno, tu as fait du bon boulot, comme d'habitude. » Hanoi n'en revient pas. À l'état-major, ils pensaient vraiment que tout était foutu. Et d'un seul coup, l'espoir renaît. Un premier succès signé Bigeard. Une fois encore, mon nom fait la une des journaux. Pas un jour ne se passe sans que je sois cité. Je ne suis qu'un simple chef de bataillon, il y a des officiers supérieurs sur le terrain, mais on retient mon nom. C'est comme ça. Je dois être né pour devenir une vedette. Je plaisante bien sûr. Ça montre simplement que là-bas, en Indochine, dans cette guerre oubliée, il manquait quelqu'un, un chef, un vrai général, un type qui sache prendre tous les risques et mener les troupes, en étant vraiment soutenu. C'est ce que je ne pardonnerai jamais, notamment aux politiques qui n'ont pas su mener l'affaire, qui ont laissé des milliers de gars se sacrifier pour rien, et qui le savaient.

Ici personne n'a rien à se reprocher. Des volontaires sautent sur Diên Biên Phu, des anonymes, des types qui savent qu'ils vont mourir, mais ils le font, fiers de servir leur patrie. Et personne, pas un chef digne de ce nom pour les commander.

Je suis heureux et fier de ce succès, mais je ne me fais aucune illusion. Je sais que ce n'est qu'une première étape, qu'il faudrait beaucoup de renforts, tous les moyens nécessaires. Mais ces renforts nous sont envoyés au compte-gouttes. Et, hélas, de nombreux de conteneurs de ravitaillement tombent dans les lignes viets.

CHAPITRE 14

La bataille des cinq collines

Le 30 mars 1954, la bataille des cinq collines commence. Giáp est décidé à en finir une bonne fois pour toutes. À la fin de la journée, intense pilonnage d'artillerie sur les Dominique et les Éliane. Les Viets ne vont sans doute pas tarder à attaquer comme ils aiment le faire, le soir.

C'est exactement ce qui se passe. Ils arrivent de partout. Ça grouille de combattants qui déferlent en masse. Nous sommes rapidement submergés. Dominique 1, Éliane 1 et Dominique 6 tombent en quelques minutes. Sur Éliane 4 nous nous retrouvons à la pointe du combat, alors que nous sommes censés être en réserve. Éliane 2 tient encore. Le commandant Nicolas et ses tirailleurs marocains s'accrochent, de vrais héros.

Je capte un message radio. Langlais prépare un bombardement sur cette position qu'il croit perdue. Je réponds aussitôt : « Pas de connerie ! Vous allez bombarder nos gars ! » Langlais envoie alors sa compagnie de légionnaires sur ce point principal. De mon piton je les vois arriver, et j'écoute ces magnifiques légionnaires monter à l'assaut en chantant. Un qui entonne, les autres suivent.

Le 31 mars à 8 heures, Éliane 1 et Dominique 1 sont tombés. Éliane 2 et 4 ont tenu. Hanoi nous a promis un bataillon de renforts pour nous aider à réoccuper les positions perdues. Mais ce ne sera utile que si l'on tient face à l'attaque suivante. La carotte. Bien sages et on vous envoie du monde. Je suis écœuré. Mais je monte mon affaire, bien décidé à reprendre Éliane 1 et Dominique 1 au plus vite. Ne jamais baisser les bras.

À 9 h 30 nous démarrons, le 6e et le 8e au coude à coude. À 15 heures, nous avons presque entièrement récupéré Éliane 1, et Dominique 1 est en bonne voie de réoccupation. À ce moment, un message d'Hanoi : « Pas de renfort. » Je hurle. Les salauds ! Ils nous laissent tomber. Pas possible de tenir seuls. Surtout que les Viets réagissent en force. Un coup pour rien. Nous devons revenir à nos positions de départ en espérant les conserver encore une nuit. Éliane 2 et 4 sont les derniers bastions du flanc est : Langlais me laisse carte blanche. Si j'estime que c'est intenable, je me replie. Hors de question. Je le fais savoir à Langlais, à de Castries, et par la même occasion aux Viets qui occupent certains de nos postes.

Les 1er et 2 avril, la pression se relâche un peu. Giáp voulait enlever toutes les collines d'un coup, il a échoué. Beaucoup de pertes dans ses rangs. Il doit récupérer. Alors il tente une offensive ailleurs, là où malheureusement il n'y a pas de troupes d'élite. Les deux premiers jours d'avril, nos Thaïs désertent. Huguette 7 et Anne-Marie sont tombés sans combattre. J'ai un terrible coup de nostalgie. Je me rappelle mes années de bandera avec ces merveilleux combattants thaïs. Mais ils ne sont pas faits pour être enterrés comme des rats. Il leur faut de l'espace, ils ne s'expriment vraiment que dans la guérilla. Et puis, ce n'est plus leur guerre.

Les 2, 3 et 4 avril les troupes de Bréchignac nous arrivent en rangs dispersés. Bréchignac est largué le 4. Dommage qu'on ne nous l'ait pas envoyé le 31 mars, quand il était possible de reprendre Dominique et les Éliane. Décidément Hanoi n'a rien compris. Ils continuent à appliquer des règlements stupides, ou des tactiques apprises à l'École de guerre, le cul sur une chaise, alors qu'ici la situation est désespérée. Langlais n'arrête pas de s'engueuler avec l'état-major, qui refuse de nous envoyer des troupes sous prétexte qu'elles n'ont pas l'estampille para. Pourtant, ce ne sont pas les volontaires qui manquent. Des héros anonymes, tous prêts à faire un dernier saut, même pour rien, pour l'honneur.

Le 5 avril à 20 heures, Huguette 6 subit une attaque massive. Les cent légionnaires sont salement accrochés par quatre bataillons viets. Langlais organise une contre-attaque, mais la compagnie du 8e est bloquée à cent mètres du poste.

5 heures du matin. J'ai suivi tous ces combats par radio. Langlais me demande de lancer une contre-attaque. Je monte l'affaire avec une compagnie supplémentaire, plus l'artillerie et l'aviation. Nous parvenons à réoccuper le terrain, mais une fois de plus beaucoup de pertes. C'est sans doute la dernière contre-attaque que je peux assumer. Seules des troupes d'élite parfaitement rodées sont capables de réaliser de telles opérations. Mais sur les douze mille hommes de Diên Biên Phu, nous sommes seulement trois

mille à continuer de nous battre. Les autres sont morts ou blessés. Beaucoup sont cachés, et attendent la nuit pour aller piller les provisions des parachutages. Des rats dans leur trou, des types perdus, affamés, pathétiques.

Entre le 6 et le 10 avril, légère accalmie. Un jour, je pars en reconnaissance avec Botella et mon lieutenant, Bourgois. Nous sortons la tête de notre trou pour voir les positions viets. Une rafale. Bourgois est cisaillé. Il meurt quelques minutes plus tard dans mes bras, le sourire aux lèvres. Sans bavure. Je pense souvent à ces hommes morts debout, fauchés en plein combat, en pleine gloire, en pleine jeunesse, sans avoir connu la déchéance ni la vieillesse. Tout le monde meurt. Peut-on dire que cette mort est pire qu'une autre ? Ils ont vécu, se sont battus, ont fait l'essentiel, n'ont pas connu le triste retour, la fin de l'aventure. Est-ce mieux ? Je n'ai pas la réponse.

Le 10 avril, je veux encore croire à la victoire. Il faut tenir un jour, un jour de plus. Hanoi ne peut pas nous laisser tomber. Des renforts vont arriver, les Américains vont intervenir et bombarder les Viets. Je crois au miracle, je délire : incorrigible optimiste que je suis. C'est souvent ce qui m'a sauvé. Mais je me fais des illusions. En attendant, il faut continuer de balader les Viets et de les impressionner, comme mon petit lieutenant Allaire, qui trimballe ses tubes d'un point à un autre et tire quelques coups pour faire croire aux Viets que nous possédons toute une batterie d'armes lourdes.

J'organise la reprise d'Éliane 1. J'opère comme les Viets : creuser des tranchées qui vont jusqu'à l'objectif. Je fais part de mon intention à Langlais, qui est partant.

À nouveau, c'est un succès. Ce qui prouve que les choses auraient pu se terminer autrement. Une victoire due au courage héroïque des quelques dizaines de combattants d'élite. Les Viets ont laissé plus de six cents hommes au tapis. Pas un d'entre eux n'a abandonné la position. Je leur tire mon chapeau. Ce sont des combattants exceptionnels.

Le 12 avril, de Castries me convoque à nouveau.

« Bruno, tu as fait du bon boulot depuis que tu es là. Je te nomme chef des forces d'intervention. Tu viendras t'installer ici. »

Je refuse :

« Mon colonel, je préfère conserver la hiérarchie actuelle. Je serai l'adjoint de Langlais qui occupe le poste. Nous nous entendons parfaitement. Il n'y aura pas de problème. »

Je quitte mon trou d'Éliane 4. Je laisse mes hommes. Je rejoins Langlais au PC GONO. Ici, les grades sont bousculés, il s'agit de s'adapter à la situation. Bréchignac tient les hauteurs, et Chenel, un légionnaire, les positions basses. Les autres officiers sont répartis autour de Diên Biên Phu avec leurs hommes, chacun à son poste. Langlais et moi devenons inséparables. Nous dormons et mangeons ensemble. Dire que nous avions failli en venir aux poings lors de notre première rencontre… Quel formidable type ! Nous nous répartissons les responsabilités en nous basant sur la seule valeur des commandants encore disponibles. Chaque jour, briefing à 9 heures dans notre PC. Nous sommes tous là, officiers d'appui aérien, officiers d'artillerie, et le lieutenant-colonel de Séguins-Pazzis, qui représente de Castries. Nous faisons le point sur la progression ennemie, évaluons nos moyens, montons les contre-attaques et donnons les ordres aux commandants et capitaines. Plus d'hésitation, la boutique tourne. Mais elle est sacrément réduite.

L'hôpital est juste à côté. Chaque jour je vois des blessés arriver, aveugles, membres arrachés, sanguinolents. Souvent ils ont pourri plusieurs jours dans leurs tranchées avant de parvenir jusqu'ici : les tirs étaient trop intenses, impossible de les dégager. Les Viets ne respectent pas le drapeau blanc à croix rouge. Je croise Geneviève de Galard qui fait un travail magnifique. À chaque fois qu'elle me voit me diriger vers l'hôpital, elle m'arrête : « N'y va pas, Bruno, c'est trop horrible. Si tu vois ça, tu ne pourras plus retourner te battre. »

Et pourtant je continue, j'envoie demander des volontaires à l'hôpital. Il y en a toujours. Ils arrivent en boitant, appuyés sur leur arme. Ils savent qu'au prochain coup ce sera la fin. Ils n'auraient pas assez de force pour décrocher et se replier en cas de contre-attaque viet. Mais peu importe : ils pensent que la rafale qu'ils pourront tirer, que la mitrailleuse qu'ils pourront charger seront utiles, ce sera toujours ça. Ils ont raison. On a besoin de tout le monde. Mais comment s'en tirer avec une armée de blessés et d'éclopés ?

Un jour, le docteur Grauwin vient me voir :

« Bruno, tu as de l'autorité ici, du poids. Fais arrêter les combats le plus vite possible. On ne tient plus. »

Je lui réponds :

« Toubib, continuez à faire votre boulot, à rafistoler les gars. Le mien, c'est de tenir un jour, encore un jour. »

Nous avons tenu des jours, des semaines, presque deux mois, alors que tout le monde pensait que le camp serait pris en quelques heures. Nous avons tenu, accrochés à notre espoir, mais aucun secours n'est jamais arrivé.

Le 15 avril, de Castries est promu général, Langlais et Lalande colonels, de Pazzis et moi lieutenants-colonels. Une promotion qui ne coûte pas cher : à Hanoi, ils sont sûrs que nous ne nous en sortirons pas et espèrent nous calmer de cette façon. Ils rêvent. Ils nous prennent pour des imbéciles et des naïfs. Nous sommes fous de rage. Nous ne leur pardonnons pas de continuer à nous envoyer des troupes au compte-gouttes, quand ils nous en envoient. Langlais passe des heures à insulter les hauts gradés. Qu'est-ce qu'il a à perdre ? « Bande de cons ! Envoyez-nous des hommes ! Ne nous laissez pas crever ! » La nuit, nous en recevons quelques-uns. Ce sont des volontaires, des jeunes, des gosses d'une vingtaine d'années. Ils étaient tranquillement à Hanoi, mais ils ont préféré faire ce dernier saut et venir se battre. Pourtant ils savent que c'est foutu. Mais ils veulent être avec nous. Parfois, ils ne peuvent même pas rejoindre nos lignes. Ils sont largués au milieu des tranchées, des blockhaus. Un coup de vent, et ils se retrouvent chez les Viets, canardés comme à l'exercice.

L'ennemi poursuit son étranglement, et Hanoi ne bouge toujours pas. Diên Biên Phu est sacrifié. Nous avons pigé les calculs cyniques de l'état-major à Hanoi : douze mille hommes dans la cuvette, alors que nous en avons vingt fois plus dans toute l'Indochine. Ce qu'ils ne veulent pas comprendre, c'est que toutes les troupes d'élite sont là. Si nous tombons, c'est terminé.

Le 18 avril, Huguette 6 est totalement encerclé. De Castries décide d'abandonner la position. Le ravitaillement devient impossible, trop coûteux en hommes et en matériel. Le capitaine Bizard, un des gars de Bréchignac, vingt-neuf ans, saint-cyrien, tient la boutique. C'est un chef de première valeur. Je lui annonce que je ne pourrai pas l'aider. « Pas de problème, Bruno, je vais me débrouiller tout seul. » Avec des sacs de sable, ses hommes se font des gilets pare-balles. Les blessés sont laissés sur place. Les autres sortent de leurs positions, courent, vident leurs chargeurs, franchissent les tranchées viets. Beaucoup tombent. Les autres continuent. Ils traversent les cent mètres qui les séparent de nous. La moitié est tuée. Mais il n'y a rien d'autre à faire.

Magnifique et terrible. Chaque jour, chaque heure, des actions aussi héroïques ont lieu ici. Et personne n'en sait rien.

Le 23 avril à 5 heures, Huguette 1 tombe. De Castries nous ordonne, à Langlais et à moi, de la reprendre. C'est indispensable car elle protège la piste. Nous râlons : c'est impossible, les hommes sont brisés, blessés, n'ont pas dormi depuis dix jours. Nous commençons à manquer de munitions. Il maintient son ordre. Je prépare l'affaire : un seul bataillon est encore opérationnel, celui du commandant Lissenfeldt, le 2e BEP. Je n'ai pas dormi depuis plusieurs nuits, et je suis épuisé. Je laisse les mains libres à Lissenfeldt. Je m'endors. Quelques heures plus tard on m'arrache du sommeil : « Bruno, réveille-toi ! De Castries est inquiet. La contre-attaque s'est enlisée. » J'arrive sur le terrain et prends contact avec les hommes. C'est la catastrophe. Les deux compagnies sont bloquées à quelques mètres d'Huguette. La moitié des hommes hors de combat. C'est foutu. J'ordonne le repli. Un échec cuisant. Je me mords les poings. J'aurais dû suivre la contre-attaque, ne pas déléguer.

À partir de ce jour, les combats sont incessants jusqu'à la fin, le 7 mai. Je ne sais pas comment nous tenons, nous sommes dans un état second, abrutis de fatigue, d'horreur, proches de l'hallucination. Nous manquons de nourriture, d'hommes. Dans certains points d'appui, presque plus de munitions. On y regarde à deux fois avant de lancer une grenade, on compte le nombre de chargeurs qui restent. Nous ne sommes plus qu'une petite poignée à nous battre. Nous ne dormons pas, ou si peu, buvons du café, fumons pour tenir le coup. Nous espérons encore. Giáp va peut-être finir par se lasser, penser que nous ne lâcherons rien, il ira voir ailleurs. La pluie va arriver, l'empêcher de recevoir ravitaillement et munitions. Des idées folles nous traversent l'esprit ; l'énergie du désespoir. Nous ne sommes plus dans la réalité. Long cauchemar.

Le 7 mai, c'est le dernier jour. Nous nous battons depuis cinquante-sept jours. Hallucinant ! Il ne reste plus rien. Quelques fantômes hagards. L'hôpital est bourré de blessés, de morts, plus aucun abri ne tient. Dernière contre-attaque de Bréchignac, mon vieux « Brèche », pour l'honneur. Éliane 4 est réoccupé quelque temps. Giáp sent que c'est la fin, il accentue la pression. Seul le centre principal de résistance tient encore. Nous prévoyons de faire une sortie, deux colonnes, une para, une légion. De Castries m'assure qu'il restera jusqu'au bout et fera diversion. Mes officiers m'annoncent qu'il ne faut pas y compter : les hommes ne tiennent plus debout, ils ne seraient pas capables de marcher plus de quelques kilomètres.

À 12 heures, de Castries m'informe qu'Hanoi a décidé le cessez-le-feu. Les combats s'arrêteront à 17 heures.

Impossible de rendre par des mots, en tout cas les miens, l'ambiance qui règne à ce moment-là. On sait que c'est foutu, alors on casse, on brûle, on saccage, afin de ne rien laisser d'utilisable pour les Viets. Au PC, c'est la fin. Langlais brûle son béret rouge de para et le remplace par un chapeau de brousse. Geneviève de Galard est là. J'essaie de la rassurer : ils ne feront pas de mal à une femme. Martial est à mes côtés, il n'y croit pas. Pas possible que Bruno la baraka soit vaincu. « On va s'en sortir, hein, on va s'en sortir ? » Je secoue la tête. Non, tout est fini. Mon bataillon est anéanti. J'ai cru un moment que j'allais reprendre l'avantage, que j'allais être à nouveau le seigneur de ce pays, comme il y a huit ans, et ça se termine par une branlée monumentale. L'armée française, forte de ses hommes, de ses armes, de ses bataillons d'élite, a été vaincue par ces petits Tonkinois qu'on prenait pour des amateurs. Leur ardeur, leur résistance, leur foi, leur fanatisme sont venus à bout de l'une des meilleures armées du monde, en tout cas l'une des mieux équipées. À bout surtout de l'orgueil, de l'incompétence, de l'inconscience des politiques et des généraux. Encore quelques coups de feu, pour la gloire, et c'est fini.

Les Viets ont compris. Ils avancent à découvert. Un silence de mort. À 18 heures, ils sont tous là, des milliers de Viets, sur la piste, dans nos tranchées. Je comprends à peine ce qui se passe. Épuisé, hébété. Nous sommes prisonniers. Je pouvais tout imaginer : la mort, peut-être la victoire, mais sûrement pas cette humiliation. Les gars enterrés dans les abris font surface comme des rats, par milliers.

Les Viets nous font sortir du PC. Je ne lève pas les bras. Je me refuse à cette nouvelle reddition, à cette humiliation. Sur le PC flotte maintenant le drapeau rouge à étoiles jaunes. Ils ont gagné. Nous avons perdu. Je n'avais jamais cru que ça arriverait. J'étais sûr de mes hommes, de ma chance, de la cause que nous défendions. Paris, Hanoi nous ont abandonnés.

Partout des files de prisonniers cheminent lentement. Quelques-uns de mes soldats me croisent, me font signe. Je pense à eux, à leur sacrifice. Il reste à peine quarante survivants de tout mon bataillon, mes huit cents paras. Les autres sont morts, ont disparu. Ils se sont battus jusqu'au bout, pour rien.

Chapitre 15

Captifs chez les Viets

Nous voilà prisonniers de ces Vietnamiens dont on estimait, chez les colons et ailleurs, qu'ils étaient juste bons à faire les chauffeurs ou à la rigueur les infirmiers. Pourquoi ont-ils gagné ? Parce qu'ils en avaient plus envie que les Français. Nous nous battions loin de chez nous pour une idée un peu abstraite : faire obstacle au communisme. Eux luttaient pour libérer leur pays de ce qu'ils considéraient comme une occupation. C'était le sang qui parlait en eux, autant que l'idéal. Et ils étaient sous les ordres d'un chef exceptionnel, Giáp.

Maintenant il faut survivre, revoir la France, se battre à nouveau, témoigner. Oui, je dirai tout ce qui s'est passé à Diên Biên Phu, j'irai crier ce que j'ai sur le cœur, on ne me fera pas taire ! Mon cerveau est en feu sur cette piste où je marche à côté de Langlais, avec tous nos combattants survivants. Nous n'avons rien emporté, nous sommes nus. D'autres, plus malins, avaient prévu la captivité et pris avec eux des sacs bourrés de vivres et de cigarettes.

Langlais ne dit rien. Il a l'air cassé. Je songe aux miens, à Gaby, à Marie-France. Quelle triste fin ! Tout s'effondre. Maintenant c'est le calme sur cette piste. Plus de rafales d'armes automatiques, d'explosions d'obus tuant au hasard ceux que le destin a décidé de faucher. Mais une mort plus lente, plus vicieuse, en somme plus horrible, attend plusieurs milliers d'entre nous, qui disparaîtront à jamais, abandonnés, épuisés par le paludisme, vidés par la dysenterie, sur cette piste sans fin, avec leurs dernières pensées et leur désespoir.

La nuit tombe. Halte ! Nos gardiens nous ordonnent de nous installer pour dormir. Nuit longue, à grelotter le ventre creux. Il nous faudrait un lit d'hôpital, des soins. Mais nous marchons, le lendemain puis le surlendemain. Enfin, parqués quelque part dans la jungle, nous retrouvons Botella, Bréchignac, Tourret. Tous les héros de Diên Biên Phu sont là : une armée de vaincus. Cela semble incroyable : tous ces chefs de bataillon, l'élite de notre armée, prisonniers dans ce coin de forêt : un vrai cauchemar !

Les commissaires politiques viets s'en donnent à cœur joie. Ils nous tiennent, et ils vont nous former, disent-ils. Ils nous traitent d'officiers capitalistes, d'égoïstes ne partageant pas la peine et la vie de nos hommes. Désormais nous devrons faire notre autocritique, avouer nos crimes. Ils ont bien appris la leçon. Bréchignac murmure entre ses dents : « Quelle bande de cons ! » Première tentative d'endoctrinement, suivie de beaucoup d'autres. En vain. Difficile de laver des cerveaux bien construits.

Tous les officiers supérieurs sont rassemblés, y compris le général de Castries. Les Viets nous informent qu'ils ont l'intention de reconstituer la prise des PC. Nous devrions donc retourner à Diên Biên Phu, passer devant leurs caméras, jouer les figurants pour leur propagande. Je leur réponds : « Plutôt crever. » Ils n'insistent pas.

Martial Chevalier est toujours à mes côtés. Avant de quitter la citadelle, il a fauché une cartouche de cigarettes au PC du général. Il voudrait s'évader avec moi. Nous en parlons sans cesse, mais pas question avant d'avoir un peu récupéré. Or, récupérer est difficile avec nos huit cents grammes de riz par jour, que nous devons cuire nous-mêmes dans des bidons qui sentent le gasoil. Nous avons faim. Il faut pourtant manger pour reprendre des forces. Nous faisons notre toilette dans un petit ruisseau, mais je n'ai rien emporté, pas de rasoir, pas de savon. Quelques camarades nous prêtent le peu qu'ils possèdent. Nous vivons comme des bêtes, notre tenue para sur le dos. Je n'ai rien d'autre, si ce n'est un maillot de bain que j'avais enfilé au moment de ma capture, ce qui me permet de vivre presque à poil une grande partie de la journée.

Nous passons une semaine dans ce camp. Les journées sont longues. J'ai l'impression que la captivité dure depuis des mois. Les Viets nous disent que nous allons partir vers notre camp définitif, mais nous ne savons pas où. Les sous-officiers et les officiers subalternes rejoindront le camp à pied, les officiers supérieurs effectueront le déplacement en camion. Je demande aux Viets de partir à pied pour être avec mes hommes. Et je pense que j'aurai peut-être, en prime, la chance de m'évader. Ils refusent.

Me voilà avec tous les officiers, y compris les plus âgés. Très dur. Je suis parfaitement conscient de ce que j'ai fait et de ce que je pourrais faire. Je me sens fort malgré l'épreuve que nous endurons. Je suis plus jeune que la plupart de mes camarades, j'ai plus de possibilité de m'en sortir.

Nous commençons notre long voyage, entassés dans un camion russe Molotova qui roulera toutes les nuits sur cette route coloniale, la RC 41, que j'ai déjà si souvent parcourue à pied. Le jour, nous sommes planqués dans un coin de la forêt où il faut aller chercher notre bois, cuire notre riz, essayer de nous laver, toujours encadrés par des Viets qui n'attendent qu'une tentative d'évasion pour nous tirer dessus. Un calvaire. Des nuits sans fin dans ce véhicule étroit, serrés les uns contre les autres. Rien à manger, les sentinelles au-dessus de nous, la mitraillette prête à cracher. Certains d'entre nous ont la dysenterie, d'autres le palu. Parfois, au milieu de la nuit, on nous donne à chacun une banane que nous dégustons lentement pour faire durer le plaisir. Un régal. Sommes-nous tombés si bas ?

Nous allons arriver à Son La. Le jour se lève. Un de nos B-26 fonce sur nous. Rafales de mitrailleuses. Nous manquons de peu d'être achevés par des Français. Décidément tout va mal.

Son La. J'ai envie de chialer. Ce bled que j'ai pris, repris, où j'ai vécu heureux avec Gaby, ce Pays Thaï où j'ai été le roi… Les Viets le savent et m'enferment pour la journée dans mon ancienne villa, démunie de toiture. Là était notre chambre, Gaby recevait dans ce petit salon, le général Alessandri a dormi dans cette autre pièce. Il est clair que les Viets cherchent à m'humilier. J'ai décidé, si la surveillance se relâche un peu, de foutre le camp, de sauter du camion, de me laisser glisser dans la rivière Noire. Mais Schoendorffer et Perraud, dans un autre camion, ont eu la même idée. Rafales dans la nuit. Schoendorffer est repris. Perraud, personne ne l'a plus jamais revu.

Le camion n'en finit pas d'arriver. Nous roulons vers le nord. Nous abandonnons les véhicules pour poursuivre à pied. Nous allons pouvoir nous remettre en forme, marcher, respirer, nous allonger la nuit. Vaillant est affaibli, il a du mal à progresser. Il s'affaisse sur la piste. Un bodoï le relève, le gifle. Je saisis le petit Viet par le col, prêt à lui casser la gueule. Il a peur, il se calme. Nous aidons Vaillant à poursuivre.

Ce camp définitif, nous n'y serons donc jamais. Un jour, à midi, Bréchignac et moi faisons cuire le riz. On nous a donné un coupe-coupe pour tailler notre bois.

« Brèche, tu es prêt ? On se casse !

– Ok, Bruno. »

Nous sautons dans la brousse. Je cours le plus vite possible. Bréchignac suit à toutes jambes. Voineau est derrière, lui aussi, et Tourret. Après deux ou trois cents mètres, Tourret, le souffle coupé, s'effondre. Nous atteignons la forêt. Nous nous camouflons à l'abri des rochers. Ils sont trop peu nombreux pour nous trouver. Nous attendrons la nuit, et essaierons d'atteindre le fleuve Rouge. Nous construirons des radeaux pour nous laisser glisser sur le fleuve, dans l'obscurité. Rien à boire, rien à manger. Voineau est handicapé. Il lui manque un œil. Il s'accroche à moi pour progresser la nuit. Me voilà avec Bréchignac, les deux caïds de l'intervention. Décidément inséparables.

« On a la baraka, Brèche, on s'en sortira, nous serons bientôt à Hanoi.

– Ok, Bruno. »

Bréchignac est inquiet pour Voineau. Il n'a pas notre entraînement, c'est un poids à traîner. Enfin, il a eu le mérite de tenter sa chance, nous l'aiderons. Il faut reconnaître qu'il a un moral extraordinaire. Heureux d'avoir joué ce tour aux Viets.

Le surlendemain, au lever du jour, nous sommes en train de manger des épis de maïs dans un champ en bordure de la route. Brusquement, une vingtaine de Viets nous tombent dessus, se précipitent, nous assomment de coups de pied et de coups de crosse. On nous ramène par étapes vers nos camarades, en transportant de lourdes charges. Aux arrêts, on nous attache dans des cases sur pilotis où nous devons rester debout. Le moral est excellent. En tout cas, c'est ce que nous prétendons, Bréchignac et moi. Il faut continuer à se bluffer un peu. Lequel des deux tiendra le mieux le choc ? Notre rivalité amicale continue, dans les pires conditions, ça nous aide. Quel caractère de cochon, ce Bréchignac !

Accueil peu chaleureux des camarades à notre retour. Ils ont subi les représailles des Viets à cause de notre évasion. De Pazzis ne nous parle pas. Il fait la gueule. Il avait été convenu que nous partirions ensemble, il se sent frustré d'avoir été laissé derrière.

Il va falloir payer la facture, passer devant le tribunal du peuple, faire notre autocritique. C'est Voineau qui a l'honneur de commencer. Il doit raconter ses combats contre les Viets et donner les raisons de son évasion. Il explique qu'il a perdu un œil à Vin Yen, et pose son œil de verre sur le bureau du commissaire politique.

« Pourquoi vous êtes-vous évadé ?

– Pour poursuivre la lutte contre le communisme. »

Le Viet hurle. Voineau reçoit deux gifles très violentes. Il ne bronche pas. Quel cran ! Réaction du tribunal :

« Voineau, vous serez fusillé. »

C'est au tour de Bréchignac. Il s'en sort, malin, en jouant le fou. Il fait semblant d'avoir perdu la raison, alors qu'il a une tête solide comme le roc.

C'est mon tour :

« Bigeard, une fois de plus vous n'avez pas compris la clémence de l'oncle Hô. C'est vous qui avez entraîné vos camarades. Vous serez fusillé demain. »

Je hoche à peine la tête. Que faire d'autre ? Mais je n'y crois pas. Je les estime trop pour qu'ils n'éprouvent pas les mêmes sentiments à mon égard.

Finalement nous ne serons pas fusillés. Schoendorffer, qui a manqué son évasion, vivra quelque temps avec nous. Pendant plusieurs jours, les Viets m'attachent à lui, dos à dos, les quatre poignets liés ensemble, ce qui pose des problèmes délicats : dormir, aller aux toilettes, etc. Mieux vaut réagir avec bonne humeur. « Shoen » est remarquable. Quel courage, malgré son jeune âge ! C'est ainsi que naît une amitié.

La plupart d'entre nous sont épuisés. Le camp se trouve quelque part dans la brousse, au nord de Tuyên Quang. Deux grandes cases recouvertes de paille, un ruisseau. Nous nous installons dans une case. Dans l'autre viennent d'arriver tous les chefs de bataillon, Bréchignac, Tourret, Botella…

Je n'insisterai pas sur cette captivité. Quatre mois entassés dans des huttes en paille. De chaque côté, des planches. Vingt sur la droite, vingt sur la gauche, aucun soin médical et huit cents grammes de riz par jour. Quotidiennement, les Viets tentent d'opérer des lavages de cerveau, généralement inefficaces.

Je ne suis pas le plus mal loti. Plus jeune que les autres, mes années de bandera en Pays Thaï m'ont habitué à la frugalité. Je suis endurci. J'essaie de maintenir ma discipline. Tous les matins jogging, gymnastique. Certains officiers me suivent. La plupart n'en sont plus capables. Ils maigrissent, ne peuvent plus tenir debout, meurent de dysenterie ou de fièvre sous le regard indifférent des Viets. Le sort des hommes de troupe a été encore pire. Ils ont fait des centaines de kilomètres jusqu'au camp à pied, après cinquante-sept jours de combats incessants dans des conditions épouvantables. On les a fait marcher jusqu'à ce qu'ils en crèvent. C'est le sort de beaucoup d'entre eux. Les blessés sont abandonnés et meurent au bord des routes. Je l'ai déjà dit, je le répéterai jusqu'à ma mort : pendant ces quatre mois de captivité et d'horreur, les deux tiers d'entre nous sont morts. Partis à douze mille, nous reviendrons à quatre mille. Ça, c'est impardonnable. Il aurait suffi qu'on donne à ces hommes une seule banane par jour, et on aurait ramené presque tout le monde. Certains d'entre nous ne sont plus des hommes. À peine des cadavres ambulants. La faim, la mort lente pour tant de camarades. J'y pense tous les jours. J'en ai encore les larmes aux yeux aujourd'hui, en écrivant ces souvenirs qui défilent dans ma mémoire.

Les mois passent. Nous avons de temps à autre des nouvelles des négociations de Genève. Je sais que Mendès France veut nous sortir de là. Les Viets nous donnent à lire *L'Humanité*. Trop attentionnés, merci ! Ça sert surtout de papier pour les cigarettes, mais nous y récoltons quelques informations. Évidemment qu'il faut négocier. Foutu pour foutu, pas la peine que tout le corps expéditionnaire finisse dans un camp viet, vidant ses tripes, tremblant de paludisme.

Fin juillet 1954, les accords sont signés. La guerre est finie. Encore quelques semaines à moisir ici, mais notre traitement s'améliore un peu. Un jour, je suis convoqué chez le chef de camp. Plusieurs officiers viets m'attendent. Ils veulent discuter de nos batailles. Nous passons plusieurs jours à parler, à refaire les combats sur le papier. Ils sont attentifs, méticuleux, ils veulent se perfectionner encore alors qu'ils nous ont mis la pâtée. Avec une telle mentalité on peut aller loin.

Fin août nous quittons le camp. La plupart des hommes sont incapables de marcher : ils sont épuisés. Le 14 septembre enfin, c'est la libération, la fin du calvaire. Pour « fêter » notre départ, les Viets ont organisé un repas : du riz, du porc grillé, de l'alcool. Je retrouve les prisonniers des autres camps. Certains sont là depuis des années : notre aumônier, le père Jeandel, mon fidèle Martial Chevalier, qui a fait plusieurs tentatives d'évasion, sont là. Nous sommes heureux de nous revoir, d'être vivants. Pas de joie pourtant : nous pensons à nos camarades morts.

On nous conduit en camion jusqu'à Hanoi. Tout le monde n'y arrivera pas vivant. Je tiens un de mes camarades,

Ducruix, dans mes bras. Il est exténué, au bout du rouleau. Je lui dis : « Fais pas le con, on arrive bientôt. » Il meurt quelques minutes plus tard, juste avant sa libération.

À Hanoi, des journalistes, quelques militaires, des familles... Jules Roy écrira : « Langlais n'est plus qu'un fantôme. Bigeard a rapporté sa crête flamboyante et sa poigne. » Ma crête, c'est mon béret rouge. Le béret para. Je ne m'en suis jamais séparé. Un jour, les Viets nous ont déshabillés pour nous fouiller et nous faire changer de tenue. « Pas question. Je garde ma tenue para. »

Le retour est terrible. Nous avons l'impression d'être des pestiférés. Nous sommes la mauvaise conscience, ceux qui ont failli crever à cause de l'incompétence, du lâchage de l'état-major. Il est clair qu'on nous fuit. Notre retour les emmerde, à l'état-major. Il aurait mieux valu que tout le monde meure là-bas, et qu'on n'en parle plus : plus de témoins pour raconter. Des milliers de héros morts pour la France dans cette guerre du bout du monde, il n'en est plus question.

Je rencontre le général Cogny. À son aise, sûr de lui. Je souffre, je suis en colère. Un soir, je suis invité à une réception avec tous les hauts gradés. Nappes blanches, serveurs, uniformes. Je regarde cette nourriture sur la table. Elle nous aurait permis de tenir.

Quelques jours après on nous expédie à Saigon, puis on nous embarque pour la France. On nous cache comme une maladie honteuse. Aucune reconnaissance pour nos camarades morts, pour nos souffrances. Il paraît qu'il faut tourner la page. Mais en Indochine, j'ai laissé la moitié de mon cœur, et une partie de ma vie.

Chapitre 16

Retour en Indochine

Je bouscule un peu la chronologie. À mon âge, quatre-vingt-treize berges passées, je ne suis pas sûr d'arriver au bout de ce livre. Si c'est le cas, d'autres se chargeront peut-être de le compléter. J'ai déjà beaucoup écrit, j'ai toujours pris le temps de m'arrêter pour réfléchir, de mettre à profit les rares moments où je n'étais pas dans l'action pour noter ce qui m'était arrivé. J'ai écrit des bouquins pour témoigner.

Quarante ans après Diên Biên Phu, en 1994, j'ai pris l'avion pour retourner en Indochine et revoir ce pays qui me colle à la peau. On l'appelle alors le Vietnam. Jamais oublié la splendeur du Pays Thaï, ni les souffrances que nous avons endurées là-bas. Pas un jour sans que je pense à ce pays fabuleux. Le mal jaune, ça existe bien… je peux en témoigner.

Pluie, chaleur, comme à l'époque. Une fourmilière humaine, la même activité, on dirait que rien n'a bougé en quarante ans : les pousse-pousse, les gens dans les champs qui travaillent sans cesse, peu de voitures…

Dans l'avion, un journaliste me demande :

« Qu'éprouvez-vous, mon général ?

– Pour l'instant, pas grand-chose. J'attends Diên Biên Phu, la RC 4. Pour moi, l'Indochine c'est le Pays Thaï, la Haute Région où j'ai connu quelques-uns des plus beaux moments de ma vie, des émotions inoubliables et aussi des coups durs. Ces camarades que je voyais mourir sous mes yeux tous les jours. Hanoi, ce n'était pas grand-chose. Ni Saigon. Les bases arrière où l'on revenait tous les sept ou huit mois. Je n'ai pas vraiment de souvenirs dans les villes. Mon cœur, mes tripes, mon âme sont dans la Haute Région. »

Rien n'a changé là-bas non plus. Les montagnes, toujours les mêmes ; les habitants qui travaillent, repiquent le riz, le récoltent, le transportent avec le balancier : une fourmilière qui trime sans cesse. Ce pays a d'énormes atouts. Il est maintenant indépendant, fier, encore faut-il qu'il devienne vraiment libre. Il faut que le peuple s'émancipe et qu'il puisse vivre librement. Le Vietnam a un grand avenir devant lui. Soixante millions d'habitants, et une jeunesse d'une beauté frappante.

Me voilà à Moc Chau. Comme tous les jours je me lève à 5 h 30 du matin. Ici tout le monde est déjà debout et au turbin. Les paysages sont sublimes. Sur ce pont, comme pendant toute ma vie, un pas, encore un pas, au milieu de ma mémoire.

Je voulais revoir une autre rivière, plus loin, plus majestueuse, la rivière Noire. J'y ai tant de souvenirs. La prise de Van Yen, la retraite de Tu Lé. Elle ne coule plus, la saison des pluies la rend boueuse. Je suis déçu. J'aurais aimé l'admirer encore à Van Yen où elle était si belle, si imposante, se fracassant contre les rochers.

L'académicien Maurice Rheims m'a un jour demandé quels étaient mes peintres préférés. Je n'ai pas de peintres préférés. Jamais eu beaucoup le temps de les découvrir. Les plus belles peintures que je connaisse sont dans ma tête, ce sont les paysages de ces lieux magnifiques, gravés à jamais dans ma mémoire. Voilà les peintures que j'emporterai dans ma tombe.

Van Yen est maintenant submergé par les eaux d'un barrage. On ne peut plus y retourner. Je ne retrouve pas les espaces grandioses que j'ai connus et aimés. Dans ce pays aussi la modernité s'installe, avec toutes ses contraintes. C'est nécessaire, tant pis pour les souvenirs.

Retour à la baie d'Along. Le plus beau paysage du monde. C'est aussi l'un des meilleurs souvenirs de ma vie, des vacances avec Gaby, quinze jours de bonheur en pleine guerre, en mars 1950. On a mis une jonque à ma disposition et je navigue sur cette mer de Chine, merveilleuse. Je plonge dans les eaux paisibles de la baie, je nage un long moment. J'ai la forme, les muscles répondent. Je glisse dans l'eau comme un vieux marsouin.

Le col de Conoï. Ça a bien failli être ma dernière mission. Une image remonte en moi. Je revenais en jeep après quarante-cinq jours de mission sur Son La pour retrouver Gaby. C'était la nuit. Dans la voiture, mon adjoint Vallet et un médecin lieutenant. Derrière nous, une section dans un camion. On grimpe le col de Conoï. Soudain des coups de feu claquent. Le chauffeur s'effondre, mon adjoint aussi. Je saute de la jeep, je pars en roulé-boulé dans un ravin, je dégringole sur plusieurs mètres, j'arrive en bas carabine à la main, l'épaule luxée. Ça fait très mal. Je me retiens de hurler. Les Viets me cherchent, ils m'ont vu m'enfuir. Rien à faire qu'attendre et espérer qu'ils ne fouilleront pas ce buisson. J'ai déjà connu cette situation en Ariège. Je coince ma carabine, canon sur ma tempe, prêt à appuyer sur la détente si jamais je suis pris. Je ne veux pas être fait prisonnier. J'entends mes paras qui arrivent. Nouveaux tirs. Les minutes passent. Les Viets abandonnent leur chasse à l'homme et décrochent. Je remonte la pente. Mes hommes sont là, je les engueule pour n'avoir pas chargé en hurlant. En fait, drôlement content de les revoir. La peur me fait dire des conneries. À ce moment le toubib sort des buissons. Quand l'embuscade a commencé, il a sauté du côté des Viets, au milieu d'eux ; lui aussi s'en sort, ils ne l'ont pas vu.

Mes hommes me transportent dans la jeep et chargent nos morts. À Nasan, les médecins remettent mon épaule en place, mais j'en souffrirai pendant des années.

Ce 1er juillet 1994, je me retrouve à Ban Tinh et je pense au mois de mars 1947, quand le chef du village voulait m'offrir sa fille. Je lui avais poliment répondu que j'étais marié, que je regrettais, d'autant plus qu'elle était vraiment très jolie, gracieuse, élégante. Il aurait pu y avoir plein de petits Bigeard, ils auraient sûrement été très beaux, métissés aux yeux bridés… mais il n'y en a pas eu. Durant ce premier séjour en Pays Thaï, je suis resté deux ans sans femme, vraiment sans femme, parce que si le patron prend une femme, tout le monde en fait autant. Et quand on fait la guerre, on n'a pas le temps de faire l'amour. Il faut créer un état d'esprit pour que les choses marchent vraiment.

Je raconte mon histoire aux gamins de Ban Tinh. Ils sont tous morts de rire. Je les adore. Ils sont beaux, jeunes, en pleine santé, heureux de vivre. On a fait la guerre contre leurs grands-parents, c'est comme ça. La vie passe. Les ennemis d'hier deviennent des amis, et c'est beaucoup mieux ainsi.

Je rencontre mes anciens ennemis, pendant ce séjour de 1994. Au départ je ne voulais pas revenir au Vietnam, je préférais rester avec mes souvenirs. Mais je me suis dit que ça ferait parler de cette guerre, que ça permettrait de rendre hommage à tous les types morts là-bas, d'éviter l'oubli.

Les soldats vietminh étaient des types estimables, fanatisés peut-être, mais des combattants hors pair, préférant se faire tuer sur place plutôt que de reculer. Pendant ces dix jours de voyage au cœur du passé, j'ai eu à mes côtés le colonel vietminh Pham Xuan Phuong. Il m'a accueilli à ma descente d'avion, m'a accompagné à Diên Biên Phu sur les lieux de nos anciens combats. Ça nous a permis de comparer nos méthodes. À l'époque il était jeune capitaine, il commandait la compagnie qui m'a tiré dessus quand j'ai été largué sur Isabelle le 16 mars. Avec un large sourire, il me dit qu'il s'est arrangé pour me rater, parce qu'on me respectait trop dans les rangs viets. Même si je doute que ce soit la vérité, je trouve que son histoire est bien gentille pour moi. Et à grand renfort de tapes dans le dos, on en a bien rigolé. Depuis, il m'écrit régulièrement et nous avons tissé un lien entre Toul et Diên Biên Phu.

Retrouver des combattants comme lui, même si on était les uns face aux autres, c'est formidable. On a mené la même vie, on a souffert ensemble, on a failli crever ensemble : cela crée un respect mutuel. La vraie douleur, la seule chose que je ne pardonne pas aux Viets, ce sont les huit mille morts pendant ces quatre mois de captivité. Cruauté inutile, inhumanité. Giáp était un grand général, mais sa doctrine, le marxisme, est inhumaine. L'ancien capitaine vietminh m'a dit : « Nous n'avons tué aucun prisonnier. » C'est vrai, ils les ont laissé crever, alors qu'il aurait été si facile de sauver tout le monde. Je l'ai dit : une banane par jour, et on ramenait les gars vivants. Je ne pourrai jamais l'oublier. Je suis là, à marcher sur ces pistes et ces montagnes pour ces soldats de deuxième classe qui, huit jours avant la chute, demandaient à sauter sur Diên Biên Phu. Ils étaient largués en pleine nuit, et savaient qu'ils avaient une chance sur deux de tomber sur des Viets et d'être massacrés.

Retour à Diên Biên Phu, en 1946 et 1947. Les Thaïs étaient à mes côtés, se battaient avec moi, mais comme je l'ai dit, ils ont foutu le camp dès les premiers combats. Montagnards, ils avaient besoin de grands espaces. Là ils étaient coincés. Je ne leur en veux pas. J'ai quelques bons souvenirs avec eux. Avec le recul, j'ai compris que nous avions commis une erreur là-bas : mettre des troupes thaïes démotivées sur des points d'appui aussi importants.

À Diên Biên Phu, nous avions aussi un escadron de blindés à peu près inutiles, étant donné le genre de guerre que nous menions. Et en 1994, à travers la campagne, il restait des carcasses de notre défaite. Tous les anciens qui reviennent se font photographier devant ces squelettes de char que les Viets ont gardés comme symbole de leur victoire. Chaque année des dizaines d'hommes font le voyage, paient leur billet d'avion pour revenir sur ce lieu où ils ont vécu des heures si tragiques. Diên Biên Phu, ils y pensent tous les jours, comme moi. Ils ont encore l'impression d'y être. Ces vieux tas de ferraille restent là à pourrir comme la poussière de nos illusions.

Je reviens sur Dominique. En face de moi, les Huguette. Juste au-dessus d'elles, il y avait des DCA viets qui empêchaient nos avions de se poser ou de larguer du matériel. C'est là que j'ai mené ma première contre-attaque. À l'époque, un désert. Tout était détruit, brûlé, juste des trous, des barbelés. Aujourd'hui, des champs cultivés, des maisons, de la verdure, de la végétation. Le temps efface tout, l'herbe repousse sur les restes des corps, sur la poussière de leur héroïsme, et la nature reprend ses droits. Nous ne sommes pas grand-chose.

Me voilà au PC GONO. C'est de cet abri que je suis sorti avec de Castries, Langlais, de Pazzis, lorsque les Viets ont déboulé sur le camp. Je retrouve l'emplacement. Le PC a été maintenu et même amélioré par les Viets. En souvenir. Je pense à mes hommes qui m'ont suivi, qui se sont sacrifiés. Sentiment d'avoir été abandonnés. Je suis là pour qu'on se souvienne.

D'autres aussi cultivent ce souvenir, mais ce n'est pas grâce à l'État français. Pour rappeler la mémoire de nos morts, et tous ces sacrifices inutiles, il n'y a qu'un monument à Diên Biên Phu : un mémorial construit par le légionnaire Rolf Rodel, qui l'a réalisé tout seul, avec son propre argent. Il y a travaillé des mois. Avant, il n'y avait qu'une petite plaque rouillée. Devant ce monument, le légionnaire Rodel est à mes côtés. Un type buriné, accent allemand à couper au couteau. Je ne sais pas quoi lui dire. Je me plante devant ce mémorial, il appuie sur le bouton d'un lecteur de cassettes. *La Marche de la Légion étrangère* s'élève dans la cuvette de Diên Biên Phu, au milieu d'un champ de maïs, puis c'est la *Marseillaise*... Je chiale. Je l'embrasse. Merci Rolf Rodel.

Je marche encore sur ces chemins du Pays Thaï. Je regarde vivre cette population industrieuse, belle. L'avenir leur tend les bras. Je suis un vieux bonhomme, j'ai survécu à tout ça. Je me demande encore comment. Je n'ai qu'un désir : quand je serai mort, je veux que mes cendres soient balancées sur Diên Biên Phu. Je rejoindrai tous mes camarades. Qui le fera ? Je l'ignore. Mais si on y parvient, comme je l'ai déjà dit, ça aura de la gueule et ça emmerdera les deux gouvernements.

Chapitre 17

L'École de guerre

25 septembre 1954. Une page se tourne. Il faut rentrer en France. Nous sommes dans l'avion avec Bréchignac, Tourret, Voineau, d'autres… Trajet interminable. Enfin les côtes de France. Orly. Nous sommes pâles, tendus. Drôle de retour. Une petite poignée, et tous ceux restés là-bas, morts, dans cette maudite cuvette.

Gaby est là, méconnaissable, amaigrie, en pleurs. Elle m'a cru mort moi aussi. On lui avait annoncé que j'avais disparu après une tentative d'évasion. Marie-France, huit ans, mignonne, insouciante. Bill Probert, mon Anglais de l'Ariège en 1944, est là aussi avec sa jeune femme. Je pleure d'émotion. Gaby me rassure. Tout va aller très bien maintenant. Nous descendons à l'hôtel Terminus, gare Saint-Lazare. Bréchignac et son épouse y sont aussi. Nous déjeunons, dînons ensemble. Brèche s'est acheté une Mercedes d'occasion. Ensemble, avec Tourret, nous allons rôder boulevard Saint-Germain pour nous faire entendre du haut commandement, qui fait la sourde oreille.

Je réussis à voir le général Blanc, notre chef d'état-major. « Mon général : quand nous sommes partis, les Viets m'ont dit : "Bigeard, nous espérons que vous avez compris la clémence de l'oncle Hô, que vous ne participerez plus à ces guerres impérialistes." Bientôt l'Algérie va se soulever pour son indépendance. Que va-t-on faire ? »

Il me répond gentiment. Mais oui, mais oui, mon petit vieux, tu es fatigué, repose-toi : c'est à peu près le sens de sa réaction. On pense sûrement que j'ai été endoctriné par les communistes.

Je vais donc me reposer. Toul, quai de la gare. Maman a cru ne jamais me revoir. Elle me tient à bout de bras avant de m'embrasser. Ses premiers mots sont comme toujours une engueulade, ou presque : « Pourquoi as-tu été prisonnier ? » J'en ai le souffle coupé. Il faudra que j'explique longuement ma captivité pour qu'elle l'admette. Sacrée Sophie. Incorrigible !

C'est l'hiver à Toul. Il fait froid. Pour récupérer, je descends dans le Var, au centre de repos des Roches rouges mis à la disposition des officiers de Diên Biên Phu par le service social des Armées. Je retrouve, avec Bréchignac, mes anciens camarades d'Indochine, Langlais, Allaire, Le Boudec. Nous passons ensemble les fêtes de fin d'année. L'Indochine devient un souvenir. D'autres événements s'annoncent.

C'est d'abord le soulèvement algérien du 1er novembre 1954. Les journaux appellent cette insurrection des « événements », dus à quelques bandes de hors-la-loi. Après quatre ou cinq mois passés en France, je demande une affectation en Algérie. Mais il est clair que le haut commandement ne fait pas confiance à ceux qui reviennent d'Indochine. Il croit que nous avons été endoctrinés. Pas besoin pourtant d'avoir subi un lavage de cerveau pour comprendre la marche de l'histoire. La décolonisation est en route, nous serons en première ligne. En attendant, on me refuse l'affectation que je demande. À la place, je suis nommé instructeur à l'École d'état-major. En même temps, je dois préparer le concours d'entrée à l'École de guerre. Il paraît que j'aurai un jour de grandes responsabilités : je dois parfaire mon instruction militaire. Merci, mon général.

Mes supérieurs pensent que ce rôle d'instructeur va me permettre de m'instruire et de me perfectionner pour préparer le concours. Je suis donc assigné à résidence, pendant trois ans en principe, pour suivre des cours. Mais les cours théoriques, très peu pour moi. Des conférences interminables, des considérations oiseuses, des plans sur la comète. Une fois, je dis même à l'un de mes supérieurs : « Heureusement que je n'ai pas suivi vos cours avant d'aller au combat. Je crois que ça n'aurait pas marché. » Ambiance. Mes camarades me font bien sentir que je ne suis pas des leurs. J'ai mon certif, j'ai commencé à travailler à quatorze ans. Le langage abstrait, pas mon truc. Je suis un homme du peuple. Les choses directes, simples, évidentes, le concret. Ça m'a souvent attiré des ennuis. Mais on peut être près de la réalité, voir le monde comme il est, sans être un imbécile. Et s'il m'est arrivé de croiser de brillants esprits, j'ai aussi connu de soi-disant « intellectuels » qui défendaient des bêtises grosses comme eux malgré leurs diplômes, et qui n'auraient pas tenu cinq minutes dans des situations un peu difficiles. Chacun son truc. En tout cas, je ne ferai pas de vieux os à l'École de guerre.

À l'automne 1955, je suis appelé pour de grandes manœuvres en Allemagne. Puis c'est à nouveau Paris. Je retrouve Massu, que je connais depuis l'Indochine. Il part pour l'Algérie prendre le commandement de la 10e division de parachutistes. Je lui fais part de mes intentions. J'en ai par-dessus la tête de l'École de guerre, des cours, de tout le tralala. J'ai envie de repartir. L'appel de l'action. Massu m'approuve : « Alors il faut venir avec moi en Algérie. Ça commence à chauffer là-bas. »

En effet, l'Afrique du Nord est en pleine insurrection. La France est en train de lâcher du lest en Tunisie et au Maroc. Les indépendantistes algériens se sentent pousser des ailes. Les colons grognent. Les politiques, Mitterrand et compagnie, les calment comme ils peuvent. Mais c'est sûr, il va y avoir du grabuge. Les jeunes du contingent 54 sont maintenus sous les drapeaux. C'est là-bas qu'il faut aller se battre. Protéger nos compatriotes. L'Indochine, mais en tenant compte des leçons apprises, et quelles leçons ! Oui, c'est là qu'est ma place.

Je vois à nouveau le général de La Chapelle, qui cherche à me retenir. « Si je comprends bien, mon général, l'idéal pour mon avancement, c'est que je reste planqué à Paris pour suivre des cours pendant que mes camarades se font dégommer en Algérie. Très peu pour moi. »

Message reçu. Il me donne son accord pour que je parte. À nouveau l'aventure !

Chapitre 18

L'Algérie

Le 25 octobre 1955, je débarque en Algérie. Je respire. Comme si le destin m'appelait à nouveau. Bien sûr, je laisse derrière moi ma famille, Gaby et Marie-France, qui vont être ballottées pendant quatre longues années entre Alger, Paris et Toul. Ce n'est pas l'idéal pour une enfant. C'est pourtant ainsi que vivent la plupart des militaires.

Le jour même de mon arrivée, première prise de contact avec mon unité, basée au sud de Constantine, dans la zone de commandement du général Gilles. On m'a confié le 3e RPC, six cents gars dont je prends le commandement. Ils font partie de la 10e division de Massu. Ma nouvelle unité est en piteux état. Je m'en rends compte très vite : des hommes sans allure, sans classe, écrasés sous leur casque lourd. Le maniement des armes se fait sans aucun ensemble. Mauvaise organisation, moyens dérisoires. Pas de 2e Bureau, aucun dactylo, pas de dessinateur, des postes de radio endommagés. Je dois remettre de l'ordre dans ce foutoir, placer les éléments nécessaires à une guerre au quotidien. Repartir à zéro, créer un outil moderne, réveiller tout ce monde endormi dans ses mauvaises habitudes. C'est risqué. La partie n'est pas gagnée.

Il faut commencer par reprendre les gars en main. Je m'impose cette tâche en priorité en ce mois d'octobre 1955. Je dois dynamiser ces gaillards, leur donner un idéal, une mission, un chef. Je reprends mon nom de code glorieux depuis les combats d'Indochine. Bruno est de retour.

Je commence par mettre sur pied un véritable 2e Bureau. Le renseignement est un élément fondamental dans ce type de guerre. Pour partir au feu, il faut que l'arrière aussi soit en état de marche. La situation militaire globale n'arrange pas les choses. Pourtant je ne doute pas de ma réussite. L'important, décidément, c'est d'avoir la foi ! Allez, Bruno, au boulot !

Ma première tâche est d'insuffler un état d'esprit. Je veux des hommes irréprochables, de l'allure, de la gueule. Le respect de soi-même, ça compte. Nous avons en face un ennemi qui se bat pour sa liberté, la plus belle des causes. Nous devons le respecter.

Devant un adversaire supérieur en matériel, ils vont chercher tous les moyens de nous battre, en commençant par marquer des points contre notre armée bien organisée. Ils lèvent des partisans qui feront feu partout et à tout moment. Tout leur sera bon, y compris la ruse, et la cruauté, parfois révoltante. Ils mènent une guérilla de tous les instants, avec d'un côté une lutte clandestine et terroriste, de l'autre un combat conduit par des bandes organisées en une véritable petite armée. Face à des ennemis aussi motivés, je dois faire comprendre à mes hommes que nous avons à mener une guerre qui sera longue et difficile. Il faut y croire.

Très vite je m'emploie à insuffler du dynamisme chez tous les avachis. J'écarte les fainéants, les buveurs, les peureux, les bagarreurs. Je fais retailler les uniformes, resserrer les pantalons, j'impose la fameuse casquette para qui sera adoptée par tant d'unités. Je demande qu'on crée un nouvel insigne, avec une nouvelle devise : « Être et durer ». Pas de place pour les mous, les hésitants. Il faut une discipline rigoureuse. Je vais bâtir un groupe d'élite. Les gars reprennent confiance. Le régiment tourne. Les hommes sont prêts à aller au bout d'eux-mêmes. Nous voilà décidés à nettoyer la région autour de Bône.

Pour commencer, fin octobre 1955, nous attaquons le massif de l'Edough, à l'ouest de Bône. Toute cette zone est infestée de terroristes, de fellaghas qui sont passés maîtres dans l'art de l'embuscade : ils terrorisent les populations européennes. D'abord, c'est le cafouillage total. Mes paras tirent à tort et à travers sur un ennemi invisible. Ils ont pris de mauvaises habitudes. En haut lieu, des officiers pensent qu'il suffit d'hommes bien armés pour avancer comme un rouleau compresseur, mener une guerre ouverte pour écraser l'ennemi, alors qu'il faut opposer à la guérilla une contre-guérilla, et devenir fellagha à notre tour, tout comme en Indochine je devenais viet contre les Viets. Encore une fois, on n'écrase pas les mouches avec un marteau-pilon. Je reprends vite les choses en main et j'insiste : discipline, instruction, longues marches dans le djebel pour endurcir les hommes, camouflage... Quand je sens enfin que nous sommes prêts, je passe à l'offensive.

Les victoires s'enchaînent rapidement. Le général Beaufre est derrière nous. J'en éprouve beaucoup de fierté. Beaufre est un officier remarquable, beau, grande classe, pour lequel je nourris un très grand respect. En quelques semaines, je deviens quasiment une idole chez les Européens qui possèdent des fermes autour de Bône. Articles élogieux dans la presse. Le bilan est excellent. Les actions ponctuelles que nous menons se soldent par un mort et un blessé chez nous, et des pertes importantes chez l'ennemi : onze morts, trois blessés, soixante arrestations, soixante-quatre armes saisies.

Nous avons à peine le temps de nous reposer dans notre base arrière. Le 8 décembre, nous repartons pour une mission importante, baptisée « Opération éventail ». Nous devons nettoyer un massif boisé, de six cents kilomètres carrés, au nord d'El Milia et à l'ouest de Philippeville, territoire et quartier général d'un des chefs de la rébellion, Si Messaoud.

Nous avons droit à un briefing insupportable de la part du général chargé de l'opération, qui nous expose sa manœuvre comme s'il jouait à la guerre dans un salon. En voilà un qui n'a pas dû souvent voir le djebel. De l'Indochine à l'Algérie, pas de changement : toujours des officiers incompétents qui arrivent sur le terrain avec des idées toutes faites. Ça discute, ça palabre. J'en ai vite assez. Alors je décide d'intervenir :

« Et si je m'infiltrais de nuit avec mon bataillon en zone rebelle, avant même le déclenchement des opérations ? »

Ça réveille tout le monde. Le conférencier me regarde avec des yeux ronds comme des soucoupes. Voilà un truc qui n'est pas écrit dans ses manuels de l'École de guerre ! J'insiste. Le général donne son feu vert.

« Ok, Bigeard, faites comme vous l'entendez. Mais à vos risques et périls. »

L'affaire se joue dans la nuit du 7 au 8 décembre. Nous progressons rapidement. À 4 heures nous atteignons la cote 701, cœur du dispositif rebelle. Les éclaireurs ouvrent la marche. Nous traversons l'oued Kébir avec des canots pneumatiques. À l'approche de la position de Si Messaoud, on accroche son arrière-garde. Au loin, les autres unités lourdes démarrent dès l'aube : cinq mille soldats avec camions et chars, dans un bruit infernal, casques lourds sur la tête, capotes trempées. Un mouvement pour rien. Quatre fellaghas sont tués, un blessé léger de notre côté. Plus de Si Messaoud ! Il a filé au loin, depuis longtemps. Hommes et matériel s'en retournent, laissant aux fellaghas le soin de réoccuper la place.

La leçon de cet échec est claire et me donne raison, une fois de plus. Les grosses offensives du genre École de guerre, lourdes, planifiées longtemps à l'avance, sont inefficaces dans ce genre de guérilla, qu'il faudra mener en Algérie comme je l'ai fait en Pays Thaï. Le dispositif « Éventail » est démantelé, mais mon succès personnel me vaut de rester seul avec mon bataillon dans cet immense massif pour pacifier les cinq douars peuplés de trente mille Algériens.

En cette fin d'année 1955 et jusqu'en février 1956, je vais intensifier l'entraînement. À mon PC, les hommes vont vivre sans cesse dans l'insécurité. Aucun confort, et pour toute nourriture la boîte de ration. Les souvenirs de Diên Biên Phu remontent. Et si le même cirque recommençait ? Est-ce que je suis voué à ces guerres coloniales dont je sais, au fond de moi, qu'elles vont contre le sens de l'histoire ? Mais quelle que soit l'issue, je sais aussi qu'il faut mener une guerre digne et juste, et se battre avec conviction.

Je multiplie les contacts avec les populations locales. Je sympathise même avec certains chefs de village. Le travail de renseignement est essentiel, même s'il faut le vérifier et le recouper cent fois. Je lance l'idée des pelotons de caporaux, que je regroupe pour un stage intensif de quarante jours. Je reçois des types lourds et empruntés. Ils vont sortir de chez moi transformés, souples, félins, habiles, résistants.

Notre réputation s'étend au point qu'on m'envoie des hommes pour une « formation Bigeard ». Massu me félicite au vu des résultats sur le terrain. La méthode Bruno, ça marche encore ! Oui, les résultats sont bons. La zone est pacifiée. Plus de cinq cents fellaghas sont arrêtés, vingt-quatre tués, avec des pertes minimes de notre côté. Encore une fois, la boutique est rodée. En moins de trois mois, avec mes paras, je pacifie la zone d'El Milia. Le prix à payer : vivre comme l'ennemi. Comprendre sa mentalité, sa stratégie. Être un fauve. Des combattants ennemis, j'en ai rencontré des centaines. Du délégué FLN arrogant et sûr de son bon droit au paysan inculte, isolé dans sa mechta. Des combattants armés d'un simple fusil de chasse, des terroristes issus des milieux louches d'Alger, ou de magnifiques moudjahidines des montagnes, et des commissaires politiques fanatiques. Je me suis souvent demandé ce qui unissait tous ces hommes entre eux, comment ce mouvement avait pu s'étendre avec une telle ampleur. Il fallait qu'il y ait un profond malaise et une profonde révolte pour mener tous ces gens au sacrifice, aux combats féroces qui nous ont opposés.

L'événement qui a tout déclenché, le 1er novembre 1954, avait été longuement préparé. Des fermes brûlées, des gendarmeries attaquées, des coopératives agricoles incendiées. Une telle action ne pouvait surgir par hasard : c'était une organisation solide, constituée, pensée. Et l'objectif était clairement défini : l'indépendance, la liberté ! Les Européens, les pieds-noirs, vivaient maintenant comme des bêtes traquées. Comment en était-on arrivé là ? Une immense incompréhension.

En février 1956, je pars en mission pour trois jours à Paris faire mon rapport. Comme une parenthèse. Trois jours volés à la guerre. C'est bon de se retrouver dans une chambre d'hôtel, de prendre un bain, d'être propre, de se frotter contre Gaby qui m'attend. Elle arrive en retard à l'aéroport à cause d'un petit accident. Mais elle n'est pas seule : le général Gilles l'accompagne. Et il ne va pas nous lâcher de la soirée. Il nous invite à dîner. 22 heures... 23 heures... j'ai tellement envie d'être seul avec ma femme ! Enfin il s'éclipse. Nous nous retrouvons. La cote 701 s'éloigne un peu. Quelques heures de bonheur volées sur ma mission.

Je suis de retour dans mes montagnes, sur la cote 701. À Alger, les événements se précipitent. Guy Mollet est accueilli sous une pluie de tomates. Soustelle est remplacé par Lacoste. C'est la valse dans les états-majors. Je suis loin de tout ça. Dans mon djebel, un seul objectif: faire du 3ᵉ RPC l'égal de mon 6ᵉ BPC d'Indochine. Je vis avec mes hommes. Nous traquons les rebelles tout en dialoguant avec la population. Conditions de vie difficiles dans un univers hostile. Montagnes escarpées, fellaghas à l'affût. Mais grâce à notre présence, la vie reprend un peu. Marchés, commerces, écoles, infirmeries et dispensaires. La population rend les armes, nous rétablissons la confiance. La zone d'El Milia est pacifiée.

Peu d'opérations d'envergure. C'est un travail de terrain, en plein hiver, par un froid glacial. J'en profite pour insister sur la formation. Des troupes d'élite, paras et légionnaires, composées d'engagés, ont une bonne expérience et un réel esprit de combat. Ils doivent intervenir ponctuellement sur les points sensibles. Mon avis est que tous les paras en stage, y compris les officiers, doivent être des athlètes rompus à toutes les techniques de combat. Officiers, sous-officiers, hommes de troupe, tous sont logés chez moi à la même enseigne, à égalité dans l'entraînement. Propres, nets, bien rasés. Ils doivent combattre comme des révolutionnaires et savoir utiliser toutes les techniques de l'adversaire. C'est ce que j'explique dans les réunions. Je présente toujours la rébellion sous son vrai visage, avec ses faiblesses, et surtout ses forces et ses grandeurs. L'organisation que j'ai mise en place maintenant est parfaitement adaptée à cette guérilla. Je rappelle à mes gars qu'une telle guerre nécessite une attention de tous les instants. Question de capacité d'adaptation, la vraie intelligence du soldat, la seule. Auprès des officiers j'insiste sans arrêt sur la prudence, la nécessité d'économiser la vie des hommes. Et aussi de respecter l'adversaire. Ces combattants, dans le djebel, se battent pour leur liberté. Nous sommes là pour obéir, mais ce n'est pas une raison pour ne pas faire la guerre proprement. Quand je reçois des appelés ou des soldats en stage, je les aligne devant mes hommes au garde à vous. Les nouveaux venus sont avachis, mal rasés, mal habillés. Les miens sont souples, bronzés, forts. Je donne le choix aux nouveaux : rester des cloches, ou devenir comme mes paras. Ils optent vite pour la deuxième solution !

Les gars du contingent sont capables du meilleur, à condition d'être encadrés. Mon boulot : tirer de chacun le meilleur. Ce qui a rarement été le cas jusqu'à présent, car le commandement n'est pas toujours à la hauteur. Ce qui fait que pour mener la guerre, il ne reste que les unités d'élite de Massu, Jeanpierre, Bigeard et quelques autres. Nous sommes les fers de lance de ce conflit très particulier.

J'organise même une exposition. Mon « Barnum », comme je l'appelle. J'ai demandé au lieutenant Allaire de la réaliser. Il faut savoir communiquer. On a installé le cirque dans une grande tente, avec des plans suspendus à des plaques de contreplaqué. Organisation du régiment, projets, réflexions, slogans, et des devises, du genre « Croire et oser ».

Allaire accroche un peu partout des haut-parleurs qui diffusent de la musique et des petites phrases pour forcer la prise de conscience. Nous avons créé une station de radio. Dès qu'on a une nouvelle, elle est diffusée. Notre exposition est un grand succès. Des Européens des environs viennent la visiter, ainsi que des jeunes officiers en stage d'initiation. Des journalistes en parlent, dont mon ami Jean Lartéguy. En France tout le monde est au courant. La guerre est aussi affaire de psychologie.

À Paris, les politiques ne savent plus sur quel pied danser. Leur dernière décision : la délimitation de l'Algérie en trois secteurs géographiques, qui vont permettre de mieux définir notre sphère d'intervention. D'abord, les zones d'opérations, avec pour objectif l'écrasement des rebelles. Ensuite, les zones de pacification où l'on devra protéger les populations européennes et musulmanes. Enfin, les zones interdites qui doivent être évacuées, et leurs populations rassemblées dans des camps d'hébergement pris en charge par l'armée. Pour mes hommes et moi, seules comptent les zones 1 et 3. C'est là que nous devrons intervenir.

En France, le 2 décembre 1955, le président Coty a dissous l'Assemblée nationale. C'est la campagne des élections législatives. Guy Mollet répète que la guerre d'Algérie est imbécile et sans issue. Et nous, dans le djebel, nous nous préparons à combattre !

Fin février 1956, nous sommes stationnés en Kabylie, à l'ouest de Bougie. On nous signale des bandes rebelles dans plusieurs villages. C'est la première fois que je dispose d'hélicoptères : quatre appareils H-55. J'organise un briefing pour préparer l'opération 744. Les pilotes y participent. On décide de se brancher sur la même fréquence. Avec le commandant Sagot, nous inventons sans le savoir une nouvelle tactique d'intervention héliportée. Au lieu d'utiliser les hélicos comme des ambulances pour évacuer les blessés, nous allons nous en servir comme appareils d'assaut : les hommes seront ainsi plus vite sur le lieu d'attaque, interviendront par surprise, seront ultra-mobiles pour se déplacer dans le dispositif. Sagot adhère à l'idée. La machine tourne. Toute la journée les hélicos terrifient l'adversaire. Le bilan est exceptionnel : quarante-sept rebelles tués, quatre-vingt-seize prisonniers, cent douze armes récupérées, sans aucun blessé dans nos rangs. Du coup, cette nouvelle technique me convainc qu'il faut l'utiliser systématiquement. Aussitôt, je réclame des hélicos à l'état-major.

Début mars, nous prenons quelques jours de repos à Bône où j'ai installé ma base arrière. Le régiment a vraiment de la gueule. Sa nouvelle devise : « Être et durer ». Les casquettes ont remplacé les vieux casques, trop encombrants et lourds. L'habit est très important pour faire passer mon message : motivation des hommes, création d'un véritable esprit de combat, dévouement à un homme, forger une volonté aussi forte que celle de l'adversaire.

Je suis entouré de chefs exceptionnels. Pendant deux ans et demi, ils vont incarner à merveille la volonté de vaincre du 3e RPC. Le capitaine Volquemanne, un mètre soixante et cinquante kilos, une volonté de fer: il commande la 3e compagnie. Le capitaine Florès, dit « Bir Hakeim », qui a connu tous les coups durs depuis 1940. Le capitaine Chabannes, dit « Raymond » ou le « chat-tigre », un ancien de l'Indo, un type fiable et compétent. Puis le capitaine Le Boudec, blessé plusieurs fois à Diên Biên Phu: c'est mon antenne en métropole. Il va former de nouvelles recrues qui viendront nous rejoindre en avril.

À mon PC, j'ai sous mes ordres le commandant Lenoir, dit « Bébert » ou « La vieille ». Lenoir connaît parfaitement son affaire, il a longtemps dirigé le 3: il va me faciliter la tâche à mon arrivée. C'est un soldat exceptionnel, professionnel, généreux, capable de tout donner pour son régiment. Je ne peux citer ici tous les hommes qui m'entourent, grâce auxquels nous avons pu faire du bon travail. Ils réagissent comme un seul homme. L'affaire de Bône va me le confirmer.

Bône, je l'ai dit, est notre base arrière. Nous soufflons quelques jours dans cette jolie ville en bord de mer où les hommes pourront se détendre, se baigner, admirer les petites Bônoises. Dans le djebel on manque cruellement de femmes. J'ai l'habitude, mais des petits gars de vingt ans ont des besoins, c'est naturel.

Non sans difficulté j'obtiens quelques hangars pour loger mes compagnies. Mon PC est installé au bord des quais, au premier étage d'un bâtiment utilisé pour stocker les oranges. Nous en profitons pour régler quelques problèmes administratifs et proposer des récompenses pour les plus méritants. Le matin à 6 heures, survêtement, footing de dix kilomètres. J'ignore que six mois plus tard, sur ce même parcours, je me ferai descendre par trois fellaghas chargés de m'abattre.

Nos insignes du régiment sont arrivés de Paris avec ma nouvelle devise : « Être et durer ». Un soir que tout va bien, mes officiers, sollicités par de jeunes et ravissantes Bônoises, organisent une surprise-partie dans une grande villa mise à leur disposition. Je suis invité à m'y rendre, ainsi que Lenoir. Nous refusons. Nous nous sentons un peu vieux pour ces petites pépées de dix-huit ou vingt ans. Mes hommes ont quartier libre jusqu'à minuit. Vers 23 heures, coup de téléphone : c'est le général commandant le secteur de Bône.

« C'est vous Bigeard ? Je vous signale que vos gorilles font le cirque en ville. Ils conduisent des calèches et chantent dans les rues. Prévenez vos officiers et faites cesser ce tintamarre. »

Mon sang ne fait qu'un tour. Je réponds :

« Primo, mes paras ne sont pas des gorilles, secundo mes officiers sont en train de se détendre avec de jolies filles, je n'ai pas l'intention de les déranger : ça leur arrive trop rarement. »

Curieuse réaction de ce général, pourtant un bon type, astucieux, plein d'humour, aimant la bonne chère, le whisky et les petites pépées. Je comprends mal son intervention. Quelques minutes plus tard il me rappelle.

« Allons, Bigeard, du calme. Allons rejoindre vos officiers, nous verrons ça ensemble.

– Ok, mon général, je passe vous prendre. »

J'alerte mon équipe, signale notre arrivée et leur donne pour mission qu'une des filles se dévoue pour embarquer le « poireau ».

Dans la villa, une ambiance du tonnerre. Le général est immédiatement pris en main. Danse, whisky, il ne voit pas le temps passer. Il ne songe plus à traiter mes paras de gorilles. D'ailleurs, ils sont rentrés à minuit, comme prévu. Pas très discrètement, mais tout est en ordre. Une très jolie fille vient m'inviter à danser, se serre contre moi pendant un slow. Elle me murmure : « Vous m'intéressez davantage que vos jeunes officiers. » Je ne réponds pas. Je comprends au quart de tour que mes lascars l'ont chargée de s'occuper de moi. Nous partons vers 2 heures du matin tandis que le général termine avec les derniers, vers 5 heures, dans un état bien avancé. À 6 heures nous sommes debout, et nous courons à petites foulées sur le port. Pas question de dételer, même après une bringue.

Deux heures plus tard, alerte générale : une compagnie de tirailleurs algériens, qui tenaient un poste dans le djebel à l'ouest de Souk Ahras, près de Guelma, à soixante kilomètres au sud-est de Bône, a déserté après avoir tué tous les cadres européens. Je dois les retrouver et récupérer l'armement qu'ils ont emporté. Je téléphone à Lenoir :

« Bruno à Bruno 2. Fais embarquer la boutique et rejoins-moi pleine gomme. »

À 12 heures, les hélicos se posent. Réunion des patrons. Mon but : balancer des éléments légers héliportés sur différents points du terrain pour nous donner le plus d'informations possible sur les rebelles, et assurer en même temps une couverture de la zone par des mouvements à pied.

14 heures, premier accrochage. Ça tire dur. Nous avons déjà un tué. À 15 heures, cent cinquante hommes viennent en appui sur le front. Je me pose avec mon Bell, et d'un sommet je dirige l'affaire, aviation comprise. Tous pour un, un pour tous ! Le grand jeu.

À 17 heures tout est fini. Cent vingt-six rebelles tués, quinze déserteurs prisonniers, des quantités d'armes et de munitions saisies. De notre côté, un seul mort. Du bon boulot.

Le général Beaufre se pose en hélicoptère. Il n'en revient pas. Comment ai-je pu me débrouiller pour tomber pile sur la bande, une heure et demie après le début de l'opération ? Cette fois encore nous avons eu la baraka. Mais la chance n'arrive pas par hasard : des mois d'efforts, d'instruction, le prix à payer pour être opérationnel au bon moment.

La nuit tombe. Soir de victoire. Encore une fois ma famille me manque. Mes femmes vont avoir des nouvelles par la presse. *Paris Match* titre : « Bigeard a frappé comme la foudre. » *Le Figaro* : « Une nouvelle forme de combat est en cours d'expérimentation en Algérie : l'opération héliportée. »

Du 12 au 18 mars 1956, nous restons dans les parages pour protéger l'axe vital de la vallée de la Seybouse, entre Bône et Duvivier. Les rebelles tentent de contrôler ce secteur. Mes unités s'installent et le cirque recommence : pendant cinq jours, héliportages, coups de main, embuscades. Nous quadrillons sept cents kilomètres carrés. Encore des jours et des nuits à vivre avec trois fois rien, car ces opérations mobiles nécessitent un équipement ultraléger.

Beaufre me rend visite en hélicoptère, accompagné de journalistes. Il reste de longues heures à mes côtés, me regarde jongler avec mes unités. En cas d'accrochage nous sommes parés. Résultat : vingt et un rebelles abattus pour un blessé et trois prisonniers. Et surtout, la technique hélico parfaitement au point.

Le 20 mars, j'apprends l'arrivée de mon ministre, Bourgès-Maunoury, accompagné d'une brochette de hauts gradés. Je fais arranger tout le cirque, la visite se déroule dans une ambiance excellente. On parle beaucoup de la « méthode Bigeard », le ministre a voulu s'en rendre compte. J'en profite pour rappeler au chef d'état-major, le général Blanc, ce que je lui avais dit pendant la captivité en 1954, à Diên Biên Phu : « Après l'Indochine ce sera l'Algérie. Nous y sommes. » J'attends encore sa réponse.

En mars, nous retournons dans le secteur de Souk Ahras : longues nuits de marche, deux cents kilomètres carrés de zone contrôlée, et tous les efforts et les souffrances que cela implique. Les fellaghas ne résistent pas à nos assauts. Le 5 avril, tournée d'inspection de Massu. Je l'attendais depuis longtemps. Nous nous verrons souvent pendant ces quatre années.

Survient alors un incident pénible. Un capitaine qui a trop picolé envoie deux de ses sections reconnaître un djebel. Ça tourne vite mal. Plus qu'une chose à faire : je prends tout en main, je débarque, et règle la question en quelques minutes. Dix rebelles tués, dix armes saisies. Le capitaine est relevé. C'est une bonne leçon pour mes hommes : on ne doit pas faire confiance à un officier qui boit.

D'avril à début juin 1956, nous chassons les rebelles au sud de Guelma, en bordure de la frontière tunisienne. Des renforts arrivent. J'ai l'appui d'un escadron de jeeps armées et d'un commando de soixante paras. Du coup, je peux voir plus grand et les succès se multiplient. La presse nous cite de plus en plus souvent. La réputation des casquettes est au mieux. Les fellaghas ne savent plus à quel saint se vouer, si l'on peut dire, et les bilans sont éloquents : cent quinze rebelles tués, de nombreuses arrestations, des armes saisies, sans aucune perte chez nous.

C'est au cours de cette période, par un après-midi pluvieux, que se présente à mon PC François Coulet. Un grand bonhomme, diplomate de carrière, qui a été préfet, commissaire de la République, ambassadeur, parachutiste, chef de cabinet du général de Gaulle en 1941 et 1942. Cinquante ans, commandant de réserve, il a quitté son ambassade en Yougoslavie et s'est porté volontaire pour la guerre d'Algérie, où l'armée de l'air va le charger de créer les commandos de l'air. Des années plus tard, dans son livre *Vertu des temps difficiles*, il consacrera quelques pages aux semaines vécues en ma compagnie. Il rend bien compte de l'ambiance qui régnait dans mon régiment. J'en cite un extrait : « Il y avait d'autres colonels en Algérie, légionnaires ou parachutistes, qui se débrouillaient bien : Jeanpierre qui allait être tué, Brothier, Château-Jobert, Meyer, Fossey, Fourcade, mais aucun n'avait cette élasticité dans la démarche et la manœuvre, cette faculté d'être tout entier à sa tâche. Ils n'étaient pas plongés aussi personnellement dans l'action que Bigeard, nu tête, dépoitraillé, flairant la nuit de son grand nez. Devant une carte épinglée sur un chevalet, Bigeard, jambes écartées dans sa tenue de toile collante, les mains dans les poches, se balançait sur ses hanches et exposait d'une voix rapide, sans chercher ses mots, son plan pour les trois prochains jours. Rien dans son personnage, même son goût du succès, n'était vulgaire. »

Coulet s'en va. Aussi sec Massu m'annonce la visite de Joseph Kessel, et m'écrit : « Soyez gentil, faites un effort. Joseph Kessel le mérite largement. »

Massu n'exagère pas : Kessel est un sacré bonhomme. Une force, une présence, l'épaisseur de toute une vie d'aventures. Une intelligence hors du commun. Devant lui je me sens presque comme un gamin, une bleusaille. Pour le plaisir, parce que Kessel est un très grand écrivain, quelques extraits du si bel article qu'il me consacra, que j'ai lu et relu, et qui m'a été un précieux réconfort à une période où on avait besoin de se sentir compris et soutenus.

« Ardeur nue, inspiration essentielle, énergie sauvage, tourment majeur burinaient ses traits, nourrissaient son propos. Il était soudain au cœur de son angoisse et de sa vérité. Bigeard pensait tout haut à la guerre, à la façon de la mener, au don entier qu'elle exigeait des hommes, au devoir des chefs pour lesquels il n'admettait ni mesure ni limite. Ce qu'il me dit précisément sur les opérations en cours, je n'ai pas à le rapporter ici, mais ce qui comptait, et à un degré majeur, essentiel, c'était la passion désintéressée, la passion à l'état pur qui emportait Bigeard. C'était l'éloquence lucide et bouillonnante de cette voix rapide, assourdie. C'était le désespoir, la fureur de voir que des hommes chargés de la vie d'autres hommes ne se donnaient pas entièrement, uniquement à cette tâche, et que, pour cette mission, ils n'oubliaient point tout, et eux-mêmes d'abord. Et enfin, c'était l'aspiration naturelle, nécessaire autant que le souffle d'aller toujours plus loin et plus haut dans le dépouillement, l'effort, la volonté, la souffrance, de reculer toujours davantage les bornes de la condition humaine et de puiser inépuisablement au fond de sa substance.

Étrange guerrier qui, par instants, s'exprimait comme un inspiré, comme un mystique ! Étrange chef d'une troupe de choc aiguisée par lui-même jusqu'à la pointe la plus effilée, la plus meurtrière, à qui je n'ai jamais entendu un mot de mépris ou de haine pour ses adversaires, ceux du Viêt-minh ou ceux d'Algérie. Et cependant qu'il parlait, quel étrange visage ! Tantôt voilé, tantôt découvert par la fumée de la cigarette et par la main nerveuse qui remontait sans cesse du front jusqu'au sommet des cheveux clairs. Il changeait tout le temps. L'espoir, l'émotion, un beau souvenir, lui donnaient les traits de l'adolescence. Soudain, comme s'il venait tout juste de découvrir la faiblesse, la bassesse des hommes ou simplement les difficultés de leurs destins, la même figure devenait sans âge et un voile dérobait l'œil qui avait été si vif, si perçant.

Il y avait dans cet homme et dans son discours une audace sans frein et une élémentaire sagesse, l'élan de l'imagination et toutes les lies d'une terrible expérience. Mais toujours l'appel de la volonté qui arrache l'homme à sa mesure accoutumée. C'était de l'armée que parlait surtout Bigeard, et de son pays. Et à ces deux entités il soumettait son ardeur, son courage, sa détresse et sa foi. Mais quelle que fût leur grandeur, elles n'étaient, et cela, je l'entendais dans la voix de Bigeard, je le voyais sur son visage, qu'un moyen d'expression, un point d'application merveilleusement approprié à ses forces.

Une autre chose émergea alors pour moi des limbes de la mort. Je pensais à Mermoz qui aimait tant son métier dans tous ses aspects, mais surtout pour la solitude, l'évasion, la pureté du vol. Je dis encore ce souvenir à Bigeard. Mais cette fois il tressaillit. En effet, quand Mermoz s'était abîmé dans l'Atlantique, Bigeard avait déjà atteint l'âge d'homme. Il connaissait la vie et la figure épique. Et il murmura doucement, respectueusement : "Ah ! Mermoz... lui aussi." Il me sembla qu'un lien invisible, singulier, se nouait en cet instant. Je dis malgré moi :

"Vous savez, Mermoz détestait la guerre... Bigeard me considéra de son regard bleu sourd, magnétique.

– Et vous croyez, demanda-t-il, que nous l'aimons ?" »

Début juin, c'est une nouvelle descente aux enfers au cœur du djebel. Le 5, nous sommes à disposition de la zone opérationnelle des Nementchas, non loin de Tébessa, à deux cents kilomètres au sud de Bône. Ici, les choses deviennent plus sérieuses que tous les combats menés jusqu'alors en Algérie. Il faut connaître la région pour comprendre à quel point elle est impénétrable. Un paysage lunaire, des montagnes déchiquetées, des précipices vertigineux, des grottes, des pics, des labyrinthes. Les fellaghas sont chez eux, l'endroit est imprenable. Zone contrôlée par un véritable chef de guerre, Abès. Il règne sur toute la contrée, y compris sur les populations civiles dont il est l'idole. Et c'est à mon régiment que revient « l'honneur » de prendre le contrôle de toute cette zone impossible sur laquelle les troupes françaises se sont plusieurs fois cassé les dents.

Le général Vanuxem nous a choisis pour cette mission. C'est mon nouveau patron. Il remplace le général Beaufre. Avec Lenoir, on l'appelle « Vanu ». C'est un ancien adjoint du général de Lattre de Tassigny. Je ne l'aime pas beaucoup. Je l'ai connu en Indochine. Je n'appréciais pas sa façon d'intervenir dans les actions en cours. Il lui faut des résultats rapides. La méthode, il s'en fout. Ce 5 juin 1956, il veut que nous partions tout de suite. Je parviens quand même à le convaincre de procéder à des reconnaissances avec des avions de chasse. Ensuite de me laisser m'infiltrer de nuit chez l'ennemi.

Reconnaissance aérienne inutile. Rien ne bouge dans ce paysage lunaire. À une heure du matin, nous commençons notre progression dans un décor de cauchemar. On crapahute dans les éboulis, on s'arrache la peau sur les rochers. Une marche infernale, épuisante, dans une obscurité totale. Je tiens à ce qu'on ne soit pas repérés, je compte sur l'effet de surprise.

Toute la nuit nous progressons pour parvenir au plus près des positions d'Abès. J'installe mon poste d'observation au sommet d'un pic. Le jour se lève. Rien. J'envoie des patrouilles pour fouiller le fond des vallées, trouver des indices, explorer les grottes. Toujours rien. La journée passe. Je sens qu'on nous épie. Mais où sont-ils ? La nuit tombe, une nuit noire. Nous sommes épuisés. Il faut poser le camp. Je poste mes gars sur différents pitons. Je sens que quelque chose se prépare. À aucun prix il ne faut laisser les gars s'endormir et relâcher la vigilance. Ils sont à bout de forces, mais il faut les tenir éveillés. Un de mes officiers est persuadé que les fellaghas n'attaqueront pas. Je pense exactement le contraire. Je me sens pris dans un piège.

Tout d'un coup les fellaghas déboulent. Ça gueule autour du camp, on dirait une attaque de Peaux-Rouges ! Par radio j'ordonne à mes hommes de ne pas quitter leurs positions, au risque de s'entre-tuer dans le noir. Ils sont prêts en un clin d'œil. Les rebelles pensaient nous surprendre, ils en sont pour leurs frais. Mes gars dormaient en position de combat. Au bout d'une heure de tirs, les fellaghas comprennent que l'effet de surprise n'a pas joué. Ils décrochent. Laissent chez nous trois paras blessés, et dans leurs rangs six tués et dix blessés.

J'ordonne aussitôt la contre-attaque. Ils ne s'attendent pas à ça. Ils ne pensent pas qu'on peut avancer de nuit à leur poursuite sans connaître la région. C'est pourtant ce que nous faisons. Mes hommes sont au bout du rouleau, mais ils repartent au quart de tour. Le goût de l'offensive les réveille. Au petit matin du 8, c'est nous qui avons l'avantage. Les fellaghas sont encerclés. L'étau se resserre autour d'eux.

À ce moment, Vanuxem débarque de son hélicoptère, frais comme un gardon. Il me pose des questions, joue au chef, fait le mariole. Il m'exaspère.

« Il faut finir avant la nuit, dit-il. »

J'explose. C'est exactement ce qu'il faut faire si on veut envoyer tout le monde au massacre. Je prends le micro, j'appelle tous mes commandants de compagnie. Je me tourne vers Vanuxem, et je lui dis :

« Tenez, mon général, prenez le commandement. »

Il comprend qu'il est allé trop loin. Il réagit comme il faut :

« Ok ! Bruno, ça va, continue comme tu l'entends. »

Il disparaît dans son hélico. Je me sens mieux. Suis libre de mener mon affaire comme je veux.

Toute la journée du 9 juin nous étendons notre emprise sur le secteur. Je mets mon dispositif en place. L'ennemi se retrouve enfermé dans un étau grâce au bouclage du canyon sur les hauteurs et aux extrémités. Pendant deux jours mon régiment poursuit le nettoyage des caches, des trous où se planquent les fellaghas.

Quarante-huit heures plus tard, la vallée est entièrement nettoyée. Mais le bilan est lourd. Pour nous, deux tués, seize blessés. Pour les rebelles, cinquante-six tués, une centaine de blessés et six prisonniers. Si ce bilan est à notre avantage, il signale aussi nos faiblesses. Le haut commandement n'est pas à la hauteur. Rien n'a été prévu correctement. On nous a lancés dans l'aventure sans m'avoir livré le moindre renseignement sur les positions rebelles. Les cartes sont inexactes, ce qui entraîne des largages hasardeux. Je rédige un rapport incendiaire. Une fois encore je ne mâche pas mes mots.

Pour finir de reprendre la région en main, je demande à rester sur la zone pendant quelques jours. Le 16 juin, je fais bombarder une position rebelle repérée à vingt kilomètres à l'est. Les rebelles sont tenaces et se battent comme des héros. La 13e demi-brigade de la région est en difficulté.

Je décide d'aller les aider, de me mettre à leur tête. Je me fais déposer par un hélico au-devant de mes soldats. Je leur gueule de me suivre.

À peine le temps de lancer un ordre. Je m'élance et je tombe, la poitrine déchirée par une balle. Je suis à terre. Mes gars m'entourent. J'ai à peine le réflexe de passer le commandement à mon adjoint et de lui ordonner de foncer, puis je sombre dans une semi-inconscience. Je sens qu'on m'emporte pendant que la Légion et les paras viennent à bout de l'ennemi.

C'est donc Lenoir qui prend le relais. Je suis évacué par la voie des airs. Atterrissage, vague souvenir d'un premier toubib, nouveau décollage. Je me retrouve à Constantine, à l'hosto, entre les mains de médecins de choc, anciens d'Indochine. Ce sont de bons toubibs, ils ont vu des cas plus graves que le mien. Je plonge dans un délicieux repos. Dormir, enfin.

Au réveil, j'apprends que mes hommes ont bouclé l'opération Nementchas. Encore une fois le bilan est excellent : quarante fellaghas tués, pertes minimes chez nous. Et je suis là, étendu dans un lit, tandis que mes paras savourent leur triomphe dans le désert, seuls au milieu de la nature. Non, je n'ai rien à faire dans cette chambre : je n'ai qu'une envie, foutre le camp. La mort n'a pas voulu de moi, je ne vais pas m'attarder dans cet hosto. Je ne suis pas malade. Je commence à piaffer, il paraît que je suis insupportable. Je veux aller reprendre ma place auprès de mes gars. Les médecins insistent : il me faut du repos.

Au petit matin, je fais le mur en douce pour me dégourdir les jambes. On me ramène au lit illico. Il paraît que je risque une hémorragie. On me passe même un sacré savon. Je me rends, j'ai compris. C'est grave. Mais tant qu'à être réduit à l'impuissance, autant rentrer en France. C'est ce que je fais.

Gaby et Marie-France m'accueillent à Orly. Mais elles ne sont pas seules : des journalistes, des photographes que je reconnais, qui ont fait partie de mes régiments. Cette première nuit parisienne, je la passe, comme toujours, à l'hôtel Terminus, gare Saint-Lazare. Chambre pleine de fleurs et de télégrammes.

Toul. Retour au pays. Mon footing quotidien, et des hordes de journalistes qui veulent me voir. Pendant ce temps, en Algérie, la situation empire. Le terrorisme fait rage. La casbah s'enflamme. Une violente explosion, rue de Thèbes, a pulvérisé trois immeubles. Il y a soixante-dix morts. Les terroristes européens, de leur côté, attaquent au revolver. C'est l'escalade. À la prison de Barberousse, le 19, deux chefs rebelles ont été guillotinés pour avoir abattu un garde-chasse et six hommes, une femme et une petite fille, passagers d'un car de tourisme. Exécutés pour calmer la population, bien que l'évêque d'Alger ait demandé leur grâce. Du coup, monseigneur Duval est surnommé Mohamed ben Duval par les pieds-noirs, qui l'accusent de sympathies FLN. La terreur s'installe. Je ne sais pas encore que dans quelques mois je serai envoyé là-bas pour rétablir l'ordre.

En attendant, à Toul, le courrier afflue. Martial Chevalier m'aide à trier les centaines de lettres auxquelles je me fais un devoir de répondre. Puis une nouvelle arrive : le président de la République, René Coty, tient à me rendre hommage le 14 juillet à Paris, et à me remettre lui-même la plaque de grand officier de la Légion d'honneur.

Me voilà dans un rôle de vedette, sous les yeux de la France entière. Ça continue de rendre fous de rage ceux que je dérange par mon franc-parler. Le général Gilles en prend ombrage. Il m'informe qu'on parle trop de moi. Il me reproche en somme de jouer l'opinion contre la hiérarchie militaire. Je lui réponds : « La décoration c'est bien, mais je ne demande rien et je préfère honnêtement ne pas recevoir cette distinction. »

N'empêche, je ne suis pas mécontent de l'honneur qui m'est fait.

La cérémonie a lieu le 14 juillet 1956. Me voilà au garde à vous devant René Coty, à la une de tous les journaux. Je l'avoue : un des plus beaux jours de ma vie. Sanglé dans ma tenue para impeccable, je reçois l'insigne des mains du président. Il me dit : « Bigeard, la France est fière de vous. »

Un instant je pense à mon parcours. De la Société générale de Toul, petit employé sans avenir, à cet honneur immense. Mais je me garde bien d'en tirer vanité. À un journaliste qui m'interroge, je réponds : « Cette Légion d'honneur, c'est moi qui la porterai, mais ce sont mes paras qui l'ont gagnée. »

Le soir, je suis invité à dîner par la princesse et le prince Napoléon. Le prince, un géant de deux mètres, voudrait s'engager dans mon régiment. Situation embarrassante. Je m'en sors comme je peux : « Monseigneur, je pense que vous êtes trop grand et trop lourd pour faire un bon para. » Il éclate de rire, formidable de simplicité. Le dîner est un bonheur.

Le lendemain, je suis reçu par le président Coty en audience privée. Il me demande ce que je pense de la situation en Algérie. Je vide mon sac. Je lui dis qu'il faut agir vite, très vite. Il est le chef des armées. Dans le domaine militaire, nous devons changer radicalement nos méthodes, trop lourdes, trop statiques. Renoncer au quadrillage qui encourage l'immobilité et l'inaction, agir, mettre sur pied une force jeune, légère, rapide. Envoyer là-bas des hommes qui ont l'expérience de la contre-guérilla, des gens qui savent parler à leurs soldats, et pas les carpettes qu'on nous impose à des postes stratégiques. J'en rajoute une couche sur l'incohérence des politiques qui décident de notre sort sans rien comprendre à la situation. Coty reçoit le message cinq sur cinq. Il y a même des fuites. Mes propos ne tardent pas à être repris dans la presse. La hiérarchie militaire est folle de rage. Plus tard on saura me le faire payer. À la fin de l'entretien, Coty me demande ce que je souhaite :

« Rentrer en Algérie, Monsieur le président, retrouver mon régiment : ici, j'ai le sentiment de ne servir à rien.

– Vous vous trompez, Bigeard, dit-il. Vous avez rappelé à la France que sa jeunesse est en Algérie et qu'elle y accomplit un travail exemplaire. »

En attendant, on a besoin de moi sur le terrain et le djebel me manque. Je suis guéri, je vais repartir. Je quitte Toul, Paris, l'hôtel Terminus. Adieux à Gaby. Fin juillet je suis de retour à Bône, ma base arrière. À temps pour féliciter mes hommes après une année de beau travail. Mais c'est une nouvelle mission qui s'annonce.

Au Moyen-Orient cette fois. En Égypte, Nasser a décidé de nationaliser le canal de Suez. Il provoque la France et l'Angleterre. En plus, il abrite sur le territoire égyptien un nombre important de fellaghas en cavale. À nous, les paras, de remettre de l'ordre et de lui montrer ce que veut la France.

Cap sur l'Égypte ! Préparatifs, entraînement aéroporté, camouflage. Une grande aventure s'engage à nouveau. Massu prépare ses troupes, les régiments de la 10e division parachutiste, pour aller se battre en Égypte dans une « vraie guerre », et non une guérilla : deux véritables armées face à face, les Égyptiens eux aussi veulent se battre et nous donner une leçon. Mais le 5 septembre 1956, tout bascule. Cela fait un an que j'ai pris ce commandement. Souvent, je repense à ces journées qui s'enchaînent sans avoir le temps de comprendre. Les événements se bousculent dans ma vie, j'ai besoin de m'aérer la tête, d'être seul, tranquille, dès l'aube. Tous les jours, je me lève dès les premières lueurs et je pars courir. C'est le moment que je préfère. Seul, éprouver la force de mon corps, la vitesse de mes jambes, et pouvoir penser tranquillement. Je ne vois plus rien autour de moi, j'ai besoin de cet exercice quotidien, c'est mon hygiène mentale et physique.

Ce matin, comme tous les matins, je fais mon footing sur le quai du port de Bône. Je pense à Suez où nous serons bientôt. Je me sens bien, fort. Je croise trois Algériens sans les remarquer. Eux, ils m'attendent. Ils savent que je passe ici tous les matins : c'est mon erreur de ne pas changer d'itinéraire. Je n'ai pas le temps de comprendre. Je m'écroule sous les balles tirées à bout portant. Bras droit éclaté, douleur fulgurante du côté du foie. Je dois me relever, sinon ils vont m'achever. Dans un effort terrible je parviens à me mettre debout. Je fais face aux trois hommes et fonce vers eux. Je ne suis pas armé. Aucune chance. C'est l'inconscience qui me pousse à agir, la volonté de toujours contrôler les choses. Attaquer, ne jamais subir. Les trois types restent pétrifiés. Ils n'en croient pas leurs yeux de voir ce type se relever et marcher sur eux comme un mort-vivant. Stupéfaits, ils préfèrent foutre le camp.

Je me retrouve seul au milieu de la rue. Je parcours encore une centaine de mètres. Je fais signe à une voiture qui passe, conduite par un Européen. Il me voit en sang et refuse de me prendre : « Vous allez salir mes coussins », me dit-il. Il repart. Je n'oublierai jamais cette lâcheté dégueulasse, cet égoïsme. Aujourd'hui encore j'en souffre, plus que de mes blessures. Finalement, c'est un Algérien qui vient me secourir et me conduit à l'hôpital. Deux blessures graves, à trois mois d'intervalle. Me voilà immobilisé dans le plâtre pendant que mon régiment est consigné dans ses quartiers. Le commandement veut éviter qu'ils aillent mener des représailles et faire un massacre parmi la population algérienne.

On va m'opérer. Cet attentat m'empêche de partir pour Port Fouad, en Égypte. Je suis fou de rage. Du même coup, mes paras sont privés de cette mission. Le Boudec et un détachement du 3e se rendent à Chypre, d'où ils doivent partir pour l'Égypte. Au dernier moment, contrordre. C'est finalement le 2e RPC de Bréchignac qui sera parachuté sur Suez. Bréchignac, mon frère. C'est une consolation. Mais j'aurais mieux aimé y aller moi-même. Je suis enfermé dans mon plâtre comme une huître dans sa coquille. J'en suis réduit à suivre l'actualité depuis un lit d'hôpital. J'avais pourtant dit que je préférais être amputé, et sauter quand même. Mais rien à faire. C'est fini pour l'Égypte.

Finalement, je n'aurai pas manqué grand-chose en n'allant pas à Suez. Cette affaire est un véritable foutoir. Une déception pour les généraux et pour les hommes, à cause des décisions absurdes et des fautes sans nombre des politiques, mais aussi du comportement habile de Nasser, qui mène son affaire comme un grand chef. On ne s'y attendait pas. Malgré le parachutage d'hommes sur Port Fouad et Port-Saïd, sous la pression internationale, les Français et les Britanniques renoncent à contrôler le canal de Suez. Quarante-six navires en empêchent l'accès. C'est une victoire pour Nasser, qui voit son prestige grandir auprès des populations du Maghreb.

En décembre, je vais rejoindre le 3e RPC à Chypre où il est encore stationné pour quelques jours. En attendant, je sors de l'hosto et je pars en convalescence à Toul. Je suis assailli par les journalistes. *Jour de France* titre : « Devant l'hôpital, l'homme à la baraka. » Je reçois des tonnes de télégrammes et de lettres. On suit ma vie heure par heure. J'ai même un petit avion à ma disposition pour rentrer en Lorraine. Escale à Ajaccio. Dans un restaurant les Corses m'entourent. Eh oui, c'est bien moi, Bigeard. À Nancy, je refuse d'utiliser civière et ambulance. Je monte dans une voiture légère avec ma petite famille. Partout, accueil triomphal. J'en suis presque gêné. Hosto, convalescence. À nouveau des articles, du courrier. Je réponds, je m'efforce de montrer le chemin qui reste à parcourir en métropole si l'on veut gagner cette guerre. C'est une révolution morale qu'il faut pour donner la foi aux combattants, cette foi qui fait la force des armées révolutionnaires. Pourquoi recommencer en Algérie les mêmes bêtises qu'en Indochine? Mais pour éviter la déroute il faut que le pays soit derrière son armée, que les soldats se sentent soutenus dans leur combat nuit et jour, qu'on pense à eux, qu'on parle d'eux.

Je suis comme un coq en pâte. Les hommages se multiplient. Je les reçois sans façon, mais avec un peu de surprise. En tout cas ce n'est pas désagréable. Les photographes me poursuivent en ville. Le préfet a mis une voiture à ma disposition. Je fais une apparition triomphale aux cérémonies du 11 Novembre à Toul, mais j'en ai marre de ce corset qui entrave mes mouvements. Que j'aimerais me sentir libre et repartir!

Depuis ma Lorraine, je suis ce qui se passe là-bas. Lenoir m'écrit: « Je compte les jours, au maximum les semaines qui nous séparent. Plus que jamais la lutte reprendra, tous bien unis, et tu retrouveras la boutique soudée. »

Une fois débarrassé de mon corset je mène ma rééducation tambour battant. Je pars pour Chypre où mon régiment, le 3e RPC, est resté stationné pendant la campagne de Suez. Le général Gilles me dit encore que je dois me décider à préparer l'École de guerre. Venir me dire ça alors que l'armée est en Algérie et que notre devoir, à nous militaires, est de rester sur le terrain! Je réponds sèchement: « Non, mon général, ma place est avec mes paras. »

De Chypre nous embarquons pour Alger, le cœur léger. Je n'ai encore aucune idée de ce qui m'attend.

Chapitre 19

La bataille d'Alger

L'année 1957 va être, pour mes hommes et moi, riche en rebondissements et en banderas, comme elle va l'être pour l'histoire de l'Algérie et de la France.

Massu m'a donné une mission: celle de pacificateur urbain. À mon arrivée tout va très mal. Alger est devenu un enjeu stratégique pour le FLN. Les fellaghas ont profité du départ des troupes françaises en Égypte pour s'installer en ville. La vie économique est sabotée. Ce sont des grèves incessantes, une population terrorisée. Jour après jour la situation pourrit et l'insécurité grandit.

Pendant trois mois nous allons remettre de l'ordre en ville. Ce sera la première bataille d'Alger.

Depuis l'Égypte, la propagande incite les Algériens à intensifier la lutte. Nasser, vainqueur de sa confrontation avec la France et l'Angleterre, jouit d'un immense prestige dans tout le monde arabe, qui a enfin trouvé son leader.

Dans Alger le terrorisme est en recrudescence et plusieurs bombes sèment la désolation. Amédée Froger, le patron de tous les maires d'Algérie, est assassiné par des rebelles fin décembre. C'était un type remarquable, un notable musulman partisan de l'Algérie française, très populaire chez les pieds-noirs. Le jour de ses obsèques, le 29 décembre 1956, la foule se déchaîne et détruit sur son passage tout ce qui est algérien. Une émeute éclate qui se transforme en « ratonnade », comme on disait à l'époque. Inacceptable mais vrai. La violence est telle que les forces de sécurité ne peuvent plus contenir les débordements.

Salan a regroupé les unités de la 10e division parachutiste à Sidi-Ferruch, à une trentaine de kilomètres d'Alger. L'armée va intervenir pour nettoyer la ville et la débarrasser du terrorisme qui infeste la casbah. Cette situation est insupportable.

C'est ainsi que le 2 janvier 1957 nous débarquons à Alger. Cinq jours plus tard, le préfet Barret transmet ses pouvoirs de police à Massu. Nous avons notre mission clairement définie : assainir la ville.

Robert Lacoste, ministre président, vient de le décider. Cette bataille d'Alger, face à un ennemi qui se dérobe et s'attaque aux civils, est une véritable épreuve : un sale boulot qu'il nous attribue et que nous répugnons à faire. Massu réunit les commandants de ses régiments. Il nous dit d'emblée que nous allons au-devant des pires ennuis, que nous serons critiqués, en particulier par la presse et les intellectuels. Mais nous devons obéir aux ordres. Il nous distribue les zones d'intervention. Mon 3e RPC s'occupera de l'ouest d'Alger, la partie la plus difficile : la casbah, Bab el-Oued et les quartiers des hauteurs.

Ce n'est pas une opération à laquelle nous sommes habitués. Alors j'innove plutôt que d'improviser. Il faut remonter les filières, infiltrer les réseaux, obtenir des renseignements, agir pour savoir par exemple où sont planquées les bombes, et sauver des vies. C'est un travail de flic et d'agent secret, pas de militaire. Nous devons reconstituer l'organigramme terroriste, nous devons adapter nos moyens aux méthodes de ces guerriers de l'ombre. On ne combat pas un tel adversaire avec des moyens classiques : il faut lui faire comprendre qu'on est prêt à l'éliminer. Et c'est ce que j'écris dans un rapport adressé à Massu, le 20 janvier 1957 :

« Malgré les forces dont nous disposons dans Alger, dont une division parachutiste et autres éléments de toutes armes, malgré le désir de chacun d'en sortir, on se couvrira de ridicule face à un fellagha qui assassine impunément, aveuglément, sans scrupules, hommes, femmes et enfants.

Quelles sont les raisons de notre impuissance ? Très simple. Face à des assassins, nous opposons des formules de temps de paix. Notre action, qui doit être à base de vitesse, dynamisme, est freinée, paralysée, voire annihilée par une lourdeur administrative qui n'est plus de mise dans une telle situation. Il faut bien sûr respecter la légalité. Mais on perd trop de temps en démarches exaspérantes.

En résumé, nous devons contourner les difficultés et prévenir l'agression en démantelant les réseaux adverses. Nous ne pouvons attendre que les bombes tuent pour enquêter, mais tout faire pour savoir où elles vont exploser. »

Le 26 janvier, malheureusement, nous ne pouvons empêcher que L'Otomatic, café très fréquenté par les jeunes, explose. C'est un massacre : vingt tués, et des blessés en grand nombre. Une boucherie révoltante. Le FLN entre vraiment en action : des barrages sur les routes sont forcés, des militaires, des civils sont mitraillés au hasard. D'autres bombes explosent. Je dois tenir mes hommes pour qu'ils ne commettent pas des actes de vengeance.

Le FLN lance un ordre de grève générale pour huit jours. Elle doit commencer le 28 janvier, dernier lundi avant l'ouverture de la dernière session de l'ONU où les Algériens veulent faire entendre leur voix. Le 27, une bombe explose en pleine ville. D'autres explosions avaient été prévues, à Saint-Eugène, au Bar des Sports, au Bar du Centre, mais les terroristes ont été arrêtés deux jours plus tôt grâce à des opérations de police. On connaît les noms et adresses de plusieurs responsables du FLN, mais jusqu'alors rien n'avait été tenté contre eux, faute de preuves. Maintenant, grâce à ce coup de filet exécuté en vertu des pouvoirs spéciaux, un trouble réel s'installe chez les Algériens qui hésitent encore à franchir le pas et à prendre les armes.

Le 28 janvier au matin, la grève est déclenchée. Magasins fermés, travailleurs dans les rues, tout le monde a l'air d'attendre. Je décide de quadriller mon secteur en plusieurs zones d'intervention pour briser le mouvement. On force les commerçants à lever leur rideau, à reprendre le travail. Beaucoup d'entre eux ne sont pas difficiles à convaincre : ils n'attendaient que prétendue contrainte. Du coup, la grève est un fiasco et peu à peu le travail reprend.

Quand j'ai affaire à des récalcitrants, je fais accrocher la grille ou le rideau de la boutique à un camion qui démarre en trombe. Méthode un peu expéditive, je le reconnais, mais efficace et qui a l'avantage d'éviter la menace armée. Les petits commerçants accourent pour protéger leurs biens contre le pillage, cette plaie des situations de crise à laquelle participent d'ailleurs autant d'Algériens que d'Européens. C'est déplorable, et je suis même obligé de faire intervenir mes paras pour empêcher les vols.

Dans les jours qui suivent, la vie reprend normalement. La grève a échoué, certes, mais la situation est loin d'être réglée. L'adversaire est insaisissable. Nous ne connaissons pas ses plans, ses buts, ni les idées de ses chefs, même s'ils sont identifiés. Nous n'avons aucun élément pour accrocher l'adversaire dans ce terrain urbain qui nous est peu familier. Nous devons donc d'urgence récolter des informations. Car maintenant, le but est de briser la structure FLN d'Alger, et de capturer son chef, Larbi Ben M'Hidi. Il nous faudra trois semaines pour mettre la main sur ce gros poisson.

Grâce aux interrogatoires, nous parvenons à tracer un organigramme de la structure terroriste. En haut de la hiérarchie, il y a Ben M'Hidi. Puis la pyramide descend avec toute une bande de responsables, jusqu'aux hommes de main. La plupart nous sont inconnus. Nous devons opérer un travail de police pour remonter les filières. Certains officiers rechignent, et je les comprends, mais les ordres sont là et nous devons obéir : « Je n'ai pas fait Saint-Cyr pour devenir flic dans la casbah d'Alger. » La plupart vont quand même jouer le jeu.

Le FLN bénéficie de la complicité de la population algérienne. Dans toutes les classes de la société on trouve des membres de l'organisation qui contribuent à renforcer le dispositif. Des Européens soutiennent aussi le FLN. Par idéal pour certains, par intérêt pour d'autres. Le plus souvent, il faut le reconnaître, c'est par idéal. En tout cas, dans une telle situation de crise, ce micmac est proprement inextricable. Car au-dessus de tout, il y a ce jeu politique qui nous dépasse, des trafics, des règlements de comptes, des actes crapuleux.

Le FLN est une organisation bicéphale. Politique d'une part, militaire d'autre part. Ce qui complique les choses, c'est qu'il n'y a pas un chef unique coiffant les deux branches. Quand nous arrêtons un militant de base, on constate souvent qu'il ne fait pas la distinction : il lutte pour obtenir la libération de son pays, dit-il ; en fait, il obéit au premier qui lui donne des ordres.

Sur le plan politique, la hiérarchie est divisée en cellules, sur le modèle communiste, avec un véritable organigramme. Dans la pratique, l'organisation n'est pas toujours respectée, ce qui complique la tâche et nous embrouille. Il y a des interférences entre les différentes branches, politique et militaire. Quand un homme est arrêté, s'il parle, il peut dénoncer des gens qu'il connaît. Les chefs attribuent alors à leurs hommes des responsabilités qui ne correspondent pas toujours à la réalité.

Mes officiers m'aident à remplir l'organigramme. Mes paras se sont transformés en agents de renseignements. Nous avons nos propres règles, nos analyses. La clé : ouvrir les yeux et les oreilles. Rien ne doit être négligé. Il faut interroger le plus de gens possible. Mettre en fiches la moindre information, la recouper, chercher à savoir qui donne les ordres. Souvent, on arrête un militant de base qui vit dans la casbah. Si c'est un débutant, il parle facilement. Cela nous permet de remonter aux niveaux plus élevés, jusqu'aux prises sérieuses. Un travail de fourmi. On s'appuie aussi sur des indicateurs qui ne partagent pas l'idéal du FLN, des Algériens qui veulent que l'Algérie reste dans le giron de la France.

Le soir, aux briefings, nous traçons de nouvelles cases sur nos panneaux, nous les remplissons de noms. Mes tableaux s'enrichissent de branches qui grandissent, comme sur un arbre généalogique. Lorsque c'est possible, nous accrochons des photos qui nous permettent des identifications, des recoupements, des dénonciations.

Le FLN est bien organisé. Il lève un impôt de soutien auprès de la population. Il a aussi créé un « service social » pour subvenir aux besoins des internés ou des victimes de ses propres actions. La toile se tisse peu à peu. Pas facile de la pénétrer. Mais nous recherchons activement le chef, ce Ben M'Hidi que nous voulons arrêter à tout prix, parce qu'il est la tête pensante du mouvement. Son credo appliqué en tactique : le terrorisme par les bombes. Au congrès de la vallée de la Soummam, le 20 août 1956, il a déclaré : « Les maquis urbains constituent déjà une seconde armée sans uniforme. Une bombe vaut mieux qu'un long discours. » C'est pourquoi, dans Alger, l'utilisation des bombes devient quasi quotidienne. Rien de plus facile que de fabriquer une bombe, de la poser, de la faire exploser.

Cela fait bientôt un mois que nous sommes dans la casbah. Ce quartier d'Alger est vraiment le centre nerveux de la lutte : une zone quasi incontrôlable avant notre arrivée, qui ne l'est plus à présent. Notre intervention place l'adversaire en situation d'insécurité. Nous ne sommes plus dans une position défensive. Nous avons repris la main.

C'est alors que le FLN décide une paralysie totale du pays en lançant une nouvelle grève. Celle-ci doit être très largement généralisée, puisqu'elle s'appliquera même aux enfants des écoles. La ville est inondée de tracts. L'atmosphère devient terriblement lourde. Mais une fois encore la grève est un fiasco. Je redoute une réaction violente. Je ne me trompe pas. Ben M'Hidi décide de relancer l'action terroriste. Il installe, chez le bachaga Boutaleb, membre de l'assemblée algérienne, une équipe spéciale, chargée d'organiser les attentats.

Je sais que ces actions vont reprendre, mais je sais aussi que nous avons maintenant les moyens d'y répondre. Mon équipe est soudée, elle fait du bon boulot. On réussit à mêler l'intelligence des enquêtes et les démonstrations de force. Et ça marche. Le ministre de la Défense, Bourgès-Maunoury, en visite à Alger ce 9 février, tient à nous rendre visite. Le lendemain, il monte à notre quartier, El Biar, pour nous féliciter. À ce moment de nouveaux attentats ont lieu dans la ville. Onze morts et trente-deux blessés. Le ministre, livide, se rend aussitôt sur les lieux et nous donne l'ordre de débarrasser Alger du terrorisme.

Nous redoublons d'efforts et orientons nos investigations vers les politiques. C'est le cœur du mouvement. En les frappant nous parviendrons à éradiquer cette gangrène d'Alger. Nous venons de comprendre enfin que cette branche se divise en trois régions d'intervention. Nous remontons la filière des collecteurs de fonds, qui nous amène à reconstituer le puzzle. L'argent est toujours le nerf de la guerre. Nous arrêtons des responsables qui nous donnent des indications. Cela nous permet d'en arrêter d'autres qui parlent à leur tour et permettent de pénétrer la toile d'araignée. L'étau se resserre autour des chefs.

De toute cette période, je garde des traces dans mes archives. Tout est écrit. Le nom de ceux qui ont parlé, les pseudonymes, la description détaillée des actes commis. D'autres que moi pourraient être tentés de créer aujourd'hui une pagaille indescriptible en Algérie et des règlements de comptes sanglants, mais ce n'est pas mon genre. Le passé est le passé. Ceux qui ont parlé l'ont fait en d'autres temps, en d'autres circonstances, et je n'éprouve aucun sentiment d'aigreur à l'égard des Algériens. Certains acteurs de l'époque sont encore de ce monde, vivent tranquilles maintenant, ont une famille, des enfants, des petits-enfants : il est inutile de raviver les plaies, les vieilles querelles algéro-algériennes. Je pense qu'il est temps pour l'Algérie, après toutes ces périodes successives de vengeance, puis ces années de plomb et de sang qui se terminent à peine, de se reconstruire enfin. Toutes mes archives disparaîtront avec moi.

L'objectif que je poursuis avec mes hommes, c'est Ben M'Hidi. Je veux désorganiser complètement la pyramide en arrêtant la tête. Le 14 février 1957, se produit un fait inattendu qui va porter un coup très dur à l'adversaire.

Au cours d'un contrôle dans la casbah, on appréhende un individu fiché. Pendant son interrogatoire, nous apprenons qu'il existe un dépôt d'armes dans la villa Mehouli à Birmandreis. C'est une petite information, mais elle va avoir de grandes conséquences. On s'y rend, et on perquisitionne. Nous ne trouvons pas d'armes, mais une cache. De fil en aiguille nous remontons jusqu'à des munitions. Les paras fouillent les lieux et saisissent vingt-cinq bombes. Notre indicateur nous dit qu'il ne sait rien de plus, sauf que l'un de ses amis, « Smaïn », est spécialiste de la question.

Nous réussissons à coincer ce Smaïn dans la nuit du 15 au 16 février. Lui non plus ne sait rien, dit-il, mais il a repéré des allées et venues suspectes dans la casbah. Perquisitions immédiates. Nous ne trouvons rien. Un enfant qui joue dans la rue nous indique que l'on vient de construire sur la terrasse un appentis où se font des travaux d'horlogerie.

Voilà qui est intéressant. L'horlogerie et les explosifs, ça colle bien ensemble. On fouille l'atelier : on trouve des montres, des réveils, des piles, et derrière une cloison… vingt-six bombes planquées !

Un suspect arrêté nous parle d'un maçon. Le lieutenant Allaire a consigné l'interrogatoire de cet ouvrier que nous détenons depuis près d'un mois. J'en rapporte ici le début :

« Tu es maçon ?

– Oui, mon lieutenant.

– Tu n'as jamais fait de caches ?

– Si, mon lieutenant, j'ai fait des caches.

– Nom d'un chien ! Cela fait un mois que tu es ici, tu ne pouvais pas le dire plus tôt ?

– Tu ne me l'as jamais demandé. Je ne suis pas un fellagha. Mais des caches, oui, j'en ai construit. Les fellaghas m'ont obligé à le faire. »

Il raconte alors ses souvenirs et dans la liste il indique les travaux effectués place Kléber, chez Boutaleb. L'affaire devient sérieuse. C'est lui qui aurait construit la double cloison derrière laquelle se trouvent les bombes. Les hommes foncent aussitôt chez Boutaleb. Il est en voyage à Paris. À son retour, trois jours plus tard, il est cueilli par des paras qui le ramènent au QG.

Son interrogatoire a été entièrement enregistré par Allaire qui m'a remis les bandes par la suite.

« Mon lieutenant, que signifient ces façons ? Vous avez forcé la porte de ma maison en mon absence, vous prétendez y avoir trouvé des bombes et maintenant vos hommes me conduisent ici par la force, au mépris des lois !

– Vos nom, prénoms et qualité.

– Mais…

– Asseyez-vous. Nom, prénoms…

– Boutaleb, je suis bachaga et je suis chevalier de la Légion d'honneur.

– Félicitations. Où étiez-vous ces derniers temps ?

– Mon lieutenant, je demande un avocat.

– Je n'en ai qu'un, mais il est aussi fellagha. Que voulez-vous ? Que je le sorte de sa cellule ?

– Je veux un avocat qui aime la France, comme moi.

– Et les bombes ?

– C'est une vengeance. Elles n'y étaient pas avant mon départ.

– Et la cache, elle est bien sèche. Le maçon l'a construite il y a deux mois. Vous n'étiez pas au courant ?

– C'est faux. Je l'aurais su et, dans ce cas, je ne l'aurais pas permis.

– Que faisiez-vous à Paris ?

– Je ne peux pas vous le dire.

– À qui pourriez-vous le dire ?

– Je veux un avocat.

– Ils sont en grève ou en Égypte. Que faisiez-vous à Paris ?

– J'étais en mission secrète.

– Pour qui ?

– Pour la France. Vive la France !

– Qui avez-vous vu à Paris ?

– J'ai rencontré le président de la République, le cardinal Feltin, et M. Mitterrand [ministre d'État et garde des Sceaux dans le gouvernement Guy Mollet].

– De quoi avez-vous parlé ?

– C'est secret.

– Je vais être obligé de vous faire interroger autrement.

– Je ne parlerai qu'à un chevalier de la Légion d'honneur.

– Vous avez tort. C'est une décoration que l'on donne maintenant aux danseuses. Ne préférez-vous pas la médaille militaire ? Celle-là, on ne la donne qu'aux soldats.

– Je vais parler, mon lieutenant, si vous m'écoutez bien, on retiendra votre nom comme celui de Lyautey.

– Vous en êtes sûr ?

– Oui, mon lieutenant.

– Parlez.

– Voilà. La cache, ce sont les fellaghas qui m'ont obligé, sous peine de mort. Ils m'ont obligé aussi à cacher Ben M'Hidi. Il est venu chez moi un soir et m'a dit que le CCE me chargeait de tâter le gouvernement français au sujet de la paix.

– Qu'avez-vous fait alors ?

– Je suis allé à Paris et j'ai rencontré les personnes que j'ai nommées.

– Et ensuite ?

– Je suis passé au Gouvernement général avant de rentrer chez moi.

– Aujourd'hui ?

– Oui. On ne m'a même pas offert le thé. »

Pour nous, c'est une affaire embarrassante. Le bachaga n'est pas n'importe qui. Il semble jouer double jeu. D'un côté il se dit ami de la France, de l'autre il planque des bombes chez lui. Il est quand même arrêté. Nous trouvons encore d'autres caches. Au total, nous saisissons quatre-vingt-sept bombes en quatre jours.

Cette action sème un vent de panique chez les chefs du FLN. Ils donnent l'ordre de la dispersion mais c'est trop tard. Ben M'Hidi cherche à s'enfuir et passe le relais à l'un de ses lieutenants. Mais il manque un rendez-vous qui devait lui permettre de se dégager. Il se réfugie dans une cache située au cœur du quartier européen d'Alger. C'est ce qui va nous permettre de l'arrêter.

Son arrestation est le résultat d'une suite d'événements dus au hasard, comme souvent. C'est le lieutenant Jacques Allaire qui mène l'enquête. Il va obtenir des renseignements en interrogeant tour à tour deux frères très proches l'un de l'autre. Croyant son cadet arrêté, l'aîné se met à table. Il est agent immobilier. Depuis près d'un an il se charge de cacher des responsables du FLN. Il déballe tout. Aussitôt mes hommes se rendent boulevard Saint-Saëns. Le suspect n'est pas là. De planque en planque, avec l'aide d'une concierge, on finit par identifier un certain Antoine Pérez, employé de mairie. En réalité, Ben M'Hidi se cache derrière ce nom européen.

Le moment est bien choisi pour une arrestation. C'est l'heure de la distribution du courrier. Le facteur entre dans l'immeuble, et mes hommes demandent à la concierge de procéder à la distribution, comme d'habitude, sauf qu'ils l'accompagnent. Au passage ils croisent un capitaine para, béret bleu, tout surpris de voir mes gars dans cet immeuble à la recherche d'un chef fellagha. Il hausse même les épaules. Les paras de Bigeard dans un immeuble bourgeois, à la recherche d'un chef fellagha ! Ils n'en font jamais d'autres, ces ploucs… Mes paras sont devant la porte de ce M. Pérez. La concierge frappe. La porte s'ouvre. Ben M'Hidi est là en personne, vêtu d'un pyjama.

Cette arrestation est un véritable coup de tonnerre. Le FLN semble décapité. Et cela seulement un mois après notre arrivée à Alger ! J'informe aussitôt Massu. On me laisse le prisonnier pour l'interroger.

Le 23 février 1957, Ben M'Hidi est dans mon bureau. Pour éviter tout risque d'évasion, mes hommes l'ont menotté et garrotté.

Je sais que j'ai devant moi le chef de la rébellion, l'âme de la résistance. Un type qui a décidé de sacrifier sa vie pour l'indépendance de son pays. Je sais ce que c'est, je comprends son combat, mais je ne peux pas accepter ses méthodes terroristes qui tuent aveuglément des innocents. Le personnage est impressionnant. Jeune, trente-cinq ans environ, solide, du charisme, déterminé comme tous les fanatiques. Et en même temps, étrangement sympathique. Il lui arrive même de sourire pendant que nous parlons. Nous nous sommes très vite reconnus et compris. Nous sommes de la même trempe. À l'instinct, je sens que nous éprouvons l'un pour l'autre une estime mutuelle. Il mérite respect et dignité, et d'ailleurs il ne subira même pas d'interrogatoire : juste une conversation qui va durer près de deux semaines, pendant laquelle nous aurons tout le temps de nous connaître, de nous comprendre, de nous estimer, jusqu'à ce que la hiérarchie décide de me le reprendre. Dommage, car je pense que j'aurais trouvé avec lui un possible terrain d'entente qui aurait pu contribuer à éviter de nombreux morts. Suis-je naïf ? Je ne crois pas. Je sais jauger les situations et les hommes. Celui-là, je le sentais. Fort de ce « bon » contact, je lui fais une proposition :

« Je vous enlève vos menottes et vos liens, mais vous me donnez votre parole d'honneur de ne pas chercher à vous enfuir.

– Vous savez très bien que si vous me détachez, je sauterai par la fenêtre, me dit-il, et j'irai reprendre le combat. »

Nous allons parler pendant des journées entières. Un dialogue franc, direct, presque amical. Nous nous relayons pour l'interroger avec le lieutenant Allaire. Puis nous nous concertons. J'ai également conservé dans des archives les minutes de ces conversations. Chaque fois que nous sommes ensemble, j'essaie de le mettre en confiance. Je lui raconte qui je suis, un homme du peuple comme lui. Je comprends son combat, je lui parle de l'Indochine.

« Je ne suis pas un impérialiste, lui dis-je. J'ai fait l'Indo. Là-bas les communistes ont gagné. Ils ont envahi le pays avec l'aide de la Chine. Quand ils prennent le pouvoir quelque part, ils installent le totalitarisme, la dictature. Est-ce que c'est ça que vous voulez pour l'Algérie ?

– Non, me répond-il. Les communistes essaient de nous récupérer, mais les Algériens ne sont pas communistes. L'Algérien est libre vis-à-vis des autres pays. Même des autres États arabes. Par exemple, je me fous de Nasser qui joue son propre jeu. C'est pourquoi ce combat doit cesser au plus vite. Pour l'instant, il oppose seulement la France et l'Algérie. Mais plus le temps passe et plus d'autres nations voudront nous aider, et cela risque de se transformer en conflit généralisé. Les Chinois, les Russes… De toute façon la France sera obligée de céder et vous le savez bien : les pays opprimés se libèrent toujours.

– Mais pour gagner il faut que vous soyez solidaires et unis, entre Algériens. C'est loin d'être le cas. Il y a beaucoup de désaccords dans vos rangs. Le peuple non plus n'est pas tout entier derrière vous.

– Tout va rentrer dans l'ordre. Les questions de personnes ne comptent pas. Le FLN a ouvert la porte aux autres partis pour constituer un seul front. Le caractère démocratique sera essentiel demain pour le pays et a commencé aujourd'hui au sein du FLN.

– Mais votre démarche ne fonctionne pas. Vous demandez aux divers partis d'abandonner leur identité. C'est impossible. Et le problème entre Berbères et Arabes, qu'en faites-vous ?

– Les rivalités arabo-berbères ne comptent pas. Seule compte une nation algérienne libre et démocratique. L'exécutif agit pour le peuple et devra agir, une fois le pays libéré, avec et par le peuple avec toutes ses composantes, sinon pas de salut pour la nation. Il faut rendre la population algérienne unifiée et libre, même si c'est malgré elle. Et ça, nous avons commencé à le faire. »

Je cerne bien le bonhomme. C'est un pur.

« Vous êtes un idéaliste. Vous savez bien que la population, quand elle vous suit, le fait sous la pression.

– La guerre couvre l'ensemble du territoire et toute la population doit y participer. C'est son avenir de liberté qui est en jeu. »

Beaucoup de nos conversations ressemblent à celle-là. Ben M'Hidi réaffirme la prédominance du politique sur les militaires. Sa stratégie de lutte passe par les maquis et le noyautage de la population algérienne.

Un jour, le ton monte :

« Je comprends votre lutte, lui dis-je, mais je ne peux pas admettre de vous voir massacrer par lès bombes des femmes, des jeunes filles, des gosses qui meurent à cause de vous ou qui survivent les jambes ou les bras arrachés.

– C'est vous qui en êtes responsables, répond-il. Il est temps que la minorité européenne reconnaisse notre droit à la liberté. Que la France quitte l'Algérie, et tout cela s'arrêtera. Une bombe, au fond, vaut mieux que cent discours. Les combats dans le djebel, personne ne s'en préoccupe, mais une bombe au cœur d'Alger, ça fait la une de tous les journaux à Paris, New York ou Moscou. La lutte armée n'est pas une fin, c'est simplement un moyen de parvenir à nos buts. »

Je l'avoue, un tel cran m'impressionne. Il est prisonnier face à moi, mais il m'expose sa théorie avec un courage qui force le respect. Et comme tous les fanatiques persuadés d'avoir raison, il ne connaît pas la peur. Il affirme ne pas craindre la mort. Il est impressionnant de calme, de sérénité, de conviction. Il a compris que son avenir est compromis, mais ça lui est égal. Seul compte l'avenir de son pays. C'est un vrai révolutionnaire. Et sur certains points, je ne suis pas loin de partager sa vision des choses.

À l'état-major, on commence à s'impatienter. Plus d'une semaine que nous cuisinons ce chef rebelle. Les spécialistes du renseignement voudraient bien prendre le relais. On commence à me reprocher de n'avoir rien pu en tirer. Finalement, la hiérarchie décide de prendre livraison du colis. Et d'ailleurs, il ne peut rien nous apprendre. Pas le genre à dénoncer qui que ce soit. Et surtout pas un chef, puisque le chef, c'est lui.

L'énervement de l'état-major s'explique aussi par le fait que la presse célèbre l'arrestation de Ben M'Hidi en m'octroyant, ainsi qu'à mes paras, le mérite de cet exploit. Le prisonnier peut aussi devenir une monnaie d'échange.

Le soir du 4 mars, je reçois un ordre m'indiquant qu'on vient prendre livraison de mon prisonnier. Je comprends que c'est terminé. J'ai perdu la partie. Plus personne n'arrivera à le retourner. Je vais le voir dans sa cellule. Nous nous serrons la main. Nous sommes émus. Je vois même quelques larmes briller dans ses yeux.

Dans la nuit, une dizaine d'hommes viennent le chercher. Je suis très contrarié. Je refuse de participer à ce transfert. Plus tard, on dira que ce geste m'a été reproché. Pourtant, personne ne m'en a plus jamais parlé.

Au moment où Ben M'Hidi se dirige vers le camion qui l'emporte, le lieutenant Allaire lance un ordre :

« Présentez armes ! »

Notre façon de rendre les honneurs à un chef vaincu.

Le lendemain, 5 mars 1957, j'apprends que Ben M'Hidi a été retrouvé pendu dans sa cellule. Bien entendu, personne ne croit à la version du suicide : il a été liquidé. Il gênait, peut-être même risquait-il de compromettre des gens haut placés. En tout cas, je comprends aussitôt pourquoi on me l'a enlevé. Vengeances stupides ou manœuvres politiques, cet épisode reste en tout cas la preuve que quelque chose n'allait pas dans le commandement des affaires algériennes.

Après ce fameux « suicide », on me pousse à lever le pied, on m'oblige, devrais-je dire, à quitter les lieux : Massu m'écrit :

« Mon cher Bigeard,

Je vous invite à quitter Alger en souplesse et sans fanfare dans l'intérêt de la division et dans le vôtre, car si les indiscrétions créaient une panique chez les civils, je serais obligé de vous faire revenir. »

Aussi sec, je réponds :

« Mon général,

Le troisième RCC décroche en souplesse. Il n'est pas dans mes habitudes d'utiliser la fanfare ; depuis deux mois j'ai vécu en refusant toute invitation – la municipalité d'El Biar a voté un crédit d'un million de francs pour fêter le régiment, et ils ne sont même pas au courant de notre départ.

Demain, je file sur Paris faire une conférence à l'École de guerre et ramener "bobonne" en France. Elle vivait à Alger depuis un mois, je la voyais rarement et sa présence représentait un souci supplémentaire. Je ne tiens pas à ce qu'ils me la cassent. Je n'ai pas le temps d'en chercher une autre.

À mon retour, le régiment vivra dans l'ombre en menant une vie dure. Je sais que Bigeard est un emmerdeur, mais, que voulez-vous, dans chaque individu, il y a une raison qui le fait agir. Personnellement, je ne demande et n'aurai jamais rien. Je suis lieutenant-colonel à vie et j'y tiens. Mais ce que je voulais prouver à ceux qui depuis dix-huit mois en AFN attendent que "je glisse", c'est que Bigeard, malgré ses blessures, son manque de chance de 1956, était encore là.

Je sais que dans cette histoire, le rayonnement du régiment a fait boule de neige et c'est là l'essentiel. Maintenant, chacun dira : nous étions au courant de cette résistance et c'était un jeu d'enfant.

Par ailleurs, un jour ou l'autre, malgré notre conscience, la droiture de notre action, il faudra payer et rendre compte ; personnellement, j'attends cet instant avec impatience.

Le 3e RPC "Barnum Circus" déménage et donnera des représentations ailleurs.

Votre dévoué Bigeard. »

Il y a des jours où cela fait du bien de dire ce que l'on a sur le cœur.

Chapitre 20

Retour au djebel

En métropole, une campagne est déclenchée pour protester contre la torture en Algérie. Accusés, les paras, bien sûr. Ce sont même tous les militaires que l'on soupçonne d'utiliser ces méthodes. Le gouvernement, qui a toujours demandé des résultats sans être trop regardant sur la façon de les obtenir, crée une commission chargée de mener des enquêtes sur les atteintes aux droits de l'homme dont les militaires se seraient rendus responsables. Le général Massu endosse toutes les responsabilités et le fait avec courage.

Je n'ai pas l'intention de fermer les yeux ni de masquer la réalité. On a sans doute compris que la torture ne faisait pas partie de mes méthodes. Je reviendrai un peu plus loin sur les accusations absurdes, injustes, insultantes, qui ont été portées contre moi à ce sujet. Je ne peux pas nier non plus qu'il y ait eu en Algérie des actes de brutalité de la part de l'armée, et notamment de la part des paras. Quand il s'agissait d'obtenir des renseignements dans l'urgence, parce qu'un attentat allait avoir lieu ou qu'on savait qu'une bombe allait exploser, il était tentant d'utiliser des méthodes brutales. J'ai toujours dit que, pour ma part, je préférais le dialogue et la persuasion. Ça n'a pas toujours été possible.

Je ne juge pas ceux qui ont pratiqué la torture, et je voudrais aussi qu'on ne juge pas ceux qui, dans une situation difficile, ont fait ce qu'ils ont cru devoir faire. Il faut savoir aussi distinguer dans ces affaires la colère du désir de vengeance, surtout quand on a vu ses camarades tomber auprès de soi, parfois dans des conditions inqualifiables d'horreur. La guerre n'est pas belle, l'humanité ne l'est pas non plus.

De mars à mai, on me renvoie au djebel et à ses paysages magnifiques. Mes paras y sont beaucoup plus à l'aise que dans la guérilla urbaine. Ils n'ont aucun mal à se reconvertir. Pendant la bataille d'Alger, mes hommes n'ont pas perdu le contact avec le terrain. J'ai toujours pris soin de continuer les entraînements, de leur faire effectuer de longues marches tous les dix jours, pour qu'ils ne perdent pas la forme.

Maintenant, nous nous attaquons à un nouveau secteur. Les souvenirs de la bataille d'Alger s'éloignent. Je lance l'opération « Atlas ». Nous adoptons une nouvelle stratégie : il s'agit de balayer l'Algérie dans tous les sens, sans zone d'action préétablie. Ce n'est pas tout à fait un hasard si l'on me confie cette nouvelle mission. Depuis mon arrivée dans le bled, j'ai prouvé que je pouvais en toutes circonstances me tirer d'affaire. J'ai six cents hommes sous mes ordres, auxquels s'ajoute mon commando. Des armes lourdes, l'appui de l'aviation et six hélicos. On me surnomme « le colonel ventilateur ».

Il est clair qu'on veut me tester, me pousser dans mes retranchements. C'est pour cette raison qu'on me confie le sale boulot. Me voilà une fois de plus condamné à réussir.

Au cours du printemps 1957, nous allons ratisser l'Atlas, puis la zone de Médéa au sud-ouest d'Alger. Campagne brève mais efficace. Nous nous saisissons de nombreux armements, et démantelons des fabriques de bombes. Mon équipe d'officiers est soudée autour de moi. Nous procédons comme l'ennemi, par groupes légers, mobiles. L'hélicoptère nous apporte un avantage précieux. Nous tendons des embuscades. J'exige que les officiers marchent devant avec leurs soldats, comme je le fais moi-même. Et je continue à utiliser mes vieilles méthodes nées en Indochine, pour montrer l'exemple; mes appels sont toujours, en passant devant: « Suivez-moi! », et jamais: « En avant! ». Car je le répète, c'est par l'exemple qu'on se fait respecter de ses hommes.

À cette époque je publie un livre: *Contre-Guérilla*, où je rassemble plusieurs comptes rendus de missions, qui résument bien mes idées et ma conception de la guerre. Selon moi, il faut innover, rompre avec les principes anciens de la guerre classique, qui engagent des effectifs massifs et accumulent les batailles rangées.

Ici, en Algérie, on est face à un ennemi insaisissable, caché dans les montagnes, un pays accidenté, difficile, où le fellagha est comme un poisson dans l'eau. Et surtout, ces gens savent pourquoi ils se battent. Et je me surprends

Marcel Bigeard réunit ses officiers la veille du parachutage sur Tu Lê, 1951. © Scoop

Marcel Bigeard reçoit la « Cravate de commandeur de la Légion d'honneur », 1952.

Le commandant Bigeard au cours de l'opération « Hirondelle », 17 juillet 1953. © ECPAD

Opération « Castor » : à gauche le commandant Charlet, à droite le capitaine Du Bouchet, 20 novembre 1953. © ECPAD

Les parachutistes des commandants Bigeard et Bréchignac ont sauté sur Diên Biên Phu, 20 novembre 1953. © Eyedea

Le bataillon de parachutistes coloniaux (6e BPC) vient d'échapper à un piège tendu à Ban Hom Song, 9 janvier 1954. © ECPAD

À Diên Biên Phu, 1954. © Eyedea

Le commandant Marcel Bigeard (dit « Bruno ») du groupement aéroporté, en liaison radio pendant la bataille de Diên Biên Phu, 16 mars 1954. © ECPAD

Diên Biên Phu, PC GONO. De gauche à droite :
le commandant Botella, le commandant Bigeard, le commandant Tourret, le lieutenant-colonel Langlais et le lieutenant-colonel de Seguins-Pazzis, 27 mars 1954. © ECPAD

Libération du lieutenant-colonel Bigeard, du commandant Voineau et du colonel Langlais, 6 septembre 1954. © ECPAD

Indochine. © Scoop

BRAVO Général BIGEARD !
Avec toute mon Admiration,
Reconnaissance et Respect
Bien Sincèrement à Vous,
Un "ANCIEN D'ALGERIE"
2/2008.

Le 3e régiment de parachutistes coloniaux du général Marcel Bigeard dans le Constantinois, en Algérie, 1956.

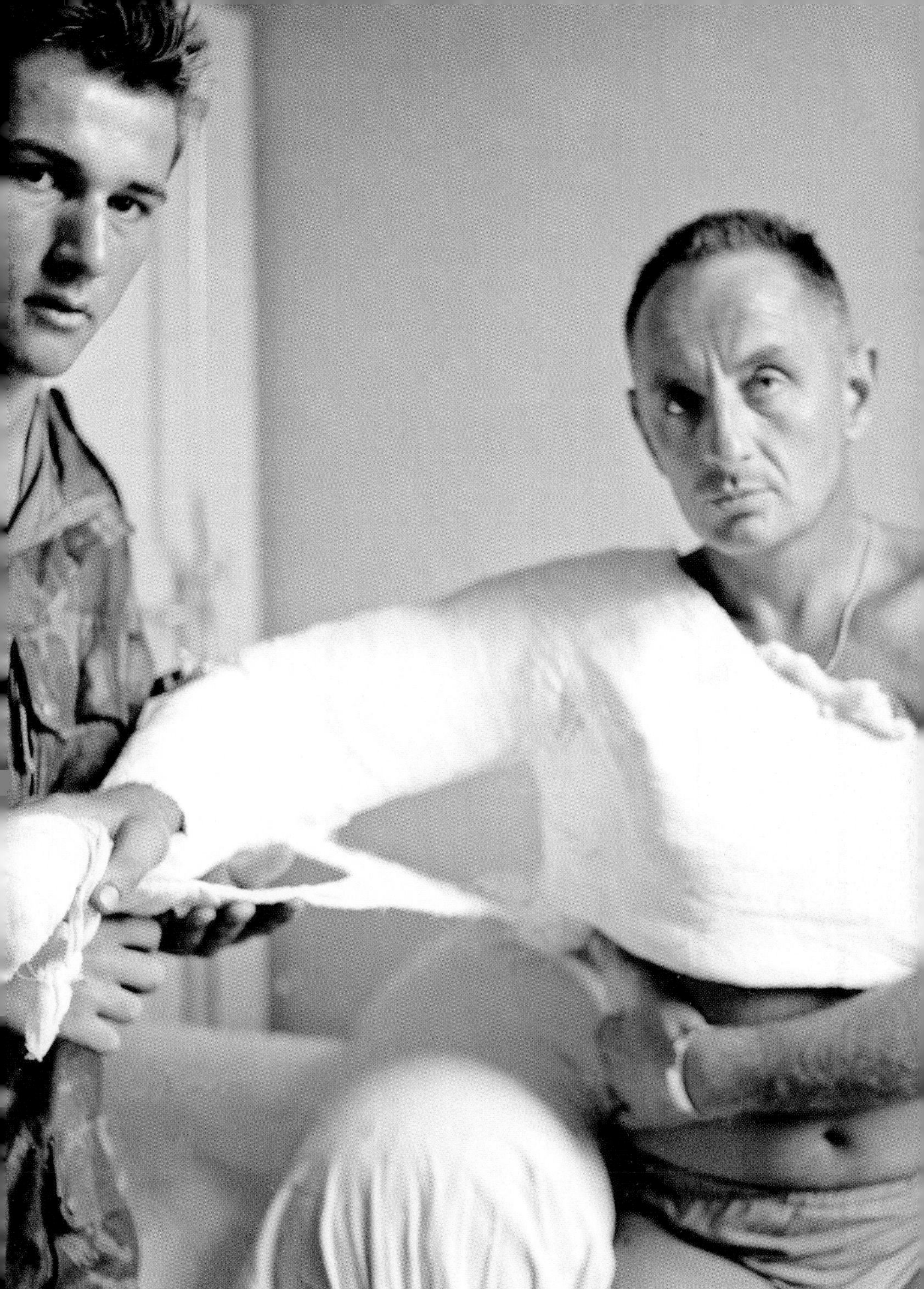

Marcel Bigeard hospitalisé à l'hôpital de Bône (Annaba) après un attentat manqué, septembre 1956. © ECPAD

Le lieutenant-colonel Marcel Bigeard décoré grand officier de la Légion d'honneur par le président de la République française, René Coty, 14 juillet 1956. © LAPI/Roger-Viollet

Les Champs-Élysées, 14 juillet 1957. © Scoop

Le général Raoul Salan au PC du colonel Marcel Bigeard, situé dans l'ancienne école Sarrouy, août 1957. © ECPAD

Le 3e régiment de parachutistes coloniaux revient dans la capitale, Marcel Bigeard porte des lunettes noires, août 1957. © ECPAD

De son PC installé à même le sable, le colonel Bigeard se renseigne par radio sur les résultats de l'opération « Timimoun II », 7 décembre 1957. © ECPAD

Visite du général de Gaulle à Saida, 27 août 1959. © Scoop

Algérie © Gamma/Eyedea

Le général Marcel Bigeard reçoit la grand-croix de la Légion d'honneur des mains du président de la République, Valéry Giscard d'Estaing, 1974. © Gamma/Eyedea

À Paris, 1975. Le général Bigeard, secrétaire d'État à la Défense, fait son sport matinal.

Marcel Bigeard et son épouse Gaby. © Scoop

Ministère de la Défense : Yvon Bourges et Marcel Bigeard présentent la réorganisation des régions militaires, août 1975. © AGIP/Rue des Archives

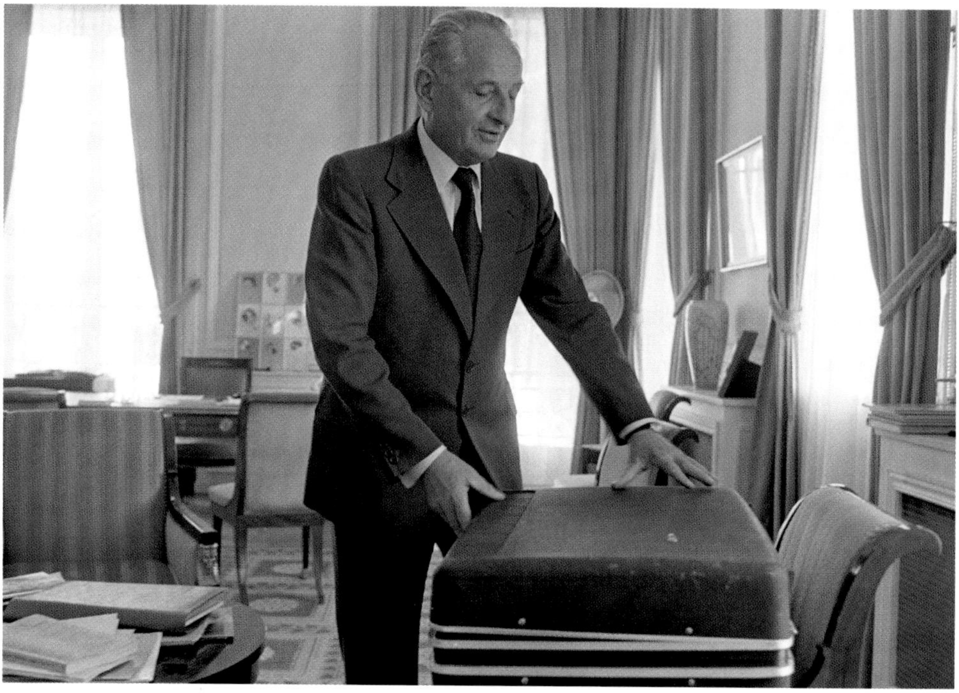

Marcel Bigeard quitte le secrétariat d'État à la Défense, août 1976. © Scoop

À gauche : Marcel Bigeard en campagne législative, 1978.

À droite : Marcel Bigeard devient député de Meurthe-et-Moselle de 1978 à 1981.

Beyrouth, au « poste Drakkar », octobre 1983.

La notoriété de Marcel Bigeard © Francis Demange/Gamma/Eyedea

© Gamma/Eyedea

Au journal télévisé, 20 octobre 1976. © Scoop

Marcel Bigeard entre au musée Grévin, 25 octobre 1994. © Alain Benaimous/Gamma/Eyedea

souvent à penser à Ben M'Hidi, à ce qu'il me disait pendant nos discussions. Selon lui, nous étions un vieux pays repu, usé, sans flamme. Et c'est pour cela que nous étions condamnés à perdre.

En tout cas, ce n'est pas l'état d'esprit de mes hommes : ils ont un moral d'acier. Ils osent tout. Ils entraînent même des militaires planqués derrière leurs barbelés, qui nous suivent et nous aident à nettoyer la région.

Du coup, la situation militaire s'améliore sensiblement. Bientôt l'optimisme revient dans les états-majors, tandis que la IVe République agonise doucement. Il faudra attendre novembre 1957 pour que la loi-cadre, que Lacoste nous promet depuis des lustres, soit votée. Désormais, seuls les militaires semblent capables de régler le problème algérien, et tout le monde paraît s'y résoudre.

Grâce à mes résultats, on s'intéresse à mes idées au plus haut niveau. On me demande parfois de venir à Paris, tirer le bilan et les enseignements de l'expérience devant d'autres gradés ; courts intermèdes qui me permettent de revoir Gaby, le plus souvent entre les murs d'un hôtel.

En France, Gaston Defferre crée la première Commission de sauvegarde. Elle doit enquêter en Algérie auprès des policiers et des paras sur leurs méthodes « contraires aux droits de l'homme ». Mais personne ne vient me poser la moindre question sur mes façons de procéder. On se contente de me confier, avec mon régiment, des missions impossibles.

Les opérations « Atlas » se terminent à la fin du printemps 1957. C'est un succès incontestable. Multiples interventions, embuscades contre l'adversaire... Le bilan est impressionnant. Taleb Abderrahmane a été arrêté. C'était le chimiste des bombes du Milk Bar, de la Cafétéria, de l'Otomatic, le responsable militaire de la zone autonome d'Alger. Nous le coinçons alors qu'il se fait passer pour un infirmier. Il porte un brassard de la Croix-Rouge. Mais son infirmerie est une planque de matériel explosif, camouflée par des tonnes de médicaments.

À peine le temps de souffler quelques jours à Sidi-Ferruch et nous enchaînons avec l'opération « Agounenda », du nom d'un petit village perdu au milieu du massif blidéen. Il est bon de se reposer un peu au bord de la mer, de nager longtemps le matin après une bonne séance de sport, en compagnie de mon fidèle Lenoir, en pleine force de l'âge, qui rêve de jolies filles, et qui voudrait bien repartir un peu à Alger. Mais nous avons à faire.

Le 21 mai, une bande rebelle tend une embuscade à une compagnie du cinquième bataillon de tirailleurs algériens en déplacement, et les pertes sont lourdes : un jeune capitaine et une quinzaine de ses hommes sont tués, sept autres sont prisonniers et des véhicules sont brûlés.

Le 22 mai, je suis convoqué à Alger par le général Salan avec lequel j'ai déjà eu de nombreux contacts en Indochine et en Algérie. Un immense bureau, téléphones, une carte d'Algérie, le général, élégant, dégage une impression de calme et de force. Je sais qu'il me couvre. Avant de le rejoindre, j'ai fait mettre mon régiment en état d'alerte.

« Bigeard, vous devez me retrouver ceux qui ont fait le coup.

– À vos ordres, mon général, mais à l'heure qu'il est les fellaghas ont dû prendre le large. Maintenant, ils doivent être loin.

– Que comptez-vous faire ? »

Je prends le temps de réfléchir. Pas très longtemps, car Salan est pressé. Je connais bien cette région. Agounenda se trouve dans une zone truffée de repères imprenables, de grottes inaccessibles. Il faut se mettre dans la peau de l'ennemi. Penser comme lui. Devenir fellagha et essayer de deviner sa stratégie. Le général Salan s'impatiente. Je lui réponds enfin.

« Je vais m'infiltrer de nuit pour les attendre dans les zones montagneuses, à quarante kilomètres de l'endroit où ils ont fait le coup. »

Le général me regarde, étonné, mais il est bien obligé de me faire confiance. Quand j'arrive à Sidi-Ferruch, mes hommes sont déjà dans les camions. À 17 heures, nous traversons Alger et deux heures plus tard, nous sommes à Médéa. Une pause. Je réunis mes capitaines autour de ma jeep. J'étale la carte sur le capot et distribue mes ordres. J'ai vraiment une équipe du tonnerre autour de moi : Pétot, Planet, de Llamby, Florès, Chabannes, Le Boudec, Allaire, je voudrais n'en oublier aucun. La plupart sont des anciens d'Indochine. Ils savent tenir les hommes et réagissent au quart de tour.

Les camions fileront tous feux éteints vers Champlain. Nous pousserons ensuite plus au nord et nous débarquerons des camions aux environs de la cote 895 où Chabannes et sa compagnie resteront en alerte héliportée. Les hélicos rejoindront cet emplacement au lever du jour, les véhicules seront envoyés sur Champlain à 6 heures du matin. Je place mes hommes. Je sais que je joue mon va-tout. Je fais le pari que nous pouvons gagner en nous identifiant aux fellaghas. Mes hommes sont habiles, légers, nous avons une chance.

À 3 heures du matin, j'escalade mon sommet. À 4 heures, je contacte tous mes capitaines. Ils sont tous à leurs emplacements. À 5 heures, tout le dispositif est en place. Commence alors une longue attente : l'ennemi ne se doute de rien. Tous ses chemins sont coupés. Par le fond de l'oued, il est bloqué, par les plateaux aussi. Il ne nous reste qu'à attendre le lever du jour.

Je commence à avoir des doutes : et si j'avais fait une erreur ? Pourtant mon instinct ne m'a jamais trompé. Pendant tout le début de la journée, il ne se passe rien. 7 heures, 8 heures, 9 heures… le silence. Je me demande si nous n'avons pas été repérés. Même si nous avons pris toutes les précautions, un moteur de camion porte loin dans la nuit. Si nous avons été identifiés, le téléphone arabe a dû faire son office. Je continue de m'interroger. À 10 heures, je passe un message à mes hommes qui commencent sérieusement à s'impatienter. Je donne mes ordres :

« Que personne ne bronche. Restez planqués jusqu'à midi. Au-delà, on avisera. »

L'attente se poursuit.

À 10 h 40, j'ai un signal radio : « De Llamby à Bruno : une bande d'une centaine d'hommes minimum, en colonne par un, venant de l'est, progresse dans l'oued et se dirige vers mon embuscade. »

Cette fois, nous les tenons. L'accrochage va avoir lieu. Mais ils sont beaucoup plus nombreux que ce que j'avais prévu. Je m'attendais à environ deux cents hommes, ils sont autant que nous. Des combattants sérieux. Ils étaient au courant de notre présence. Des bergers leur ont signalé nos mouvements et le nombre de mes hommes. Dans la nuit, difficile de passer inaperçus. Mais ils sont pris dans la nasse. Le ciel est dégagé, l'aviation pourra travailler à vue.

Je donne l'ordre de décollage aux avions, ainsi qu'aux hélicos. Les fellaghas tentent de remonter sur les crêtes, mais très vite nous les enfermons dans le fond de la vallée. Les combats sont violents. Les rebelles tiennent un feu nourri et protègent leur chef qui tente une échappée. De mon perchoir, je suis le déroulement des combats. Les rebelles sont des guerriers redoutables. Ils ne craignent pas le sacrifice. Ils préfèrent mourir plutôt que de céder un pouce de terrain.

J'appelle un hélico qui vient me chercher pour rejoindre Chabannes. Mais l'ennemi nous tire dessus. On descend alors en glissade pour éviter les rafales. Au sol, nos hommes évacuent les blessés, les morts. La bataille dure toute la journée. Les combats ne cessent pas quand le soir tombe. Toute la nuit les tirs font rage. Le matin du 24, un feu nourri éclate, toujours dans les montagnes. Pas une minute de repos ni de veille.

Je rejoins mon PC sur le sommet. Massu débarque en hélicoptère et me félicite pour la réussite de l'opération. Mais plusieurs de mes hommes sont morts et ça fait toujours très mal. Le 25, les combats se poursuivent, les tirs s'espacent. Nous savons que nous avons pris le dessus, que nous sommes en train de gagner. Mais la bataille n'est pas encore terminée. Il faudra se battre encore tout un jour et toute une nuit. Le 26 mai, nous sommes totalement maîtres du terrain. L'ennemi s'est protégé dans les grottes et cela nous a coûté cher. Même coincé, cerné, il est en bonne position pour tirer et il a fait des dégâts parmi mes paras. Trop de dégâts !

Nous venons de vivre trois jours épuisants, trois jours de bataille violente et acharnée, contre un ennemi qui s'est battu avec un courage auquel je veux rendre hommage. Nous éprouvons tous un sentiment de respect et d'estime pour ceux d'en face. Seuls ceux qui ont vécu de telles situations peuvent comprendre.

Bilan : quatre-vingt-seize tués chez les rebelles et douze prisonniers. Leur chef, Azzedine, a réussi à s'échapper. Pour nous, les pertes sont sérieuses : huit paras tués et vingt-neuf blessés.

L'opération Agounenda restera un moment fort et tragique dans cette guerre. Nous avons gagné, mais la lutte a été terrible et le sacrifice est lourd. Pour les fellaghas, c'est un échec. Pour nous, une fois encore, c'est la preuve qu'il faut des hommes mobiles, agiles, disponibles, en pleine possession de leurs moyens.

Je viens de démontrer qu'une bataille se gagne sur le terrain et pas dans des classes d'enseignement théorique. Dans ce genre de situation, on n'a pas le temps de se poser des questions. Les discussions, les palabres, c'est inutile. Il faut des hommes au moral d'acier, prêts à affronter tous les coups durs. Ici, nous en avons encore apporté la preuve : notre puissance de feu est nettement supérieure à celle de l'ennemi ; pourtant, les combats se sont joués le plus souvent au corps à corps. Faire la guerre, c'est aussi se retrouver les yeux dans les yeux avec l'ennemi, et avoir malgré ça le courage de se battre, d'avancer, de le tuer en le touchant. Ça ne s'apprend pas dans les états-majors.

À la suite du succès de l'opération Agounenda, nous recevons de chaleureuses félicitations du général Massu. Un hommage qui fera mieux admettre des épisodes plus tendus que je rencontrerai par la suite avec lui. Nous avons eu plusieurs fois l'occasion de nous heurter. Je reconnais qu'il a souvent été élogieux à mon égard, notamment dans des réunions entre officiers généraux. Mais pendant la période où je détenais Ben M'Hidi, je sais qu'il se posait des questions à mon sujet. C'est d'ailleurs la raison pour laquelle il a tellement insisté pour récupérer mon prisonnier. En clair, Massu me soupçonnait d'être communiste. Ce qui est quand même un comble !

Beaucoup plus tard, en 1974, nommé secrétaire d'État aux armées par le président Giscard d'Estaing, épisode sur lequel je reviendrai, j'ai voulu consulter mon dossier. Ce dossier suit un militaire pendant toute sa carrière. Il contient des rapports, des notes de ses supérieurs, sur son comportement, son caractère, ses faits d'armes. C'est un document précieux. Dans mon cas, pas grand-chose à dire. Beaucoup d'éloges. Mais quelques notes signées Massu méritent le détour :

« 27 août 1956 : On l'a fait grand officier de la Légion d'honneur, ce qui n'augmente pas le domaine de ses actions, mais risque, avec les excès de la renommée, de le griser stérilement [...]

Signé : Massu. »

9 avril 1958 : [...] Pourrait devenir dangereux si le Parti communiste se l'attachait. Manque cruellement de sérénité et d'humour [...] Personnage en déséquilibre, qui souffre. En fonction des services rendus, mérite une pitié vigilante.

Signé : Massu. »

Général Bigeard

Je dois dire que cette lecture m'a laissé perplexe. Et m'a aussi fait un peu sourire. « Une pitié vigilante », drôle de formule... Mais je n'en ai jamais voulu à Massu, je lui ai toujours conservé ma plus profonde estime, même si nos rapports n'ont pas toujours été très simples.

Chapitre 21

La deuxième bataille d'Alger

L'année 1957 se poursuit tambour battant. À peine rentrés de la terrible opération « Agounenda », nous sommes de nouveau à Alger. M'éloigner de cette ville n'a pas été une très bonne idée : tout est à refaire. C'est une véritable pétaudière. Aucun travail policier suivi, une situation qui se détériore de jour en jour. Depuis la fin de la première bataille d'Alger, Yacef Saadi a repris la lutte. Il est isolé, car la direction politique du FLN a été démantelée. Mais il parvient à tisser de nouveaux réseaux avec, entre autres, un souteneur nommé Ali la Pointe, et une jeune femme, Djamila Bouhired.

Saadi est un malin : il utilise des ruses pour se déplacer. Il se déguise en femme avec un long drap blanc. Le 13 avril, une patrouille le démasque sous son déguisement. Sommations, coups de feu. Il parvient à s'échapper dans les ruelles de la casbah. Djamila Bouhired, blessée, est arrêtée.

Dans Alger, les atrocités se poursuivent. Le 3 juin, des bombes explosent. Elles ont été placées dans les pieds en fonte des lampadaires, elles sont particulièrement meurtrières : les explosions déchirent et mutilent les passants, les Européens comme les Algériens, femmes et enfants, un véritable carnage et des gens handicapés à vie : sept morts, quatre-vingts blessés.

Après cet attentat, Saadi décide de changer de méthode. Tuer des musulmans n'est pas une bonne façon de se rendre populaire. Il décide de concentrer ses attaques sur les quartiers fréquentés par les Européens.

Le 8 juin, un dancing noir de monde explose. Une autre bombe, au casino de la Corniche, fait onze morts et quatre-vingt-cinq blessés. L'engin était dissimulé sous le podium. Les musiciens et les danseurs sont déchiquetés.

Ce terrorisme aveugle indigne le monde entier, mais pour le FLN, la défense de la cause est à ce prix. Cette violence, cette sauvagerie, produit les effets escomptés : on en parle partout, à Paris, mais aussi à Washington, à Moscou, à l'ONU. Plus grave peut-être, des communistes français ou assimilés se liguent avec les Algériens. Certains participent même aux attentats. Cette série d'actions meurtrières choque profondément la population européenne. En métropole, le gouvernement Guy Mollet est tombé. Impression désastreuse de vacance du pouvoir.

Devant la recrudescence de la violence en Algérie, la population européenne locale déclenche une grève. Le 11 juin, jour de l'enterrement des victimes du casino de la Corniche, les CRS doivent intervenir pour rétablir le calme. Alger vit dans une atmosphère de folie. Le désordre y est tel que tout paraît possible, y compris une guerre civile d'une extrême violence. Le FLN semble à nouveau maître de la situation et sème la mort sans que rien ni personne ne puisse l'arrêter. À Paris, le 12 juin, Bourgès-Maunoury est investi à la présidence du Conseil, mais Robert Lacoste, responsable de l'Algérie, agit de façon de plus en plus autonome.

Un jour de juillet, le directeur de la DST vient me voir. Il me demande de faire revenir les paras dans Alger, car ils ont donné la preuve de leur capacité à agir vite et bien. Je refuse : les paras ne sont pas des flics. Leur place est dans le djebel. Mais le patron de la DST me dit qu'il a insisté auprès de Lacoste pour que je reprenne du service. Le général Massu en rajoute une couche : cette fois c'est un ordre et je n'ai pas le choix. Le cirque est relancé. C'est reparti pour plusieurs mois de galère.

Deuxième bataille d'Alger, la dernière, heureusement, et la plus courte. Nous bénéficions de l'expérience précédente et notamment d'un bon réseau de militants repentis. À nouveau nous allons remonter les filières pour identifier les membres des cellules FLN, et casser ces cellules pour démonter la résistance adverse. Il faut agir fermement et vite pour arrêter le massacre.

Parallèlement, les politiques prennent des contacts avec les dirigeants du FLN. À Alger, les Européens veulent des résultats immédiats. La hiérarchie militaire aussi, mais il n'y a pas d'ordre clair, les ministères restent étrangement silencieux : par conséquent, nos chefs ne nous donnent jamais les ordres de mission par écrit. C'est le système débrouille. Et tant pis pour les bavures. Pour cadrer ce foutoir, je donne mes ordres en y ajoutant toujours mes recommandations : « Agissez avec cœur et conscience, proprement, en interrogeant les vrais coupables. Dans l'action de mon régiment, je serai le seul responsable. Nous faisons un travail qui n'est pas le nôtre. Nous avons tout fait pour ne pas revenir à Alger et j'ai d'abord refusé. Mais les ordres sont les ordres. » Il est vrai que nous préférons tous le combat régulier sur le terrain, contre une bande bien armée. Si nous avons de l'estime pour le combattant du djebel, surtout lorsqu'il se bat bien, nous méprisons les terroristes.

Les bureaux FLN tombent les uns après les autres grâce au travail de renseignement que je remets en place. Nous parvenons à coincer de nombreux responsables, et j'ai à mon actif quelques coups de filet spectaculaires, comme la capture de deux importants chefs de la zone d'Alger, Mourad et Ramel. Ils sont arrêtés dans des conditions incroyables. Encerclés dans une maison où ils se planquaient, ils résistent pendant deux heures. J'arrive, et leur donne ma parole qu'ils seront traités en soldats.

« D'accord, dit Ramel. Mais nous voulons un papier signé.

– Ok pour le papier, mais comment vous le faire parvenir ?

– Nous allons faire descendre un couffin le long d'une ficelle. Vous y mettrez le papier. Quand nous l'aurons récupéré, nous nous rendrons ! »

Mourad et Ramel ont décidé de tenter leur va-tout. Il leur reste deux petites bombes chargées au plastic. Leur idée est de glisser une des deux bombes, réglée à deux minutes, qui explosera entre les mains des paras, et avec un peu de chance entre les miennes.

Le couffin descend doucement au bout de sa ficelle. En bas, je rédige le sauf-conduit qu'ils m'ont demandé. Le panier s'immobilise à un mètre du sol. Chabannes s'en approche, la feuille à la main. Instinct, sixième sens ? Il se jette en arrière et gueule : « Planquez-vous ! » La bombe explose, éparpille ses éclats dans toutes les directions, touche grièvement deux paras qui s'effondrent dans l'impasse. Lenoir et Chabannes sont légèrement blessés. Je n'ai pas une égratignure.

Mourad et Ramel bondissent de leur cachette, vidant leur dernier chargeur sur les paras. Ils ne courent pas plus de deux mètres. Toutes les armes des paras convergent dans leur direction. Le premier s'effondre, haché par les rafales. Le second est déchiqueté par la bombe qu'il avait gardée avec lui. C'est presque fini, la résistance est exsangue. Il ne reste plus que Yacef Saadi et Ali la Pointe qui, traqués, se camouflent de cache en cache.

Mais il y a aussi l'affaire Zerrouk, qui va être largement rapportée par la presse.

Zerrouk est un chef de région. Chabannes est parvenu à le capturer, à le retourner et à le faire travailler pour nous. Il sait se montrer persuasif. Malheureusement les journalistes sont mis au courant, ce qui n'est pas la meilleure façon de réinfiltrer notre indicateur dans les réseaux FLN. Mais le lieutenant Schmitt, esprit brillant promis aux plus hautes fonctions puisqu'il finira en France chef d'état-major de nos armées, trouve l'idée de génie qu'il nous fallait : « Faisons courir le bruit qu'il s'est évadé. On passera peut-être pour des imbéciles, mais ça peut servir. »

Le plan est brillant, en effet. Après tout, on ne risque qu'une sérieuse engueulade de la part de la hiérarchie. Et la hiérarchie, j'en fais mon affaire. Chabannes abrite son « protégé » rue de Tanger, dans une planque sûre. Quant à moi, je prends mon air penaud pour déclarer lors d'une conférence de presse que notre prisonnier s'est échappé.

Quelques jours plus tard, Salan me convie à dîner avec plusieurs de mes officiers. Au moment du dessert, Salan se tourne vers moi et me dit :

« Alors, Bigeard, vous avez laissé filer Zerrouk ?

– Non, mon général. Il travaille pour nous. Et son PC est en face du vôtre. »

L'œil de Salan s'allume. Il me lance :

« Bien joué. »

Zerrouk va travailler loyalement avec Chabannes, ce qui permettra à ce dernier de devenir une sorte de manipulateur de la résistance rebelle pendant cette deuxième bataille d'Alger.

Nous sommes toujours à la recherche de Yacef Saadi et de son allié Ali la Pointe. Ce sont les paras du colonel Jeanpierre, un grand soldat, qui finiront par les arrêter quelques jours après notre départ.

Pourquoi m'éloigne-t-on d'Alger ? Car il s'agit bien de ça : un éloignement. La vérité, c'est que certains de mes supérieurs ne me supportent plus. Je n'ai pas ma langue dans ma poche, ni ma plume, et j'ai rédigé quelques rapports qui ont fait du bruit. En voici un :

« Aux 13 colonels.

Après avoir donné le ton en février-mars, après avoir pu imposer mes méthodes de travail, le 3e RPC se retrouve à Alger, après quatre mois d'absence.

Situation trouvée en juillet : tout un poème… On est en droit de se demander à quoi peuvent servir des mois de travail et de mise au point. Mais qui est responsable ?

À Alger, nous trouvons le ministre résident, le général commandant en chef, le préfet d'Alger, le général commandant le corps d'armée, le général commandant la 10e DP, de nombreux généraux et des états-majors divers. Il est normal que ces hauts personnages ne soient pas directement responsables. Ce qui est anormal, c'est de trouver un Alger non commandé où l'on compose, où l'on s'arrange au mieux, où chacun conduit ses petites enquêtes, où l'on collabore suivant ses sympathies, ses affinités personnelles, où un responsable fera ou ne fera pas – ou fera à moitié – un travail policier qu'il estime nécessaire ou sans suite, ou inutile, ou trop dangereux, il s'engagera – ou ne s'engagera pas – suivant ses tendances politiques, son sens des responsabilités.

Pourquoi trouve-t-on actuellement des chefs importants en permission pour un mois ? Pourquoi trouve-t-on des gens installés dans un fonctionnarisme, limitant leur ambition simplement à ce qu'il n'arrive rien dans leur secteur ? Quant aux exécutants, la confusion est totale. Notre impression en retournant dans le grand Alger a été catastrophique. On croit rêver face à un tel chaos. »

Inutile de dire que de tels écrits ne contribuent pas à me faire bien voir de mes chefs. Le 9 août, Massu, qui se trouve en opérations en Kabylie, m'écrit :

« Mon cher Bigeard,

Le colonel Godard me téléphone que, malgré toute la patience dont il a fait preuve à votre égard, vous ne vous comportez pas en subordonné, que les limites sont atteintes, et qu'il me "rend son tablier" de commandant de secteur, n'ayant pas l'habitude d'avaler des couleuvres. Je n'ai pas le temps d'aller à Alger arbitrer ce différend regrettable, j'ai assez à faire ici.

Je voudrais que vous compreniez que votre orgueil est excessif et que, si vous ne savez le corriger, vous ne deviendrez jamais le patron que vous pourriez devenir. »

C'est clair, je suis dans le collimateur de Massu. Le colonel Godard s'est plaint, Massu a suivi. De toute façon, ma popularité commence à produire des effets indésirables et m'attire des ennuis. J'ai maintenant une image dans la population dont j'aurais de la peine à me défaire : celle du colonel à la baraka, fort en gueule, et qui a réussi quasiment toutes ses opérations. Un de mes hommes a même l'imprudence de déclarer au journaliste Fernand Carreras, du *Journal d'Alger*, qui suit notre régiment et ses actions : « Ceux qui n'aiment pas Picasso, Bécaud, Prévert et Bigeard sont des fossiles. » Autant dire que ce genre de déclaration n'est pas non plus de nature à me faire bien voir du haut commandement.

Chapitre 22

La calomnie

Plus de quarante années ont passé. Soudain, le 20 juin 2000, un choc terrible va pendant un moment me laisser sur le flanc. Le journal *Le Monde* publie un article qui m'accuse d'avoir personnellement torturé en 1957 une jeune femme, militante du FLN. Le quotidien rapporte son « témoignage » sans bien sûr vérifier ses déclarations. Il y a pourtant des archives historiques, qu'il suffirait de consulter. Mais personne n'a pris la peine d'enquêter. On préfère vendre du papier sans se soucier de la vérité. Il y a un militaire, un type connu, et le salir est toujours une bonne affaire pour certains journalistes. D'ailleurs l'armée file un mauvais coton : elle est affaiblie depuis le passage de la conscription à l'armée de métier, ce qui n'est pas la meilleure idée du président Chirac, et il est de bon ton de démolir l'institution militaire et de traîner ses anciens cadres dans la boue. Sur les simples divagations de cette femme, on m'accuse. Et j'encaisse salement le coup.

À la maison, le téléphone n'arrête pas de sonner. Je fonce acheter le journal. J'ai les honneurs de la une. Et même le plein milieu de la première page. Une journaliste rapporte les propos d'une femme que je n'ai jamais vue, que je ne connais pas. Bien sûr, j'ai bonne conscience : je n'ai jamais levé la main sur une femme, ni sur qui que ce soit d'ailleurs. Des explications, oui, des combats francs entre hommes, mais jamais de coups bas, jamais de tortures. Je n'ai pas besoin de chercher dans mes notes ce que je faisais à l'époque où elle prétend que je passais sans arrêt dans sa cellule, avec Massu et le capitaine Graziani. Je ne veux surtout pas que Gaby lise ce tissu de saloperies, cela lui ferait trop mal. Je lui en parle pourtant en lui jurant qu'il n'y a rien de vrai dans ces accusations. Elle le sait, elle me connaît, elle me croit.

Pendant les jours et les semaines suivantes les attaques continuent. D'abord c'est *Libération* qui en rajoute sur ce sujet, pensant à juste titre s'attirer de nouveaux lecteurs, des jeunes en particulier qui n'ont pas vécu cette période de notre histoire. Puis, *L'Humanité* prend le relais. Les communistes invitent la dame qui m'accuse à la Fête de l'Huma. Elle se répand publiquement en mensonges scandaleux, on la croit, on l'applaudit. On lui organise un véritable plan média, on l'interviewe. Elle passe dans les émissions radio, les journaux de province s'emparent de l'affaire. Partout, elle continue de déverser son fiel et ses mensonges. Et personne pour l'arrêter, personne pour lui opposer ses propres contradictions. Taper sur des militaires, un régal ! Massu et moi sommes de hauts gradés emblématiques, tous deux grand-croix de la Légion d'honneur. Les salauds qui sont derrière cette machination savent très bien ce qu'ils font : ils ont choisi un général connu, populaire, qui a défrayé la chronique avec ses paras pendant la guerre d'Algérie. Pour ces calomniateurs, c'est un véritable régal, je le répète, de démolir des héros qui ont consacré leur vie à la France, qui se sont battus dans toutes les campagnes, qui ont failli y rester, dont tant de camarades sont morts.

Pour ces esprits étriqués, la notion de patrie est tout juste bonne à être piétinée. L'armée, c'est terminé, une vieille chose ringarde ! On peut lui marcher dessus pour se hausser auprès des camarades. Toutes les valeurs militaires sont à jeter au panier. Je ne peux pas exprimer ce que j'ai souffert pendant cette campagne de calomnies. J'aurais préféré une balle en pleine poitrine au cours d'un assaut. Ou même ne pas survivre à l'attentat de Constantine. C'était le combat, c'était la lutte. Mais là, non ! Un coup dans le dos ! C'est ignoble, c'est dégueulasse.

Ceux qui ont déclenché l'affaire savaient parfaitement qu'ils allaient trouver un écho parmi quelques esprits faibles ou quelques salopards dont le métier est de dénigrer. Heureusement, je croule sous les lettres, un courrier énorme. Des centaines de personnes, connues ou inconnues, des anonymes, qui protestent violemment contre de tels procédés. Des gens qui ne me connaissent pas, seulement de réputation, mais qui comprennent au quart de tour qu'il s'agit d'une manœuvre. Ils sont scandalisés, écœurés, ils m'assurent de leur soutien. « Courage », « C'est à nous de vous défendre. » Certains parlent même de former des comités de soutien. Je refuse. J'ai toujours eu l'habitude de faire face seul.

Je ne reçois la visite d'aucun journaliste curieux de venir préciser les choses, de rétablir la vérité. Aucune télé ne me donne le temps d'antenne nécessaire pour répondre, pour démonter cette machination odieuse.

Pendant quelques jours, je le reconnais, je suis sonné. De petites manœuvres mesquines viennent s'ajouter et m'atteignent : Mme Voynet, ministre en exercice, écrit sur son papier à en-tête du ministère de l'Environnement au maire de Trimbach pour faire débaptiser une rue Bigeard, inaugurée peu de temps auparavant. Cela peut sembler incroyable, mais c'est ainsi : elle exige qu'on arrache cette plaque.

Personnellement, je n'ai jamais rien demandé, surtout pas qu'on me dédie une rue ou une place. Plusieurs villes l'ont fait, dont Toul qui m'a consacré de mon vivant une avenue de plus de deux kilomètres. J'en suis heureux et fier, mais encore une fois, dans ma vie, je n'ai jamais rien demandé à personne, ni décorations ni boulevard. Ce qu'on m'a donné, je l'ai reçu, c'est tout. Mme Voynet, laissant parler sa passion et sa haine, aveugle, oublie son rang de ministre, et écrit pour réclamer une censure que je ne mérite pas et qu'elle n'a aucun droit d'exiger. Heureusement, le maire a tenu bon, a résisté aux pressions, et j'ai toujours une rue à mon nom à Trimbach – merci Monsieur le maire – et une avenue Bigeard à Toul.

Pendant ce temps, aucun officiel, aucun ministre, ni même l'Élysée, ne rappelle à l'ordre la ministre. Les députés à l'Assemblée nationale, mes anciens « collègues », restent silencieux. Personne décidément pour me défendre, ni pour défendre l'armée lâchement attaquée à travers ma personne et à travers celle du général Massu. Et surtout pas le chef des armées, le président de la République. Je suis stupéfait.

Un seul va s'élever contre cette ignominie : Pierre Messmer, ancien Premier ministre, un vrai gaulliste celui-là. Il prend position en ma faveur. Il réagit à cette campagne ignoble en déclarant dans *Le Figaro Magazine* du 2 décembre 2000 que toutes ces histoires ne reposent sur rien : en réalité, il s'agit pour la gauche de réécrire l'histoire. Pierre Messmer était ministre des Armées de 1960 à 1969 : il connaît les responsabilités de chacun et les dessous de toutes ces affaires.

Voici un extrait de l'interview accordée par Pierre Messmer à Henri Amouroux :

« Ces communistes, ces porteurs de valises, attaquent les soldats qui combattaient le FLN, dont on sait qu'il a commis des crimes abominables, qu'il s'est, après l'indépendance, conduit de façon atroce à l'égard des harkis. Ils disent vouloir la lumière, mais n'ont pas un seul mot sur les exactions du FLN. La réaction de Bigeard est la réaction d'indignation d'un homme qui a été au premier rang des combats, qui toujours a été approuvé par les autorités civiles et militaires, civiles plus encore que militaires. Il a l'impression aujourd'hui que ces autorités sont muettes, voire réprobatrices. Il éprouve le sentiment d'être trahi et pense que, à travers lui, la France qu'il servait lorsqu'il se battait est également trahie. Je suis frappé par l'attitude ambiguë du Premier ministre, qui est, constitutionnellement, en charge de la Défense nationale. Il a commencé par manifester sa compréhension pour ceux qui avaient soutenu et aidé le FLN. Les réactions des militaires sont d'autant plus compréhensibles que nombre de nos soldats sont engagés dans des pays où peuvent se poser des problèmes qui se sont posés en Algérie... Et qui déjà s'étaient posés, ne l'oublions pas, en Indochine. Les militaires ont le droit de se demander aujourd'hui ici, si en cas de crise, ils ne sont pas lâchés par le pouvoir civil. Je crois aussi que le Premier ministre, ayant regardé cette affaire de plus près, a compris que toute commission d'enquête conduirait naturellement à l'examen de la responsabilité des hommes politiques de 1956. Or, tous ces hommes savaient ce qui se passait, souvent l'approuvaient, et en tout cas n'ont jamais rien fait pour s'y opposer. Le gouvernement présidé par Guy Mollet a donné, en 1956-1957, tous les pouvoirs aux militaires, car il était impuissant à venir à bout des attentats en Algérie. Il s'en est remis à Massu pour que Massu fasse ce que les civils ne pouvaient pas faire. »

Pierre Messmer est mort depuis. Je tiens à lui rendre ici un solennel hommage. Il a été le seul à se montrer digne dans cette affaire, et à remettre les choses au point.

Cette cabale, ce complot, fut une terrible épreuve. Comme d'habitude je relève le défi, je me redresse, je ravale ma rancœur : je le jure, cette affaire m'a tourné les sangs de rage. Mais je suis ainsi fait que les coups durs, au lieu de me tuer ou de m'abattre durablement, me redonnent de l'énergie et m'évitent de m'endormir sur mes lauriers.

Je voudrais bien savoir qui est à l'origine de ce coup bas. Quel est le passé de ceux qui s'acharnent ainsi contre moi ? Personnellement, je ne connais pas la haine. Je me suis toujours battu au grand jour. Je n'ai jamais méprisé mes adversaires, je ne les ai jamais pris en traître. Une fois encore je vais réagir. Je vais ressortir ma tenue de combat, ma casquette de para, et faire front, dans ma tête, bien sûr. Et c'est parti pour la contre-attaque.

Pas très difficile de constater que cette campagne de dénigrement coïncide avec la visite officielle en France du président algérien Bouteflika. Il est reçu à l'Assemblée nationale, il se répand en déclarations virulentes que seuls quelques députés désapprouvent en quittant l'hémicycle. Décidément les plaies ne sont pas refermées, chez certains la haine demeure vivace.

Après une petite enquête, et quelques recoupements, je m'aperçois que la dame qui m'accuse de sévices sur sa personne, dans ses déclarations, situe les faits à une période où je ne suis pas à Alger. Sur France Inter, elle déclare avoir été arrêtée le 27 septembre 1957. Puis elle raconte que j'ai commencé à venir lui rendre visite dans sa cellule, avec Massu, trois semaines après son arrestation, et ce pendant trois mois. Elle écrira même dans son ouvrage, c'est à la page 115: « Ni Massu, ni Bigeard ne m'ont jamais touchée. » C'est légèrement contradictoire: le 20 juin 2000, à la une du *Monde*, je la violais dans sa cellule! En mai 2001, dans son livre, je ne l'ai jamais touchée! Et j'aurais eu du mal à le faire, puisque durant les trois derniers mois de l'année 1957, je suis dans le djebel en pleine Kabylie, puis dans le désert. Ceux qui me connaissent savent que je ne quitte jamais mon régiment quand il est en opérations: par conséquent je ne pouvais pas être à Alger fin septembre ni pendant les mois suivants.

Mais personne ne vérifie ces informations, ni le détail des opérations auxquelles j'ai participé. Pourtant c'est de l'histoire. La presse préfère les ragots, les rumeurs, les calomnies. La presse prête complaisamment l'oreille à une femme qui délire sur mon compte sans aucune preuve. Elle écrit donc un livre : un éditeur sentant le vent a réussi sans peine à la convaincre de publier ses « souvenirs ». Son livre sort en juin 2001. Le magazine *Le Nouvel Observateur* en publie des extraits dans son numéro du 31 mai 2001. Mais ses éditeurs n'ont pas pris la peine de vérifier quelques informations, et n'ont pas peur de publier des faits contradictoires. Je cite, sans en changer un mot, un extrait du texte publié dans le livre en question, et qui prouve le manque de sérieux avec lequel l'affaire a été traitée : « Lorsque Massu ne venait pas, un autre gradé grand et mince, portant un béret vert, le remplaçait. C'était Bigeard. Je l'ai immédiatement reconnu à sa stature athlétique... » Voilà les bonnes feuilles qui paraissent dans *Le Nouvel Observateur*.

Un seul ennui : Bigeard et ses paras n'ont jamais porté de bérets verts ; ils ont toujours porté le béret rouge. Tout le monde le sait, tout le monde l'a vu, le béret des paras. Mais est-il besoin d'être journaliste pour s'en rendre compte : il suffit d'avoir suivi les défilés du 14 Juillet. Mais quand on veut être de mauvaise foi, on ne rentre pas dans les détails. On ne recherche pas la vérité.

Après l'article du *Nouvel Observateur*, et l'aveu du mensonge avec la couleur verte du béret, un de mes amis a joint l'éditeur et lui a fait remarquer combien la dame racontait n'importe quoi à la radios et dans les journaux, et ce pendant plusieurs mois, en disant qu'elle me voyait avec mon béret vert, dans sa cellule, quarante ans auparavant. Eh bien que croyez-vous que l'éditeur a fait ? Il a tout simplement changé la couleur du béret, et a écrit qu'il était rouge, m'enfonçant davantage encore dans la culpabilité. Quelques semaines plus tard, quand l'ouvrage est paru, j'avais retrouvé mon béret rouge malgré ce que continuait de déclarer la dame ! Le procédé est scandaleux.

La vérité est que cette dame n'a jamais pris aucune part aux événements qu'elle évoque. Elle doit rêver parfois d'être à la place de sa sœur Malika, qui elle a eu un véritable rôle dans l'action terroriste.

En tout cas, la vérité sera rétablie par mon ancien lieutenant, devenu le général Schmitt, dans un livre paru en 2002. Il témoigne bien qu'il m'était impossible d'être à Alger à l'époque où Louisette Ighilahriz prétend que je venais la visiter dans sa cellule : au même moment je me trouvais dans les zones désertiques de Colomb-Béchar. Il ajoute même ces précisions, qui devraient clore le débat :

« Connaissant bien mon ancien chef, j'ajoute que si, comme vous le prétendez page 112, madame Ighilahriz, il vous avait vue “baignant dans votre merde et dans le sang coagulé de vos menstrues”, il y aurait eu quelques lourdes sanctions distribuées à la ronde… »

À la suite de cet épisode, la sœur et le beau-frère de Ben M'Hidi sont venus me voir en France pour me remercier de mon attitude envers le héros de la révolution algérienne, et me dire qu'ils étaient dégoûtés par la tournure mensongère qu'avait pris l'histoire. Ils ont même tenu à s'exprimer et à poser à mes côtés dans le livre que j'ai voulu écrire en réponse à ces fausses accusations : *Crier ma vérité.*

Je ne suis pas rancunier. J'encaisse, je réponds, je pardonne. Mais je continue de me poser la question : qui avait intérêt à me salir et à salir l'armée à travers moi ? A-t-on voulu affaiblir encore le peu de respect que beaucoup de Français ont envers la chose militaire ? Décourager les jeunes d'embrasser la carrière ? Il peut y avoir de nombreuses raisons. C'est peut-être aussi simplement la plus grande manifestation de la bêtise et de la malveillance humaines.

CHAPITRE 23

À nouveau le djebel

La deuxième bataille d'Alger est donc finie pour moi. À nouveau le djebel. Du 22 au 24 septembre, nous sommes en Kabylie. À partir de la base arrière de Sidi-Ferruch, le 3e RPC participe à une opération associant plusieurs unités. Des marches forcées dans un djebel immense, des kilomètres la nuit. Je retrouve ma stratégie favorite et mes réflexes de commandement des unités au sol. Le résultat est satisfaisant, pourtant cela ne sert à rien. Soixante-deux rebelles tués, trois prisonniers, des armes saisies, mais nous sommes dans un cadre qui ne me convient pas : démonstrations coûteuses, mauvaise utilisation des hélicoptères, briefings longs et compliqués, PC opérationnel très éloigné. Dans ce foutoir, mon 3e RPC tire son épingle du jeu, mais au prix de pertes importantes.

Retour à Sidi-Ferruch, où je retrouve mes femmes Gaby et Marie-France, installées dans une belle villa au bord de la mer. Baignades délicieuses, plongeons, atmosphère de vacances. Enfin je profite un peu de la Méditerranée. Mais cela ne dure pas. Du 8 au 18 octobre 1957, nouvelle bandera dans la région de Milena à cent trente kilomètres au sud-ouest d'Alger. Je vais y démanteler un réseau politico-militaire puissamment implanté en Kabylie.

Le 15 août à midi, nous apprenons par nos informateurs que le chef de la bande, Si Abdelaziz, se planque dans des égouts passant sous la ville, dont l'entrée se trouve dans un ravin inaccessible.

Nous bouclons la zone. L'affaire est loin d'être simple. Pour gagner, nous devons affronter l'ennemi dans sa cachette. Un vrai labyrinthe, des grottes partout, des anfractuosités. Je donne le signal du départ. S'ensuit un combat terrible, le plus souvent au corps à corps. Il faut se battre sur chaque mètre de terrain pour avancer. Des morts des deux côtés. Mes soldats, mieux formés, finissent par emporter le morceau, et le repaire tombe au crépuscule.

C'est un succès si l'on compte les quatorze rebelles abattus, dont Si Abdelaziz, et la destruction d'un repère FLN. Le chef hors de combat, c'est tout l'édifice qui s'écroule. Mais à quel prix ! Sept de mes paras sont morts : une opération meurtrière qui me laisse profondément ébranlé.

Le 22 octobre, changement de décor. Nous sommes transportés dans un coin inconnu, loin des grandes batailles entre le FLN et l'armée : c'est le Grand Erg occidental, à plus de mille kilomètres au sud-ouest d'Alger. Le désert, brutal, violent, des oueds, des ergs. Ce secteur ne devrait pas représenter un enjeu pour les fellaghas. Pourtant, il est le théâtre de manœuvres suspectes. Proche du Maroc, véritable sanctuaire approvisionnant le maquis, c'est une zone de transit de munitions et d'armes : nous devons y mettre de l'ordre.

Du 22 octobre au 10 novembre, la première opération me conduit dans la partie nord du Grand Erg, autour de Colomb-Béchar. Un style de combat nouveau. Nous devons débusquer des bandes rebelles perdues dans cette immensité, sans nous épuiser en marches interminables. Difficulté : couvrir l'espace. Les premières recherches ne donnent rien. Je décide donc de changer de zone et d'agir dans le djebel Grouz, dont la partie nord descend vers le Maroc. Nous avançons dans le froid et les tempêtes de sable, au milieu des montagnes.

Enfin l'accrochage. Nous tombons sur une bande de fellaghas. En moins d'une heure l'affaire est réglée. L'effet de surprise a joué. Ils ne s'attendaient pas à nous trouver dans un endroit aussi perdu. Des prisonniers nous informent que leurs bases sont en territoire marocain. J'ordonne aussitôt un raid éclair de l'autre côté de la frontière. Nous anéantissons six camps, récupérons cinq cents kilos d'explosifs, sans que quiconque ait eu le temps de protester.

Quand les secours marocains arrivent sur les lieux, mes quatre compagnies ont regagné les hauteurs depuis longtemps. J'observe à la jumelle le déplacement du convoi bâché, en contrebas.

Le 10 novembre, retour à Colomb-Béchar. On nous informe qu'une compagnie de méharistes de Timimoun, une oasis des confins sahariens, a déserté depuis deux semaines en tuant tous ses cadres français, officiers et sous-officiers, et en prenant aussi des Européens en otages, dont deux membres de la Compagnie des pétroles.

Le Sahara est maintenant menacé. L'enjeu est facile à comprendre. Si Timimoun tombe, c'est la fin des approvisionnements en pétrole. Dès qu'il s'agit de pétrole, tout le monde s'excite. Paris réagit vivement. Le pétrole, c'est notre survie, pas question de laisser quiconque y toucher. La France vient déjà d'échouer à Suez : pas question de se laisser piéger sur son propre territoire. Panique de la Bourse, la presse fait ses gros titres sur une possible crise du pétrole. L'opération revêt donc un caractère stratégique considérable. Soudain je ne suis plus le pestiféré qu'on envoie au vert pour ne plus entendre parler de lui.

Je reçois un ordre de Salan par télégramme urgent : créer le choc psychologique nécessaire, indispensable suite à l'attaque contre les pétroliers. Retrouver la bande de méharistes déserteurs, renforcés certainement d'éléments du FLN. Présenter la facture des moyens que je juge nécessaires pour mener à bien ma mission. Passer à l'offensive au plus tard le 13 novembre, et coiffer les unités sur place. Enfin une mission importante. C'est l'occasion de me refaire une réputation auprès de Massu et de tous les hauts gradés.

Pendant plusieurs semaines nous vivons en guerriers des sables, tapis dans les dunes du Sahara. Les officiers postés sur place n'ont rien vu, rien entendu. Pas grand-chose à attendre d'eux, comme d'habitude. Les habitants du coin semblent paisibles. Aucune apparence de tension. Mais c'est tout de même la guerre. Les autochtones sont des ennemis potentiels. Il est imprudent de leur faire confiance, même quand ils se montrent aimables, accueillants, et qu'ils proposent leur aide. Tranquillité trompeuse. Il y a quelque chose de faux dans tout cela, comme l'annonce d'événements terribles.

Je ne me trompe pas. Au début je tâtonne. Sur un tel territoire, l'essentiel est de se procurer de bonnes bases pour s'assurer une couverture complète de cette immensité désertique. Une vaste zone en effet : trois cent cinquante mille kilomètres carrés, les deux tiers de la France.

Je demande de gros moyens en hommes et en matériel. Je discute, je me bagarre. On finit par mettre à ma disposition mille sept cent cinquante militaires, plus tous les véhicules qui vont avec. Pour les moyens aériens, j'ai six hélicos, trois Piper d'observation, deux patrouilles de chasseurs C6 et trois Junkers 52. J'ai intérêt à réussir.

Mais par quoi commencer ?

D'abord, il faut envoyer les compagnies chacune dans un secteur bien précis pour repérer les lieux et recueillir tous les renseignements possibles. C'est un travail de fourmi qui va durer un mois et permettre d'intervenir pour éviter de nouveaux coups durs. Derrière cet aspect tranquille et pacifique, la situation est vraiment très tendue.

Les jours passent. Nous allons de découverte en découverte et réalisons peu à peu que les fellaghas se sont infiltrés partout, qu'ils ont pénétré jusqu'au cœur de la citadelle locale. Sans notre action, le poste de Timimoun serait déjà passé à la révolte. Les leçons d'Alger finissent par payer : en quatre semaines, le 3e RPC parvient à rompre l'encerclement dont les troupes françaises devaient être les victimes. Plus de cent rebelles sont mis sous les verrous avec plusieurs centaines d'armes. Maintenant, il faut passer à la contre-offensive.

Du 19 au 24 novembre, c'est la contre-attaque. Après deux jours de reconnaissance et de mouvements, les combats s'engagent. Ils se poursuivent toute la journée du 21 dans la zone de Tabelkoza, au nord-est de Timimoun. Première victoire. *Le Figaro* titre : « Au Sahara, dans le Grand Erg occidental, les paras de Bigeard anéantissent les rebelles qui menaçaient la sécurité des prospecteurs pétroliers. »

L'appui aérien est une aide précieuse. Hélicos et avions sont là pour coordonner l'ensemble, déplacer les hommes sur ces très vastes espaces, et effectuer des parachutages. Ce magnifique travail aérien est mené par le lieutenant-colonel Brunet. Son nom ne dit peut-être pas grand-chose aux civils, mais c'est une légende dans l'armée de l'air : il détient le plus beau palmarès au monde de missions de guerre. Il mourra en 1959, à Colomb-Béchar. J'en serai profondément affecté.

Au cœur du désert, l'ennemi se bat courageusement. Il a choisi un terrain buissonneux pour se camoufler. Difficile de détecter les rebelles qui s'évanouissent dans la nature pendant que nous leur courons après. Plus tard, en souvenir de Timimoun, j'écrirai : « Il nous fallut mesurer l'eau et compter nos cigarettes. Ainsi nous avons connu le prix d'une gorgée de boue tiède, la saveur d'une bouffée de gris, et la force de notre amitié, car nous avons tout partagé, la dernière goutte d'eau, la dernière cigarette. »

C'est la première fois que nous expérimentons une action de ce type. Elle nécessite des efforts surhumains et nous coûte de lourdes pertes. Le 21 novembre, douze des nôtres sont tués. En face, une soixantaine de fellaghas sont mis hors de combat. Les jours suivants, le ratissage se poursuit et des caches d'armes sont découvertes. Le 24 au matin, je décide de mettre le paquet : parachutage direct sur les rebelles. L'effet de surprise est total.

C'est pendant les premiers jours de cette bataille des sables que nous perdons un homme dont je veux honorer la mémoire : le sergent-chef Sentenac, héros de Diên Biên Phu, treize fois cité pour la Croix de guerre, sept fois blessé, un soldat né, et jusqu'à son dernier souffle. Sa mort a été photographiée en direct par Marc Flament, un photographe de guerre exceptionnel qui a suivi le 3 sur tous les coups durs, armé de son seul appareil photo, frôlant chaque jour la mort pour saisir la vie quotidienne du régiment, ses grandes heures, ses joies, ses peines.

Le sergent Sentenac était aussi de ceux qui crient « Suivez-moi ! » à ses hommes, et non pas « À l'attaque ! » en restant à l'arrière, comme le font pas mal d'officiers. Le jour de sa mort, il se dresse sur une dune pour emmener sa section. Sa poitrine est déchirée par une rafale. Ses hommes l'allongent, la tête posée sur son sac.

Dans le livre que nous avons publié en 1958 avec mon régiment, *Aucune bête au monde*, nous lui rendons cet hommage : « Il dut encore fournir un dernier effort pour mourir. Il savait bien qu'il avait gagné, et c'est pour ça que son visage apaisé nous parut si beau. Ce qu'il cherchait de l'autre côté de la crête, ce n'était pas une poignée de Bédouins avec leurs fusils, mais cette chose impossible qui le hantait depuis si longtemps, et qui ne se trouve que dans le sacrifice et la mort. Seule elle permet de se confondre avec ce qu'il y a de plus grand, de plus inaccessible. C'était sa manière à lui, Sentenac, de comprendre Dieu, et ça, aucune bête ne pouvait le faire. »

La photo de Sentenac prise par Marc Flament est encore accrochée au mur de mon bureau. Elle m'a accompagné jusqu'à ma mort.

Après cette victoire, la presse recommence à parler de nous. Le nom de Bigeard est de nouveau à la une de tous les journaux. À Alger et aussi en métropole. *Paris Match* envoie un de ses grands reporters-photographes, Daniel Camus, qui avait été l'un de mes compagnons dans notre tentative d'évasion en Indochine. Heureux de le retrouver.

Malgré ce succès, nous savons qu'une nouvelle bande circule dans la région, protégée par la population des oasis. Les jours suivants, nous mettons tout en œuvre pour la localiser. Nous cernons la zone où ils se planquent. Je sens que l'étau se resserre. Cette fois nous sommes loin de nos bases, à cent cinquante kilomètres de Timimoun.

Le 3 décembre, je considère que nous sommes prêts et lance l'opération. Des nouvelles nous sont parvenues, indiquant l'emplacement de deux groupes. On avance. Il faut maintenant forcer au gîte le gros des troupes ennemies.

À 8h35, je lance l'opération. Mes hommes, à pied dans le désert, vont affronter la tempête, bouffer du sable. Nous traquons l'ennemi pendant plus de quatre jours. Le

7 décembre enfin, contact. Accrochage sérieux. À 15 heures, l'attaque est déclenchée. Le combat est sauvage. À 20 heures, c'est terminé. Nous sommes victorieux : quarante-cinq rebelles tués, six prisonniers, de nombreux documents et huit cents kilos de munitions saisis. Une réussite totale. Le résultat de longs efforts de recherche, de toute une stratégie, d'une affaire que j'ai menée d'un bout à l'autre. Mes hommes, encore une fois, ont prouvé qu'ils pouvaient se dépasser, et que mon choix pour ce type de combat est le bon. Timimoun, c'est la consécration de deux années de travail. La récompense d'efforts immenses.

Du coup, je suis promu colonel, à titre exceptionnel. Dans les journaux, ce sont de nouvelles manchettes qui nous mettent à l'honneur : « Bigeard, plus jeune colonel de l'armée de terre à 41 ans. » Massu, avec classe et honnêteté, a appuyé ma promotion. Pourtant, nos différends ne vont pas cesser, et une nouvelle fois je vais devoir m'opposer à lui.

Mi-janvier 1958, Massu me convoque. Il m'envoie du côté de Colomb-Béchar, dans un endroit paumé où tout le monde s'étonnerait de me voir. En clair, il m'ordonne d'aller chasser le bourricot aux frontières de la Tunisie. En effet, il me confie généreusement l'interception d'un convoi de mules. Je trouve cet ordre ridicule. Mes gars rentrent à peine de combats très durs aux confins des sables, on pourrait confier la mission à d'autres. Je refuse. Il se fâche. L'état-major aussi. Massu s'entête. Il n'apprécie pas mon refus. Son entourage voudrait me sanctionner. Peu de temps après la lettre élogieuse qui a soutenu ma promotion comme colonel, il rédige une note féroce, celle où il affirme que je pourrais devenir dangereux si le Parti communiste me récupérait. Ce qui, je me répète, est tout de même assez marrant.

Du coup, je ne vais pas chasser le bourricot mais je pars en mission dans les Nementchas, du 28 janvier à la fin février 1958.

Depuis notre dernier passage, la situation s'est aggravée dans le secteur. Encore un coin où rien ne va plus en l'absence de Bruno, sans me prendre pour le sauveur incontournable. La mission: briser les réseaux politico-militaires qui travaillent avec les groupes dont les bases arrière sont installées en Tunisie. Cette frontière est une vraie passoire malgré l'action du général Vanuxem, en 1957. Il avait commencé à développer un plan de verrouillage de la frontière. Un barrage électrique de trois cent vingt kilomètres est déployé entre les deux pays. Des centaines de tonnes de barbelés, avec des postes de repérage tous les quinze kilomètres. Il est prévu d'y ajouter des champs de mines. L'objectif: couper la route du ravitaillement et la relève des maquis de l'intérieur, pour priver les rebelles d'une position de repli. Le dispositif porte sur la région de Tébessa et de Souk Ahras, passage obligé des maquisards. Le général Vanuxem avait déjà voulu mettre le même système au point en Indochine, mais il n'avait finalement pas eu le temps de mener à bien son projet.

Mon régiment passe à l'action sur toute la région de Tébessa. Les combats se poursuivent de la fin janvier au 28 février 1958. C'est à ce moment que je suis convoqué à Paris. Je dois me présenter au général de Guillebon, commandant l'École polytechnique. Il m'invite à déjeuner avec son épouse. Un beau couple. Et, au dessert, un héros fait son apparition : Chaban-Delmas, le ministre de la Défense nationale. Très bel homme, élégant, racé, souriant. Il me propose de me présenter à la succession du député communiste de Seine-Saint-Denis, Marcel Cachin, qui vient de mourir. Il est sûr de mon élection. J'en reste ébahi. Je suis stupéfait. Flatté, bien sûr, mais l'aventure politique, ce n'est pas pour moi. Pas encore, puisque l'avenir me démentira. Je pense à mon régiment, qui est au même moment là-bas, en Algérie, aux prises avec les rebelles. Je préfère décliner la proposition. Pourtant, sur le chemin du retour, je réfléchis : pourquoi cette manœuvre ? Bien sûr, je suis, comme on dit, une figure. Des journaux, comme *Le Monde* ou *Le Figaro*, évoquent le « cas Bigeard ». J'accumule les succès, je dis tout haut ce que je pense, et surtout rien ne va plus dans cette IVe République.

Voilà pourquoi on veut parachuter, c'est le cas de le dire, un symbole dans l'arène politique. Tixier-Vignancour, un des représentants de l'extrême droite, veut me voir. Ça me fait une belle jambe. Il n'est pas impossible aussi qu'on m'ait proposé ce dégagement vers la politique pour éviter que je ne devienne un factieux et que je fomente un coup d'État. J'en aurais eu les moyens. Mes paras m'auraient suivi comme un seul homme. Mais ce n'est pas mon genre. J'ai toujours été et reste républicain, et légaliste.

Fin mars, je suis convoqué à Alger. Je me retrouve devant le général Gilles. C'est mauvais signe. Après trente mois de bons et loyaux services en Algérie on me force à passer la main. On veut m'éloigner, c'est clair. D'ailleurs le bruit de mon départ d'Alger court de plus en plus. *Le Monde* publie un article élogieux signé Eugène Mannoni. La bataille d'Alger est bien finie, comme mes banderas dans le djebel et le désert. Mais Mannoni a raison, je peux être fier de mon bilan. Mes innovations dans les attaques à bord d'hélicoptères ont fait largement école depuis. La façon dont j'ai mené mes interventions pendant cette guerre a été étudiée au plus haut niveau par les Américains. Mes méthodes sont expliquées aux élèves dans le cadre d'études sur les guerres de type révolutionnaire. Encore récemment, en 2003, soit quarante-sept ans après ces événements, des officiers d'état-major de l'armée américaine et Donald Rumsfeld lui-même ont analysé au Pentagone mon action dans les guerres subversives, pour s'en inspirer dans leur guerre en Irak et surtout dans le rétablissement de l'ordre à Bagdad.

Je vais partir d'Algérie et c'est l'éloge général: *Le Figaro*, *Paris-Presse*, *France-Soir,* tout le monde s'interroge sur mon avenir.

En effet, je suis relevé!

C'est un choc terrible pour moi. Avec mon régiment, nous avons vécu des victoires, perdu des camarades, nous étions devenus une entité, comme un seul homme: « Un pour tous, tous pour un! » Pourtant je dois obéir. Je rédige un ordre du jour qui me fait une peine indescriptible:

« On a toujours très mal quand on perd un être cher. Vous savez la place que vous tenez dans mon âme et dans mon cœur. Ma vie, ma joie, mes espoirs… 76 de vos camarades ont été tués, 220 ont été blessés. Que leur sacrifice ne soit pas vain. Où que nous soyons, restons dignes d'eux.

Je n'entendrai plus vos chants au lever du jour, je ne vous verrai plus défiler, conscients de votre force tranquille. Je m'arrête, vous allez me faire pleurer. Bonne chance ! Que Dieu vous aide et vous garde. »

Le 1er avril 1958, ce sont les adieux de mes paras sur le quai d'Alger. Sur mon départ, Jean Lartéguy écrit dans *Paris-Presse* : « Le colonel, lui, ne portait plus la casquette : il n'était plus le chef du 3e RPC, il avait donc repris le béret. Il est parti dans son style à lui où la rudesse cache la peine. Il ne prononça aucun discours, salua le drapeau, embrassa quelques-uns de ses hommes, très vite. Puis il se détourna et, de son pas agile de coureur de pistes, monta dans sa voiture. »

Le navire s'éloigne.

J'ai hâte de retrouver Toul, Gaby, Marie-France. Quelques jours pour récupérer, comprendre ce qui m'arrive. Pourquoi m'avoir éloigné si vite du théâtre des opérations, moi le combattant, avec les états de service dont je peux me prévaloir ?

Chapitre 24

L'école de Philippeville

Arrivé à Paris, je comprends enfin. Chaban avait des projets sérieux pour moi. Le général Gilles me convoque pour une nouvelle rencontre avec le ministre de la Défense. « Bigeard, dit Chaban, j'ai besoin de vous. Vous avez fait vos preuves et n'avez cessé de remporter des succès. Il vous faut former de nombreux autres Bigeard, avec votre esprit, vos méthodes. Je vous donne tous les moyens pour le faire, en cadre et en matériel : tout ce qu'il vous faut pour réussir votre mission. Je supprime l'École d'état-major à Paris, et je vous envoie tous ses capitaines en Algérie, que vous allez former à la guerre subversive. Vous serez libre de mener l'affaire comme vous l'entendez, vous aurez carte blanche. »

Comment refuser ? Comment résister au charme de ce grand personnage qui sait se montrer si persuasif ? Je vais enfin pouvoir enseigner les principes pour lesquels je me suis toujours battu. Je n'hésite pas une seconde et accepte.

C'est le début d'une nouvelle et belle aventure de quatre mois, celle du Centre d'entraînement à la guerre subversive. Une seule condition : je demande à travailler avec Lenoir et Martial Chevalier. Accordé.

Le 20 avril, je suis de retour en Algérie, à Jeanne d'Arc, non loin de Philippeville, au bord de la mer, sur le site d'un ancien casino. La presse ne tarde pas à appeler l'endroit « Bigeardville ». J'ai fait inscrire ma devise, « Croire et oser », sur le bâtiment principal. Pendant trois semaines, avec mes bras droits, le sergent-chef Bourgevin, Lenoir, Martial Chevalier, le capitaine Pétot, nous nous préparons à recevoir les stagiaires. Notre mission : former le plus de capitaines possible, rompus à la guerre subversive, en un minimum de temps. Les résultats sur le terrain doivent suivre, car les combats sont loin d'être terminés. Le stage sera donc de courte durée, quatre semaines, avec un enseignement axé sur la pratique. Peu de théorie, pas de parlottes. Des exercices physiques, des sauts en parachute, initiation au commandement par des opérations simulées. Ici, on est en situation réelle, tout près du djebel.

Oui, pas de temps à perdre, il faut agir. Le but de mon centre d'entraînement est de transformer nos officiers en de véritables fellaghas. Et pour ça, j'utilise mes moyens : donner d'abord la foi aux officiers, il faut se battre pour la défense du monde libre et y croire. De là des slogans affichés un peu partout dans les bâtiments, du type : « Cette armée, nous la voulons tous soutenue par le peuple et garante de nos libertés. »

Sur une tour de vingt mètres de haut, qui domine la piscine, je fais suspendre une immense flamme noire de dix mètres, brodée d'or, avec la devise « Croire et oser ». Il faut que les gars comprennent ce que l'on attend d'eux. Autre moyen : mobiliser les hommes autour d'un symbole, un exemple concret. Je choisis évidemment un simple sergent-chef, mort au combat, qui a montré tout ce que je veux voir chez tous les élèves : le service, le courage, le dévouement à la cause, l'héroïsme en somme. Ce soldat, bien sûr, c'est le sergent Sentenac, disparu pendant les combats de Timimoun. La photo de son visage couché sur le sable brûlant est affichée en grand sur les murs de l'école, avec en sous-titre son dernier murmure : « Qui ose gagne. » Il faut aussi entretenir le souvenir pour se rappeler les victoires et les erreurs passées.

Dans mes cours, je parle souvent de la bataille de Diên Biên Phu. C'est un épisode qui nous a tous marqués. Il ne faut pas l'oublier, et surtout éviter de refaire les mêmes erreurs. Chaban vient en personne inaugurer ma boutique. Les cours commencent avec quatre-vingt-six officiers. Pas pour longtemps. Le 10 mai, la première promo part expérimenter la méthode Bigeard dans le djebel. En un rien de temps, elle va devenir une institution célèbre et respectée.

Le deuxième stage commence, avec tout le gratin des hauts gradés, notamment les généraux Jouhaud et Gilles. Mais nous sommes bientôt interrompus par les troubles du 13 mai 1958 qui éclatent à Alger.

Ces événements sont le résultat des incohérences que je dénonce depuis des années. Les Français d'Algérie n'en peuvent plus de la situation. Ils sont farouchement déterminés à conserver l'Algérie française. Des Comités de salut public se forment. La foule algéroise met à sac l'immeuble du Gouvernement général : c'est l'insurrection. Massu annonce l'arrivée de Soustelle à Alger et se joint à tous ceux qui demandent au général de Gaulle de rompre le silence et de « former un gouvernement pour sauver l'Algérie de l'abandon ».

De Gaulle est bien devenu l'homme providentiel. Tout le monde espère qu'il va sauver la situation, mais personne n'est d'accord sur les buts et les moyens. Certains pensent qu'il conservera l'Algérie dans le giron de la République française ; d'autres qu'il rétablira l'autorité de l'État et qu'il donnera à ce territoire un autre destin politique allant davantage vers l'autonomie. En tout cas, on réclame le grand Charles, à cor et à cri.

Certains invoquent mon nom, dans les deux camps on prétend avoir mon appui. Trinquier, qui a pris ma suite à la tête du 3e RPC, déclare même qu'il redoute de me voir débarquer à Sidi-Ferruch pour prendre la tête de mes paras. Bref, c'est la « chienlit ». Dans mon centre d'entraînement, les esprits s'échauffent mais je tiens bon, et malgré tout ce qui a pu être écrit sur mes faits et gestes pendant cette période, je n'ai jamais rejoint Alger, je n'ai pas bougé de Philippeville. Je poursuis l'instruction des officiers que l'on m'a confiés. Bien sûr, je me pose beaucoup de questions. Dois-je rester là, ou bien filer à Alger, me présenter sur le forum, où ma présence risquerait d'enflammer davantage encore les parachutistes ?

Les jours suivants, je fais un rapide déplacement à Alger. Je rencontre Massu, pour revenir aussitôt dans mon camp d'entraînement : je suis convaincu que ma place n'est pas dans ce foutoir. Je préfère rester en dehors du coup, plutôt que risquer de passer, comme d'autres, pour un factieux, ce que je ne suis pas.

Le 1er juin 1958, à Paris, de Gaulle est investi président du Conseil. Il reçoit les pleins pouvoirs. Je poursuis mon travail dans l'école.

Le 4 juin, de Gaulle arrive à Alger. C'est le fameux discours : « Je vous ai compris... » L'ambiance est électrique. « Je vous ai compris ! Je sais ce qui s'est passé ici. Je vois ce que vous avez voulu faire. Je vois que la route que vous avez ouverte en Algérie est celle de la rénovation et de la fraternité. » Un discours qui ne mange pas de pain, et où chacun peut comprendre ce qu'il veut. En tout cas, les Européens ne doutent pas que de Gaulle est leur sauveur.

Dans mon école, les inscriptions fleurissent sur les murs : « Bigeard à Paris ! Bigeard au pouvoir ! » Cela ne me fait ni chaud ni froid. Pas l'intention de céder à la tentation. Je garde la tête froide et poursuis mon boulot à Philippeville, pendant que les militaires d'Alger continuent leurs manœuvres absurdes. Tout l'été les stagiaires se succèdent. J'y gagne l'amitié durable de Chaban, décidément un type exceptionnel. Dans mon centre, nous recevons de plus en plus de journalistes, attirés par ces méthodes qu'ils veulent voir à l'œuvre. Cela rompt un peu notre isolement, et c'est un réconfort de constater qu'à Alger et à Paris, on s'intéresse à notre mission.

Mais on ne contrôle pas toujours ce qu'écrivent les journalistes. Lartéguy, mon ami Lartéguy, publie une série d'articles dans *Paris-Presse*. Il a voulu me rencontrer, a recueilli mes propos, l'ambiance était décontractée, je me suis laissé aller à parler sans penser aux conséquences. Voici ce que ça a donné dans son article :

« Lorsque je le rencontre, le colonel Bigeard est en bottes de saut et veste camouflée, il est accroupi sur ses talons et parle à sa chatte Miquette que lui a donnée le général Salan : "Alors, Miquette, papa Salan a pas voulu que Bigeard aille au forum ?" Voyez, m'sieur, j'en ai été malade, à me cogner la tête contre les murs, de les entendre là-bas à Alger répéter mes slogans, faire ce que je réclamais tous les jours, et de rester cloué ici. Puis ça m'est passé parce que ce que je fais ici est quand même utile. »

Quand il découvre ces lignes, naturellement, « papa Salan » manque de faire une attaque. D'autant que je ne me suis pas gêné pour émettre mes critiques habituelles sur la façon dont on mène la guerre. Je n'ai jamais été tendre avec les responsables militaires, en Algérie pas plus qu'ailleurs. En tout cas, Salan me convoque à son QG et veut m'obliger à démentir ce que j'ai dit à Lartéguy. Je refuse :

« Je dis ce que je pense, et ce que je pense, c'est moi. Je ne peux pas me trahir. »

Il réagit au quart de tour :

« Puisque c'est comme ça, Bigeard, vous quittez l'Algérie sur-le-champ. Je vous donne quarante-huit heures pour faire vos valises et rentrer en France en attendant une nouvelle affectation. »

Je suis donc viré d'Algérie, laissant mon école à un avenir incertain. La sanction ne passe pas inaperçue. La presse reprend les questions que tout le monde se pose. Officiellement ce n'est qu'une mutation, mais personne n'est dupe. Ce départ précipité crée des remous qui remontent jusqu'à de Gaulle. Mon retour en France, comme on dit, « soulève une certaine émotion ». Mais le grand Charles déclare : « Il n'y a pas de cas Bigeard. »

Le 4 août 1958, à mon arrivée à Paris avec Gaby et Marie-France, je suis interrogé par un journaliste du *Parisien* :

« Qu'est-ce que vous allez faire ?

– Trouver un hôtel d'abord, puis me changer. Je ne veux pas vous en dire plus, car si j'en dis trop, je vais bientôt me retrouver en taule. »

Je rentre donc à Toul, pour une période de méditation et de silence qui va s'étirer trop longtemps à mon goût. En fait, j'ai droit à des congés. Deux mois qui vont devenir quatre. Je n'ai qu'un désir : retourner au combat.

Le 3 décembre, Salan se décide enfin à me rappeler.

Chapitre 25

Retour en Algérie

Salan me renvoie en Algérie. Il a passé l'éponge avec élégance. Je bondis de joie. Je vais retourner avec mes paras, comme adjoint de Ducourneau. Je retrouve un peu de sérénité, et j'attends mon départ dans le calme.

Vers la fin décembre, un journaliste arrive de Paris et se pointe devant ma petite maison. Je refuse de le recevoir, mes récents contacts avec la presse m'ont joué assez de mauvais tours. Il reste des heures dans sa voiture, à attendre devant ma porte. Je finis par le laisser entrer. Après tout, il ne fait que son métier.

Je lui offre un café, je téléphone à son directeur à Paris pour prévenir que je refuse, étant donné les circonstances, tout article me concernant. Le journaliste me donne sa parole d'honneur de ne rien écrire. Mais le lendemain, dans un quotidien parisien, paraît un article de deux pages, parfaitement stupide :

« Bigeard s'en va-t-en-guerre…

L'homme des djebels nous dit : "Ah, les vaches, ils ont failli me faire passer Noël en famille." Depuis qu'en lisant les journaux ils ont appris en quelques lignes que "Marcel" revenait, ses anciens compagnons d'armes, officiers ou soldats, demandent tous une permission. Ils veulent être là lorsque Bigeard débarquera à Alger. Nos généraux sont des centenaires, et ils commandent de loin. Qu'ils fassent trente kilomètres sous le soleil avec la bouche en feu, comme le font mes paras, ils auront le droit de donner des ordres. Si on savait s'y prendre, il y a très longtemps qu'on ne parlerait plus de cette guerre d'Algérie… »

Je suis fou de rage. Encore une affaire qui ne va pas faciliter mon retour. Pourtant non ! Aucune réaction du commandement.

Le 12 janvier 1959, je rejoins seul Alger où m'attendent Botella et quelques amis. Je dois me présenter à l'état-major, alors en plein remue-ménage. Salan vient d'être remplacé par « l'aviateur », le général Challe. Quant à moi, je ne serai pas l'adjoint de Ducourneau auprès de mes paras, mais je prendrai le commandement du secteur de Saida, en Oranie.

L'affectation peut sembler prestigieuse, mais c'est un cadeau empoisonné. Je suis à la tête de cinq mille hommes. J'ai sous ma responsabilité le 8e régiment d'infanterie motorisée, le 14e bataillon de tirailleurs algériens, et le 23e régiment de spahis. C'est lourd, difficile. Un ensemble hétéroclite qui manque d'unité et de foi dans le combat. Heureusement, j'ai à mes côtés quelques officiers remarquables sur qui je sais pouvoir compter : le commandant Peretti, ancien d'Indochine, le capitaine de Llamby, le lieutenant Grillot, un de mes anciens paras qui se fera connaître sous le nom de « Georges ».

Ces hommes sous mes ordres ne sont pas des professionnels, mais des appelés du contingent. Cette nouvelle situation ne m'effraie guère. Je sais que je saurai surmonter les difficultés. Je vais même avoir quelques bonnes surprises. Car tous ces jeunes en veulent, même s'ils sont moins costauds et moins expérimentés que mes paras. Ils comprennent vite et sont capables d'initiatives surprenantes. Finalement, ils deviendront de véritables « Bigeard boys ».

Le premier objectif est le même que celui que je m'étais fixé trois ans plus tôt à Constantine. Redonner du tonus, retrouver la foi combattante, ranimer la flamme. Et pour cela, il n'y a qu'un moyen : entraînement physique régulier, discipline, réorganisation des services, avec un 2e Bureau efficace.

De février à août, les choses avancent bien. Chacun y met du sien. J'arrive à insuffler à cette troupe hétéroclite un véritable esprit d'équipe. Au bout d'un mois mes hommes sont prêts à l'action. À partir de là, nous pouvons nous lancer dans des formes de combat nouvelles et audacieuses. Tout le monde est mis au même niveau. On abandonne les chevaux et les véhicules pour se déplacer à pied. Pendant que je m'occupe de l'entraînement des effectifs, Gambiez regroupe les populations, selon la nouvelle politique décidée par le général Challe. Le principal objectif est de faciliter l'action administrative, médicale et scolaire en privant le FLN et l'ALN de leur soutien local. En somme, il faut orienter l'action vers le social pour combattre les diverses manifestations de la guérilla. Ces nouvelles dispositions sont indispensables compte tenu de la situation très particulière de l'arrondissement de Saida. Sept mille trois cents kilomètres carrés, à cheval sur l'axe formé par la route nationale 6 et la voie ferrée d'Oran ; une population de quatre-vingt-dix mille habitants, dont quatre-vingt-deux mille musulmans : c'est un secteur où le fellagha est chez lui, protégé par la population qui peut le cacher après ses sorties et lui procurer le soutien matériel nécessaire.

Pour faire face à cette situation, plusieurs stratégies ont été expérimentées sans succès, avant mon arrivée. Challe a donc conçu une politique de regroupement des populations. En Oranais, il y a peu d'Européens. C'est là qu'on commence à déplacer des civils, avant même l'arrivée de Challe à Alger. Ces mouvements de populations sont pénibles pour les déplacés, et pour moi ce travail n'est pas très glorieux, mais sécurité oblige. L'affaire a été menée efficacement par le général Gambiez qui dirige la région dans son ensemble. Depuis juin 1958, dans l'arrondissement de Saida, trente-deux mille personnes ont été regroupées dans vingt-deux centres. C'est dans ce contexte que je mènerai mon action.

La première urgence étant de privilégier des activités civiles, je change de casquette. Bigeard devient un organisateur, un administrateur. J'applique les directives du plan Challe. Cela me confère d'importants pouvoirs administratifs. Je réunis les maires, je parle aux populations, je dirige la gestion des centres dans lesquels elles sont regroupées. Pendant un temps, nous ne sommes plus des militaires combattants. Tous ces gens déplacés ont besoin qu'on prenne leurs problèmes à bras-le-corps. Il faut organiser le secteur, soigner les malades, éduquer les enfants.

Le plan de Constantine mise sur la modernisation de l'Algérie, pour laquelle le gouvernement a décidé de consacrer des sommes importantes. C'est un tournant essentiel dans cette guerre. Cela aurait même pu réussir, si tout le monde y avait mis du sien, si le commandement dans son ensemble et les politiques y avaient cru.

J'étudie la situation. Dans la zone de Saida, je constate que quatre mille emplois nouveaux pourraient être créés en cinq ans grâce aux quinze milliards débloqués par la France. C'est bien, mais c'est insuffisant. Il faut, là encore, de la créativité, de l'audace. Je conseille au général Challe, dans le rapport que je lui remettrai au cours de l'année, de développer l'économie traditionnelle où l'on peut créer de nombreux emplois. Évidemment, à cette époque, la mode est plutôt à l'industrialisation forcenée. Mais aujourd'hui, on peut se demander si un tel plan n'aurait pas eu toutes les chances de réussir.

Il faut encore éradiquer la résistance, et pour cela il ne suffit pas de déplacer les populations. Il faut aller beaucoup plus loin, activer les services de renseignements, pénétrer le réseau ennemi. C'est pourquoi je crée un noyau opérationnel de mille quatre cents hommes, un ensemble mobile prêt à intervenir à n'importe quel moment. Pendant ce temps, de Llamby s'occupe du renseignement. Des groupes autonomes sont constitués, le fer de lance de cette entreprise est le commando « Cobra », nom de code de son organisateur, le lieutenant Gaget du 23e spahi, un officier remarquable dont la mission est de former une unité d'Européens volontaires pour des activités de renseignements.

L'autre stratégie consiste à recruter un commando d'anciens rebelles repentis qui vont se battre à nos côtés. C'est le lieutenant Grillot, dit « Georges », qui en prend le commandement. C'est une expérience qui va faire couler beaucoup d'encre, et d'ailleurs, hélas, se terminer tragiquement, peut-être parce que les procédés de recrutement ne semblent pas très orthodoxes.

« Georges » recrute dans les prisons. Il sélectionne les combattants les plus valeureux, des volontaires qui seront engagés par contrat mensuel renouvelable. Puis il leur explique le but de la mission. Il leur rappelle que nous n'avons jamais perdu de bataille jusque-là, les convainc de se ranger de notre côté et de se battre pour éradiquer la misère et empêcher le racket – pompeusement baptisé « impôt révolutionnaire » – des activistes, militants ou simples malfrats qui appauvrissent encore plus les populations démunies.

De mon côté, je donne l'exemple en prenant comme adjoint l'adjudant Zga, qui fera preuve d'un grand dévouement et me suivra dans tous les coups durs. Quant à « Georges », il parle à ses nouvelles recrues de dignité, de liberté, il parvient à en convaincre un, puis deux, puis six. Pour les rassurer sur sa bonne foi, il partage tout de leur vie, passe ses nuits sous la tente avec eux, sans savoir très bien au début s'il se réveillera le lendemain ou s'il aura été égorgé. Mais ses arguments portent. La nuit, ces hommes de l'ombre deviennent des soldats. Ces repentis sont en réalité des types sans repères, qui ne savent plus à quel saint se vouer. Notre boulot : les remettre sur pied. Ils ont besoin de se dévouer à des chefs, de croire à nouveau en quelque chose. C'est à nous de leur offrir un encadrement solide et la possibilité d'une promotion rapide.

En quelques semaines, c'est gagné. L'unité de Georges devient l'autre fer de lance de notre ensemble, un outil de combat efficace, précieux dans la détection et le renseignement. Habillé en fellaghas, le commando nous précède souvent dans les villages, et joue la comédie, prétendant fuir les Français et avoir de nombreuses informations sur leurs positions. Du coup toute l'équipe FLN locale accourt, et nous n'avons plus qu'à les cueillir.

Le commando « Georges » se développe très vite. D'autres musulmans viennent rejoindre le groupe qui, en une semaine, compte plus de quatre-vingts recrues. En discutant avec eux, je me rends compte que ces hommes s'inquiètent de leur avenir dans une Algérie pacifiée. Ils se demandent ce que la France pourra leur offrir, et si le maintien de notre présence se traduira par une amélioration de leur condition. Nous essayons de les convaincre et de les rassurer. J'en ai le cœur serré quand j'y pense. Sur le fanion du commando Georges, cette inscription : « Chasser la misère ».

Nous avons entrepris un travail à grande échelle et de longue haleine, travail de retournement des esprits. Malheureusement, mes successeurs ne donneront pas toujours les suites nécessaires, et le sort de ces musulmans engagés aux côtés de l'armée française reste une tache très noire dans l'histoire de notre pays. Ils sont convaincus qu'ils doivent lutter aux côtés d'une nation qui peut leur apporter prospérité et développement. Ils voudraient une Algérie débarrassée du pouvoir dictatorial que le FLN commence à instaurer. Une Algérie débarrassée de la violence, du parti unique, dont la tyrannie se profile si la France quitte le pays.

Ils vont payer très cher cette fidélité, pendant la guerre, et au lendemain de l'indépendance algérienne. Le massacre des harkis et de leurs familles a été d'une telle ampleur qu'aujourd'hui encore, il n'est pas possible de donner de chiffres précis sur le nombre de victimes : entre cent mille et cent cinquante mille, selon les historiens.

Avoir abandonné ces hommes dévoués à notre cause est une véritable honte. Bien sûr, on pouvait prévoir que ces « traîtres » subiraient les représailles du FLN. Certains d'entre eux, quand nous sommes partis, s'accrochaient aux camions qui ramenaient nos troupes vers les ports et les aérodromes. Les soldats français avaient reçu l'ordre de n'en accepter aucun à bord des véhicules. Certains militaires leur tapaient sur les mains à coups de crosse pour qu'ils lâchent prise. Tout le monde savait qu'ils seraient massacrés. Personne n'a bougé ! Ces pauvres gars regardaient partir les militaires français avec le sentiment d'être les derniers représentants de la présence française.

Le massacre a commencé aussitôt, au fur et à mesure que l'armée abandonnait les postes dans le bled. On a retrouvé leurs dépouilles, émasculés, brûlés vifs, égorgés, massacrés à coups de hache. Tous les hommes du commando « Georges », ou presque, ont fini de cette façon horrible.

Je n'ai pas vécu sur place la période de ces massacres. J'avais quitté l'Algérie un an plus tôt. Mais je n'oublie pas le dévouement de ces hommes, tel l'adjudant Zga, prêt à affronter toutes les épreuves avec moi. Il est mort assassiné à la fin de l'année 1959, dans sa voiture. Une balle tirée à bout portant, alors qu'il conduisait sa toute jeune fille à une fête foraine. Comme l'a dit le président Chirac le 25 septembre 2001 : « La France, en quittant le sol algérien, n'a pas su empêcher le massacre des harkis. Elle n'a pas su sauver ses enfants. »

Pour ceux qui ont pu échapper à ces massacres de masse, le sort que leur a réservé la France a été lamentable. Ils ont été parqués dans des camps, abandonnés de tous, ils se sont battus pendant des décennies pour donner une éducation décente à leurs enfants, certains aujourd'hui encore se démènent pour que l'on prenne en compte leur misère. Ils demandent, à juste titre, qu'on leur donne les mêmes droits qu'aux combattants français d'Algérie.

En tout cas, dans les premiers temps du commando « Georges », le bilan est extrêmement positif. Au bout de cinq mois, cinq cents rebelles sont au tapis, trois cents armes saisies, mille cinq cents personnes arrêtées.

En Algérie, on parle à nouveau de mes succès. Cela finit par se savoir à l'Élysée, car le général de Gaulle, qui a décidé de venir faire la tournée des popotes en Algérie, commence sa visite par mon secteur, celui de Saida.

De Gaulle va venir chez Bigeard ! À partir du 15 août, je vois défiler chez moi de nombreux visiteurs de Paris et des états-majors. Ils s'inquiètent de la façon dont je vais recevoir le général. Tout ce que je demande m'est accordé, mais on continue à se méfier de moi. Le général Jarraud, qui commande le secteur de Saida, me dit un jour lors d'une liaison:

« Je compte sur vous, Bigeard, tâchez d'être aussi brillant que d'habitude.

– Pas de problème, mon général. Le général de Gaulle ne m'impressionne nullement. »

C'est ce que je dis ! Même si aujourd'hui je regrette un peu ces propos. On ne se refait pas. Mais recevoir le grand Charles, cela me fait tout de même une certaine impression.

Le 27 août, c'est le jour J. Tout est paré à mon PC, propre, nickel: cartes, organigrammes, situations amies et ennemies. La pacification, les crédits, etc. Le programme est organisé à l'avance. Le clou du spectacle: mes troupes doivent défiler à Saida. Le style sera très para.

De Gaulle arrive à 8h30. Sa flottille d'hélicoptères se pose dans un ordre impeccable. Guillaumat, ministre de la Défense, Challe, de nombreux généraux et les personnalités civiles sont présents. Nous rejoignons Saida en hélicoptère. Me voici seul, assis face au grand homme, dans l'hélicoptère aménagé, drapé de tissu blanc. Je l'observe discrètement: un grand corps lourd, du ventre, un air un peu las, vaguement hautain, mais une présence impressionnante.

On m'a dit qu'il avait des problèmes de vue. Mais à un moment, regardant le vide, il me lance:

« Bigeard, pourquoi certaines parties de forêt sont-elles brûlées en dessous ?

– Mon général, ce sont les grenades incendiaires au cours des combats.

– Il faut éviter cela, mon jeune ami.

– Bien, mon général. »

Soudain je suis comme paralysé alors que j'aurais tellement de choses à lui dire.

À Saida, des milliers de personnes en liesse. De Gaulle passe les troupes en revue et c'est le défilé. Puis il prend son bain de foule. Des cris : « Vive de Gaulle ! Vive Bigeard ! » Il reste impassible, c'est vraiment la statue du Commandeur. Je suis un peu inquiet : pourvu que tout se passe bien. Direction mon immense bureau. J'explique mes organigrammes devant cet aréopage de hauts dirigeants. Pas une interruption, pas un mot du général. Il m'écoute, glacial. Jarraud me dira en sortant : « Bruno, vous étiez moins à l'aise que d'habitude. » Il a raison, ce monument m'a un peu fait perdre les pédales.

Le repas est prévu à la mairie. Une douzaine de tables. De Gaulle tient à s'isoler dans une salle à part avec moi et quelques officiers que j'ai choisis : Peretti, Georges « Cobra » et quelques autres. Alors, dans ce huis clos, nous vidons notre sac. Nous lui expliquons ce qu'il faut faire, selon notre point de vue, pour gagner au plus vite : rajeunir les cadres de l'armée, faire comprendre et admettre cette guerre par les Français, mais tout cela dans un esprit d'ouverture face aux réalités que nous côtoyons tous les jours, tout ce que j'ai expliqué dans deux dossiers, politique et militaire, que je lui remets ce jour-là.

Dans cette liasse de papiers, beaucoup de choses que j'ai déjà constatées, mais aussi une idée forte : celle d'une Algérie nouvelle. Pas cette Algérie française que réclament beaucoup de militaires, mais une coopération étroite entre musulmans et Européens. Promouvoir l'élite musulmane, lui donner des responsabilités. Et pour y arriver, cette paix des braves, exactement ce que préconise le général.

L'après-midi, présentation des corps constitués à la mairie où Gaby, très émue, est la première à l'accueillir. « Mes hommages, madame, dit le général, j'ai l'honneur de vous connaître car je vous ai vue sur de nombreux hebdomadaires. » Je ne sais pas si c'est vraiment un compliment, le grand Charles n'est pas fou des gazettes, ni de la publicité. Gaby conserve encore la photo où l'on voit de Gaulle lui serrer la main.

Ensuite, le général rend visite longuement au commando musulman. Il tient à remettre quelques Croix de guerre. Il prend le thé sous la tente avec les « Georges » qui lui donnent quelques cadeaux. Puis il s'en va. Je me demande ce qu'il est venu faire : il n'a rien dit, il ne m'a pas encouragé, je ne sais pas ce qu'il pense. Mais je lui ai remis mon dossier et lui ai dit ce que j'avais sur le cœur, pour moi c'est l'essentiel.

En résumé, la coopération que j'entrevois ne sera possible qu'avec des hommes de valeur des deux côtés. L'armée y a son rôle à jouer. Particulièrement comme outil d'intégration. C'est possible, « Georges » est en train de le prouver avec son commando musulman : ici, on ne parle pas de harkis ou de tirailleurs, mais de soldats. Je précise dans mon dossier que ces recrues doivent être considérées comme des éléments à part entière de l'armée française.

« Aujourd'hui, les termes de harkis et de tirailleurs sont à bannir de notre répertoire. Nous devons reconsidérer complètement le problème des unités nord-africaines. Les charges qui pèsent sur la jeunesse de France métropolitaine en seront allégées d'autant, et la jeunesse algérienne participera enfin vraiment au combat. »

Plus loin, je précise que je crois fermement en cette coopération ; elle peut réussir :

« La rébellion nous a montré que d'anciens sergents de l'armée française étaient devenus commandants de zones. Pourquoi alors s'en tenir à une politique périmée et ne pas aller de l'avant avec la promotion rapide des cadres qui en ont l'étoffe ? Derrière cette coopération de deux peuples unis sous l'égide et l'autorité de la France, il y a un idéal : la liberté, la dignité. »

À un journaliste du *Courrier de Lyon*, quelques mois plus tard, je déclarerai : « Me battre uniquement pour que la France reste en Algérie, cela ne signifierait pas grand-chose pour le fils du peuple que je suis. Si j'ai foi dans le combat que nous menons ici, c'est que j'ai compris que pour ce pays la présence française signifie quelque chose, c'est que la France a toujours défendu avec moi une même valeur qui s'appelle la liberté. »

Ces positions, je les défends depuis longtemps. Elles datent de 1946, époque où j'ai épousé la vision du maréchal Leclerc. Il a invité les Français à faire des compromis et à mener une politique intelligente vis-à-vis des Viets révoltés. Je le répète, on ne reste pas dans un pays contre la volonté de ses habitants.

Je ne saurai jamais ce que de Gaulle a pu penser en lisant mes deux rapports. Du bien sans doute ? Mes positions n'étaient pas très éloignées des siennes. En tout cas, il s'est toujours conduit avec moi de façon parfaite. En 1968, c'est lui qui me nommera à Dakar. Lui aussi qui, un mois avant sa disparition, le 8 novembre 1970, m'enverra le premier tome de ses *Mémoires d'espoir* (*1958-1962)*, dédicacé « En souvenir de l'héroïque Bigeard ». Sans doute avait-il en mémoire cette visite sereine ; j'avais tout fait pour la rendre chaleureuse. En réalité, j'apprendrai un peu plus tard l'objectif de sa tournée en Algérie : il voulait sonder l'armée, comprendre son état d'esprit, la rassurer. Quant à sa visite à Saida, elle reste pour moi, aujourd'hui encore, un souvenir inoubliable.

Après ce moment exceptionnel, c'est le retour à la normale. Nous continuons de nettoyer le secteur. Belles prises. Et malheureusement, des moments pénibles, comme l'assassinat de mon adjoint dévoué, l'adjudant Zga, que j'ai déjà évoqué. Il faut parfois beaucoup de foi et de courage pour continuer malgré les coups durs.

Au 1er décembre 1959, le bilan de mon secteur est particulièrement positif. La triple mission que je me suis fixée est quasiment menée à bien. La rébellion est détruite à 95 %, ce qui nous place bien au-dessus des autres secteurs. Les deux katibas rebelles sont anéanties. En dix mois, leurs pertes sont de cinq cent vingt tués, cent trente prisonniers et dix-huit ralliés. De notre côté, seize tués, dont quatre par accident.

Pour ce qui est de l'organisation politico-administrative, mille huit cents membres du FLN ont été arrêtés, trente ralliés. La wilaya 6, circonscription administrative rebelle, est démantelée. Parallèlement, nous avons bien fait progresser l'action sociale. Avec des éléments algériens, dans le domaine de la scolarisation principalement, en mettant en place des infrastructures solides.

Début 1960, la zone de Saida étant pacifiée, le général Gambiez me charge d'appliquer les mêmes méthodes dans le secteur d'Aïn Séfra, à environ deux cents kilomètres au sud de Saida. C'est le dernier rempart avant le désert. Une montagne décharnée, un paysage de fin du monde. Suprême récompense, consécration de mes efforts, on me confie quinze mille hommes. Gambiez me propose pour le grade de général de brigade, mais je devrai attendre encore huit ans.

Ma garde rapprochée me suit dans cette nouvelle affectation. Martial Chevalier, Marc Flament, Peretti, Georges, Chabannes. Gaby veut aussi m'emboîter le pas avec Marie-France, mais Peretti insiste pour que je les raccompagne en France. Un bled aussi paumé et dangereux, ce n'est pas la place d'une femme et d'une jeune fille. Je les ramène donc en Lorraine d'un coup d'avion.

Au moment où je m'apprête à repartir, j'apprends la mort de Peretti dans un accident d'hélicoptère au cours d'une liaison sur Oran. Disparition brutale d'un proche. Un grand aviateur, trois mille heures de vol, dont neuf cents en mission de guerre. Et quelques mois seulement après celle du colonel Brunet : c'est un choc terrible, Peretti qui devait être mon premier adjoint à Aïn Séfra ! Nous étions proches, une amitié profonde nous liait. On parlait même dans mon entourage de la fameuse équipe Bigeard-Peretti.

J'atterris à Oran. Georges est présent à l'aéroport. Nous filons en voiture sur Aïn Séfra en passant par Saida. Je n'arrive pas à oublier Peretti : nous parlons de lui sans cesse, j'ai un mauvais pressentiment, comme si la chance, la fameuse baraka Bruno, allait m'abandonner.

J'arrive à Séfra. Il était temps. Les fellaghas reprennent du poil de la bête. Ils traquent les Français avec férocité. J'apprends qu'une quinzaine de jeunes militaires ont été tués. J'irai me recueillir sur leurs tombes. Encore des morts pour rien : on n'a pas su les former, faire ce qu'il fallait. Je vais devoir remettre de l'ordre dans ce bordel. J'envisage l'organisation d'un fort groupement opérationnel en vue de toute une série d'opérations déjà préparées, lorsque j'apprends par la radio la relève de Massu.

Du 24 janvier au 1er février, c'est la fameuse affaire des barricades.

La situation à Alger est tendue à l'extrême, le feu se rallume, les activistes, inquiets de voir leurs espoirs d'Algérie française s'éloigner, furieux d'entendre de Gaulle parler d'autodétermination, se révoltent et affrontent l'armée et la police. Le capitaine Chabannes, mon fidèle adjoint, a réussi à être affecté chez moi. Avec lui et Georges, nous suivons à la radio les événements d'Alger. J'envoie le sergent-chef Flament faire une reconnaissance rapide à Alger pour prendre contact avec les leaders des barricades, et faire le point sur la situation. Mais Flament va jouer les commandos, décoller d'Alger malgré l'interdiction et les barrages placés sur la piste : il est suivi par la chasse et se pose acrobatiquement à Séfra.

Je reçois un télégramme du commandement me demandant qui se trouve dans l'appareil. Je réponds :

« Sergent-chef Flament, photographe, retour d'Alger où il était allé chercher des pellicules. » L'incident est clos. Un chef doit parfois savoir couvrir ses hommes.

Bientôt une délégation de civils « Algérie française » arrive d'Oran pour me demander de les épauler. « Mon colonel, Oran suit Alger, vous seul pouvez prendre notre commandement : vous aurez toute la ville derrière vous. Nous ne voulons pas larguer l'Algérie. »

Ce sont des moments pénibles pour un soldat. Je refuse de prendre position sur un terrain qui n'est pas le mien, la politique. Je réponds non. Que puis-je faire d'autre ? Après quatre ans de guerre et de lourdes responsabilités, je voudrais bien pouvoir agir, mais les ordres sont les ordres. Encore une fois, je suis légaliste. Pourtant, le dilemme me torture. Je suis profondément travaillé par ces contradictions vraiment tragiques. J'en perds le sommeil. Ma conscience de militaire me demande d'obéir, ma conscience d'homme me dit : « Bruno, tu n'as pas le droit de lâcher ces pauvres gens qui ne sont plus rien sans toi. » Je ne peux pas rester silencieux. Je dois réagir, faire quelque chose.

Le 29 janvier, je me décide à écrire une déclaration que Chabannes ira transmettre à Oran. Elle sera diffusée à la radio et dans la presse. Je confirme mon indépendance de pensée et d'action.

« Dans les circonstances particulièrement graves que nous traversons, au moment où rien n'est clair, où chacun s'interroge, hésite, où des intérêts personnels commencent à se dévoiler, de mon poste d'Aïn Séfra où je continue la lutte contre le FLN, j'estime de mon devoir de faire connaître à ses camarades de combat, d'hier et d'aujourd'hui, mes sentiments. Pour les Français de la métropole, pour les Français d'Algérie, Européens et musulmans, pour l'Occident, je suis convaincu que nous menons ici notre dernier combat d'hommes libres.

Je suis seul, je ne fais partie d'aucun complot. Je pense, en toute bonne foi, que les révoltés des barricades représentent effectivement le peuple d'Algérie et n'ont agi que par désespoir. Que veulent ces hommes et l'armée qui combat ? Ils veulent avoir la certitude que leur combat n'est pas vain et que tous les doutes soient définitivement levés, que soient prises les mesures indispensables qui permettront de vaincre la subversion, c'est-à-dire revaloriser notre instrument militaire, adapter la justice aux circonstances, retrouver la foi dans les destinées de la France. Alors les barricades disparaîtront et tous ensemble, nous pourrons terminer la lutte contre la véritable rébellion. »

Je n'ai pas mesuré à quel point une déclaration publique, dans les circonstances très agitées que nous vivons, peut devenir un véritable brûlot. La moindre parole, et la guerre civile risque d'exploser. Je n'ai pas mesuré la portée de ma voix. Je suis populaire, mes paroles comptent dans les états-majors, je dois faire attention car les civils m'écoutent tel un oracle. C'est dangereux. Ce n'était pas le moment d'ouvrir sa gueule. Je me trouve dans une situation très embarrassante. Démenti, déclarations apaisantes. C'est trop tard. Dans les états-majors, c'est la panique. Je suis convoqué à Paris. J'en aurai fait, des allers et retours !

J'arrive au Bourget. Un comité d'accueil m'attend. La police est à ma descente d'avion. Un CRS m'empoigne.

Je le fusille du regard. Il comprend vite qu'il vaut mieux ne pas insister. On me conduit à l'hôtel Saint-Augustin. Je suis consigné dans ma chambre.

Je téléphone à Toul. Gaby au bout du fil.

« C'est toi, Marcel ? Je t'entends parfaitement.

– Bien sûr, je suis à Paris. »

Je lui explique ce qui vient de se passer.

« Viens tout de suite, je vais me retrouver en taule. »

Elle arrivera dans la nuit, et aura le droit de rester dans ma chambre. Elle est affolée. Je la rassure.

« T'en fais pas, nous sommes encore jeunes, je trouverai du travail dans le civil. »

Le lendemain, je suis convoqué par le chef d'état-major de l'armée de terre. Entrevue sportive : « Bigeard, de quel droit avez-vous rédigé cette déclaration ? Vous exagérez ! Pour qui vous prenez-vous ? » Décidément, ça va très mal. Pourtant, depuis Oran, Gambiez téléphone à Paris. Il exige mon retour. Estime qu'il a besoin de moi dans le Sud oranais et affirme qu'il me connaît suffisamment pour être sûr que je ne suis d'aucun complot. Je renfile mon uniforme : ça va repartir.

Mais, dans son bureau paisible du ministère de la Défense, Guillaumat, qui me garde une rancune sérieuse à cause de ma déclaration pendant les barricades, n'est pas du même avis. Bref, je rejoins quand même Oran, je me présente à Gambiez qui me relate ses démarches. Un type formidable, compréhensif, humain, un vrai chef. La photo de son fils tué à Diên Biên Phu trône sur son bureau.

« Bigeard, faites-vous partie d'un complot ?

- Vous savez bien que non, mon général.

– Bien, alors n'en parlons plus, allons déjeuner. Nous rejoindrons ensemble Aïn Séfra en hélicoptère. J'ai demandé à vos subordonnés de nous attendre. »

Mais pendant ce temps-là, à Paris, on prend d'autres décisions. Le ministre de la Défense a demandé ma relève et mon retour d'urgence en France. Gaby l'apprend par la radio : elle arrive à Aïn Séfra. Je suis condamné à soixante jours d'arrêt, signés du général Challe, qui ignore encore qu'il prendra la tête des généraux factieux seize mois plus tard.

Je fais mes adieux à Séfra. Tous les colonels sont présents, le régiment de la Légion me rend les honneurs. Le colonel de Sèze, qui m'a donné un sérieux coup de main dans le secteur en m'épaulant dans l'organisation de la boutique, dit en se décoiffant :

« Si vous le permettez, mon colonel, je vous embrasse. »

Martial Chevalier essaie de faire bonne figure :

« Courage mon colonel. Je vous rejoindrai dès que possible. »

Flament murmure :

« Tant de banderas pour en arriver là ! »

Georges m'assure qu'il continuera à se battre pour mes idées.

Je quitte l'Algérie le 1er février 1960. J'ai quarante-quatre ans, plein de force, de jeunesse, et cette guerre va se terminer encore plus lamentablement que celle d'Indochine. Jusqu'au bout, pourtant, on pensera à moi pour prendre le commandement des opérations ; en mars 1961, mon nom sera évoqué pour le poste de commandant chargé du maintien de l'ordre à Alger. Un poste qui ne me sera finalement pas attribué. Ça n'aurait d'ailleurs pas été un cadeau. Un mois plus tard, mes anciens chefs fomenteront le fameux putsch d'Alger. Je n'y suis plus. Impression d'être passé entre les gouttes, et en même temps un goût persistant d'inachevé…

Chapitre 26

Les années d'exil

Triste retour d'Algérie. La guerre est terminée. Ma guerre, en tout cas. À quoi a-t-elle servi ? Je n'en sais rien, comme j'ignore tout de mon sort. Je ne suis pas reçu à l'état-major de Paris. Je me retrouve à Toul, une fois de plus. Le même quai de gare. Et pourtant, que de chemin parcouru depuis 1936 ! Tout ça pour en arriver là !

Les journaux annoncent : « Bigeard : 60 jours d'arrêt ». Les Lorrains sont gaullistes : pour beaucoup d'entre eux, je suis un indiscipliné. Un mercenaire. Peu importe. J'attendrai le temps qu'il faudra. Ma petite villa, mon jardin à défricher, et mes sept kilomètres de footing quotidien avec Gaby.

Maman ne comprend pas ce qui se passe. Elle veut envoyer une lettre au général de Gaulle où, dans un très beau style, elle explique que son fils a toujours été discipliné. Seule la patrie compte pour lui. À ses yeux, c'est une injustice de me punir. Chère Sophie… Je prends la lettre, je la lis, la déchire calmement, et lui dis : « Laisse tomber, tu sais très bien que je ne m'abaisserai devant personne et que je préfère crever d'ennui. »

Je m'impose un raid à pied de trente kilomètres tous les quinze jours. Je songe à quitter l'armée. Je reçois d'innombrables visites de parlementaires, de pieds-noirs, d'antigaullistes. On me propose de partir à l'étranger. Cela ne change rien à ma ligne de conduite. Je marche, je cours, je pense à cette Algérie, à mes guerres perdues, à ceux qui m'ont suivi, qui ont tout donné, et surtout à ceux qui sont morts en Indochine ou en Algérie. Pour qui, pour quoi ? Avec le recul, ces combats paraissent bien dérisoires. Un jour, plus tard, je dirai ma vérité.

Les semaines passent.

Un coup de téléphone. Le général commandant la région de Marseille m'annonce que je dois rejoindre cette ville pour effectuer mes soixante jours d'arrêt. Il faut au préalable me présenter à Metz au général commandant la région pour signer ma punition, après avoir lu les notes figurant à mon dossier. Un comble. Le général me reçoit courtoisement. Il comprend mon état d'esprit. Profond désarroi. Je regarde mon dossier. C'est la première fois que je lis les appréciations de mes supérieurs. Celle de Massu, selon laquelle je mérite une « pitié vigilante », me fait tiquer. Le mot est faible : ça me fait mal. Sacré Massu ! Il ne supportait pas la publicité que l'on faisait autour de moi. Je l'aime bien quand même. D'autant que, plus tard, il se battra pour me faire passer général, et qu'il essaiera de me faire rejoindre les forces françaises qu'il commandera en Allemagne. Je ne lui en ai jamais voulu.

Le général commandant la région me dit : « Bigeard, la vie est ainsi faite, vous avez beaucoup d'ennemis, mais je ne tiens pas à vous voir faire de la prison à Marseille. Et je pense qu'après toutes vos campagnes, vous devriez faire vérifier un peu votre machine en vous faisant hospitaliser à Nancy. »

Me voici donc pour une semaine à l'hôpital Sédillot, où j'avais été reçu comme un héros en 1957 après l'attentat de Bône. L'ambiance n'est plus tout à fait la même. Peu de visites. Je suis vraiment un pestiféré. Je passe des examens médicaux, ce qui me vaudra une pension, une convalescence, et m'évitera de rejoindre Marseille pour faire mes soixante jours de taule. Je reçois tout de même beaucoup de courrier : des jeunes, des vieilles dames, des pieds-noirs, Georges Bidault, Jean Cocteau : cela me réconforte et m'aide à retrouver mon équilibre, mais je ne sais pas ce que je vais devenir. J'attends à Toul depuis cinq mois lorsque ma nouvelle affectation arrive : commandant du 6e régiment interarmes d'outre-mer, en Centrafrique. C'est une façon de m'éloigner d'Algérie et des événements qui s'y déroulent.

J'hésite à donner ma démission. Gaby me prodigue des conseils, les bons bien sûr : « Sois patient, dit-elle, vas-y, tu verras bien. »

Dans le journal *Aux Écoutes* paraît un article qui résume bien la situation : « Bigeard éloigné. Le plus populaire des chefs de paras, le colonel Bigeard, ne fait partie d'aucun complot. Mais il passe, rue Saint-Dominique, pour le non-conformiste type et ne connaît pas davantage la faveur de l'Élysée où l'on n'apprécie pas son franc-parler. Personne ne s'est préoccupé de donner à ce soldat un poste de choix qui même dans la disgrâce aurait reconnu la valeur des services passés. Le procédé a tout de même été jugé, dans les popotes, comme étant sans grandeur. »

Avant mon départ de Toul, le téléphone sonne.

« Ici le général Massu. Ne vous laissez pas embarquer en Afrique, restez en France.

– C'est trop tard, mon général. Les dés sont jetés. »

Je dis adieu à ma chère maman, bien seule maintenant dans sa petite bicoque bâtie par mon père. À Paris, je n'ose descendre à l'hôtel Terminus. J'y suis trop connu. Avant de prendre l'avion, je rédige une lettre à Messmer. Il est ministre de la Défense. Je lui explique mon désarroi, mon état d'esprit, j'exprime ma déception : le ressort qui faisait ma force est cassé. Je ne crois plus en mon pays ni en sa justice. J'aurai sa réponse en arrivant à Bouar, en République centrafricaine. Une lettre d'estime, d'encouragement et d'amitié. Merci à Pierre Messmer, décidément un grand bonhomme.

Gaby m'accompagne à l'aéroport du Bourget avec Pouget et Jean Lartéguy. « Bruno, dit Lartéguy, où que vous alliez, une étoile brillera. »

Les adieux sont tristes. Longue nuit dans un avion. Escale au petit jour à Douala. Puis c'est Bangui, capitale de la jeune République centrafricaine.

Le chef de la mission à Bangui est le colonel Alain. Le régiment est à Bouar, à quatre cents kilomètres à l'ouest. À ma descente d'avion, je suis attendu par le chef d'état-major, qui me conduit jusqu'à une chambre et m'informe que le colonel Alain me recevra demain à 10 heures. Drôle d'accueil. Pas très chaleureux. Ce colonel n'est pas pressé de me voir.

Le lendemain, footing, puis à 10 heures je suis dans le bureau du chef. Cinquante-deux ans, colonel depuis huit ans, commandeur de la Légion d'honneur. Un homme grand, fort, sanguin. Je le trouve extrêmement antipathique. Il est visiblement heureux d'avoir sous ses ordres, entre ses griffes, cet officier supérieur dont on a tant parlé. Il me tient sous sa coupe et me le fait sentir. Il m'invite quand même à m'asseoir et me tient un discours dont les termes me laissent éberlué. « Tu es maintenant chez Alain, voilà ce que je suis, voilà ce que j'ai fait. »

Suit le récit de quelques vagues campagnes.

« Inutile de te dire que ton comportement n'a rien de militaire, on a trop parlé de toi, tout cela doit changer. Tu vas rejoindre directement Bouar. Il ne faut pas qu'on te voie dans la capitale, tu pourrais importuner ces jeunes États d'Afrique qui viennent d'obtenir leur indépendance. »

Il me tutoie d'un air méprisant, lui, le cyrard, face à l'officier sorti du rang, et il me fait bien sentir sa supériorité. Je bous littéralement. Qui lui a demandé de me traiter ainsi ? Je manque de me lever, de lui dire ce que je pense et le mépris qu'il m'inspire. Puis donner ma démission. Mais je me tais et rumine. Je l'écoute pendant une demi-heure, et je finis par m'amuser des manières autoritaires de ce pantin, de cette caricature d'officier comme l'institution militaire, hélas, peut en produire. Je pense : « J'ai battu les Viets et les fellaghas, tu ne fais pas le poids. Tu viens de te dévoiler d'un coup, tu es un ennemi. »

Maintenant je connais mes adversaires. Je dois lutter contre ceux qui veulent briser ma carrière : c'est la revanche des médiocres.

L'avion me conduit à Bouar. L'endroit n'a rien de folichon. Des paillotes de part et d'autre d'une piste, sur six kilomètres, quelques bâtiments en dur, deux camps militaires de part et d'autre de la ville. Et tout autour, une jungle immense, impénétrable. Je suis malheureux comme les pierres en arrivant au camp. Un désir fou de m'en aller aussitôt. Mais je me reprends vite. Après tout, on m'attend ici, j'ai été le plus jeune colonel de l'armée de terre, le plus décoré. J'ai des états de service exceptionnels. Oui, ici aussi, je serai le chef. Je vais diriger un régiment important : dix compagnies, deux mille hommes, dont les trois quarts sont africains. Mon prédécesseur, un colonel polytechnicien, vient d'être relevé de son commandement, prétendument pour cause d'inefficacité. Il est blessé par cette décision, mais me reçoit dignement. Il dit avoir admiré ma carrière. Nous sympathisons. Parlons de ce colonel Alain, de Bangui, que lui non plus n'apprécie guère.

Mon adjoint est le lieutenant-colonel Waroux. C'est un ancien de Saint-Cyr, dix ans de plus que moi, genre vieille France, châtelain dans la Dordogne, calme, beaucoup de classe. Il sera pour moi un collaborateur précieux et sage : « Ne vous énervez pas, me dira-t-il souvent, vous avez toutes les cartes en main et le temps travaille pour vous. » L'avenir lui donnera raison. Il est là sans son épouse, lui aussi. Nous allons donc vivre ensemble comme deux frères, partageant tout, déjeunant, dînant et discutant à perte de vue pendant les longues soirées africaines. Si loin de chez nous et de l'actualité, les liens se renforcent.

Finalement, ce camp où je suis arrivé la mort dans l'âme, avec l'envie brûlante d'en partir au plus vite, va s'avérer une expérience de trente mois intéressante et positive. Dès ma prise de commandement, je réunis mes collaborateurs et je leur explique mes intentions : « Voilà ce que j'ai vu, voilà ce que je veux, voilà où vous en serez dans trente mois lorsque je quitterai ce commandement. Le sixième régiment sera un des plus performants de notre armée, un modèle. Il sera souple, félin, manœuvrier. Les deux camps militaires seront des exemples pour toute l'Afrique. La présentation sera revue. Un stade, une piscine, un temple, une chapelle, un club hippique, des mess corrects. Je veux que tout ça ait de la gueule. Je ne sais comment, mais ce sera fait. Je veux sortir ce camp de sa médiocrité sinistre. Chaque jour nous ferons le point, et nous orienterons la journée suivante axée sur l'efficacité et le rendement. »

Ils m'écoutent, l'air perplexe. Ils doivent penser que j'ai perdu les pédales. Ils se trompent. J'ai décidé de m'investir à fond dans ce régiment isolé au cœur de l'Afrique. Un modèle en tête : le colonel du pont de la rivière Kwaï : créer, et être le chef.

Tout va très vite. Il faut d'abord casser cette ambiance de fonctionnaires où la moindre chose est un problème, où rien n'avance. Il faut aller de l'avant. Je leur montre que tout est possible. Et j'impose ma présence en leur tenant ce discours qui vient du cœur : « Présent dans ce pays pour trente mois, je me considère comme un Africain. Vous appartenez maintenant à des pays indépendants : c'est une des raisons pour lesquelles je vous ferai travailler, que nous travaillerons ensemble trois fois plus, dans le but de vous rendre plus tard à vos États décidés à aller de l'avant. Je suis parmi vous par mesure disciplinaire, je n'ai pas demandé à venir, je n'ai rien à perdre ni à gagner, et si vous ne me suivez pas, il me restera à retourner en France et à quitter l'armée. »

Le courant passe. Je le sens aussitôt. C'est gagné. Ils sont avec moi et y resteront. Longtemps ces jeunes officiers continueront à m'écrire pour me dire leur affection et leur reconnaissance. Pourtant, à cette époque, je ne les ménage pas : des manœuvres dures, soixante-dix kilomètres à pied dans la jungle dont nous rentrons exténués. Des conférences faites à tour de rôle par les officiers sur des sujets d'actualité, et surtout, des travaux pour donner au camp l'aspect d'une unité modèle.

J'ai une compagnie du génie encadrée d'excellents officiers. Nos plans sont établis. Entrée, piscine, chapelle, club hippique. Nous faisons sauter le granit dans la montagne afin de l'utiliser pour nos constructions. Pour trouver l'argent, mon génie effectue des travaux au profit de la République centrafricaine. Ce n'est pas une pratique très orthodoxe mais ça marche. Un contrôleur de l'armée venu de Paris avalise le procédé. Il conclut : « Seul Bigeard pouvait se permettre de tels procédés. Son entreprise est magnifique et impeccablement gérée. »

Six mois après mon arrivée, le camp est méconnaissable, l'ambiance extraordinaire. Tous sont fiers de ce qu'ils ont réalisé. La réputation de Bouar ne tarde pas à s'étendre. À Bangui, on sait le travail que nous accomplissons. Dacko, le président de la République centrafricaine, vient me voir en visite officielle. Il est surpris par nos réalisations, l'allure des unités, l'ambiance qui règne avec les civils africains. Lorsque je reviendrai deux ans plus tard pour une mission spéciale, je serai reçu dans ce bled comme un chef d'État. Le président Dacko restera pour moi un grand ami, jusqu'au moment où il sera renversé par le sanguinaire Bokassa.

Ce séjour me permet aussi de croiser un autre personnage qui vaut le détour : Roger Barberot, ambassadeur de France à Bangui. Ex-officier de marine, ex-colonel en Algérie, c'est un officier brillant et un gaulliste inconditionnel, direct, fidèle en amitié, courageux et artiste par-dessus le marché : il a un joli coup de pinceau, et écrit un français admirable. Nous sympathisons. Il viendra souvent me rendre visite, séduit par ce qu'il voit et la façon dont nous gérons le camp. Il écrit au général de Gaulle pour louer mon action, alors que je ne ménage pas mes critiques à l'encontre du gaullisme dans nos conversations animées. Je m'amuse à l'énerver en lui disant : « Si vous n'étiez pas gaulliste, vous ne seriez rien. » Cela le met en rage, il jure, se fâche, vante les mérites du général. C'est un gaulliste inconditionnel, certes, mais au-delà de cette allégeance, un personnage hors du commun, un type tellement doué qu'il semble constamment sous-employé, où qu'il se trouve et quoi qu'il fasse.

Martial Chevalier, encore et toujours lui, maintenant adjudant, se fait affecter à Bouar : je suis heureux de le retrouver. Au mess des sous-officiers, il se charge de faire ma pub en relatant nos exploits passés. Il en rajoute toujours un peu : amitié, fidélité. Cher Martial !

Je suis décoré à Bangui du Mérite Centrafricain. Le colonel Alain n'a pas eu cet honneur. Le pauvre homme : débordé sur sa droite, sur sa gauche, il n'ose même plus se pointer à Bouar. Je ne cherche pourtant pas à l'en empêcher, et je ne lui en veux pas. Je suis soupe au lait, j'ai la tête près du bonnet, mais jamais de rancune pour personne. Il se mord les doigts de m'avoir tenu son discours à mon arrivée. Il finira par le reconnaître et me dira : « Tu as réussi, mais j'aurais un service à te demander. Tu es bien avec Barberot, crois-tu qu'il puisse faire quelque chose pour mes étoiles ? » J'en reste sans voix. Un type de dix ans mon aîné qui ose me demander d'intervenir pour son avancement ! C'est comme ça que marche le monde : vous êtes faible, on vous enfonce ; vous êtes fort, on vous craint et on vous sollicite.

La garnison devient un véritable bijou. Le but que nous nous étions fixé il y a un an a été poursuivi sans faiblesse et les résultats sont là. Le régiment a de la gueule, un esprit, du souffle : mission accomplie.

Gaby et Marie-France m'ont rejoint. Gaby fait son footing le matin avec moi, Marie-France est une jolie pépée de quinze ans. Elle étudie par correspondance. Les mois passent, mon séjour va se terminer. Je suis devenu un véritable Africain. Je me suis passionné pour ce coin perdu, j'ai aimé ces gens généreux, simples, accueillants. J'ai insufflé un état d'esprit, comme j'aime le faire.

C'est de là, de cet exil africain, que j'ai vécu, en 1961, le putsch des généraux en Algérie. La façon dont je l'ai su mérite d'être racontée en deux mots. Barberot apprend cette affaire à Bangui, et roule de nuit en voiture jusqu'à Bouar où il arrive au lever du jour pour me demander quelles sont mes intentions. Je lui réponds : « Asseyez-vous, prenez un café. Rassurez-vous : je ne suis au courant de rien à quatre mille kilomètres d'Alger. »

Que craignait-il ? Que je rejoigne les généraux putschistes ? Même si c'était une folie, ils ont eu un certain courage à jouer cette carte sans avenir, alors qu'ils étaient au sommet de leur carrière. Depuis ma retraite forcée en Centrafrique, l'Algérie, j'y pense tout le temps. J'imagine ce qui peut se passer dans la tête et le cœur de certains officiers, ceux qui ont juré de ne pas abandonner cette terre, de ne pas lâcher les Européens, de ne pas trahir les musulmans fidèles à la cause française. Je suis surpris de découvrir que Salan, qui m'avait viré d'Algérie, Challe, qui m'avait collé soixante jours d'arrêt, sont les leaders de ce putsch.

Plus tard, j'apprendrai qu'une partie de mes collaborateurs de l'école de Philippeville ont joué les premiers rôles dans cette affaire : je me demande souvent ce qui se serait passé si j'étais resté en Algérie. Je l'ai dit et répété, j'ai toujours refusé toute tentation de coup de force. Mais dans de telles circonstances, qui sait comment j'aurais pu réagir, me serais-je laissé entraîner ? En tout cas, ceux qui sont passés du mauvais côté gardent, malgré leur erreur de discernement et de loyauté, toute mon estime.

Mes trente mois sont terminés. Je dois laisser et transmettre mon commandement. C'est un crève-cœur. Je suis comme ça, je m'attache. Prise d'armes, cadeaux, repas d'adieu : je réponds au laïus de mon successeur qui me jette des fleurs et m'assure que l'ambiance que j'ai insufflée dans ce camp sera maintenue. J'ai la gorge serrée, les mots ont du mal à sortir. Là aussi j'ai tout donné, j'ai vécu intensément ces trente mois au cœur de l'Afrique.

Notre fille est rentrée en France pour continuer ses études. J'embarque avec Gaby à Douala sur le *Mermoz*. Le personnel de bord est aux petits soins. Bigeard n'est pas oublié. Nous débarquons en France en pleine forme. J'ai droit à quatre mois de permission. Mais je ne sais pas quelle sera mon affectation future. Je pars en Lorraine. J'espère un poste intéressant. Maman a bien changé. Elle est marquée par la maladie. Elle souffre d'un cancer. À la revoir, je mesure combien j'ai été égoïste. J'aurais dû lui écrire plus souvent pendant toutes ces années, m'inquiéter davantage de sa santé. On n'a qu'une mère. Mais ainsi va la vie : les enfants sont parfois ingrats.

Je passe l'hiver 1963 à Toul. Température glaciale. Je regrette l'Afrique. Que faire ? Je me sens désœuvré. Je le reconnais, je ne suis pas doué pour les loisirs. Impression d'être décalé. En France, l'ambiance a changé. C'est l'époque des yé-yé, du twist, de nouveaux chanteurs ont fait leur apparition et deviennent des vedettes : Johnny Hallyday, Sylvie Vartan, Claude François. Je suis mal à l'aise, j'ai l'impression de vivre sur une autre planète. J'ai la nostalgie de l'Afrique et de ses habitants, de leur chaleur, de leur gentillesse, de leur affection. Un petit coup de vieux, peut-être. Allons Bruno, ressaisis-toi ! Il ne faut jamais dételer, jusqu'au bout se remettre en question et rester dans le coup. Mon marasme ne dure pas. Être dans le vent, ne pas s'accrocher au passé, comprendre cette jeunesse qui est en train de changer... Alors Gaby et moi apprenons à danser le twist.

Je ne sais toujours pas ce que je vais devenir. Fin mai je suis convoqué à Paris par le général Le Puloch, chef d'état-major de l'armée de terre. Il me reçoit chaleureusement, malgré sa réputation d'homme bourru.

« Alors Bigeard, me dit-il, qu'allons-nous faire de vous ? Les guerres sont terminées, l'armée de terre se réorganise, elle doit revenir à l'étiage bas du temps de paix. Il faut apaiser les remous du traumatisme algérien, panser les plaies, tourner la page. Avec vos citations, vos médailles, vous êtes le survivant d'une race de guerriers en voie de disparition. Vous êtes bon pour le musée de l'Armée. »

J'accuse le coup. Voilà des propos qu'on pourrait me tenir aujourd'hui, en 2010 d'accord, mais pas à l'époque ! C'est vrai qu'à ce moment-là j'espérais recevoir un commandement à la mesure de mes capacités : l'inspection des troupes aéroportées ou le commandement de la nouvelle École nationale des sous-officiers d'active. C'est vrai aussi que je suis un des rares rescapés parmi les colonels paras d'Algérie : Bréchignac, Botella, Masselot, Leconte sont en prison ou sur le point d'être chassés de l'armée. Trinquier est au Katanga, Château-Jobert, Godard sont condamnés à mort par contumace, en exil en Espagne ou en Belgique.

« Vous devez admettre, poursuit le général Le Puloch, que votre expérience ne porte que sur des conflits, l'Indochine, l'Algérie, qui sont déjà dépassés. Il vous faut acquérir les connaissances stratégiques des guerres de demain. Elles seront planétaires. »

J'ai envie de chialer. Voilà où j'en suis après avoir combattu toute ma vie. Je dois à nouveau faire mes preuves, apprendre les méthodes modernes de la future guerre, comme si tout ce que nous avons fait n'avait servi à rien.

« C'est pourquoi, poursuit le général, j'ai décidé de vous envoyer à l'École de guerre. Comme auditeur libre, bien entendu.

– Bien, mon général. »

Je n'ai rien à dire d'autre. Belle perspective d'avenir : redevenir un élève ! Encore une fois, j'ai une furieuse envie de donner ma démission. Le 18 juin, date mémorable, je me retrouve seul à Paris. Une chambre minable du même petit hôtel, rue Vaneau d'où, en 1955, Le Provost de Launay m'avait extirpé. Tout le monde semble avoir oublié celui qu'on surnommait il y a encore peu de temps le glorieux Bigeard.

Je me présente au général directeur de l'école. Grand, mince, discret, peu loquace, Légion d'honneur à l'ancienneté. Je dois suivre le programme de la promotion en cours. On me donne un petit bureau dans un bâtiment éloigné de deux cents mètres, on m'inonde de documents, qui doivent m'aider à comprendre la « vraie guerre ».

Je bachote, coincé dans ce bureau où je manque d'air. J'essaie de lire cette masse de littérature théorique, mais je n'arrive pas à me concentrer. Je pense constamment à autre chose : à mes campagnes, à l'action. Le soir, seul dans ma chambre, je dîne d'un morceau de pain, d'une tranche de jambon, d'un fruit. Je hais l'ambiance de l'école. Des hommes de quarante ou quarante-cinq ans qui se conduisent comme de bons écoliers, ça me fout le cafard. Il n'est pas question ici de combat, de force, de valeur physique, de caractère. Non, ici tout est plan-plan, mou, sans dynamisme. Ces gens qui ont perdu toutes les guerres prétendent nous apprendre à combattre : ce serait risible si ce n'était pas triste.

Je serre les dents. J'essaie d'oublier mon mauvais caractère et de composer. Quelquefois, il vaut mieux savoir se taire. La situation s'améliore d'ailleurs peu à peu. Je partage le bureau de deux instructeurs, participe à la réunion des « cerveaux » de l'école où j'arrive, je dois le dire, à me faire quelques bons amis. Notamment le colonel Lefèvre, instructeur remarquable.

Un intermède heureux dans cette année de grisaille : je suis invité par Dacko, président de la République centrafricaine, qui me réserve, comme je l'ai dit, un accueil de chef d'État. Puis c'est Jules Roy, le cher Julius, qui publie dans *L'Express* des extraits de sa *Bataille de Diên Biên Phu*, avec une annonce sur des affichettes : « Bigeard arrive, achetez *L'Express*. » La parution de ces articles est un vrai réconfort. Jean Lartéguy, de son côté, a vendu les droits de ses *Centurions* à des producteurs américains. Le film doit être réalisé par Mark Robson, avec Anthony Quinn qui incarnera le lieutenant-colonel Raspeguy, adoré de ses hommes, héros d'Indochine et d'Algérie. Raspeguy, dans le roman, c'est le colonel Bigeard. Je verrai le film deux ans plus tard à sa sortie : une véritable catastrophe. Le colonel incarné par Anthony Quinn n'a évidemment jamais fait la guerre et n'a aucune idée du véritable commandement d'un régiment para. Dommage !

On me demande aussi, après accord du ministre de la Défense, de passer à l'émission télé « Cinq colonnes à la une » en compagnie de mon camarade Pierre Schoendoerffer qui connaît un véritable triomphe avec son magnifique film : *La 317e section.* Il dit que ce film lui a été inspiré par son séjour au Laos avec Bigeard et le 6e BPC en mai 1953. L'émission « Cinq colonnes » a acheté les droits de reproduction du prétendu reportage vietminh sur la bataille de Diên Biên Phu. Il s'agit en réalité d'une reconstitution *a posteriori* de certains épisodes, filmés après la bataille par un cinéaste soviétique. C'est à cette mascarade que j'avais refusé de participer pendant ma captivité. Je commente le film après sa projection. Le critique Guillaume Hanoteau écrit : « Son monologue a atteint par instants une grandeur qu'on abaisserait en tentant de la décrire avec des mots. Lui seul pouvait regarder ce passé sans remords. »

Une année s'achève. Je me suis sagement comporté, assis sur mon banc d'écolier. Une année morne, confinée, où j'ai vivoté : métro, boulot, dodo. Combien j'admire le courage de ces Parisiens menant cette grisaille de vie toute leur existence. Mais ce n'est pas pour moi.

CHAPITRE 27

Retour parmi les paras

Ma discrétion pendant ces sept mois d'école est payante. J'obtiens de bonnes notes avec une belle appréciation : « Autodidacte qui a cherché à tirer le meilleur parti de son stage en s'astreignant à faire de nombreux travaux personnels. Son esprit fin et intuitif ainsi que son grand bon sens lui ont permis de trouver des solutions simples et claires aux problèmes posés. »

Me voilà bon élève, noté par des cadres qui n'ont jamais fait la guerre. Marrant !

Le général Le Puloch me convoque et m'apprend que je dois prendre le commandement d'une brigade motorisée.

« Merci, mon général, je préférerais une affectation aux parachutistes. »

Il me répond, sourire en coin :

« Ça m'étonnerait que "qui vous savez" vous laisse y retourner. »

En fait, « qui vous savez » n'émettra aucune objection à ce que je retrouve enfin ceux qui ont été ma raison de vivre pendant de si longues années.

Je quitte Toul, seul à bord de ma DS troquée contre la Mercedes confisquée aux Allemands en 1944. Je rejoins Pau et le commandement de la 25e brigade parachutiste. Huit années ont passé depuis que j'ai dû abandonner mes paras en 1958, en laissant mon régiment au colonel Trinquier. Comment vais-je les retrouver ?

La presse locale salue mon retour en ces termes : « Bigeard retrouve ses paras nouveau style, modernisés. » En fait, je découvre deux régiments qui sont de pâles copies de mes bataillons d'Indochine et d'Algérie. J'essaierai de redonner un style, un esprit, le goût de l'effort à cet ensemble. Mais plus rien à voir avec les troupes que j'ai commandées. Je vais me remettre au boulot. Et à nouveau exiger un entraînement rigoureux et une vraie discipline. Pendant dix-huit mois, toujours le footing, des sauts, des raids commando, des inspections fréquentes. Et toujours le contact avec de jeunes appelés, que je vois tous personnellement à leur arrivée et au moment de leur libération.

Quelques jours après mon arrivée à Pau, un coup de téléphone de Gaby me rappelle à Toul. Ma mère, ma Sophie, est en train de mourir. Je pars le soir même, je traverse la France comme un fou, je n'arrive qu'à l'aube. À temps pour la voir mourir. Elle qui a toujours cru en moi, qui m'a toujours encouragé, qui m'a toujours appris à ne pas me contenter de ce que j'ai et à mettre la barre de plus en plus haut. On a dit quelquefois : « Qu'est-ce qui fait courir Bigeard ? » Je crois que c'était la crainte de décevoir ma mère.

J'arrive, je me penche vers elle. Je l'entends me demander :

« Alors, ces étoiles ? »

C'est sa dernière pensée : voir enfin son fils accéder à ce grade de général dont elle a toujours rêvé pour moi. J'hésite une demi-seconde, et pour la première fois de ma vie, je lui mens :

« Ça y est, maman, c'est fait. »

Elle soupire.

« Je le savais bien. »

Quelques minutes plus tard, c'est fini. Sophie est morte. Je sens un vide immense. Maintenant, je sais ce qu'il me reste à faire : ne pas décevoir son souvenir.

Je reviens à Pau et me mets au travail. Pendant dix-huit mois je dirige la brigade à ma façon, galvanisant, motivant les appelés. Ils viennent d'effectuer leurs seize mois de service militaire, je veux leur apprendre à se dépasser. Ces jeunes me ressemblent. Ils sortent pour la plupart du même milieu que moi, modeste, voire pauvre. Je suis bien avec eux. J'ai l'impression d'avoir leur âge, leur rage, et je me revois à mon arrivée à la caserne de Haguenau, en 1936 ; je n'ai pas de difficulté à les comprendre et à les aimer. À leur libération, seize mois plus tard, je leur dis, utilisant exprès le « nous » : « Nous sommes changés : plus forts physiquement, moralement, heureux du contact avec les camarades, de ce que nous avons fait ici. Oui, nous sommes des athlètes ayant parcouru des centaines de kilomètres, avec chacun vingt ou trente sauts. »

Mais le temps passe. La cinquantaine commence à me mordre les mollets. Au cours d'un passage dans l'Ariège, en compagnie de mon fidèle Martial Chevalier, j'ai envie de retrouver la petite ferme dans laquelle, aux temps lointains de notre parachutage en 1944, nous avions trouvé refuge auprès du commandant Royo. Et là, l'envie me prend d'un défi : serai-je capable de refaire ce que j'ai fait ? Chevalier est d'accord. « Alors on y va. »

Nous rentrons à Pau à pied, dans le style Paris-Strasbourg. Deux cents kilomètres, c'est long. De temps en temps, on s'écroule pour dormir deux ou trois heures et avaler quelques boîtes de rations préparées par mon chauffeur qui nous attend tous les trente kilomètres. J'ai plusieurs fois la tentation d'arrêter l'expérience. C'est absurde, ça ne sert qu'à me prouver que je suis toujours vivant. C'est alors que Chevalier décroche, perd cinquante mètres, puis cinq cents mètres, et disparaît loin derrière. Il n'en faut pas davantage pour me titiller. Et je repars de plus belle. Je demande à mon chauffeur d'aller récupérer mon vieux compagnon, K.-O., affalé sur la route. Martial me rejoint en voiture, m'attend plus loin. Mais, vexé comme un pou, il met un point d'honneur à terminer à pied les derniers vingt kilomètres à mes côtés. Quarante-deux heures après notre départ, arrivés à Pau, nous nous écroulons dans les fauteuils du bureau de Langlais, qui commande la seconde brigade.

« Tu as l'air fatigué, Bruno.

– Tu parles, mon général, je viens de me taper deux cents bornes à pied. »

Langlais a été promu général. Il part pour Dakar où il est nommé commandant des unités terrestres. Il a une nouvelle à m'annoncer :

« Mon vieux Bruno, je crois que tu vas prendre ma place à Toulouse. Je te souhaite bon courage et bonne chance. Tu en auras besoin. »

Je ne sais pas si ce qu'il me dit se réalisera, et franchement, je ne suis pas sûr que ce soit un cadeau. Mais j'ai tort. Je suis nommé et commande non seulement les deux régiments constituant ma nouvelle unité, le 8e RPI de Castres et le 3e de Carcassonne, mais aussi le 9e, détaché de mon ancienne formation.

Je m'installe à Toulouse. Je vais y vivre une année merveilleuse. J'obtiens à cette occasion les moyens, en état-major, qui avaient été refusés à mon prédécesseur. Je peux travailler sérieusement. J'organise méthodiquement la nouvelle formation : cinq mille parachutistes sous mes ordres, dont les deux tiers d'engagés. Là, enfin, je peux entreprendre une action en profondeur. Et cela porte ses fruits.

En juillet 1966, nous déjeunons à Pau chez le général Lalande après un exercice de cadres. Vers 14 heures je quitte Pau. Je dois rejoindre Toulouse. Aux informations de 15 heures, Lalande entend que je suis promu général. Il alerte les gendarmeries pour arrêter ma voiture militaire, et m'apprendre la bonne nouvelle. Mais j'emprunte un axe secondaire pour éviter la circulation et ne suis au courant que vers 19 heures en arrivant à la maison, où Gaby, rayonnante, me l'annonce elle-même.

Ouf, enfin général ! Oui, j'en suis fier, moi qui ai tant critiqué les officiers généraux. Ainsi sommes-nous faits ! Dommage que cette nomination arrive trop tard : j'aurais aimé ne pas mentir à maman sur son lit de mort.

Mon vieux compagnon Martial Chevalier me félicite affectueusement : « Il était temps, dit-il en souriant, huit ans de colonel, c'était presque un abonnement à vie. »

Ces étoiles de général que l'on me promettait depuis si longtemps, ce pourrait être le début de la fin. En réalité, cela va devenir le début d'autre chose.

J'ai cinquante ans, je peux espérer disposer de dix belles années encore devant moi, je vais devoir les mettre à profit, prendre un nouveau départ, gravir les échelons, accepter des commandements sans intérêt, passage vers d'autres postes et d'autres responsabilités plus importantes.

Chapitre 28

Dakar

Mon premier poste officiel: succéder à mon vieil ami Langlais au commandement « terre » des forces françaises au Sénégal. Je vais donc boucler mes valises pour Dakar. Langlais m'explique que cette affectation est peu intéressante sur le plan professionnel. « Tout dans le protocole, rien dans la réalité. Tu passeras en centième position dans l'ordre de préséance. »

Avant mon départ, je suis convoqué à l'Élysée. Souvenirs: la visite de De Gaulle en Algérie. Son air distant, ses silences intimidants, et cette impression de ne pas être parvenu à le convaincre: tout cela semble effacé. Aujourd'hui, le général sourit. Il me lance même cette boutade:

« Alors Bigeard, pas encore général de division? » Comme s'il ne savait pas que je viens à peine d'être promu.

Puis:

« Êtes-vous satisfait de votre nouvelle affectation?

– Pas vraiment, mon général. J'ai entendu dire qu'il y avait trop de mondanités, et pas assez de responsabilités.

– Mon jeune ami, vous vous trompez. Vous serez très utile là-bas, j'ai besoin de vous. »

Que dire ? Rien. En face d'un tel monument, je continue de me sentir écrasé. À son sujet, j'ai toujours eu des sentiments mitigés. J'ai été gaulliste convaincu au temps de la Résistance. Puis durant la semaine du mois de mai 1958, quand il a pris le pouvoir dans des conditions difficiles. Ensuite, j'ai partagé avec beaucoup d'officiers le sentiment d'avoir été trompé. Ce que je lui ai reproché, ce n'est pas d'avoir abandonné l'Algérie : c'était à mon sens inévitable. Nous vivions l'époque de la décolonisation. Ce que je lui ai reproché, c'est le jeu politicien et les conditions lamentables de ce départ : mes camarades chassés de l'armée, l'armée traumatisée, divisée, qui mettra des années à s'en remettre, le lâchage des harkis aussi, abandonnés à la violence et à la haine aveugle et fanatique du FLN. Et les centaines de milliers d'Européens chassés de leurs terres, de la terre où ils étaient nés. Je sais que dans ces affaires la vérité est complexe. Mais il me reste un goût d'amertume à la pensée de cette triste débandade. Voilà pourquoi, si de Gaulle m'impressionne, je n'ai jamais fait partie des gaullistes inconditionnels. Ni des fanatiques voués au culte de leur grand homme. Je n'ai jamais accepté d'accrocher dans mon bureau le portrait du chef de l'État, comme le règlement m'ordonnait de le faire. Pendant toute cette période, la seule photo que j'ai toujours gardée près de moi, c'était celle du cher sergent-chef Sentenac, agonisant dans les sables de Timimoun, comme je l'ai toujours conservée à cette même place, et encore au moment où j'écris ces lignes en 2009, un peu avec sa présence. Le portrait du général de Gaulle, je ne l'ai accroché qu'en 1970, après son départ. Je l'ai d'ailleurs expliqué à son fils, l'amiral Philippe de Gaulle, peut-être de manière peu élégante, mais chacun sait que je ne roule pas mes compliments dans du papier de soie : « Maintenant que votre père est rentier, il a sa place dans mon bureau. »

Je pars pour Dakar le 7 février 1968. Langlais n'avait pas tort : c'est surtout un poste à représentation. Souvent je me sens un peu ridicule, en grande tenue, coiffé de mon képi à fleurs. Je pense à mes vieux paras : s'ils me voyaient, ils trouveraient que j'ai bien changé, et rigoleraient.

J'ai retrouvé à Dakar mon fidèle Allaire. C'est le compagnon des bons et des mauvais jours, de Diên Biên Phu à l'Algérie. Au Sénégal, le travail n'est pas assommant. Souvent, nous nous offrons des récréations sportives. Nous allons effectuer quelques sauts en mer, et l'un d'eux manque de se terminer tragiquement.

Nous sommes déportés par le vent qui se lève sur la lagune. Nous fonçons à l'horizontale, franchissons le rivage, et approchons dangereusement de la ville, seulement vêtus d'un slip de bain et de sandalettes. L'atterrissage risque d'être rude ! J'évite de justesse une ligne à haute tension. J'atterris sans trop de dégâts dans la cour intérieure d'une maison de tolérance. Mais Allaire percute violemment la ligne à haute tension et les câbles de force qui véhiculent six mille volts. Il est récupéré de justesse par un infirmier sénégalais, décroché, et ranimé par un bouche-à-bouche salvateur. À l'hôpital, je lui dis : « Se sortir du merdier de Diên Biên Phu et finir comme ça rôti, ça aurait été idiot. »

À l'hôpital, Allaire tue le temps en lisant. Des amis lui offrent *Papillon*, le best-seller du moment. L'histoire d'un ancien évadé du bagne de Cayenne à qui il est arrivé des aventures largement arrangées par ceux qui ont réécrit son histoire. Je m'informe. Allaire m'explique qui est ce Papillon. C'est alors qu'une idée me vient : si les mémoires de Papillon marchent si bien, qu'est-ce que feraient les mémoires d'un Bigeard ?

Et l'idée fait son chemin. J'ai souvent eu envie d'écrire, de raconter ce que j'avais vécu. Là, l'occasion m'en est donnée. Il faut bien le reconnaître : à Dakar j'ai des loisirs. Alors je me mets au travail avec Allaire, une véritable mémoire vivante. Et je commence à rédiger toute la première partie de mes souvenirs, depuis mon enfance jusqu'aux banderas du Pays Thaï, en passant par la campagne des Vosges, la captivité, mes évasions d'Allemagne. Pour me retremper dans le souvenir merveilleux de notre voyage de noces avec Gaby, je fais un saut rapide jusqu'à Bandia, notre paradis de 1942 où nous avions l'impression d'être seuls au monde. Maintenant le camp est abandonné depuis longtemps. De la clairière, des cases, des bâtiments il ne reste que quelques monticules de terre sèche.

Ma plume avance vite, mais je m'interromps avant de raconter mes souvenirs d'Algérie, encore trop frais. Mes dossiers sont à Toul, et je ne suis pas pressé.

En France, le général de Gaulle a été poussé hors du pouvoir par les événements de Mai 68. Ici, nous avons suivi cet épisode, de loin, sans affolement, et le temps d'être informés, la « révolution » était déjà terminée. De Gaulle a rejoint sa demeure de Colombey-les-Deux-Églises. Messmer n'est plus ministre de la Défense nationale. C'est Michel Debré qui le remplace. Mon séjour de deux ans au Sénégal doit se terminer en février 1970. On parle d'une affectation à Paris. Je suis invité par le président Senghor, célèbre dans le monde entier, et pas seulement parce qu'il est chef de l'État sénégalais. C'est un homme extrêmement brillant, poète, reçu deuxième à l'agrégation de Lettres en même temps que Georges Pompidou : un monument intellectuel de l'Afrique noire. Travailleur acharné, cet esprit d'une finesse incroyable connaît tout, sait tout. Et comme s'il voulait ajouter un maillon manquant à ses connaissances, il désire voir qui est ce Bigeard dont il entend parler depuis des années, et m'invite dans l'intimité avec Gaby. En sa compagnie et celle de sa délicieuse épouse, nous passons une soirée merveilleuse où je me sens un peu écrasé par sa grandeur, son intelligence, alliée à une simplicité et une chaleur humaine naturelle. Finalement, nous nous sommes profondément attachés à ce Sénégal si chaleureux et si harmonieux.

La fin du séjour approche. Deux années de ma vie qui se terminent par des manœuvres en Mauritanie. Je les ai voulues grandioses. J'ai mis en œuvre toutes les troupes du Sénégal, et celle du jeune État mauritanien. Pour finir, je fais larguer la première compagnie parachutiste du 1er RIAOM, commandée par Allaire. Jeux de guerre. Comme prévu, les paras s'emparent de tous leurs objectifs, à la grande confusion du colonel, patron du parti « bleu », capturé au petit matin dans son PC et bousculé par des assaillants un peu trop enthousiastes. L'incident m'amuse : je reconnais que je ne fais pas grand-chose pour l'abréger parce que ce colonel s'était présenté à moi en me déclarant : « Désigné par M. Messmer, ministre des Armées, au commandement du régiment. » Habituellement, on use d'une formule plus protocolaire : « Appelé à l'honneur de servir sous vos ordres. » Je n'avais pas apprécié. Je ne suis pas très à cheval sur les formes, sauf quand j'ai devant moi quelqu'un qui cherche à se faire mousser sans raison. Quelqu'un qui se prévaut de ses hautes relations ou qui sent trop le carriérisme injustifié.

Nous devons quitter notre commandement après trente mois d'une vie où je suis devenu un danseur mondain. Un dernier saut en mer, avec mon amiral, la veille du départ. La République sénégalaise me fait grand officier du Mérite sénégalais, et j'en suis très honoré. Les paras, les amis sont à l'aérodrome. Marie-France regrette de quitter la faculté de pharmacie où elle a effectué sa troisième année. Nous embarquons nos chats siamois dans le panier d'osier. Le Boeing décolle. Le vague à l'âme. Adieu Sénégal et amis sénégalais, je vous souhaite bonne chance, vous le méritez. Nouveau départ, nouvel arrachement.

Je rentre en France. J'espère obtenir un poste important. Le bruit court qu'il est question de me donner le commandement de la 11e division d'intervention, ce qui constituerait pour moi le couronnement de ma carrière. Enfin, patron des paras !

C'est une belle année. 1970. Gaby est là, mais le retour est moins glorieux. Je suis cantonné au ministère. Je sais qu'avant d'exercer un commandement intéressant, il me faut encore une fois payer d'avance et subir quelques mois de pénitence et d'ennui à Paris. En réalité, ces dix mois à l'état-major particulier du CEMAT vont être pour moi plein d'enseignements. Je me familiarise avec les arcanes des commandements régionaux, je mesure mieux leurs difficultés, et il m'arrive même de proposer des solutions.

À la fin de l'année, en novembre, j'assiste aux obsèques du général de Gaulle à Colombey, anonyme noyé dans la foule. Le monument nous quitte. Il s'était retiré dignement, sans s'accrocher au pouvoir. Malgré tout ce qui a pu nous opposer, chapeau bas, mon général.

CHAPITRE 29

Madagascar

Deux mois plus tard, j'ai le choix entre le commandement de la 11e division légère d'intervention, les paras, et le commandement des forces françaises du sud de l'océan Indien, dont le siège se trouve à Tananarive, le haut cœur de la République malgache.

Je n'hésite que très peu de temps. Finalement, accepter la 11e division légère d'intervention signifie rester en France, dépendre étroitement de la hiérarchie, et mettre en pratique ce que j'ai acquis en trente ans d'expérience, ce que je connais par cœur. À Tananarive, j'aurai davantage de liberté d'action. Ma décision est vite prise : j'opte pour Tananarive.

À Ivato, l'aérodrome de Tananarive, je suis reçu comme un chef d'État. Tout le gratin des forces françaises, officiers généraux, amiraux, colonels… Tous sont là à m'attendre. Comité d'accueil enthousiaste et chaleureux. Il y a même le représentant personnel de Philibert Tsiranana, le président de la jeune République malgache. Pour la circonstance, j'ai revêtu ma tenue de cérémonie. Uniforme de toile blanche, képi « à fleurs ». Derrière moi, Gaby et Marie-France, élégamment vêtues de clair, sont gênées par l'accueil. Elles détestent ces mondanités, ces obligations protocolaires, même notre chatte siamoise est obligée d'assister à la cérémonie ! Elle est dans son panier et miaule désespérément, impatiente d'en sortir. Je souris, je serre des mains. Je sors quelques amabilités. J'arbore un air de circonstance. Je n'ai qu'une envie : aller prendre une bonne douche. Et surtout me reposer un peu.

Il faut dire que depuis quelque temps, je commence à payer cher la vie que j'ai menée pendant quarante ans. À la fin de l'hiver, j'ai même été victime d'une petite alerte cardiaque. Les médecins m'ont dit que la partie droite de mon cœur n'est pas bien irriguée. Ça ne m'a pas empêché de continuer mon jogging quotidien et d'avaler chaque jour mes cinq cents mètres de piscine pendant le reste de ma vie et jusqu'à quatre-vingt-treize ans. Mais là, rien de très alarmant, c'est le signe que le temps a passé. Les toubibs m'ont dit de me ménager. À quoi bon ? Je préfère vivre à fond, et tant pis pour ce qui arrivera. C'est l'esprit qui décide, la volonté. Le corps suit, quand il peut. S'il lâche, tant pis. Marche ou crève.

Nous quittons l'aéroport et entrons dans Tananarive. Ville pittoresque mais bizarre, tordue, beaucoup d'habitations de style vieillot, éparpillées sur les hauteurs. Nous roulons vers le plus haut sommet pour pénétrer dans l'ancienne résidence Gallieni. Bigeard chez Gallieni ! Le bureau de

Gallieni, sa photo, celle de Lyautey, une immense table de bois massif, des armes anciennes accrochées aux murs, une bibliothèque remplie de volumes anciens, une salle immense. Autour de la villa, un vaste parc, quelques arbres, et une vue imprenable sur Tananarive.

On nous présente le personnel, placé sous les ordres d'un adjudant-chef : quatre chauffeurs, deux cuisiniers, six serveurs chargés de l'entretien de la résidence, un jardinier, un groupe de parachutistes qui assure la garde des bâtiments. C'est royal. Mais ce luxe ne m'éblouit pas : je préférais ma vie de bandera, quand je portais ma nourriture sur mon dos. Horreur du faste, des repas interminables, guindés, ennuyeux. Très vite, je vais m'imposer et imposer à mon entourage mon propre rythme : footing du matin, sports de plein air, longues marches à travers la campagne et sauts en parachute au-dessus du lac d'Ivato. Pas envie de ramollir dans les délices d'un séjour de milliardaire. J'ai déjà connu ça à Dakar, je ne tiens pas à renouveler l'expérience à Tananarive.

Mais j'ai peut-être trop présumé de mes forces. Le 11 février 1972, au retour d'une mission à Paris où je suis allé présenter le résultat d'une année de travail, et demandé et obtenu les moyens nécessaires à la poursuite de mon action, je décide de sauter en parachute. Un saut de routine comme j'en ai déjà accompli des centaines et qui ne présente en principe aucun danger, puisque l'arrivée se passe en douceur dans les eaux du lac de Diego Suarez. Pour un saut dans l'eau, la technique est simple : dégrafage en l'air, libération du harnais au bout duquel on se suspend et qu'on lâche quelques mètres avant de toucher la surface de l'eau, afin d'éviter de s'empêtrer dans la toile du parachute. J'ai fait cela des dizaines de fois.

Mais ce coup-ci, je me dégrafe un peu tôt, et au moment où je m'accroche des deux mains à l'une des sangles, je suis saisi d'une syncope et lâche prise. Je tombe d'une hauteur de quarante mètres. À la surface de l'eau, le choc est rude. On me récupère, inconscient, un bras démis, les côtes enfoncées, un poumon perforé, la nuque tordue. On me ramène précautionneusement à l'hôpital de Tananarive. À voir les mines accablées autour de moi, je comprends que c'est très grave. On pense même que je n'en ai plus pour longtemps, que j'ai peu de chance de survivre à un pareil choc. Je vais sans doute mourir dans quelques jours, dans des souffrances atroces.

Je lutte comme un possédé. Pendant huit jours, je souffre terriblement. Et on me fait tenir à coups de piqûres : avec mes cassures, mes brisures et mon poumon touché, je crache du sang. La nuit, on m'assomme de calmants utilisés d'ordinaire pour les cancéreux. Mais ce qu'on me donne ne me fait aucun effet. Je me traîne dans les couloirs, le bras droit me fait mal, ma cage thoracique semble se déchirer quand je respire. Il paraît que je suis un malade insupportable, refusant de me laisser prendre en main par les toubibs de l'hôpital, pourtant admirables. C'est ce qu'on m'a dit, car je ne me souviens de rien.

J'ai à peine tenu une semaine dans cette ambiance de prison. J'ai vite eu besoin de grand air, au point qu'avec la complicité de mon adjoint Tresti, qui me fait un peu penser à mon fidèle Martial Chevalier, je m'évade de l'hôpital.

Je me fais ramener à la résidence et décide de procéder seul à ma rééducation. Il y a du boulot. Un bras qui ne répond plus, un œil gauche qui voit mal, des côtes encore douloureuses. Et, dans la nuque, toujours cette sensation que mes vertèbres cervicales sont en verre.

J'ai mis à peine un mois à me rééduquer. Je suis de nouveau sur pied, et reprends ma tâche avec encore plus de volonté, comme si cette alerte, cet accident stupide, était un signe : je n'ai plus beaucoup de temps pour accomplir le but fixé à mon arrivée.

Sans rapport avec ma chute, je reçois ma troisième étoile de général.

Peu de temps après, je décide d'organiser des manœuvres, que j'avais d'ailleurs prévues avant mon accident. Elles sont destinées à tester les capacités opérationnelles des unités placées sous mes ordres. Notamment le 3e Étranger, le détachement des Comores, et le 2e régiment de parachutistes d'infanterie de marine de la Réunion. Elles se nomment les manœuvres « Amboasary », et débutent le 12 mai suivant. L'ambiance est bonne, tout se présente au mieux. Mais brusquement la situation du pays se détériore. Des désordres suivis d'émeutes sanglantes dans la capitale m'obligent à mettre fin brutalement aux manœuvres. L'armée et la population s'affrontent. Le président Tsiranana est contesté, le général Ramanantsoa, son chef d'état-major, parvient à ramener le calme quelque temps. Les troupes françaises reçoivent l'ordre de se faire oublier, de ne pas intervenir dans les affaires intérieures de ce pays indépendant.

Quelques semaines plus tard, le président Tsiranana est congédié par un référendum : le père de l'indépendance se retire, solitaire, vaincu. Toujours la même histoire : fort on vous suit, affaibli on vous laisse crever tout seul. Le président parti, l'ambiance n'est plus la même. Le nouveau gouvernement est obligé de se radicaliser. Il prend ses distances avec la France. La situation devient tendue avec les autorités. Je redoute même de devoir ramener les couleurs françaises qui flottent sur ma résidence depuis 1890, époque de Gallieni. Après l'Indochine et l'Algérie, cela commencerait à faire beaucoup et je ne veux pas partir avec le drapeau tricolore sous le bras.

J'ai d'excellents contacts personnels avec le général Ramanantsoa : nous nous informons par téléphone, ou au cours de discrètes visites que je lui rends ; nous pouvons échanger nos points de vue. Il est clair que le peuple malgache veut sa liberté et qu'il est décidé à aller jusqu'au bout. J'imagine les angoisses du général. Formé à Saint-Cyr, il s'est battu avec la France, y compris en Indochine. Aujourd'hui, il se trouve à la tête de cette révolution qui veut notre départ. Pas facile. Ramanantsoa est acquis à la France mais il ne peut rien faire : il est prisonnier de sa junte, obligé de suivre. Je prévois qu'il tiendra au maximum deux ans. À titre personnel, je souhaite que l'affaire franco-malgache se termine sans effusion de sang. Et ici comme ailleurs, je vais partir en laissant un peu de moi-même.

Début juin 1973, j'apprends officiellement que les forces françaises doivent évacuer Madagascar pour le 31 juillet. À l'exception toutefois de la marine, maintenue provisoirement à Diego Suarez. Nous multiplions les mesures pour régler sans à-coups le départ de nos forces. Au milieu de toute cette agitation, j'organise un défilé du 14 Juillet avec toutes les troupes restantes à l'intérieur de la caserne où se trouve mon état-major. Lors de la prise d'armes, je remets quelques Légions d'honneur et Ordres du Mérite. Cela sent le départ. L'abandon des cantonnements, des villas bâties par nos anciens : je dois renvoyer en France la statue, le bureau et les archives de Gallieni. Nouveaux déchirements. C'est la troisième fois dans ma carrière que j'assiste au départ de la France d'un pays où elle a pourtant construit d'admirables choses.

Avant de quitter le Madagascar, le 31 juillet 1973, je fais une dernière tournée à la Réunion et aux Comores, qui dépendent de mon secteur. Le président de l'État me fait grand officier de l'Ordre comorien. À Tananarive, entouré de quelques ministres, Ramanantsoa me reçoit dans son PC. Après un discours émouvant et sincère, il me fait grand officier du Mérite malgache. Là, c'est vraiment le grand départ. Après l'Indochine et l'Algérie, je liquide Madagascar. Pas vraiment de quoi être fier, mais c'est ainsi. Un siècle plus tôt, j'aurais peut-être participé aux conquêtes, le sort a voulu que je sois de ceux de la décolonisation. C'est peut-être mieux ainsi, même si cela a souvent été douloureux. Franchement, malgré tout ce que l'on a pu dire de moi, je n'ai pas l'âme d'un colonialiste.

En partant, je repense avec émotion au président Tsiranana, quand la foule malgache progressait vers le palais, prête à lui réserver un mauvais sort. Michel Debré m'avait envoyé un télégramme : « Sauvez la vie du président Tsiranana. » Je m'étais alors précipité et, arrivé en hélicoptère dans la cour du palais, je m'étais rué dans son bureau :

« Mes respects, Monsieur le président. »

Et je lui avais précisé ma mission. Je le revois ouvrant le tiroir droit de son bureau, sortant un pistolet, en me disant :

« Mon cher général, je saurai mourir à mon poste. »

Je lui avais répondu :

« Bravo, c'est courageux, Monsieur le président, mais soyez certain que je remplirai ma mission, quitte à vous mettre K.-O. et à vous déposer dans l'hélico. »

Finalement, la foule avait été arrêtée à quelques centaines de mètres du palais. Mais ce jour-là, j'avais pu apprécier le courage du président Tsiranana, à la tête de la République malgache depuis l'indépendance en 1958.

Après mon départ, comme d'habitude, la presse se déchaîne et interprète les événements selon ses tendances respectives. Certains articles me font même passer pour un colonialiste qui cherchait à se cramponner à Madagascar, alors que j'ai été si près de cette population pour laquelle je continue à nourrir une profonde affection. Mais je commence à avoir l'habitude.

Le 1er août 1973, à l'aéroport d'Orly, je suis accueilli par Gaby, accompagnée de deux de mes officiers supérieurs. Aucun représentant de l'état-major de Paris. Une vieille 403. J'ai une permission de trois mois. Je rejoins directement Toul. J'ai cinquante-huit ans, je suis à deux années de la retraite. La retraite ! Est-ce seulement envisageable pour moi ? Il est clair qu'à l'état-major, on se pose une question qui revient régulièrement à mon sujet : que faire de Bigeard ? En tout cas, mon retour à Paris ne passe pas tout à fait inaperçu. Les journaux en parlent. Jacques Fauvet, directeur du journal *Le Monde*, rédige un éditorial bien peu sympathique, intitulé « Bigeard à Paris » :

« Bigeard a pour lui une silhouette et une légende, et contre lui un passé qui n'est pas, hélas !, que le sien, un passé de défaite et de repli ; il le confesse et il égrène lui-même : la débâcle de 1940, la chute de Diên Biên Phu et la captivité, l'Algérie, perdue après que la bataille d'Alger eut été gagnée – mais à quel prix ? –, et qu'eut avorté l'insurrection des barricades, qui le fit limoger par de Gaulle. »

On le sait, je l'ai dit et écrit, je n'ai pas, je n'ai jamais participé à aucun complot contre la République. Fauvet, directeur d'un grand journal, se permet de raconter n'importe quoi. Quelques jours plus tard, le général de Boissieu, gendre du général de Gaulle, adresse une lettre au *Monde* dans laquelle il dément ces allégations et où il rappelle que je ne pouvais pas être à Alger au moment des barricades, et avoir participé à cette insurrection, puisque je me trouvais loin de l'Algérie à cette époque, au cœur de l'Afrique.

Je passe l'été 1973 à Toul. J'installe peu à peu la maison que j'ai fait construire, je cueille des mirabelles et des quetsches, je cours, je nage, je revois des amis : les semaines filent rapidement. Bientôt, je suis affecté comme deuxième adjoint du gouverneur militaire de Paris. Certainement pas le poste dont je rêvais. Je suis logé dans un appartement minuscule et minable du 15e arrondissement, avec un mobilier de sous-officier que j'ai pu récupérer après négociation auprès de l'intendant. Un comble ! Peinture défraîchie, pas de papier peint aux murs, même pas une cuisinière à gaz : je dois me débrouiller avec mon réchaud de camping. En somme, je repars à zéro.

Quelques mois tristes et mornes. Lever à 6 heures, trois quarts d'heure de sport sur le Champ-de-Mars, départ en voiture à 7 h 30 et retour le soir à 18 h 30. Je travaille au camp des Loges, à Saint-Germain, à une heure de voiture de Paris. Je mène une vie de célibataire car Gaby ne me rejoindra qu'un mois plus tard. Mais j'en ai vu d'autres. La vie sans relief de solitaire n'est pas pour m'effrayer, à condition que cela ne dure pas trop longtemps.

À cette époque, l'armée traverse une sale période. Les gens manifestent pour que le sursis accordé aux appelés soit plus long, et un grand mouvement antimilitariste se déclenche à cause d'un projet, sûrement mal ficelé, d'installation d'un camp militaire sur le Larzac. Les gauchistes font entendre leur voix. Le service de presse de la Région filtre les journalistes qui voudraient me rencontrer, mais je me tiens peinard. Je préfère attendre d'autres fonctions plus sérieuses.

Chapitre 30

La 4e Région militaire

Heureusement, à partir du 1er mars 1974, je suis affecté à la 4e Région de Bordeaux. J'en reçois le commandement dans sa totalité. Cette nomination à Bordeaux est pour moi une bénédiction : je connais bien Chaban-Delmas, mon ancien ministre de la Défense nationale en 1958, avec lequel j'ai toujours entretenu de très bonnes relations. Je connais aussi la totalité de la 11e division parachutiste où j'ai servi de longues années, et j'ai des liens d'affection avec le département de l'Ariège où j'ai été parachuté sur les Allemands en 1944. Et puis le site du Pyla, près d'Arcachon, où j'ai créé une école de cadres pour officiers en 1944.

Quant au commandement que l'on m'offre, ce n'est pas du gâteau, mais du caviar. Cette région militaire s'étend sur le quart de la France : vingt-deux départements. J'ai sous mes ordres dix-huit généraux, six cent soixante officiers supérieurs, mille neuf cents officiers subalternes, seize mille six cent cinquante-cinq sous-officiers, sans parler des jeunes engagés et des hommes de rang qui effectuent leur service militaire : au total, près de quarante mille hommes. Parmi cet ensemble, dix mille paras et dix mille gendarmes. Un beau cadeau de fin de carrière.

C'est pourquoi, en mars 1974, je quitte Paris d'un cœur léger pour rejoindre Bordeaux. Il me reste deux années avant la retraite. Ma carrière se terminera dans ce Sud-Ouest que j'aime tant.

Paris s'éloigne, je roule en compagnie de mon chauffeur, le gendarme Fillon ; pendant tout le trajet où je suis assis à l'avant, à ses côtés, nous bavardons. J'aime bien prendre le pouls, m'informer sur le moral des unités, avoir quelques tuyaux sur l'ambiance, et surtout parler avec des hommes de la base. Fillon est un compagnon idéal pour ce genre de trajet. Nous déjeunons tous deux dans un modeste restaurant, et reprenons la route pour arriver vers 18 heures. Me revoici à Bordeaux. Prise de contact avec le personnel présent à mon PC, installé dans un magnifique hôtel rue Vital-Carles. Ce sera ma future résidence. Le lendemain, je vais rendre visite aux autorités civiles. Je suis heureux de bavarder avec le préfet, un homme de cœur et de caractère, qui a fait l'Indochine, et je retrouve avec plaisir notre ancien Premier ministre, maire de Bordeaux, Chaban, toujours aussi dynamique, sympa, direct.

Mais je ne suis pas là pour les mondanités. Mon objectif à court terme : faire passer le courant, réorganiser la boutique. Je vais m'installer dans un bureau à la caserne, au milieu de mon état-major, plutôt que dans cet hôtel doré de la rue Vital-Carles.

Le briefing au cours duquel me sont exposés l'organisation, les moyens et les missions de la Région est loin de me satisfaire. Je veux donner une autre allure à la caserne : pour l'instant, la cour centrale sert de parking. Gentiment mais fermement, je fais comprendre à ma nouvelle équipe qu'un changement radical s'impose. Et un nouveau style, le mien : il a fait ses preuves. Ceux qui ont servi avec moi l'approuvent ; ceux qui veulent pantoufler sont un peu inquiets, mais ils auront tôt fait de disparaître. Je veux des résultats, de l'efficacité.

Du 6 mars au 6 juin, je passe trois mois à la tête de cette 4e Région militaire. Je soude mon équipe. Pour cela, un seul moyen : faire des choses ensemble. Les raids ou les courses d'orientation constituent une excellente méthode. Tout le monde y participe, y compris les officiers, les sous-officiers et le personnel féminin. Je modifie l'organisation du commandement de région, je fais aménager des salles de travail adéquates, avec cartes de la région, organigrammes, coordonnées de tout le monde afin que l'on puisse communiquer. Ainsi nous pouvons réagir rapidement. Je réorganise aussi la caserne. Elle doit avoir de la gueule, car elle est après tout l'image de notre région militaire.

Mais ce n'est qu'un début : je veux aller bien plus loin, imprimer à toute ma région un style nouveau, qui doit se manifester à tous les échelons et dans toutes les occasions. Pour cela, il faut commencer par activer le caractère opérationnel de l'état-major et des services. Chacun doit s'imposer par son sérieux, son travail, sa condition physique : ils pourront rayonner sur toute la région et la troupe suivra l'exemple. Je ne veux pas voir de cadres avachis. Chaque semaine, je réunis l'état-major, toutes les deux semaines les services. Nous devons agir ensemble.

Cette nouvelle dynamique doit ensuite être communiquée aux cadres : il faut leur donner des responsabilités, les inciter à rechercher le maximum de contacts avec leurs unités. Chacun doit connaître sa mission, être prêt à réagir à la moindre alerte, même en temps de paix. Je veux faire de la 4ᵉ Région militaire une région d'élite, citée en exemple. Et pour cela, je vais profiter de la présence de la 11ᵉ division parachutiste pour organiser avec elle des exercices dynamiques qui marqueront nos hommes, en entretenant avec cette grande unité des relations enrichissantes. Plus d'esprit fonctionnaire dans ma région ! Si nous atteignons cet objectif, les appelés reviendront à la vie civile fiers d'avoir appartenu à leur unité. En somme, je continue d'appliquer la méthode Bigeard.

À vrai dire, j'ai une idée derrière la tête.

Ces objectifs ne sont pas seulement militaires, ils sont aussi politiques. J'ai trop connu de batailles perdues parce que les objectifs de l'armée n'étaient pas suffisamment clairs. Et nous traversons une période difficile pour l'armée, sans cesse critiquée : il faut faire face. Nous devons montrer l'exemple par notre retenue et notre efficacité. Une relance du prestige militaire est nécessaire à l'échelle de la nation tout entière. Je commence à mon niveau. Le reste suivra peut-être.

Très vite, je fais vibrer ce vaste ensemble en utilisant les mêmes méthodes qui m'ont réussi en Indochine, en Algérie, au Sénégal, en Centrafrique ou à Madagascar. Même si nous sommes en période de paix, il faut garder au plus haut point cet esprit d'efficacité, de mobilité, de disponibilité. Tout peut arriver à n'importe quel moment. Chacun sait que l'on peut compter sur moi. La nation doit pouvoir compter sur son armée.

Je rends visite inlassablement aux unités de Limoges, Toulouse, Pau, Bayonne. Mon gendarme chauffeur est toujours avec moi. Précis, ponctuel. La 4e commence à montrer un véritable esprit de corps. Tous les mois, j'entraîne mon état-major dans un raid d'une quinzaine de kilomètres. Tout le monde suit. Gaby participe aussi à cette course d'endurance. À environ une centaine, nous déjeunons dans la nature, la merveilleuse forêt des Landes, et nous nous baignons. Le personnel prend rapidement goût à ces sorties. Maintenant, le moral est bon et les patrons sous mes ordres réagissent bien. Je suis à mon affaire : pour moi, tout est clair quand je suis vraiment le seul responsable. Le rôle d'adjoint, de second, m'a toujours été très pénible.

En avril 1974, Georges Pompidou meurt. Je fais observer une minute de silence. Je ne fais pas de politique, mais j'ai du respect pour le président de la République, pour la fonction, mais aussi pour cet homme qui est mort debout, à son poste jusqu'au dernier jour, malgré les souffrances de la maladie.

Qui va lui succéder ? Chaban, Giscard ou Mitterrand ? La période est difficile. L'inquiétude règne. La propagande antimilitariste progresse. Des gauchistes distribuent des tracts, des journaux, dans la rue, à la sortie des gares. J'ai l'impression que rien n'est fait pour colmater ce pourrissement lent et méthodique de notre armée. Je suis de très près la campagne présidentielle. Je vote Chaban-Delmas car je le connais et j'ai de l'amitié pour lui. Il a toujours été parfait à mon égard et je sais que c'est un véritable homme d'État. Malheureusement, des manœuvres politiciennes vont l'empêcher d'accéder à la magistrature suprême, alors que la route lui semblait toute tracée. Je lui écrirai pour lui dire qu'une vie, c'est bien long, que rien n'est jamais fini et qu'il ne faut jamais baisser les bras. Je me demande comment il a pu réagir à cette lettre. Avec le sourire, sans doute.

Giscard est élu de justesse, avec 50,8 % des voix. Il a battu François Mitterrand, redoutable manœuvrier, allié au Parti communiste pour la conquête du pouvoir. Giscard veut changer les choses rapidement : il impose des mesures novatrices, nomme des ministres jeunes, choisit un Premier ministre en pleine ascension, Jacques Chirac. Mais l'armée reste le parent pauvre de ses transformations : je suis inquiet. Bien sûr, j'ai des idées sur ce qu'il faudrait faire et sur ce qu'il faut éviter. Mais je ne prétends pas détenir la vérité. Pourtant, il est urgent de remettre l'armée sur les rails, d'informer, d'expliquer à la jeunesse de France ce qu'on attend d'elle, de redonner confiance aux cadres qui se posent des questions, qui doutent. Il y a beaucoup à faire pour que le courant passe, que cette armée soit vraiment celle de la nation tout entière, et que l'on comprenne qu'elle est là en cas de coup dur pour protéger les citoyens de notre grande et belle démocratie.

Le problème est complexe : pour ramener l'armée dans le giron de la République, il n'y a qu'une seule solution, communiquer, expliquer, montrer l'absurdité criminelle des positions antimilitaristes. Et ça, sans me vanter, je sais faire.

Le 9 octobre 1974, j'adresse une note d'orientation à tous les cadres, dont dix-huit généraux. Je commence par cette phrase d'Abraham Lincoln : « Avec l'opinion publique, rien ne peut échouer ; sans elle, rien ne peut réussir. » Dans toutes mes notes, je précise l'importance que j'attache à l'information interne et aux relations publiques externes : il faut faire passer le courant à l'intérieur de mes unités et vers le monde extérieur. L'armée doit cesser d'être la « grande muette ».

Je ne ménage pas ma peine. Ma boutique tourne à fond. Et je suis magnifiquement épaulé par ma femme, Gaby, toujours discrète et efficace, qui sait trouver les mots qu'il faut. À Pau, j'organise même une rencontre entre mes paras et des universitaires. À un dîner débat, nous parlons tous ensemble des problèmes que rencontre actuellement l'armée. Et ça marche. Paras et universitaires, qui semblent pourtant vivre dans deux univers différents, s'apercevront qu'ils ne sont pas si éloignés les uns des autres.

En septembre, je suis convoqué à Paris pour être fait grand-croix de la Légion d'honneur par le président de la République. Quel parcours ! Belle fin de carrière pour l'ancien saute-ruisseau de la Société générale de Toul. Mais dans « fin de carrière », il y a le mot « fin ». Et cela m'est insupportable. Pourtant, c'est au moment où je pense que tout s'achève que tout va recommencer et prendre l'orientation la plus inattendue qui soit.

Chapitre 31

L'expérience ministérielle

Le 30 janvier 1975, le président Giscard d'Estaing me convoque à l'Élysée. Il y a quelques jours, j'ai organisé à Niort un débat sur l'armée en présence des officiers de réserve de la 4e Région militaire. Devant six cents participants, j'ai dit ce que je pensais du gouvernement : nous allons dans le mur, l'armée n'est pas défendue, le budget est insuffisant, le malaise s'installe. Mes propos ont été repris largement par la presse locale et nationale. Je ne me fais pas d'illusions, d'autant plus que je suis à un an de la retraite. Dans le train qui nous emmène à Paris, je dis à Gaby : « Tu peux préparer tes valises, le président va me virer. »

Je ne connais pas Giscard. À la tête de l'État, je l'ai dit, j'aurais préféré Chaban. En cette fin janvier, à la nuit tombée, un froid humide glace Paris. Le général Méry, patron des armées, m'attend à l'entrée de l'Élysée. Méry, un homme de grande classe, intelligent, est un de ces généraux pour lesquels j'éprouve de la sympathie. Une sorte de

Giscard en uniforme. Il me dit : « Je vous conduis au président. »

Je ne pose pas de questions. Je ne m'attends à rien de bon. Je me retrouve face au chef de l'État, comme je l'ai été face au président Coty et au général de Gaulle. Discussion feutrée et courtoise. Giscard me rappelle qu'il suit ma carrière depuis longtemps. Il m'avait d'ailleurs envoyé ses vœux lorsqu'il n'était qu'un jeune député. J'attends toujours qu'il m'annonce poliment que l'on va me mettre à la retraite anticipée. Mais c'est tout le contraire : il me fait comprendre qu'il a besoin de moi comme secrétaire d'État à la Défense pour redonner confiance et moral à l'armée, puis me dit carrément : « Je vous propose Yvon Bourges comme ministre. Vous verrez, mon général, il y a un tel décalage entre le politique et le militaire qu'il faut à la tête de cet important ministère un homme rodé à un jeu que vous découvrirez. »

Il avait sans doute raison, même si plus tard j'ai dit que, si j'avais été ministre de la Défense, je n'aurais pas eu besoin de secrétaire d'État. Mais pour l'heure, je suis K.-O. Je reprends mon souffle. Et lui donne ma réponse : j'accepte, évidemment. J'espère que ce poste me permettra d'aider l'armée à retrouver sa place dans la nation, à être de nouveau en phase avec cette jeunesse à laquelle j'attache une extrême importance. J'explique au président que, sous réserve d'installer des cadres officiers et sous-officiers aimant le contact, amoureux de leur métier, plaçant la patrie bien haut, capables de donner l'exemple, de rechercher la participation et de faire équipe avec leurs cadets, on peut espérer faire du beau travail. Je quitte Giscard, je suis sur un petit nuage. À la fois flatté, conscient de la gravité de ma mission, et décidé à aller vite. Pour moi, c'est peut-être le dernier rôle.

Je n'ai pas encore conscience que l'on vient de me parachuter dans la jungle. Un milieu hostile, difficile, plein de pièges, de chausse-trapes, mais tout ça dans un cadre feutré : les coups donnés en politique ne laissent pas de cadavres en général, à quelques notables exceptions près. On tue à coups de mots et de petites manœuvres. Mais pour moi, c'est une nouvelle expérience au service de la France.

Me voilà donc secrétaire d'État sans savoir ce que cette fonction recouvre exactement. Gaby m'attend à la sortie de l'Élysée. Je lui raconte l'entretien. Elle est éberluée. Nous sourions, pensons au passé, au chemin parcouru depuis nos débuts il y a quarante-cinq ans à Toul : moi, petit gratte-papier à la Société générale, Gaby se rendant au marché pour vendre les légumes de ses parents : oui, je me le répète, quel chemin accompli ! Nous rentrons à l'hôtel, mais impossible de trouver le sommeil. Nous discutons toute la nuit : quelle va être notre vie dans ce monde inconnu ? Qu'est-ce qu'un secrétaire d'État ?

Le lendemain, 31 janvier, retour à Toul pour récupérer quelques affaires et trier des photos qui doivent figurer dans mon livre *Pour une parcelle de gloire*. Car je l'ai enfin terminé, ce bouquin ! Et il doit paraître dans les semaines qui viennent.

Le téléphone sonne : « Mes respects, Monsieur le ministre. » Ce sont les journalistes parisiens. La nouvelle de ma nomination vient d'être annoncée. Pendant quarante-huit heures, ce sont des coups de fil incessants : reporters, amis, et même Chirac, Premier ministre, qui me souhaite la bienvenue dans son gouvernement. Et Chaban-Delmas, amical, qui se rappelle à mon bon souvenir.

Je repars à Paris avec Gaby. Direction le dîner donné par Yvon Bourges, mon ministre. Je le connais à peine. Je l'ai entrevu à Dakar quand il était secrétaire d'État à la coopération. Il parle bien, lit et relit le discours qu'il doit prononcer le lendemain devant les officiers généraux des trois armées : un vrai politique, habitué des ministères, il ne perd pas son temps.

Le lendemain, passage éclair à Bordeaux pour prendre mes affaires, régler les derniers problèmes, dire adieu trop vite à ma merveilleuse équipe, au préfet Doustin, puis ce sont les journalistes, les radios locales. J'entasse des affaires dans une cantine : presque un départ en catastrophe. Un Mystère 20 m'attend à l'aéroport de Mérignac. Un détachement de l'armée de l'air me rend les honneurs, et le général Blanc, commandant la Région aérienne, me dit : « Mon général, l'armée compte sur vous. » Toute mon équipe est là. Mon chef d'état-major, le colonel para Combette, décide de me suivre : il veut continuer à travailler avec moi. Suis heureux : je me sentirai moins seul pour cette nouvelle mission.

Paris, direction le cercle militaire Saint-Augustin. Pour l'instant, je ne sais où m'installer ni comment former mon cabinet. Je dois apprendre un nouveau métier. Un drôle de métier ! Dès le lendemain, un nouvel élément vient étoffer mon équipe. Le colonel Hovette, para d'Indochine et d'Algérie, mon chef d'état-major lorsque je commandais une brigade parachutiste : « J'ai réussi à quitter le commandement à Pau pour me mettre à votre disposition. »

Ensemble, nous partons reconnaître mon nouveau domaine au ministère de la Défense. Les bureaux sont occupés. Depuis six mois le poste de secrétaire d'État est vacant, et la nature a horreur du vide : les personnels du ministère en ont profité pour occuper le terrain. Il va falloir vider tout ce monde.

Ce n'est pas le plus urgent. Pour l'instant, je dois former mon équipe. Je reçois de nombreuses candidatures de sous-préfets, de militaires, de civils qui veulent venir travailler avec moi. Je dois très rapidement choisir : je veux une équipe réduite, interarmées évidemment, et composée d'hommes animés par l'esprit patriotique plus que par l'obsession de carrière. Une semaine plus tard, l'affaire est bouclée. J'ai mon équipe : Bourdin, contrôleur général des armées, est mon directeur de cabinet. Je l'ai connu en 1954 quand j'étais instructeur à l'École d'état-major. Discret, presque timide, très au courant des ambiances ministérielles, compétent. Garonne, un civil qui travaille au ministère, s'occupera des questions administratives : budget, revalorisation de la condition militaire ; c'est important car les militaires se considèrent comme déclassés. Et Garonne est charmant, séduisant, toujours tiré à quatre épingles, parfait esprit d'équipe. Combette, avec lequel j'ai l'habitude de travailler, s'occupera des missions délicates. Hovette est chargé des relations avec la presse. Ce colonel para est déjà l'auteur de plusieurs livres. Je dois aussi engager des représentants des deux autres armées :

le chef d'état-major de l'air, le général Grigaut, que j'apprécie beaucoup. J'affecte aussi le colonel Gueguen, pilote de chasse breveté de l'École de guerre, un officier remarquable qui sera un collaborateur exceptionnel. J'arrive aussi à m'adjoindre les services du commandant Bonavita, qui a été mon 2e Bureau à Tananarive. Il a vécu avec moi la révolution malgache : officier supérieur de grande qualité, qui comprend parfaitement notre époque et a conscience de ce qu'il peut faire pour rénover notre armée. Quant au secrétariat, il sera dirigé par la capitaine France Gorny, une fille formidable qui a passé dix ans à l'Élysée avec de Gaulle et Foccart : très au courant des problèmes politiques, elle connaît les hommes, les rouages, elle sera une conseillère indispensable. Enfin, mes secrétaires, Dominique, Carole, Christine, Chantal, toutes ravissantes, ce qui est agréable, et efficaces par-dessus le marché, ce qui ne gâte rien.

Très vite, cette petite équipe va devoir adopter mon style : réunion chaque matin à 8 h 30 où j'expose toutes les questions du jour. Mon brain trust est là, ainsi que mon aide de camp le capitaine parachutiste Lafourcade, qui vient du 3e Para, mon régiment en Algérie. Il me sera d'une aide précieuse, notant les rendez-vous, préparant mes déplacements, mon planning pour la semaine. Avec lui, aucun problème, l'intendance suit. Très rapidement, il sera pour moi comme un jeune frère, m'accompagnant dans tous mes déplacements, surveillant ma santé, m'obligeant à prendre mes médicaments car j'ai quelquefois des alertes du côté de la « pompe à huile »... Mais elle a tout de même bien fonctionné puisque je suis là plus de trente-cinq ans après.

Je continue d'entretenir ma condition physique : tous les matins à 6 heures, footing. Pendant ces dix-huit mois au ministère, il n'y aura pas un jour, dimanche compris, où je ne courrais pas. Sur notre trajet, les lève-tôt parisiens nous saluent. La forme est bonne. J'ai toujours mêlé sport et travail. Je continue. Et je mets tout le monde à la course à pied. Chaque mois, nous effectuons un raid. Personnels civils et militaires, généraux, appelés du contingent, tout le monde participe. Et d'autres personnes, d'autres ministères, vont bientôt nous rejoindre. Chaque mois, nous courons dans un secteur différent de la région parisienne. À la fin, nous sommes accueillis par une unité. Les chefs de corps, les directeurs d'établissement, sont heureux de nous recevoir. Ils exposent leur organisation, leur mission, le moral de leurs unités. Cette formule me permet une inspection dans la décontraction et la bonne humeur. Nous prenons un repas en commun. Un sous-officier à ma gauche, une jolie fille à ma droite. Au dessert, un laïus d'un quart d'heure pour les remercier, les encourager. Nous passons parfois à la télévision et sommes souvent suivis par des journalistes.

Je sais que ma mission est avant tout affaire de communication. Redonner le moral à l'armée, c'est aussi renvoyer une bonne image, et pour cela j'ai besoin des journalistes. D'ailleurs je les aime bien. Ils m'ont toujours accompagné. Certains sont devenus mes amis : Kessel, Schoendoerffer, le cher Jean Lartéguy : je les aime pour leur cran, leur courage, leur liberté d'esprit. Même si la presse m'a quelquefois été défavorable et m'a joué de mauvais tours, je me sens très proche des journalistes. Et je ne leur en veux pas : pour l'instant, en tout cas, ils me gâtent.

J'ai une mission à accomplir et j'ai bien l'intention de la mener à terme. Maintenant, j'ai les moyens de proposer des réformes pour notre armée. Bien sûr, je ne suis pas accueilli à bras ouverts par tous les généraux, moi l'ancien deuxième classe sorti du rang, qui se retrouve quasiment à la tête des armées. Mais ça m'est égal. J'ai acquis une expérience en payant de ma personne, les responsabilités que j'ai assumées dans des commandements très différents me rendent apte à exercer ces nouvelles fonctions. D'ailleurs, j'ai aussi de très bons amis parmi les généraux, mais seulement chez les vrais, les opérationnels, ceux qui ont combattu ; j'en ai peu en revanche parmi les carriéristes, ceux qui disent : « Pas de remous, pas de vagues, contentons-nous de compter nos étoiles. » Heureusement, c'est une race qui disparaît. On constate une nette évolution. Le but est de détecter les futurs de Lattre, les Leclerc, de vrais chefs qui sauront faire face en cas de coup dur. En temps de paix, ce n'est pas toujours facile. Mais on ne va pas s'en plaindre. Car le boulot principal de l'armée, c'est de maintenir la paix. « Si tu veux la paix, prépare la guerre », dit le vieil adage romain.

Peu à peu, je m'aperçois que les choses ne sont pas si simples. Mon poste est délicat. Je n'ai pas vraiment les coudées franches. Au-dessus de moi, il y a le ministre, Yvon Bourges, le Premier ministre, Jacques Chirac, et surtout Giscard, le président de la République, qui est tout de même le chef des armées. Les intérêts de tous ces gens ne sont pas toujours convergents. Dans le monde politique, le sport favori consiste à se tirer dans les pattes, même si l'on est du même bord. Et peut-être surtout si l'on est du même bord. Peu importe. La mission est difficile, mais je dois avancer.

Mon premier objectif: réunir au plus vite les chefs des armées, généraux et amiraux, pour leur dire où nous allons et comment nous y allons; montrer à l'armée qu'on s'occupe d'elle, qu'on a défini ses missions et qu'on sait ce qu'on attend d'elle.

Le 15 février, deux semaines à peine après ma nomination, une première réunion a lieu. Il suffit parfois de peu de chose: les chefs commencent à retrouver confiance. Nous mettons au point les mesures à prendre. Prêt aux soldats, revalorisation de la condition militaire, attribution des postes à responsabilité aux généraux les plus capables. Je vois fréquemment le général Maurin, chef d'état-major des armées. Le général de Boissieu, gendre du général de Gaulle, me rend de fréquentes visites avant son départ à la retraite. Même eux m'appellent « Monsieur le ministre ». Il m'arrive d'en sourire. Je n'en reviens toujours pas. Mais je suis là pour imposer mon style: je suis Bigeard, le combattant, le guerrier, la grande gueule, toujours près de ses hommes. Je ferai ce qu'il faut.

C'est dans ces circonstances que je publie mon livre *Pour une parcelle de gloire* aux éditions Plon, un vrai succès et un peu plus de travail pour moi: les samedis et dimanches, je dédicace à tour de bras des centaines d'exemplaires, je reçois des lettres d'admiration et d'affection innombrables auxquelles je dois répondre: des jeunes, des anciens de 1914-1918, des femmes, des paras, des milliers de lettres toutes chaleureuses et émouvantes. C'est un précieux réconfort pour moi. La presse accueille ce livre avec bienveillance: Mourousi sur TF1, les journalistes parisiens et provinciaux : cela ne tombe pas mal, je le reconnais, car mes finances n'étaient plus très brillantes : je vais pouvoir meubler ma villa avec mes droits d'auteur.

Mais le ministère reste ma priorité, bien sûr : réunions, visites, invitations, cocktails. J'ai parfois l'impression d'étouffer, de piétiner, passant d'un bureau à un appartement, d'un avion à une réception. La revalorisation de la condition militaire est en bonne voie, le nouveau règlement de discipline générale se prépare, les chefs ont des consignes. Yvon Bourges travaille dur, il a rassemblé beaucoup de monde autour de lui. C'est un vrai politique, doué, efficace. Amusant de penser qu'il n'a pas fait son service militaire ! Mais comme je l'ai dit parfois, et pas seulement avec ironie, cela a du bon les gens qui n'y connaissent rien : le spécialiste n'est pas toujours le meilleur. Rien ne vaut un regard neuf et sans préjugés. Mon boulot, c'est de regonfler les unités. Avec Bourges, nous faisons un bon tandem et je l'estime beaucoup.

C'est avec lui que je passe mon baptême du feu à l'Assemblée nationale. La vraie jungle. Nous allons nous expliquer devant la Commission de Défense nationale et le Sénat, face à la Commission des finances. Je découvre des députés, des sénateurs conscients de nos problèmes. Dans ce milieu, j'ai l'impression de nouer de vraies amitiés. Plus tard, quand je serai député, je les retrouverai. Pour l'instant, je ne pense pas un seul instant que je serai des leurs, un jour.

Je fais mon premier exposé à l'Assemblée nationale, au groupe « réflexions et propositions », présidé par Hector Rolland. Une figure, le verbe haut, de l'humour. Une quarantaine de députés sont présents. J'expose mon point de vue, je dis ce que j'ai sur le cœur, sans rien cacher, avec mes propres mots : la situation matérielle des armées est critique, pas assez de moyens. J'en choque quelques-uns. Évidemment, ça s'agite un peu à gauche. À un camarade député socialiste qui m'attaque, je réponds : « Camarade socialiste, pour dégraisser l'administration centrale, il faudrait réquisitionner les Khmers rouges. » Je suis applaudi. Rolland adressera une lettre au président de la République, précisant que si le budget des armées n'obtient pas telle somme, son équipe ne le votera pas. Un argument qui porte.

Mon baptême du feu s'est bien passé. Il y aura d'autres confrontations. Le rythme se poursuit et s'accélère : réunions, voyages, beaucoup de mondanités également. Un grand gala à l'Opéra en l'honneur du président de la République fédérale allemande. Un autre à l'École militaire puis à la Conciergerie : me voilà en grande tenue, queue-de-pie et col cassé. En me voyant, je souris. Je regrette souvent ma tenue de combat, et les djebels où le terrain, à tout prendre, était moins glissant. Déjeuners, dîners dans les ambassades, cocktails, rencontres avec la presse…

J'ai souvent besoin de m'aérer, de voir les troupes, de leur parler, de les écouter. Je visite les unités terre, air, mer, gendarmerie, services de santé, pour découvrir leurs problèmes et mesurer le moral des troupes. Je visite une à une les régions militaires, dont celle de Lyon, la 5e, commandée par le général Thenoz. Il était un de mes supérieurs il y a encore cinq mois. Je l'estime beaucoup : il joue le jeu parfaitement, il me reçoit amicalement, nous rejoignons en hélicoptère ses chasseurs alpins en manœuvre dans les Alpes.

Cadre grandiose. Retour à Paris en Mystère 20. Une journée d'évasion que j'apprécie particulièrement.

Je n'abuse pas de ce type de transport, mais la charge ministérielle est parfois pesante, et nous y sommes engagés jusqu'au cou.

Trois mois que je suis au gouvernement. L'armée va mieux, les choses avancent, mais comme la nature me manque ! Où sont les grands espaces, l'air libre ? Durant toutes ces années de campagne au Vietnam, en Algérie, c'est dans la nature que je me battais. C'est là que je me sens vraiment dans mon élément. Pourtant, je n'ai guère eu le temps de l'apprécier. Maintenant, j'aimerais voir fleurir les arbres, me promener dans les bois. Mais pas question de lâcher mon boulot au ministère : le rythme est toujours aussi intense.

Malgré cela, je trouve que nous n'allons pas assez vite. Bourges me fait aménager un appartement magnifique aux Invalides. Décidément, quel chemin parcouru depuis ma paillote de Bangui au Sénégal ! Naturellement, le *Canard enchaîné* ne me rate pas : « Bigeard crapahute maintenant dans la soie. » C'est de bonne guerre. Cher *Canard*. En fait, je n'occuperai pas cet appartement. Mais le coup me fait un peu mal : je ne suis pas encore habitué. En politique, il faut se blinder, et d'une autre façon qu'à la guerre !

Dans l'ensemble, je bénéficie d'un véritable engouement. J'aurais pu en profiter, pousser mes pions, avancer dans la carrière. Mais je m'y refuse : je me contente de dire la vérité, avec ma conscience. L'ambition m'est étrangère. Celle-là en tout cas. Ce qui m'intéresse avant tout, c'est la France.

Après quelques mois au gouvernement, j'en ai marre. Je demande un entretien au président de la République. Il me reçoit avec sa classe habituelle. Je lui dis ce que j'ai sur le cœur. « Monsieur le président, ne pouvant aller plus loin, je considère ma mission terminée. »

Il m'écoute, puis me parle : beaucoup de choses ont déjà été faites en quatre mois, peut-être que je ne me rends pas compte, mais mon action est efficace, et en politique les choses avancent plus lentement que sur le terrain militaire. Je resterai donc au gouvernement. En clair, Giscard refuse ma démission. Je continuerai à me déplacer, à regonfler les troupes, à me battre contre les agitateurs et les gauchistes, qui m'ont dans le collimateur.

Du coup, je vais rendre ma visite de politesse au président Edgar Faure qui tient le perchoir à l'Assemblée nationale. Je lui fais mes excuses pour ne pas être venu lui présenter mes respects plus tôt. Il me reçoit avec gentillesse. Je le regarde : l'esprit vif, alerte, toujours pensant à d'habiles manœuvres qui lui ont permis de durer gaillardement pendant tant d'années, depuis les temps lointains de la IVe République, dans le marécage politique. Rescapé et toujours aux avant-postes, il est encore président de l'Assemblée nationale, ce qui est, dans notre république, une place de choix, et permet de vivre magnifiquement dans le bel hôtel de Lassay.

Il m'offre une cigarette ; je refuse en lui expliquant que je ne fume que la pipe, et que par politesse, je n'ai pas apporté la mienne. Il m'en tend une : « Allez-y, si vous le permettez, je vous en offre une fabriquée dans mon pays », me dit-il. Me voici donc en train de fumer la pipe d'Edgar. Un homme délicieux.

Courant juin, de nouveau Conseil de la Défense à l'Élysée sous l'autorité du président Giscard. J'admire sa connaissance des dossiers, son esprit de synthèse, son brio. Je continue à me déplacer à travers toute la France. Aux cérémonies du 14 Juillet, défilé militaire à la caserne de Vincennes. Le président me demande de me tenir près de lui. Je revois avec émotion défiler mon 3e régiment para d'Algérie avec à sa tête le colonel Datin, un de mes anciens lieutenants. Puis les Champs-Élysées. Dans les tribunes, en civil, au milieu des quarante-trois membres du gouvernement, je songe au 14 juillet 1957 où, avec Massu, nous défilions ici à la tête de la 10e division parachutiste. À cette époque, les Parisiens nous applaudissaient.

Aucun repos pendant l'été. Juillet, août, septembre. Une activité incessante. À la rentrée, nous avons droit au hit-parade des ministres dans *L'Aurore*. Surprise : je suis numéro cinq sur quarante-trois ministres et secrétaires d'État. Devant moi, seulement les grandes pointures de la politique telles que Lecanuet, Poniatowski, Fourcade. Je mesure que mon succès est éclatant. Mon ministre, Yvon Bourges, n'est que 18e. Et moi, simple sous-ministre avec un demi-portefeuille, je tiens plus ou moins la vedette. Cela devient presque gênant. Encore que, quand on lui dit que je lui fais de l'ombre, Bourges se défend avec élégance. Il est toujours d'une correction parfaite à mon égard. Le seul problème, c'est qu'il ne me laissera jamais de responsabilités bien définies. Comme si j'étais là pour le décor. Je n'apprécie pas, mais il me rassure chaque fois : « Mon cher ami, nous faisons tout ensemble. »

Bourges, il est vrai, est un bon ministre, un grand monsieur et un travailleur acharné. Sans rien connaître à l'armée, il a très vite compris ce qu'il fallait faire. C'est un bon tacticien, il sait présider une séance, prendre les décisions nécessaires. À l'Assemblée nationale, il fait face, répond aux questions : c'est un métier. Il vit pour sa mission, sa mairie, c'est un admirable père de famille. M. Bourges aura toute sa vie mon estime et mon affection.

Fin septembre, neuf mois après mon arrivée au ministère, l'armée va mieux. Les cadres reprennent confiance. Le président de la République nous a bien aidés, et l'image de l'armée s'améliore dans l'opinion. Autour de moi, avec mon équipe que j'apprécie, nous faisons tourner la boutique avec dynamisme. L'important : aller voir le plus d'unités possible, montrer aux militaires qu'ils sont épaulés. Au fond, quand je leur rends visite, c'est le général qu'ils reçoivent, plus que le ministre. Heures d'avion, d'hélicoptère, parler, expliquer… Je n'arrête pas.

En août, je retourne même à la 11e division para revoir mon copain le général Le Borgne. Envie de sauter. Aussitôt dit, aussitôt fait : largage en mer sous une pluie battante. Saut impeccable. La machine répond encore.

J'inspecte les forces françaises en Allemagne. Prise d'armes, défilé, remise de décorations, puis Brest pour présider la cérémonie de présentation au drapeau des promotions 1975 de l'École navale et de l'École militaire de la flotte. Accueil grand style, cérémonie impeccable.

Un autre soir, je parle devant deux cent cinquante officiers de réserve de l'École polytechnique : accueil chaleureux, applaudissements. À chaque fois, j'ai un pincement au cœur avant ces meetings. Moi, le fils de cheminot, avec seulement mon certificat d'études, devant ces crânes bien remplis : mais je sais trouver les mots, avec ma nature, ma force, et ça se passe toujours bien.

En octobre, discussion du budget des armées à l'Assemblée nationale. Je monte à la tribune, je demande à l'Assemblée de voter le budget. « En râlant peut-être, mais votez-le tout de même. » Michel Debré le vote… en râlant ! Peu importe, nos crédits sont de nouveau en hausse.

Je m'accroche, sans compter mon temps : la machine tient le coup. Mais je suis loin d'avoir tout réglé. Des difficultés subsistent. Même si l'image de l'armée s'améliore, il reste en France un vrai mouvement de contestation et des agitateurs qui s'activent. En septembre 1974 déjà, deux cents appelés ont manifesté dans les rues de Perpignan : ça s'est calmé, mais la subversion gauchiste n'est pas éteinte pour autant. Un peu plus d'un an après, en novembre, à Besançon, une section syndicale est montée par des appelés en collaboration avec la CFDT : une affaire qui fait du bruit. Les journalistes en parlent abondamment, trop même, et cela m'agace. Pourquoi ? D'abord, ces gens ne sont qu'une toute petite minorité agissante : les comités de soldats révolutionnaires, c'est de la blague. L'ampleur massive donnée à leur action par les moyens d'information est sans rapport avec leur nombre réel. D'ailleurs, les partis politiques eux-mêmes prennent leurs distances avec ces formes de contestation, même les communistes, c'est dire !

Ensuite, je suis franchement hostile à ce genre de manifestation : il ne faut pas casser l'armée. L'armée, c'est la nation tout entière, la démocratie, et l'attaquer c'est mettre à mal cette démocratie si fragile, mais qui fait que nous sommes un pays de liberté. Du reste, les appelés n'ont pas réellement à se plaindre : ce qu'on exige d'eux est peu de chose comparé à la situation passée. Combien de jeunes appelés ont frôlé la mort ou perdu la vie, en Algérie par exemple ?

Enfin, je n'aime pas qu'on attaque l'armée parce qu'il ne faut pas oublier qu'elle a sauvé la patrie à plusieurs reprises : elle a permis en 1944 au général de Gaulle de redresser la France après la défaite de l'Allemagne. De Gaulle, un militaire, atypique, certes. Mais peut-être le plus grand d'entre nous. Et je n'aime pas qu'on oublie qu'à quelques centaines de kilomètres de nos frontières, il y a des pays où règnent des régimes totalitaires. Tout cela, je l'explique aux marins du *Clemenceau* quand je leur rends visite. Je le dis nettement, avec mon franc-parler. La contestation diminue, l'agitation se calme. Et les mouvements gauchistes sont de plus en plus minoritaires. J'ajoute que ce ne sont pas les quelques milliers d'électeurs qui ont voté pour Krivine ou Arlette Laguiller qui doivent nous impressionner. Et je lâche cette boutade, sans aucune malice de ma part, et qui restera célèbre : « Mlle Laguiller, il faudrait la marier à un para ou à un marin, et l'on n'en entendra plus parler. »

Qu'est-ce que j'ai dit là ! La presse, la radio, la télévision vont reprendre mes propos et leur donner un écho démesuré. Une caricature dans le *Canard enchaîné* me représente en para, tenant Arlette Laguiller en robe de mariée. Le cher Jacques Martin, que j'aimais beaucoup, me met en boîte pendant des semaines dans son « Petit rapporteur ». Jean Ferniot même, sur RTL, feint de s'indigner de mes propos. Françoise Giroud, ma collègue au gouvernement, dont j'admire beaucoup le talent de femme de presse, même si je ne partage pas toutes ses convictions, dira : « En ce qui concerne les femmes, Bigeard est en retard d'une guerre. »

Toutes ces attaques me blessent. Au fond, j'estime Arlette Laguiller, je l'aime bien. Elle s'est toujours battue avec cran, elle n'a jamais varié, elle défendait ses idées, j'ai beaucoup d'admiration pour les femmes courageuses. Je les ai toujours citées en exemple dans mes débats, en disant devant des assemblées d'hommes : « Que ceux qui font la loi chez eux se lèvent ! » La plupart restaient assis ! Oui, les femmes, très souvent, vont beaucoup plus loin, beaucoup plus fort que nous.

L'incident est clos. Mais je comprends qu'un homme politique n'a pas sa liberté de parole. Il doit peser chaque mot, utiliser la langue de bois. Ce n'est pas pour moi. Je reste ce que je suis : je fais les choses sérieusement, mais je ne me prends jamais au sérieux. Je crois que toute ma vie, c'est le rire qui m'aura sauvé.

Je reprends ma tournée des popotes.

Du 2 au 14 mars 1976, j'inspecte nos forces dans le Pacifique. Voyage très dur sur le plan physique, mais très réconfortant moralement : Papeete, visite de l'état-major, dépôt d'une gerbe au monument aux morts ; Mururoa, où je visite nos installations nucléaires. Rencontre des anciens de toutes les armées, et de toutes les campagnes. À chaque fois, la même émotion. Nous nous rappelons ces moments qui nous ont forgés dans la souffrance, la mort, la poisse, mais aussi la gloire.

À Nouméa, je retrouve Paul Demene, un de mes lieutenants en 1946, quand j'étais capitaine dans la Haute Région tonkinoise. Nous tombons dans les bras l'un de l'autre : « Allez, on est un peu ridés, mais on se reconnaît encore ! On se fait la bise ! »

La veille de mon retour en France, j'ai prévu un saut en mer avec quelques paras, suivi d'une conférence de presse. Mais la machine me joue un sale tour. Bronchite, coup de palu. Je reçois les journalistes dans mon lit. Le toubib me soigne, pour me permettre de reprendre l'avion : trente heures, c'est long. Je débarque à Paris très fatigué. Chaude alerte en décembre, puis une autre en mars. Je sais qu'il faut me ménager. Mais je tiens à continuer. Un pas, encore un pas.

Avril, mai, juin, juillet. Je constate une amélioration sensible dans les rangs. Les cadres ne sont plus inquiets. L'armée a renoué le dialogue avec la nation. Dans l'ensemble, nos appelés ne conservent pas un mauvais souvenir de leur passage sous les drapeaux, pourvu qu'ils aient servi dans des unités dynamiques commandées par de vrais chefs.

En avril, je reçois le général Ramanantsoa, l'ancien maître de Madagascar quand j'étais dans l'océan Indien. Il n'est plus qu'un ex-général, poussé dehors par les jeunes loups. Nous évoquons nos souvenirs, cette grande île où Gallieni, Lyautey ont donné le meilleur d'eux-mêmes. Maintenant, le peuple malgache est libre mais il est misérable, et la situation politique est un désastre. J'ai aimé ce pays : j'aimerais tant voir l'amitié franco-malgache repartir sur de bons rails.

En avril, j'effectue un fabuleux voyage officiel en Arabie saoudite. Je suis reçu par la famille royale. Accueil grandiose. Salué par Son Altesse royale le prince Turki, vice-ministre de la Défense, accompagné du chef d'état-major général et commandant de l'armée de terre, du commandant de l'armée de l'air et d'une vingtaine d'officiers généraux. Partout, ce sont des signes d'amitié profonde pour la France. L'Arabie saoudite fait partie de nos alliés. Je suis fasciné par cette visite : j'ai l'impression de sentir l'âme de ce peuple dont l'armature est constituée de la trilogie Dieu, roi, patrie. Ils possèdent d'immenses richesses, et sont les gardiens de la foi islamique avec ce lieu sacré qu'est La Mecque. Les Saoudiens ont compris qu'ils ne peuvent rester en retrait de l'évolution du monde, ils entreprennent de construire un pays d'avant-garde. Les réalisations que je vois montrent ce désir d'aller de l'avant, avec ces constructions qui sortent du sable, somptueuses, luxueuses, financées par la fabuleuse manne pétrolière de ce pays au sous-sol qu'on pourrait croire, à cette époque encore, inépuisable. Qu'en sera-t-il dans cinquante ans ? Je ne serai plus là pour le voir : mes cendres auront depuis longtemps rejoint la terre indochinoise.

Je rentre à Paris. C'est le mois de mai. Je suis coincé rue Saint-Dominique, au ministère. Je continue mon travail un peu comme un automate : visites, réceptions, réunions. Mais je sens que la machine fatigue.

Début juin, je rentre un soir épuisé, je me couche. Troisième alerte en six mois. Le toubib m'ordonne le repos, je fais des examens à l'hôpital du Val-de-Grâce à Paris : le bonhomme tient encore le choc, mais cette nouvelle alerte me convainc qu'il serait peut-être préférable de changer de vie. C'est à cette même période que je décide de donner ma démission du gouvernement. J'estime avoir fait ce que j'avais à faire : sans autre pouvoir, impossible d'aller plus loin. Je préfère tourner la page.

Le 1er juin, je téléphone à M. Brossolette, chef du secrétariat du président, pour qu'il prévienne Giscard que je compte reprendre ma liberté à partir du 15 juin. Je n'ai pas encore informé mon ministre, Yvon Bourges. Les jours passent, pas de réponse. Nouveau coup de fil à Brossolette. Il m'informe que le président me recevra après le 14 juillet. La période qui suit est pénible : déjà je ne suis plus là, j'ai décroché. Les résultats des examens montrent que je dois me ménager. Il faut pourtant donner le change, jouer le gars en pleine forme. Quatre jours de repos à Toul, sport, bains de soleil. Plus vraiment envie de regagner Paris. J'y retourne quand même, mais sans flamme. Ma décision est bien prise : je n'ai plus envie de jouer les « Monsieur le ministre ».

Retapé, bronzé, costume clair, je me rends à l'Élysée où le président des Médaillés militaires remet à notre président de la République la plaque en or de la Médaille militaire. J'ai eu l'honneur de la recevoir quelques mois auparavant.

Échange de propos avec Giscard, mais pas un mot sur mon départ, il n'y fait même aucune allusion.

Les jours passent, et Giscard fait la sourde oreille. Cocktails divers, cross mensuel qui se termine à l'école de Fontainebleau où je rencontre nos meilleurs athlètes. Je reçois le secrétaire d'État à l'armée allemande, et l'accompagne à travers la France. Je reçois également Son Altesse royale le prince Turki d'Arabie saoudite du 28 juin au 3 juillet. Agréable intermède qui me permet de ne pas trop penser à mon départ. Tout se passe bien, dans une ambiance de parfaite convivialité jusqu'au moment où Son Altesse quitte le territoire en me réitérant son amitié.

La routine continue, et toujours pas de rendez-vous avec Giscard. Cela devient pénible, comme le jeu du chat et de la souris. Je remets à jour les différentes affaires en suspens avec mon équipe, je pars pour la Bretagne où je remets le trophée de *L'Équipe* au 41e RI, désigné comme le régiment le plus sportif de notre armée.

Nouveau Conseil des ministres et Conseil de défense à l'Élysée, sous la présidence de Giscard. Revue navale entre Nice et Toulon sur le *Clemenceau*. Chirac, Bourges et moi-même suivons. Journée impressionnante. Grosse affluence. Nous sommes escortés par des centaines de petits bateaux. Au large de Toulon, nous quittons le porte-avions pour rejoindre le port à bord d'une vedette rapide. N'y ont pris place que le président Giscard, Chirac, Bourges et moi. Bizarre, j'ai l'impression que Giscard et Chirac se font la tête. Y aurait-il de l'eau dans le gaz entre eux ? J'en parle même à Gaby. L'avenir nous apprendra que j'avais vu juste.

Foule innombrable sur les quais. Des « Vive Giscard ! », mais aussi des « Vive Bigeard ! ». Réception à la mairie. Un millier de personnes nous attend. Discours du maire : à chaque nom la foule applaudit. Bourges se tourne vers moi et me dit : « Mon cher ami, vous êtes le premier à l'applaudimètre. »

Une belle journée, bien sûr. Pourtant, il faut que je décroche. Ma mission est accomplie. Pas question de tricher, de profiter de ce poste, de m'accrocher pour bénéficier des avantages qu'il me procure. Une fois de plus, je sens à l'instinct que je dois partir.

Défilé du 14 Juillet. Une pluie torrentielle. Toute l'équipe gouvernementale suit l'exemple du président qui reste stoïque sous l'averse, sans imperméable. Le défilé terminé, mon costume neuf est bon à tordre. Passage rapide à l'appartement pour me changer, puis réception à l'Élysée. À 21 heures, je saute dans un avion.

Ma dernière mission : l'île de la Réunion où je dois présider le Congrès annuel des officiers de réserve qu'ils ont tenu à célébrer dans ce lointain département français. Un voyage de toute une nuit. Le personnel est aux petits soins. Je peux enfin dormir et récupérer.

Nouveau marathon à la Réunion, jusqu'au 21 juillet. Prise d'armes, séances de travail, discours, réceptions. J'en profite pour effectuer un saut en mer avec quelques paras dont le régiment est commandé par le lieutenant-colonel Subregis, un de mes anciens lieutenants du 3e Para en Algérie. Un vrai bonheur.

Retour à Paris. Il faut absolument que je parte : il me semble que je ne pourrai pas rester une semaine de plus.

Nouveau coup de téléphone à Brossolette : « Alors, mon départ, où ça en est ? Vous m'aviez dit après le 14 juillet… » Mais Brossolette n'est plus dans le coup. Il doit bientôt quitter l'Élysée pour aller diriger le Crédit Lyonnais. Pourtant, il faut régler cette affaire. Nouveau coup de fil à l'Élysée. Enfin, une réponse. Le président me recevra le lendemain à 16 h 30.

Me voilà de nouveau en tête à tête avec Giscard. Je lui confirme ma volonté de partir et lui dis combien je regrette de quitter ce poste. Je le remercie de m'y avoir nommé. Il me dit : « Réfléchissez encore Bigeard, et revenez me voir le 2 août. »

Mais ma décision est prise. Mon entourage ne se doute de rien, et se demande ce que j'ai bien pu aller faire chez le président. Bourges est au courant. Je le lui ai dit après l'entrevue. Il me demande simplement de ne pas en parler.

2 août 1976, 17 h 45.

« Monsieur le président, je maintiens ma décision, je vous quitte. »

Comme l'ombre d'un regret sur le visage de Giscard. Mais notre président n'est pas du genre à insister.

« Monsieur le secrétaire d'État, puisqu'il en est ainsi, j'annoncerai demain votre départ lors du Conseil des ministres. »

Voilà, c'est fait ! Ouf, je ne suis plus ministre ! Retour rue Saint-Dominique. Je convoque mon équipe et lui annonce mon départ. Mes collaborateurs en restent éberlués. Je me retiens pour ne pas chialer. Je sens qu'ils font de même. Mais je leur explique : « Ma mission est finie, quand quelque chose s'achève, il faut savoir tirer sa révérence. »

Le mercredi 4 août, Conseil des ministres. Le président fait le tour de la table, serre la main à chacun, puis s'assoit. Il précise ce qui sera examiné au cours de la séance. C'est ainsi que se passent tous les Conseils : c'est froid, guindé, avec à l'époque, autour de la table, des ministres qui ont des orientations politiques différentes, tout en étant dans la majorité présidentielle. L'atmosphère est lourde, épaisse. Aucune allusion à mon départ. Les sujets annoncés sont passés en revue, sans passion : les problèmes en Corse, l'accord avec l'Union soviétique sur les armements. Les heures avancent, mortellement ennuyeuses. Bientôt la fin du Conseil. Toujours rien à mon sujet. Dix minutes avant la fin, le président annonce enfin mon départ. Il le fait en termes élogieux et me remercie pour le travail accompli. À nouveau, j'ai subitement envie de chialer. Je cache mon visage dans mes mains. J'ai les yeux humides et soudain, je mesure ce que signifie ma démission : je ne participerai plus aux affaires de l'État, je ne serai plus rien. Plus de rencontres avec les soldats des trois armées, avec nos gendarmes. Je ne serai plus qu'un général à la retraite dans cette petite ville de Toul, attendant la mort. Quelque chose se déchire en moi. Devant mes yeux embués, les jardins de l'Élysée que je ne verrai plus. Quelques secondes de complet désarroi. Puis ma nature reprend le dessus. Allez, Bruno, accroche-toi, tu en as vu d'autres. Et ce sixième sens qui me dit : repars à zéro, rien n'est jamais fini, il faut durer. Et pour durer, il faut se renouveler sans cesse.

Sortie du Conseil des ministres : journalistes et radios m'assaillent. « C'est vrai ? Vous partez ? » Pas envie de répondre. Je m'engouffre dans ma DS et rejoins mon appartement. Gaby m'attend :

« Alors, c'est fini ?

– Oui, il le fallait. »

Pas facile pour elle non plus de tourner la page. Je vois à nouveau dans ses yeux défiler toutes nos années ensemble depuis le premier moment à Toul, quand elle aidait sa mère maraîchère à bêcher le jardin. Mais elle trouve toujours, comme d'habitude, le mot qu'il faut :

« Si tu l'as fait, c'est que tu devais le faire. »

Dans les heures qui suivent, je reçois des dizaines de coups de téléphone, je tiens une conférence de presse, je dis au revoir à mon équipe. Je veux simplement montrer que mon départ n'a rien à voir avec les magouilles politiques. Je pars parce que j'estime que je dois le faire, que j'ai fini le boulot. Je reçois les radios et les journalistes avec émotion car, même s'ils m'ont parfois mis en boîte, ils ont dans l'ensemble été chaleureux avec moi. Les témoignages s'accumulent sur mon bureau. Ils viennent de toutes les couches de la société, les militaires me témoignent leur affection et leur fidélité, je vais devoir passer des heures à répondre à toutes les lettres, ou à signer les réponses que ma fidèle capitaine France Gorny a rédigées pour chacun de ceux qui m'écrivent. Période pénible. Je vais retourner en Lorraine et entrer dans un long hiver.

Chapitre 32

Dans l'arène politique

15 août 1976. Je suis à Toul, chez moi, en Lorraine. C'est bien une retraite. Je suis parti volontairement. Je dois apprendre à vivre autrement, sans responsabilités, dans le calme et les souvenirs. Je n'ai que soixante ans. C'est la force de l'âge. Est-ce le moment de décrocher complètement ? Bien sûr que non. Pour l'instant, je vis un peu au ralenti. Je revois toutes mes campagnes et je pense à mes paras. Après dix-huit mois d'expérience politique, leur image apparaît avec une pureté intacte. Courage, intégrité, désintéressement. Une vie vouée à l'aventure, au danger.

Je pense souvent à Sentenac, l'indomptable, mort au milieu de ses hommes dans le cadre grandiose du Sud algérien. Lui et tant d'autres qui sont mes véritables frères, tous ces soldats que j'ai croisés au cours de mes campagnes, au cours de mes quarante années de vie militaire, tous ces morts qui n'ont jamais renoncé, jamais hésité à faire le sacrifice de leur vie pour défendre leur pays. Je pense aussi à mes guerres perdues. Si j'ai gagné des batailles, le bilan global n'est pas très brillant pour la France. Écrasée par Hitler, battue par Giáp et sa doctrine communiste, chassée d'Algérie pour des raisons politiques… J'ai fait mon boulot, j'ai vaincu chaque fois qu'il m'a été donné de le faire. Mais quand je pense à tous ces morts pour rien, je ressens une pointe d'amertume. Surtout qu'avec un commandement un peu plus compétent, un peu moins aveugle, moins rigide, moins sûr de ses méthodes, les choses auraient pu se passer différemment et nous aurions évité bien des morts et des désillusions.

Mais je ne suis pas homme à vivoter dans ses souvenirs. Mes journées sont bien occupées. Réunions à travers toute la France, discussions avec les journalistes, longues séances de travail pour répondre à mon courrier. Je rédige des notes sur l'actualité politique. Nous sommes au plus fort du duel Giscard-Chirac. Chirac a démissionné quelques jours après moi. Maintenant c'est la guerre des chefs. Une lutte au couteau pour la mairie de Paris. Giscard a mis sur orbite son poulain Michel d'Ornano, un homme aimable et brillant. Giscard semble vouloir planer au-dessus de la mêlée, tandis que Chirac fonce à cent à l'heure pour conquérir le pouvoir à Paris, comme s'il avait besoin d'une revanche. Une lutte de grands fauves, mais dans le milieu policé de la vie politique, où le jeu semble souvent faussé. Leur rivalité me fait de la peine car j'ai de l'estime pour l'un et l'autre. Mais je privilégie le président Giscard d'Estaing : c'est lui le chef de l'État, légalement élu par les Français. Je trouve son action des plus honorables. Il s'en sort bien malgré toutes les embûches. Il n'évitera pourtant pas la calomnie avec cette misérable affaire des diamants de Bokassa.

Cette actualité me passionne mais je me considère en dehors du coup. Pour moi, il est trop tard. Je pense à ces hommes qui ont à peu près mon âge, Chaban, Mitterrand. Je pense aussi que leur avenir est derrière eux. Comme on peut se tromper parfois ! Mitterrand s'installera à la tête de l'État pour quatorze ans : un record. Et pas toujours pour le meilleur.

De février à juillet 1977, j'ai l'impression de ne pas arrêter : réunions, débats, invitation aux « dossiers de l'écran » pour commenter le film *Les Centurions* où Anthony Quinn joue Bigeard. Pas très brillant, je l'ai dit, mais je suis heureux de retrouver mon ami Jean Lartéguy.

Un jour, je reçois une invitation de l'Élysée pour un déjeuner. Je m'attends à un déjeuner protocolaire. Pas très envie d'y aller, mais je ne peux pas m'y dérober : j'ai été ministre, cela ne se fait pas. Quand j'arrive, Giscard me coupe le souffle : « Nous déjeunerons tous les deux. »

Un repas délicieux où nous discutons à bâtons rompus. Je lui dis ce que je pense de la situation actuelle de la France, la visite à Paris du Premier ministre vietnamien, l'indépendance de Djibouti, la venue de Leonid Brejnev à Paris, qu'on a accueilli en mettant les petits plats dans les grands : je suis un peu choqué. Pourquoi tout ce tralala pour le chef du premier pays totalitaire du monde ? Un pays qui reste pour le monde libre un péril permanent, une puissance militaire redoutable. Le président m'écoute, me répond, toujours aussi à l'aise. Quelle classe ! Mais pourquoi ce tête-à-tête ? S'inquiète-t-il de ma retraite ? Peu probable. Nous nous séparons, politesses, et je m'en retourne, perplexe, sans avoir rien compris aux raisons de ce déjeuner.

Le 14 juillet, contre les usages du protocole, il me place au milieu des ministres. Après le défilé, réception à l'Élysée. Je retrouve la jungle. Je n'y suis pas plus à l'aise qu'à mon départ du gouvernement.

Été 1977. Mon ami Erwan Bergot, ancien officier de Diên Biên Phu, publie son livre *Bataillon Bigeard.* Il m'a demandé une préface. En voici un extrait :

« La gorge serrée, je viens de lire d'une traite le livre d'Erwan Bergot… Et revivre avec mes frères parachutistes, cités ou non, vivants ou disparus à jamais, ces longues années de combat dans le froid, la neige, la chaleur, la jungle, le désert ! Époque déjà lointaine où nous étions, avec beaucoup de camarades des trois armées, persuadés de défendre de justes causes en faisant confiance à ceux qui nous gouvernaient. Son témoignage me laisse et laissera un grand froid aux lecteurs qui poseront la question : “À quoi bon ces sacrifices inutiles ?” Rien ne fut inutile. Pour qu'un pays soit respecté, il faut qu'il possède des hommes de cette trempe prêts à tout donner. Lorsqu'on a eu le privilège de vivre avec cette élite, on a l'impression qu'ils sont toujours présents à vos côtés et souvent l'on regrette d'être de ceux que la baraka a protégés. »

Suit une longue période incertaine. Je me retire à nouveau, je mets de l'ordre dans mes affaires, mais je sens qu'il n'est pas possible que les choses s'arrêtent là. Soixante et un ans, en pleine forme, un nouveau défi m'attend. Et une fois encore grâce au président Giscard d'Estaing.

J'ai toujours juré mes grands dieux que je ne me présenterais pas à la députation. Déjà, lorsque j'étais secrétaire d'État, *Le Figaro* titrait: « Bigeard se présente à Belfort contre Chevènement. » Le lendemain je démens. Pas envie, pas pour moi. Trop habitué à l'armée où les carrières se font dans un relatif anonymat, même si j'ai eu la chance de bénéficier à certains moments d'une sorte de vedettariat. Dans l'armée on arrive au mérite, la plupart du temps, on gravit les échelons lentement.

En politique c'est très différent. Il faut se montrer, se faire mousser, être toujours en quête de publicité et de gloriole. On voit parfois débarquer dans le milieu des blancs-becs qui n'ont pas eu le temps de faire leurs preuves et qu'on propulse au premier rang. Cela ne donne pas toujours de très bons résultats. Quant à moi, à soixante berges passées, j'estime qu'il est trop tard pour faire carrière dans ce panier de crabes. Ce milieu correspond trop peu à mon tempérament. Mais en janvier 1978, je me retrouve candidat en pleine campagne électorale pour la députation. Pourquoi? Tout simplement parce que Giscard me le demande. Il m'a convoqué à l'Élysée et m'a dit: « Bigeard, il faut que vous vous présentiez. »

J'ai toutes les raisons de refuser et je lui expose mes arguments. Cette fois il tient bon: il me parle de devoir, c'est le genre de mots auxquels je ne résiste pas. Il faut faire barrage à la gauche, me dit-il, qui risque de remporter les élections législatives. Comment refuser? Je lui cède. Je n'oublie pas qu'il a fait de moi un ministre. Il peut compter sur ma fidélité, une fidélité de soldat peut-être, mais on m'a fait ainsi. Il veut que je me présente à Verdun. Bigeard à Verdun, ça aura de la gueule! Au milieu de ces anciens de 1914-1918, ensevelis dans cette terre des champs de bataille.

Et me voilà donc reparti. Toul-Verdun, trois quarts d'heure en voiture. Pendant un mois, je fais ma tournée dans cette circonscription, avant le démarrage officiel de la campagne. Reconnaissance. Des gens prêts à m'aider. Je m'informe des problèmes. Et des problèmes, il y en a vite sur mon chemin ! « Vous êtes giscardien, me dit-on, nous présenterons un RPR contre vous. » Le sortant, M. Beauguitte, quatre-vingts balais, député depuis Mathusalem, maintiendra sa candidature contre moi pour un nouveau mandat.

Pendant une semaine, contacts avec les maires, les politiques, je ne suis vraiment pas à l'aise. Impression de quémander, de faire la retape des voix. Pas dans mon tempérament. Je n'ai jamais rien demandé à personne. Et puis le contexte me semble pesant. Glissant, voire pourri. Pas envie d'être l'adversaire de Beauguitte, blanchi sous le harnais, qui n'a que la députation comme raison d'être. Cela me semble inélégant. De plus, c'est un RPR. Trois candidats pour la droite, ça sent le panier de crabes et les règlements de comptes pilotés par Paris. Finalement j'abandonne. J'ai toujours mené ma vie dans l'honneur, la grandeur, au milieu d'hommes qui ne mentaient pas. Pas envie de commencer à soixante et un ans une carrière de politicard. Gaby approuve. Nous retrouvons notre vie de retraités. Fin de cet épisode. Mais les choses n'en restent pas là.

Un matin, je rentre de mon footing avec Gaby. Nous trouvons sur notre pelouse une cinquantaine de tracts. En gros : « Bigeard à Toul », signé par un comité de soutien pour la candidature du général Bigeard à Toul. Je me fâche. Quel culot ! Ils ne m'ont même pas mis au courant. Qu'est-ce que ça signifie ? Il y a une adresse sur le tract. Je téléphone, je demande à ce monsieur de passer me voir immédiatement. Je vois débarquer un jeune homme, trente-cinq ans, beau gars, calme, très BCBG. Il est gentil comme tout et inspire confiance.

« Oui, mon général, nous avons besoin de vous. Vous devez vous présenter.

– Merci, cher ami, mais de quel droit une telle initiative ? Je vais immédiatement démentir cette rumeur. »

Le type s'en va, l'air déçu. Pour moi, l'incident est clos. Mais l'affaire ne s'arrête pas là. Le lendemain, j'apprends que le comité de soutien grandit. Je suis sous pression. À chaque nouvelle tentative, je réponds : « Pas question, j'ai renoncé à Verdun, ce n'est pas pour recommencer à Toul. » De toute façon, il y a déjà une candidate UDF, Mme Leclerc.

Mais la providence va s'en mêler. Oui, un coup du sort ! Mme Leclerc se tue dans un accident de la route. J'assiste à l'enterrement. Une foule immense. Jean-Jacques Servan-Schreiber est là également. Le soir, il vient me rendre visite : « Paris et les Lorrains tiennent absolument à ce que vous soyez le candidat UDF de la circonscription, avec et pour le président. »

C'est Servan-Schreiber qui est à l'origine du tract largué par milliers d'exemplaires. Il ne manque pas de toupet, mais c'est bien dans sa manière : doué, impatient, intrigant, fonceur, imaginatif, trois idées à la minute. Cela lui a joué quelques mauvais tours : il a brûlé sa carrière à vouloir aller trop vite. Mais quelle intelligence ! Pourtant, ce soir-là, il ne me convainc pas.

Les jours suivants, appels téléphoniques de toutes parts. Finalement, je comprends que je dois y aller. J'accepte.

Sans enthousiasme, mais j'accepte : j'étais beaucoup plus à mon affaire en sautant sur Diên Biên Phu. Mais c'est ainsi, comme si le destin m'appelait à nouveau.

Les nouvelles vont vite : radio, télé, presse, je suis débordé. Et bien embarrassé, car je ne connais rien de cette circonscription de Toul, même si j'y suis né. Parti à vingt ans, revenu à soixante, juste de courts séjours : je n'ai jamais réellement participé à la vie locale. Pourtant, l'affaire va se monter avec une rapidité surprenante.

J'ai deux adversaires, et pour l'instant aucun moyen. Mais cela va venir. Face à moi, le maire de la ville, un RPR. Pas très sympathique, un bulldozer totalement dénué d'humour, et un socialiste, Jean Paul Chagnollaud, doyen de la faculté de droit de Nancy, le successeur de Jack Lang. Un universitaire de grande classe. Le champ de bataille, c'est un corridor de quatre-vingts kilomètres de long sur vingt-cinq de large, sept cantons, cent quatre-vingts communes, en tout quatre-vingt mille habitants. J'étudie le terrain, la stratégie, comme s'il fallait mener une bataille militaire.

Tout ça ne tarde pas à m'intéresser. Je me prends au jeu. Je constitue mon équipe. Parmi mes nouveaux adjoints, Luc Delestre, un jeune homme qui prépare HEC, et qui veut participer à une campagne pour se former : il deviendra mon attaché parlementaire. André Pagnoux, le suppléant de Mme Leclerc, collaborateur dévoué et efficace. Un retraité militaire, André Jeannot, ami d'enfance qui m'appelle un soir : « Marcel, j'avais ma carte du RPR, mais je suis à ta disposition. » Et puis une figure, qui vient offrir ses services : Jean-Jacques Pommier, un cadre au chômage. Il me téléphone : « Mon général, je suis disponible pour votre campagne, j'ai lu vos livres, j'aurais aimé être des vôtres au cours de vos combats. » Je l'engage le soir même. La trentaine, carrure impressionnante, direct, brillant, il sera un précieux collaborateur. Comme suppléant, je choisis Georges Husson, notable local, gros cultivateur à la tête d'une famille très pieuse. Il deviendra un ami fidèle.

La circonscription compte cent quatre-vingts villages. Nous ferons donc cent quatre-vingts réunions, à raison de dix villages par jour. Un vrai marathon. Et à chaque arrêt, de plus en plus de monde. Chaque fois, je fais mon laïus sobrement, mon baratin habituel qui vient du cœur. J'explique pourquoi je me présente, ma façon de voir les choses : je ne suis plus général, ma tenue est au placard, je suis un simple citoyen qui a un peu d'expérience et qui vient se mettre au service de la circonscription de sa ville natale.

Je commence sérieusement à prendre goût à ces réunions où je suis toujours accueilli chaleureusement. Souvent, je passe vite la parole à mon suppléant, Georges Husson. Il est intarissable, droit, sincère. La nuit, je vais faire le coup de main, parfois avec Pommier : une campagne électorale, c'est aussi des commandos de colleurs d'affiches, un vrai convoi, indicatif « Bruno ». Pommier est d'une aide précieuse car, naturellement, on essaie de me savonner la planche, notamment les bons « amis » du RPR qui envoient souvent des kamikazes pour saboter mes réunions : « Bigeard a trahi sa parole. Que veut Bigeard, général, ministre, et maintenant député, où va-t-il s'arrêter ? » Tout cela ne vole pas très haut, mais nous trouvons vite les parades. Pommier fait montre d'une inventivité inépuisable.

L'autre adversaire, quant à lui, le socialiste, est d'une parfaite correction. Cela peut paraître étrange, mais c'est ainsi : je me demande parfois ce que je fais dans ce cirque. Les coups bas se multiplient. Chirac vient même en personne à Toul pour soutenir le candidat RPR. Pourtant, il m'a toujours témoigné une grande amitié, sincère en apparence. Mais je suis un candidat du parti de Giscard, donc un ennemi.

Aussitôt je contre-attaque. La sœur de Giscard vient me soutenir, ainsi que le Premier ministre, Raymond Barre. Je vais l'accueillir à l'aéroport. Le préfet de Meurthe-et-Moselle est là. Juste avant l'arrivée du Premier ministre, il me montre une lettre du concurrent RPR qu'il doit remettre à Barre : « Monsieur le Premier ministre, ne perdez pas votre temps avec un futur perdant », c'est le sens général de sa missive.

Barre arrive. Nous nous asseyons dans la voiture officielle. Il lit la lettre que vient de lui tendre le préfet, sourit, la déchire : « Pas très élégant. »

Le rythme de la campagne s'accélère. Nombreux articles dans la presse. Ma candidature devient une sorte de curiosité. Bien sûr, tout le monde ne m'est pas favorable : c'est la démocratie. Mais dans l'ensemble, les gens de bonne volonté se conduisent correctement, il y a parfois même des scènes cocasses ou émouvantes.

Un jour, dans un bourg, un costaud se lève et se met à pleurer :

« Mon général, que faut-il faire ? J'ai une carte du Parti communiste, mais j'ai été para et je veux voter pour vous. »

Je lui réponds avec un bon sourire :

« Surtout ne te gêne pas. »

Le 12 mars 1978, c'est le premier tour. Résultat : Bigeard en tête avec 13 208 voix ; Chagnollaud, candidat PS, 10 064 voix ; quant au maire de Toul, dont je préfère avoir oublié le nom, 9 526 voix. Ce n'est pas mal engagé. Mais il ne faut pas s'endormir sur ses lauriers.

La campagne se poursuit pendant encore une semaine. Je l'emporte largement au second tour. À soixante-deux ans, je suis député. Et je ne sais pas encore que cela va durer dix ans.

Nouveau décor, nouveau défi. Le 3 avril, je suis à l'Assemblée nationale. Je connais déjà les lieux : j'y suis allé comme secrétaire d'État. Rien à voir avec cette nouvelle fonction. Maintenant, je suis dans l'arène : petits bancs étroits, et moi aligné avec d'autres députés en rang d'oignons. Il faut élire le président de l'Assemblée nationale. Edgar Faure se représente, il est battu. C'est Chaban. Edgar s'en va, Jacques revient à cette fonction qu'il connaît bien puisqu'il l'a occupée de 1958 à 1969.

Belle carrière. Député, maire de Bordeaux depuis 1947, ministre et Premier ministre ; son tempérament de sportif, son intrépidité de combattant, sa guerre brillante qu'il a finie avec le grade de général de brigade à vingt-neuf ans. Voilà un homme qui me plaît décidément beaucoup.

Les députés UDF, dont je suis, élisent leur président de groupe. C'est Roger Chinaud qui est désigné. Il faut maintenant élire les présidents de commissions. Celle de la Défense nationale devrait aller à Jean-Marie Daillet. Giscard m'avait pourtant fait comprendre que cette commission serait pour moi. Servan-Schreiber plaide pour ma nomination. Selon lui, la France ne comprendrait pas que Bigeard ne soit pas nommé président de cette commission. Jean-Marie Daillet se désiste. Me voilà président. Je vais retrouver Bourges, toujours ministre de la Défense. Nous pourrons continuer à travailler ensemble d'une autre façon.

Cinquante-sept députés ont choisi de faire partie de cette commission, RPR et UDF, socialistes et communistes. Il faut maintenant élire le vice-président et les secrétaires. Un ballet bien réglé. Les groupes politiques ont donné leur consigne aux députés : la droite prend tous les postes. J'aurais bien aimé satisfaire Charles Hernu qui demandait un poste de vice-président : j'ai toujours eu un faible pour le camarade Hernu. Tout le monde fait bouclier à droite, pas question de donner un poste à la gauche ! Je le regrette. J'étais pour une véritable ouverture, et il y a des gens très bien partout, des gars cinq sur cinq à gauche et d'autres un sur cinq à droite. Déjà à cette époque, je pense qu'il faut dépasser ces vieux clivages. Mais les mentalités ne sont pas encore prêtes.

Je suis réélu à cette présidence en 1979, 1980 et 1981. Je vais conserver le poste jusqu'à la dissolution de l'Assemblée en 1981. Il passera alors à un socialiste. Trois années pendant lesquelles je vais servir mon pays tout en étant proche des militaires. Un grand bonheur pour moi. Au-delà de la vice-présidence, l'équipe s'organise dans l'ouverture. Je suis bien entouré et j'ai l'impression que nous travaillons efficacement.

Autour de moi il y a Hernu, qui deviendra ministre de la Défense de Mitterrand, avant de couler en Nouvelle-Zélande, dans la triste affaire du *Rainbow Warrior*; Beucler, ancien officier d'Indochine; Daillet qui m'a laissé sportivement la présidence de la commission, et qui est un véritable ami; Mauger, chef du groupe RPR à la commission, ancien déporté, la force tranquille, je lui dis souvent: « Pierre, tu es ma conscience. »; Girardot, communiste, malade depuis la guerre mais qui continue à défendre ses idées, que j'estime pour cela, et qui persiste à me seriner régulièrement: « Je vous considère comme un maréchal d'Empire. »

Des femmes aussi: Florence d'Harcourt, députée de Neuilly, combative, charmante, avec ses beaux yeux bleus; Edwige Avice, très jolie elle aussi quand elle prend la peine de sourire, bûcheuse, socialiste, doctrinaire: pour elle, la droite c'est l'ennemi. Au cours d'un voyage à Lomé, autour d'un pot, elle me dira: « Avec vous, on a l'impression d'être dirigé par Jean Gabin. » Je prends ça pour un grand compliment.

Avec ce groupe, les voyages se multiplient. Trois visites par mois dans les armées, et chez les industriels. À l'étranger aussi, États-Unis, Grande-Bretagne et Chine, Allemagne de l'Ouest et de l'Est, Centrafrique, Gabon, Sénégal. Ces voyages sur le terrain sont importants: ils éclairent nos députés sur nos forces et leur permettent de prendre contact avec des industriels qui travaillent pour notre défense. Et puis, il est bon d'élargir son horizon, de ne pas rester à l'intérieur de l'Hexagone. Le monde est vaste, il bouge vite, les enjeux deviennent planétaires.

Nous visitons les bases de Mirage IV à Orange, les fusées sol-sol au plateau d'Albion, les sous-marins nucléaires à l'île Longue. À voyager tous ensemble, toutes tendances politiques confondues, nous finissons par créer des liens d'amitié, loin des clivages politiques et des dissensions qui règnent à l'Assemblée. C'est ce que j'aime et je le dis : « Si nous restons ensemble dix ans, nous finirons par être un pour tous et tous pour un. » Il ne reste plus que des hommes et des femmes avec leur vérité.

Je me souviens avec nostalgie de l'ambiance que j'avais su créer dans tous mes régiments. Je tente de poursuivre dans le même esprit, même si ce n'est pas toujours facile. J'essaie en tout cas d'éviter les guerres de clans au sein de la commission, et de parer aux éclaboussures de la guerre que se mènent le RPR et l'UDF. Depuis avril 1978, Chirac attaque en permanence le gouvernement, secondé par ses troupes ; cela installe une ambiance détestable.

Le malaise de l'armée n'est plus qu'un mauvais souvenir. Mon passage au ministère, décidément, n'a pas été inutile. Pourtant les questions restent nombreuses. La Défense, au centre des débats, mobilise les grands de ce monde. Carter, Giscard d'Estaing, Helmut Schmidt se réunissent en Guadeloupe en janvier 1979 pour en parler. Il est question de désarmement. C'est la grande vague des mouvements pacifistes en Europe. Pourtant, l'URSS a toujours une armée redoutable et n'a aucune envie de s'en débarrasser. Paradoxalement, c'est le président Mitterrand qui trouvera la formule juste quelques années plus tard : « Les pacifistes sont à l'Ouest, et les SS 20 à l'Est. »

Je suis toujours très méfiant à l'égard de l'URSS. Souvenir du Vietnam, où j'ai pu mesurer l'inhumanité de cette doctrine. Les événements me donnent raison. Fin 1979, les Soviétiques envahissent l'Afghanistan. Il faut que l'armée continue à disposer des moyens nécessaires pour se moderniser et être prête à faire face : la guerre froide n'est pas finie.

Chaque fois que j'en ai l'occasion, je défends le budget de l'armée. En trois ans, j'aborde le sujet d'innombrables fois à l'Assemblée. Il faudrait qu'il passe à 4, 4 % du produit intérieur brut, minimum nécessaire pour fonctionner dans de bonnes conditions, avoir six sous-marins nucléaires dont trois en mer, disposer de missiles sol-sol, mobiles, de bombardiers modernes, ne pas être à la traîne pour l'arme atomique. Il faut surtout des troupes d'élite prêtes à intervenir n'importe où, comme on l'a vu à Kolwezi : grâce à l'intervention de nos paras, des centaines d'Européens ont été sauvés d'un massacre certain. Rodés, bien entraînés, les hommes du 2e REP ont accompli un boulot formidable. Ils ont mis en fuite les Katangais, ont su protéger la population, la rassurer. J'aurais aimé être avec eux. En tout cas, dans notre commission, entouré de mes cinquante-sept députés, nous travaillons dur. Je mesure jour après jour ce qu'est le travail parlementaire. Exigeant, parfois difficile. Depuis cette expérience, je ne supporte pas les attaques contre les parlementaires : elles sont injustes et dangereuses. Les députés bossent, ils s'occupent de la France.

Durant toutes ces années, j'effectue de nombreux voyages à un rythme souvent épuisant. La Chine, les États-Unis, l'Afrique. Ce sont de vraies épreuves physiques et intellectuelles. Des missions épuisantes, des milliers de kilomètres parcourus, des visites d'installations, des rencontres innombrables. Il faut tout noter, connaître ses dossiers, savoir répondre aux questions de ses interlocuteurs. Pas le droit à une minute d'inattention. Nous sommes les ambassadeurs de la France, il faut assumer ce rôle à fond.

En avril 1979, je pars pour la Chine avec six députés et un attaché parlementaire : en tout nous sommes huit. Parmi nous, Louis Perrineau, socialiste, pharmacien quelque part en province ; je le traite toujours d'affreux capitaliste pour le mettre en rogne. Il tient à faire son footing avec moi tous les matins. Une allure de lord anglais, de l'humour, la classe, très sympa, mais à l'Assemblée un discours bétonné 100 % anti-majorité de droite.

Magnien est commissaire civil à la commission de la Défense nationale, un garçon remarquable qui a bien préparé le voyage. Le colonel Laffont est colonel de mon brain trust : en somme, c'est la bande des huit qui s'en va dans le pays dirigé il y a quelques mois encore par la bande des quatre.

Seize journées de voyage en Chine, magnifiquement organisées, des réceptions sympathiques, aucune anicroche durant le séjour. Nous prenons des contacts au plus haut niveau avec le monde militaire. Je suis frappé par l'organisation de ce pays, au cours de nos contacts avec des responsables de brigades de travail, des directeurs de communes populaires : la Chine semble structurée comme une gigantesque armée. Cela fait plus d'un milliard de soldats. Je pense au livre d'Alain Peyrefitte : *Quand la Chine s'éveillera... le monde tremblera.* C'est vrai, leur défense civile est impressionnante. Des villes entières peuvent disparaître à dix ou quinze mètres sous terre en quelques minutes. Les Chinois sont surentraînés, bien nourris même si leur régime est frugal : ils se contentent souvent de riz, ce qui est excellent, j'ai pu en constater les effets dans des moments difficiles de ma vie. Ils sont dans une forme physique impeccable, font du sport, se déplacent à bicyclette, et ils sont surtout patriotes, tous prêts à mourir pour leur pays : ils ont été formés au sacrifice dès leur plus jeune âge. Pourtant, ils s'affirment pacifistes et désireux de le rester.

Je le souhaite vivement, car je pense que dans quelques décennies ce pays pourra représenter une force menaçante pour l'Occident. Le développement actuel de la Chine, sa formidable capacité de travail, la manière dont ils grignotent peu à peu les parts de marché aujourd'hui en se dépensant sans compter, en faisant ignominieusement travailler des enfants, me donnent là encore raison. Voyager à l'étranger, visiter ces immenses États permet de se rendre compte de ce que nous sommes, nous Français. La France, à l'échelle du monde, est un timbre-poste.

Pendant ce voyage en Chine, je pense sans cesse à l'Indochine : c'est encore l'Asie, magnifique, captivante, avec ses mystères, ce quelque chose d'indéfinissable qui nous envoûte : le mal jaune qui nous a marqués, mes compagnons et moi, pour le restant de nos jours.

Avec quelques dignitaires chinois dont certains sont devenus mes amis, je parle de cette terre indochinoise à laquelle je suis si attaché. Nous évoquons le haut Pays Thaï où j'ai passé presque dix ans. Quand la Chine intervenait au Vietnam et prenait Lang Son, leurs pertes avaient été sérieuses. Les Vietnamiens ont maintenant une armée bien formée et je suis bien placé pour savoir que ce n'est pas un peuple à se laisser faire. Leur tactique n'a pas changé : ils laissent passer l'ennemi puis l'attaquent sur ses arrières.

Nous évoquons la bataille de Diên Biên Phu. Ils m'avouent que le haut commandement à l'époque avait conseillé Giáp pour prendre notre camp retranché. C'est de l'histoire ancienne. Le temps a passé, l'herbe a repoussé, et entre anciens combattants nous avons toujours une vraie estime réciproque.

Je quitte la Chine, à la fois séduit et inquiet. Quel pays formidable, mais quel danger potentiel pour l'Occident ! Depuis, et en 2010, on sait le poids énorme, sur le plan économique au moins, que représente la Chine. Souhaitons que leur prépondérance se limite à l'économie.

Après la Chine, voyage aux États-Unis. Formidable séjour, mais pas grand-chose à dire de ce pays où nous nous sentons presque chez nous. Pourtant, de là aussi, la France semble bien petite. Je me souviens de quelques propos lors du dîner d'adieu. Une vingtaine de personnes, ambiance décontractée, ces Américains me connaissent, je suis le Bigeard de Diên Biên Phu. Après notre défaite, ils ont pris le relais. Sans beaucoup plus de succès. Je les remercie pour leur accueil, je conclus par une boutade : « Lorsque le général de Gaulle vous a dit "*go home*", quittez la France, je crois qu'il avait raison : je viens de passer quelques jours dans votre immense et merveilleux pays, vous êtes d'une telle puissance que vous pourriez nous détruire simplement d'une tape amicale dans le dos. Pourtant, que ferions-nous sans vous? La Grande Guerre, la Deuxième Guerre mondiale, heureusement que vous étiez là pour nous aider. Pareil pour l'Europe de demain: *we need you*, comme dit l'affiche de l'Oncle Sam. »

Mais le plus beau de tous ces voyages, du 19 juillet au 1er août 1980, c'est l'Afrique noire, cette région du monde si chère à mon cœur. Je quitte Paris entouré d'une équipe de choc: les fidèles, Mme d'Harcourt, et Loïc Bouvard qui est en 2010 le doyen de l'Assemblée nationale; Tourrain, RPR, député du Doubs, gaulliste, direct, franc; il m'avait fait la gueule pendant huit jours quand j'avais dit: « Si de Gaulle revenait, il enverrait Chirac jouer au cerceau. » Il y a aussi Goulet, député RPR de l'Orne, dynamique, un bon copain, le sens des réalités, pas du tout politicien.

Nous commençons par la République centrafricaine où, comme on l'a vu, j'ai vécu en exil pendant près de trente mois. Cela fait déjà vingt ans. Arrivée à Bangui, tapis rouge, télés, radios: je suis reçu comme un chef d'État. Je dîne avec le président Dacko et ses enfants dans le palais de Bokassa. Il y a quelques mois, les paras français sont intervenus pour chasser ce fou sanguinaire, ce malade mégalomane. Je l'avais eu sous mes ordres quand j'étais en Afrique: très discipliné, obséquieux, fayot. Il appelait de Gaulle « papa ». Le grand Charles en était exaspéré et l'envoyait régulièrement dans les cordes. Bokassa m'avait offert des défenses d'éléphant et j'y ai souvent pensé au moment de la chute de Giscard, avec cette misérable affaire des diamants.

À Bangui, mon équipe de parlementaires est prise en main par le colonel Chabannes, conseiller militaire. Je retrouve avec plaisir le « chat-tigre ». Le lendemain, plusieurs de mes anciens soldats centrafricains du 6e régiment interarmes d'outre-mer viennent me voir. Ils ont tous pris du galon, sont capitaines, commandants, généraux. Tous disent : « C'est vous qui nous avez formés. »

De Bangui, départ en hélico pour Bouar, distant de quatre cents kilomètres. Atterrissage au camp Leclerc sous une pluie diluvienne. Les forces françaises y stationnent en raison des événements du Tchad. Puis en route pour le camp de Roux, à six kilomètres. Les Africains ont vu les hélicos se poser, c'est le retour de Bigeard ! Par centaines, ils sortent des cases et bloquent la route : ils veulent me toucher, m'embrasser, tous crient : « Bigeard revient ! » J'ai la larme à l'œil.

À Bouar, discours du maire. Il rappelle comment nous avons su transformer ce coin perdu d'Afrique avec mes trois mille hommes, quand nous avions construit au milieu de nulle part un stade, une chapelle, un temple, une piscine, et même un club hippique. Nous avions bâti une immense ferme où nous cultivions des légumes, où nous élevions des porcs et des bœufs. Il y avait aussi une plantation de vingt mille manguiers. Grâce à cette ferme, Bouar pouvait vivre en autarcie.

Je dors dans mon ancienne case. Elle est toujours debout. Je me souviens de ces trente mois. Avec le recul, je me rends compte que j'y ai été heureux, loin de l'ambiance politique détestable de l'époque, l'OAS, les attentats. Je me revois entouré de Gaby, de Marie-France, du colonel Waroux, mon adjoint.

Le lendemain, départ en jeep. Avec des militaires français et africains, nous déjeunons au bord du fleuve Oubangui qui sépare aujourd'hui le Zaïre de la République centrafricaine et du Congo. Retour à Bangui, soirée à l'ambassade de France. Les adieux sont émouvants. Chaque parlementaire reçoit un cadeau modeste mais offert avec gentillesse et naturel, comme les Africains savent si bien le faire.

Puis décollage vers le Gabon. Atterrissage à Libreville. Le président Bongo, déjà lui, dirige le pays. Il voit grand, il veut faire du Gabon un modèle de développement africain grâce aux richesses naturelles de son sol, en particulier le pétrole. Il nous reçoit en grande tenue et bottes de cuir blanc, assis dans un fauteuil impérial. Nous avons droit à un long exposé sur les problèmes qu'il rencontre dans ses relations avec la France. Bongo sait à quel point j'aime l'Afrique : il me reçoit comme un prince.

Le matin, je continue mon entraînement, footing et bains de mer, invitations midi et soir, journées de travail : un séjour merveilleux. Le président Bongo décide même de nous offrir une véritable détente : aller tuer un buffle dans ses réserves en pleine brousse. Vol en avion jusqu'à la réserve personnelle du chef, comité de réception : le gardien, un homme d'une quarantaine d'années en tenue camouflée para, bottes de saut ; à ses côtés, sa femme et sa fille. Cette petite famille vit seule dans la jungle. On a l'impression d'être dans *Daktari*, la série télé. Quelques cases bien installées, salles de bains en marbre, lits à baldaquin : les chefs d'État africains n'ont pas toujours le sens de la mesure. La vie sauvage a ses limites. Ceux qui viennent ici, invités par le grand chef, sont triés sur le volet.

Dehors, des cases avec de superbes fauves, panthères, tigres : un vrai paradis, luxueux, que le président s'est fait aménager. Le soir, dîner avec le gardien et sa famille.

Le lendemain, nous partons tuer le buffle. Le gardien en a besoin pour nourrir les fauves. Je monte à côté de lui dans la jeep. Ce type est un vrai baroudeur de la jungle. Il porte un pistolet et une grenade à la ceinture. Je lui précise que je n'ai pas du tout l'intention de tuer un animal : je suis soldat, pas chasseur. Nous apercevons des biches, des zèbres, des impalas. Enfin, le troupeau de buffles qui fuit devant nos jeeps. Seuls quatre ou cinq d'entre eux font face, notre guerrier camouflé fait arrêter les voitures. Il tire et blesse légèrement une des bêtes. Furieux, le buffle se rue sur nous. J'épaule, je tire, contre mes principes : l'animal est foudroyé, une balle dans l'œil gauche. Mes collègues sourient : « Marcel, tu n'as pas perdu la main. »

Nos émotions ne sont pas terminées. Au retour de la partie de chasse, le gardien lâche son tigre qui a l'habitude de vivre en liberté près de sa femme et de sa fille. Un fauve magnifique, apparemment inoffensif. Il tourne autour de nous, nous renifle, grogne, se place derrière Goulet, se tient debout et enlace notre camarade. « Surtout ne bougez pas ! », crie le gardien. Goulet reste stoïque, immobile. Finalement, le tigre lâche prise.

Ces quelques heures dans la brousse restent un souvenir formidable. Nous nous sentons loin de tout, déconnectés du monde, des luttes politiques, ça fait un bien fou. Nous discutons librement, entre copains, même s'ils ne sont pas du même bord. Je parle du livre que j'aimerais écrire quand je m'arrêterai. Je pense déjà au titre : *De la brousse à la jungle*. C'est Yves Lancien, député RPR, qui me l'a suggéré. C'est un ami précieux, droit, direct, qui sait aussi avoir de l'humour. Mais pour écrire un livre il faut du temps, ce dont je manque en ce moment.

Nous rentrons à Libreville. Direction le Sénégal. Je quitte le Gabon avec le sentiment qu'il est entre de bonnes mains. L'Afrique a besoin d'autorité. La démocratie, ce sera pour plus tard. Il est encore trop tôt et c'est un long chemin. Il se conquiert au fur et à mesure que les richesses s'accumulent, que l'éducation progresse. Pour l'instant, il faut sortir l'Afrique de son marasme. Le président Bongo l'a bien compris, même si de son côté il ne dédaigne pas les agréments assez dispendieux que lui confère le pouvoir.

Revoici Dakar, où j'ai vécu en amoureux avec Gaby. Là encore, le comité d'accueil est impressionnant. Je retrouve mon ancienne résidence. Le lendemain, déjeuner à l'île de Gorée. C'est de là que partaient les esclaves noirs à l'époque triste et sombre du commerce triangulaire et de l'esclavage. J'avais ma résidence secondaire sur cette île quand j'étais en poste à Dakar.

Retour aux affaires. Longue réunion avec le président Abdou Diouf que je connais de longue date. Discussion avec les anciens combattants sénégalais qui ont si bien servi l'armée française. Réceptions au Parlement sénégalais. Le Sénégal aussi a changé. L'Afrique semble sur la bonne voie, mais que d'épreuves l'attendent encore pour accéder à un développement satisfaisant !

Le métier de député n'est pas fait que de voyages ou de travaux à la commission de la Défense nationale. Je suis d'abord là pour servir les habitants de ma circonscription. En Lorraine, il y a beaucoup de travail. Recevoir les citoyens, entendre et enregistrer leurs doléances, écrire, assister aux inaugurations, aux réunions, à l'assemblée générale des anciens combattants, commémorations du 11 Novembre, du 14 Juillet, inaugurations de terrains de sport, de salles polyvalentes, déménagement de la mairie, réparation de l'église. Sans oublier l'assemblée annuelle des associations qui réunit sous-préfet, députés, maires et conseillers généraux. J'attache la plus grande importance aux associations car elles constituent un lien social irremplaçable et permettent de faire passer un message à notre jeunesse.

Bien sûr, toutes ces cérémonies ne sont pas très excitantes. C'est sympathique, l'accueil est chaleureux, mais ça peut vite devenir la routine. À l'issue de chaque cérémonie un discours s'impose, toujours improvisé. Je ne suis pas trop mauvais dans cet exercice. Je sais m'adapter à l'ambiance. J'ai un attaché parlementaire qui reste toujours à Toul, et me seconde ou me remplace quand je suis absent. Lui aussi a beaucoup de travail : préparer mes déplacements, régler les problèmes soulevés par tous les visiteurs qui viennent demander l'arbitrage du député.

Nous avons aussi un rôle qui peut ressembler à celui de juge de paix. Logement, chômage, conflits de voisinage : il faut régler tous les problèmes, écrire aux différents ministères, répondre aux sollicitations les plus diverses : pensions, indemnités, médailles, et souvent juger des situations, puis trancher.

Ma permanence est ouverte tous les jours, y compris les samedi et dimanche, de 9 heures à 17 heures. Décidément, je le répète, un député a beaucoup d'obligations et de charges. Il faut aussi penser à sa circonscription dans son ensemble et agir dans l'union, tous bords confondus.

J'invite donc à déjeuner tous les maires du Toulois et du Saintois : ils sont cent quatre-vingts. Nous avons des intérêts communs à défendre, il faut nous connaître. Au cours de ce déjeuner nous évoquons le problème routier, la nationale 4 qui doit contourner Toul, la liaison Lorraine-Bourgogne avec la D33. C'est cela aussi, la politique : s'occuper modestement des affaires de la cité. Parmi d'autres sujets qui sont d'intérêt local : la taxe professionnelle, ou la loi d'orientation agricole, les forages etc. Tout le monde craint une pollution de la nappe phréatique. Un comité de défense s'est formé, je l'ai soutenu pendant la campagne. Tout cela crée d'autres obligations, un surcroît de travail, et je vais même devoir me battre à l'Assemblée pour défendre ce problème d'environnement. Le ministre des Affaires étrangères, Jean François-Poncet, cherche à me faire changer de position. Il propose même des compensations aux maires des communes concernées. Mais je ne reviens pas sur la parole donnée. Finalement, grâce au comité et à mon intervention, les forages n'auront jamais lieu. Voilà un bon exemple : ce n'est pas un problème de droite ou de gauche, c'est un problème d'intérêt général.

Un député est toujours débordé. Tiraillé entre les problèmes de sa commune et ceux de son pays, entre les intérêts locaux et les grandes orientations nationales. Entre une inauguration de foire agricole et un débat de politique étrangère qui concerne la France et le monde. Les deux sont indispensables : cela permet de ne pas se déconnecter de la réalité. Pour avoir un avis équilibré sur les grandes questions nationales, il faut avant tout connaître la vie des gens, les problèmes locaux. C'est un équilibre difficile, plein de contradictions. Cela s'apprend tous les jours et c'est passionnant.

Être député, c'est aussi se battre dans la cuvette du Palais-Bourbon. Ce n'est pas Diên Biên Phu, on n'y meurt pas, on peut y entrer et en sortir librement. Le seul enlisement que l'on connaisse, dans cette cuvette-là, c'est la langue de bois des députés quand ils suivent aveuglément les consignes de leur parti, abandonnent leur libre arbitre, et parfois n'osent pas réagir pour l'intérêt du pays comme ils devraient le faire s'ils écoutaient vraiment leur conscience. C'est vrai pour tous les partis. À l'UDF, au RPR, au PS, au PC : aucune tête ne dépasse. La discipline. Si elle se justifie dans l'armée, il me semble qu'en politique le devoir de tout élu est de garder sa liberté de parole. C'est ce que j'ai fait pendant toutes mes années de députation.

Ma position est assez confortable, c'est vrai. Je ne suis d'aucun parti, seulement apparenté UDF. C'est la condition que j'ai posée avant toute chose. Je veux garder ma liberté de parole, de mouvement, refuser tout compromis ou aventure politicienne qui pourrait ternir mes quarante années de vie militaire. J'agis toujours selon ma conscience, avec ce que me dictent mon cœur et mon expérience. Cela ne plaît pas toujours à tout le monde. Par exemple, lors d'une intervention de juin 1976, je rappelle la longue série de défaites connues par la France et son armée : débâcle, guerre d'Indochine, l'Algérie. Je pose des questions qui gênent : « Comme certains d'entre vous, j'ai connu la débâcle de 1940. Pourtant, notre ligne Maginot était prétendument imprenable. J'y croyais aussi à cette époque. Mais qui est vraiment responsable de cette défaite, sinon le pouvoir politique ? Il est facile de rejeter la responsabilité sur l'armée, mais qui nomme les grands chefs militaires sinon le pouvoir politique ? On ne peut non plus oublier cette longue guerre d'Indochine. Le Parlement qui siégeait dans cette salle pendant cette guerre porte une lourde responsabilité dans ce conflit. Je ne parlerai pas de la guerre d'Algérie, encore toute proche, et pourtant il y a vingt ans déjà que le pouvoir politique, affolé et à la recherche d'un homme providentiel, faisait appel au général de Gaulle. Oui, notre armée a subi de rudes chocs que j'ai vécus intensément. Je peux dire que ces chocs procèdent en grande partie des erreurs politiques. »

Comme on dit, ça jette un froid. Les applaudissements sont moins nourris que d'habitude. Mais il n'est pas question que je me taise pour quelques honneurs de plus. Qu'est-ce que je peux espérer d'autre ? Je suis libre. À chaque fois que je m'exprime, je rappelle à mes collègues que nous n'avons qu'un but commun, qu'une personne à servir : la France.

Oui, pendant ces trois années à l'Assemblée, je m'efforce d'intervenir sur les grands problèmes et d'agir selon ma conscience : défense, politique étrangère, peine de mort, IVG, motions de censure. Je le fais avec mes mots, simplement, directement. J'ai été particulièrement embarrassé avec le débat sur l'avortement que Simone Veil, ministre de la Santé, une femme admirable par ailleurs, et que je respecte profondément, veut rendre légal. Pour ma part je suis perplexe. Ma conclusion: « Le problème est grave. Je suis pour la vie, pour la famille. J'ai vu tant de jeunes rendre leur dernier soupir en murmurant "maman". Aussi, je ne pourrai voter la loi en l'état. »

Peut-être ai-je tort, mais c'est ce que je crois, ce que je sens, au plus profond de moi. Je fais toujours appel à mon expérience personnelle. Il me semble qu'à mon âge, mon expérience de toutes ces années, dont vingt à faire la guerre, à voir mourir mes camarades, à me battre pour des idéaux que plus tard on m'arrachera, m'a donné une vision au moins aussi valable que celle acquise par certains dans leurs livres ou leurs salles de cours. Oui, j'ai l'expérience de la vie, le plus formidable bagage. Je le dis sans arrogance, et c'est pour cette raison que mes interventions sont parfois un peu sentimentales. Elles viennent du cœur. Je les préfère à celles de certains politiciens qui parlent par calcul, en pensant uniquement à leurs intérêts ou à leur réélection. Ce qui menace la démocratie, c'est ça: baisser les bras, ne pas agir conformément à sa conscience, à l'idée que l'on se fait de son pays, dans la liberté, l'égalité et la fraternité. Je ne prétends pas avoir toujours raison. Mais je peux au moins affirmer que jamais je n'ai agi contre mes convictions profondes.

Les événements se précipitent. 1981. Campagne présidentielle. Elle mobilise la France entière dans un débat passionné. Après vingt ans et plus de pouvoir sans partage, la droite risque d'être battue. Et c'est en effet ce qui se passe. Giscard perd face à Mitterrand. Il a été trahi par Chirac. Je suis fou de rage. Les Français veulent basculer dans le socialisme, avec l'alliance des communistes. S'ils savaient… Je considère que ma mission est finie. Je décroche. Giscard battu, je n'ai plus qu'à partir.

Chapitre 33

Dans l'opposition

Le 21 mai 1981, Mitterrand entre officiellement en fonction. Giscard s'en va. Je le regrette profondément. C'est un seigneur, brillant, intelligent, et qui collait si bien à sa fonction. De l'allure, de la classe, une grande intelligence et pourtant il s'est fait abattre. Pas seulement par ses adversaires, mais aussi par ses alliés.

Il y a d'abord eu l'affaire des diamants, j'y ai déjà fait allusion. C'était dérisoire, mais cette histoire de pierres précieuses offertes par Bokassa, la presse s'en est emparée et n'a plus lâché Giscard. Il a refusé de se défendre, il s'est cantonné au silence, se contentant de dire que la calomnie devait mourir de son propre poison. Cela a été une erreur. À ne pas vouloir s'abaisser, on ne voit pas les coups venir, on ne se rend pas compte des dégâts qu'ils causent. Une histoire d'autant plus lamentable qu'elle était largement infondée : qu'est-ce que Giscard avait à faire de quelques diamants ? Il n'était pas pauvre, au sommet de sa carrière et de la gloire. Tout cela est minable.

Et puis, un deuxième coup de poignard, celui donné par Chirac, son allié, dont la défection a permis à Mitterrand d'être élu.

Voilà la France aux mains des socialistes et de leurs alliés communistes. Mitterrand prétend changer la société, le monde, et pourquoi pas la nature de l'être humain ! Il veut gouverner la France avec ses cent dix propositions, dont la plupart sont irréalisables. Faire table rase, imaginer un monde entièrement nouveau : c'est absurde, les hommes restent les hommes. En attendant, c'est l'aventure. Elle me paraît dangereuse. Giscard avait tout en main, l'expérience, la jeunesse, la force pour accomplir un formidable second septennat. En partant, j'en suis sûr, il nous aurait laissé la France en meilleur état que ce qu'en ont fait les socialistes. Et je dis cela sans esprit polémique.

En attendant, c'est Mitterrand, véritable monarque, qui détient toutes les clés de l'avenir. Et il commence par dissoudre l'Assemblée nationale. Deux solutions s'offrent à moi : soit je me présente avec beaucoup de chances de succès. Je serai alors un député parmi les autres. Franchement, je crains la pétaudière façon IVe République. La deuxième solution, c'est de reprendre ma liberté, de lire, d'écrire, de répondre aux milliers de lettres de personnes qui me demandent un conseil, ou un avis, et surtout de me maintenir en forme. Je suis très tenté par la seconde hypothèse. Mais personne ne semble décidé à oublier Bigeard. Visites, courrier, appels du type : « Général, vous n'avez pas le droit, il faut réagir contre cette poussée de la gauche, c'est votre devoir. »

On connaît les mots qui me font réagir. Il va me falloir y retourner. Je me présente une nouvelle fois. Fin mai, je reçois une lettre de Chirac, la même qu'il doit adresser à tous les candidats RPR et UDF : « Le Rassemblement pour la République a décidé d'apporter son soutien dès le premier tour à votre candidature dans la cinquième circonscription de la Meurthe-et-Moselle. Nous formons des vœux pour votre succès qui sera celui de la liberté, du progrès, et de la grandeur de la France. » Bla-bla-bla. Il a déjà oublié sa trahison. L'UDF et le RPR marchent à nouveau main dans la main.

Je repars, sans enthousiasme. Je sais ce qui m'attend. Député dans l'opposition, cela ne me tente guère. Mais les dés sont jetés. J'ai soixante-cinq ans, pas envie de décrocher. L'action et les emmerdes, ça conserve. Je suis décidé à gagner ce nouveau combat.

Chapitre 34

Député dans la cohabitation

François Mitterrand, conscient de son impopularité, n'entend pas pour autant quitter le pouvoir. Surtout pas si la droite gagne les législatives. Il a tout prévu pour gêner ses adversaires. Il a modifié le système électoral. Désormais, les députés sont élus au scrutin proportionnel. Grâce à cette manipulation politicienne, il espère que de nombreux députés Front national seront élus, diminuant d'autant le poids des députés UDF et RPR qui ne pourront pas faire alliance avec le FN. Diviser pour mieux régner, la recette est aussi vieille que le monde, et Mitterrand se montre bon cuisinier.

Suivant le conseil de Valéry Giscard d'Estaing, j'ai décidé de me présenter à nouveau. Sans m'en rendre compte, j'ai dû contracter le virus de la politique. Je veux surtout continuer à servir mon pays. Avec une majorité de droite, je serais sûrement plus écouté, je pourrais mieux faire passer mon message, participer, à ma modeste place, au redressement moral de la France.

À la mi-février 1986, je reçois une lettre de Jean Lecanuet, le président de l'UDF :

« Cher ami,

J'ai le plaisir de vous informer que le bureau politique de l'UDF vous a accordé l'investiture pour conduire la liste de l'UDF dans votre département pour les prochaines élections législatives. »

Cette lettre vaut donc investiture de l'UDF et explicitement de chacune des familles politiques qui la composent. Aucune autre liste ne pourra bénéficier d'une investiture ou d'un soutien national ou local d'un des partis composant l'UDF.

« En vous remerciant de bien vouloir nous tenir au courant de l'évolution de la campagne, je vous prie de croire, cher ami, en l'assurance de mes sentiments les meilleurs et les plus cordiaux.

Jean Lecanuet »

Lecanuet semble avoir tout fait pour bien border son parti et éviter les guerres de clans. En tout cas, je suis en tête de liste de l'UDF à l'échelon départemental, sans appartenir à aucun parti et sans avoir jamais rien sollicité. Je vais devoir sillonner une fois encore tout le département. Je suis parfaitement rodé.

Avec mes gars, nous commençons à parcourir la région, du nord au sud et d'est en ouest. Sur notre planning, sont notées une quarantaine de réunions jusqu'au 16 mars 1986. Des discours dans les villes, les chefs-lieux de canton et les villages les plus importants. Il y a beaucoup de monde dans ces réunions, y compris dans les villes de gauche comme

Longwy. Je suis souvent accompagné par plusieurs ténors de la droite, notamment André Rossinot, le maire de Nancy, toujours aussi politicien.

Cette campagne ressemble à ma première campagne en 1978. Je rentre tard chez moi le soir, vers une heure du matin. Cette fois-ci, je n'ai pas à mes côtés mon suppléant, Georges Husson. Le scrutin proportionnel a supprimé, provisoirement, les suppléants. Georges m'a écrit une lettre très amicale, prouvant qu'il est un homme de bien au grand cœur

« Mon général,

Au moment où se termine notre amicale collaboration, permettez-moi de vous dire combien j'ai été heureux et fier à la fois de travailler à vos côtés, durant ces huit années, trop courtes à mon gré.

J'espère ne pas avoir trop déçu votre attente sur mon rôle de suppléant. Sans doute mon action fut-elle bien modeste, comparée à la vôtre et à l'audience, nationale et internationale, attachée à votre nom.

Ce fut pour moi un inoubliable et unique honneur que de partager, en totale confiance, les sentiments et les actions, non seulement du plus grand soldat de notre temps, mais d'un homme pour qui l'honneur, le respect de la parole donnée, le sens de l'effort, du bien commun, de la patrie, sont des valeurs auxquelles il a consacré le meilleur de lui-même.

Vous redisant, une fois encore, ma très grande admiration pour la sincérité et la foi de vos convictions, pour l'ardeur avec laquelle vous savez les transmettre, notamment aux plus jeunes... »

Je conserve précieusement cette lettre avec moi, comme celle du commandant Botella, un de ceux de la brousse,

Georges Husson, un de ceux de la jungle, deux êtres exceptionnels, loyaux et francs ! Georges Husson était un diamant dans le monde politique. Avec lui, j'avais l'impression d'être dans la brousse avec mes hommes.

Tête de liste, je suis assuré d'être élu. Le 16 mars 1986, les résultats tombent. Je suis élu, Rossinot aussi. Le troisième, René Haby, va attendre que Rossinot devienne ministre pour hériter de son siège. À l'échelon national, la droite l'emporte mais de peu : cent quatorze UDF, cent quarante-sept RPR. C'est surtout une grande victoire pour Le Pen – trente-cinq sièges pour le Front national – et pour le président qui a plutôt bien réussi son coup. Avec la proportionnelle, le FN entre massivement au Parlement où l'UDF et le RPR disposent d'une majorité fragile de quatre sièges. Une telle majorité ne peut permettre au futur Premier ministre de mécontenter ses soutiens. Il devra nécessairement louvoyer, faire des compromis. Or, seul un homme disposant de la confiance des Français pourrait prendre les mesures impopulaires mais nécessaires que réclame la situation et dire : « Retroussons-nous les manches, serrons-nous la ceinture. Il faut consommer moins et travailler plus pour redresser la France. »

La proportionnelle affaiblit les gouvernements, elle favorise les partis au détriment des hommes et encourage les magouilles. Nous sommes revenus sous la IVe République ! C'est ce que cherchait Mitterrand pour se maintenir au pouvoir.

Le 20 mars 1986, Jacques Chirac est nommé Premier ministre et constitue un gouvernement plutôt étoffé : vingt

RPR et dix-sept UDF. La Lorraine y occupe une place de choix. François Guillaume, député de Meurthe-et-Moselle, est à l'Agriculture, André Rossinot, maire de Nancy, a le portefeuille des relations avec le Parlement. Séguin, élu des Vosges, est ministre du Travail et Longuet, député de la Meuse, se retrouve aux Postes et Télécommunications. J'ai l'impression de ne plus pouvoir ouvrir une porte sans tomber sur un ministre.

Chirac veut aller vite, c'est un vrai bulldozer. Il a une puissance de travail incroyable et est capable de prononcer dix discours dans la journée sans paraître le moins du monde fatigué. J'aurais l'occasion de le lui dire un jour : « Monsieur le Premier ministre, vous me donnez des complexes et le torticolis à vous voir ainsi virevolter. »

Il n'a pas la tâche facile. La France a désormais deux présidents ou presque. Je me demande ce que doivent penser de nous nos alliés, en particulier Ronald Reagan ou Margaret Thatcher. De fait, j'ai toujours été contre la cohabitation. La France a besoin d'un chef et d'un seul. Notre pays est en crise. À chaque crise majeure, un homme seul l'a sauvée. Le dernier fut le général de Gaulle qui a porté le pays à bout de bras pendant plusieurs années. Les Français s'étaient identifiés à lui et grâce à cette confiance, à cette union, la France a pu se redresser. Au lieu de cela, nous avons maintenant, en 1986, un duo d'équilibristes qui se méfient l'un de l'autre.

Comme je le redoutais, la cohabitation va faire le lit du président Mitterrand, lui redonner une santé et faire de lui

Dieu le Père. Fin juin 1986, les sondages donnent déjà 61 % d'opinions favorables à Mitterrand, qui ne fait rien, sinon critiquer, et seulement 49 % à Jacques Chirac.

C'est dans ce contexte qu'une vague d'attentats secoue la France en septembre 1986. Comme toujours, les victimes sont des innocents pris au hasard. La jeune femme qui est défigurée, le jeune homme qui perd une main ou une jambe, la mère qui voit mourir son enfant sous ses yeux, sont de simples passants. En moins de deux semaines, les attentats font de très nombreux blessés. La bombe lancée sur la foule devant le magasin Tati, rue de Rennes, reste dans toutes les mémoires.

Ces attentats me replongent dans le souvenir de la guerre d'Algérie. En 1957, j'écrivais : « Le terrorisme ne se combat pas à visage découvert, à coups d'opérations dites de contrôle, de déploiement de forces aussi spectaculaires qu'inefficaces, de fouilles trop inopérantes, parce que le fellagha, de par son organisation clandestine très noyautée, s'y soustrait aisément. »

Vingt-neuf ans après, la leçon reste toujours valable. Elle l'est encore aujourd'hui.

En octobre 1986, une chose me tient particulièrement à cœur, le retour des premiers corps des combattants d'Indochine, rapatriés du Vietnam. J'ai l'impression qu'une page se tourne et que l'opinion publique commence à mieux comprendre ce qu'a été le sens de notre combat. Même Mitterrand se fend d'un très beau discours à ce sujet. Cela contraste avec l'atmosphère glaciale qui a accompagné notre retour en 1955. On nous faisait alors grise mine, on ne voulait pas nous voir, on ne voulait pas entendre parler de nous.

Mon seul chagrin est qu'une partie seulement de nos morts est rapatriée. Les autres ne reviendront jamais. Il y a ceux perdus sur les routes de Cao Bang, ceux perdus dans les montagnes ou enterrés au bulldozer à Diên Biên Phu ! Tous ceux-là ne reviendront pas. Plus aucune trace de leur sacrifice.

Le 2 février 1987, la Convention nationale de l'UDF se tient au Zénith à Paris. Normalement, cet endroit accueille des concerts, mais ainsi va la politique. Je ne suis pas très sûr de vouloir y assister. Le matin, à Toul, je finis mon jogging à 6h45 et je décide finalement d'aller à Paris. Je saute dans le train, je prends le métro et j'arrive au Zénith pour écouter la fin du discours de Valéry Giscard d'Estaing face à six mille personnes. Tout le gratin de l'UDF est là. L'emploi du temps de l'après-midi est très minuté : discours des chefs de partis, travaux des commissions. Des amis députés vont voir Jean-Claude Gaudin. Ils lui disent qu'il faut absolument me laisser la parole.

Vers 15 heures, à la fin d'un discours, Gaudin annonce au micro : « Je donne la parole quelques minutes au général Bigeard. »

Autant le dire, je vais considérablement faire durer ces quelques minutes... Avant même d'arriver à la tribune, j'entends des applaudissements nourris. Je montre à la salle la feuille avec mon discours : un bout de papier sur lequel j'ai noté cinq ou six points de repère. Je me lance : « L'UDF, qu'est-ce que c'est ? En fait, c'est une brave fille qui cherche à contenter tout le monde, une fille de joie quoi...

On l'aime, on lui fait la gueule, on revient, on pense même à la marier puis on lance de nouveau de petites flèches à droite, à gauche. Mais finalement, on se retrouve toujours dans ses bras... Lecanuet joue le protecteur. Ça arrange bien les choses. Faut dire que c'est un sacré tribun, un bon débatteur. Il a l'âge, il a le recul, il a la sérénité. »

Toute la salle rit, y compris les délégués les plus coincés. Mon langage, mon discours de vieux soldat change un peu du style guindé de l'UDF. Je suis applaudi. En fait, les politiques aiment bien m'utiliser, ils savent que mes interventions portent. Je le vérifie d'ailleurs. Après mon baratin au Zénith, j'arrive à sauter dans le train gare de l'Est à 16 h 31 pour arriver à Toul à 19 h 15 et voir que la télé reprend très largement mon intervention. C'est une journée bien remplie, alors que, le matin, à 6 heures, j'hésitais encore à me rendre à Paris.

En avril 1987 a lieu à l'Assemblée la discussion sur la loi de programmation militaire. Je monte à la tribune pour affirmer que cette loi est insuffisante. Ce n'est pas à coups de millions qu'on réglera tous les problèmes, même si l'argent est le nerf de la guerre : « Le *Richelieu*, les chars Leclerc, le Rafale ou son dérivé, nécessaires aujourd'hui, arriveront mais bien tard. Quand ils arriveront, il se produira peut-être autre chose. Les Awacs ? Un système de défense aéroporté particulièrement utile, mais si coûteux : quatre-vingts milliards de francs les trois, d'après ce qu'on m'a dit. Où peut-on aller chercher cet argent ? Et cet avion de transport long-courrier dont on a besoin, on l'a vu pour Kolwezi ! Le mode d'emploi du nucléaire stratégique et tactique a fait quelques vagues ces temps derniers. Mais le problème n'est pas uniquement dans ce matériel manquant ni dans ces querelles nucléaires qui sont cependant à régler. Il faut bien reconnaître qu'au point de vue de l'armée tactique, si on joue avec le *Pluton*, sur notre Hexagone, on frappe sur les Allemands ; ce n'est pas valable. Il y en a qui disent qu'on ne peut pas intervenir, l'autre engin n'étant pas encore disponible. Je pense que tout cela mérite d'être mis au point. Mettez-vous à la place des Allemands.

Ce qui compte, ce sont les forces morales. Les Indochinois nous ont battus. Puis ils ont infligé la première défaite à la grande Amérique, et seulement avec quelques fusils, en se cachant. Ces petits Vietnamiens qui étaient trop petits pour faire des soldats, disait-on, on en faisait des ambulanciers et pourtant ils ont sorti la première infanterie du monde qui nous a battus, et qui a battu la puissante Amérique. Je dis que les forces morales, ça vaut tout votre matériel. Du matériel, il en faut, certes, mais il faut autre chose. Les Afghans, contre toute attente, résistent encore.

D'un côté, il y a l'idéologie. Un Giáp fut commandant en chef pendant trente ans. Quel est le général européen capable de commander ainsi pendant trente ans, comme il l'a fait, s'il n'est pas soutenu par une idéologie ? Moi j'en ai une, c'est la défense de la liberté. Je le dis toujours, si je continue à me battre, c'est parce que je crois en la liberté. Cette idéologie vaut l'autre et c'est ce qu'il faut ramener en France. Le matériel, les crédits, il les faut. Vous vous êtes battus et je dis bravo à tout ce que vous avez dit. Vous avez insisté sur les forces morales mais il faut insister davantage, parce que la jeunesse est prête à nous suivre. Il faudrait peu de chose pour que ça reparte. »

Ce sont des thèmes que j'ai l'occasion de développer à d'autres reprises. Ainsi, le 5 novembre 1987, lors du débat sur la politique étrangère, je pique un coup de gueule. J'en ai marre de nos querelles vaines et inutiles et je le dis : « La politique étrangère, la défense, pour être fortes, doivent s'appuyer sur un pays informé, préparé moralement, prêt à comprendre qu'en dehors de nos problèmes quotidiens il est bon de savoir ce qui se passe dans le monde et que la grandeur d'un pays, sa fierté dépendent de chacun de nous qui avons le privilège de vivre libres, alors que l'actualité, c'est l'affaire Polac, les télés, les scandales à la une qui risquent de s'amplifier avant la présidentielle.

Personnellement, j'en souffre, et les Français s'interrogent. Oui, la France a besoin d'être prise par les tripes pour retrouver sa fierté et redonner confiance à sa jeunesse ! »

Ces mots sont extraits d'un discours prononcé en novembre 1987, au lendemain de sérieux ennuis de santé. Début mai 1987, j'avais éprouvé quelques signes de fatigue. Je n'y avais pas prêté attention. À tort. Le 24 mai, un dimanche, de retour d'une cérémonie dans un village de ma circonscription, je suis pris de terribles douleurs dans le ventre. Hospitalisation, radios : les médecins rendent leur verdict. Une opération est nécessaire.

J'ai déjà vécu cela mais j'ignore encore ce qui m'attend ce coup-ci. Cinq heures d'intervention, quarante-huit heures en réanimation. Je me réveille cloué sur un lit de torture. Perfusion, sonde... Durant quinze jours, je souffre et je perds quinze kilos.

En réanimation, complètement dans le cirage, je demande à me raser alors que je ne suis même plus capable de reconnaître Gaby. Personne ne vient, je crie plus fort !

Une infirmière, crème, rasoir, tente l'opération. Je refuse. C'est à moi de le faire. Je ferai semblant et je tomberai dans le néant. Les toubibs ne comprennent pas mais Gaby a deviné. On meurt rasé de frais au bataillon Bigeard. Oui, dans mon subconscient, j'y tenais. La brousse... même ici ses règles ne me quittent pas !

Bien faiblard, je reviens à Toul. Le trajet de vingt kilomètres en voiture me paraît très long en ce mois de juin 1987 pluvieux et froid. Erwan Bergot vient de m'envoyer son livre-cassette *Bigeard*, dit par l'auteur. Pendant une heure, il raconte ma vie avec le ton de ceux qui savent de quoi ils parlent. J'ai la larme à l'œil en l'écoutant. Gaby et Marie-France ne me reconnaissent plus, je ne peux plus dire trois phrases sans avoir la gorge serrée. Décidément, ces calculs ne me réussissent pas. C'est bien la première fois que je suis dans cet état, j'essaie de réagir. Je marche doucement, un kilomètre puis deux ; une semaine après, quatre kilomètres et piscine, où je nage doucement en tenant mon ventre dans la main droite de peur qu'il ne s'ouvre. Il n'est pas encore cicatrisé. Je n'ai ni appétit ni goût à rien. Je dois à nouveau me rendre à l'hôpital pour enlever une sonde de dix centimètres laissée au cours de l'opération. En principe, je ne dois passer qu'une nuit à l'hosto et revenir chez moi. C'est à nouveau une semaine chez les hommes en blanc : 42 degrés de fièvre, des tremblements, etc. J'en ai marre. Gaby s'inquiète, il faut trouver le microbe et l'anéantir. Sinon, je vais y laisser ma peau. Finalement, je m'en sors. Je reviens à Toul et je reprends des forces progressivement.

Je reçois un télégramme de l'Assemblée nationale. C'est le fidèle Jean-Claude Gaudin, la mère poule du groupe parlementaire UDF, qui m'écrit : « Tous vos amis députés vous adressent leurs cordiaux souhaits de prompt rétablissement et attendent de vous retrouver très rapidement parmi eux. En vous renouvelant l'expression de ma fidèle amitié, bien cordialement. »

Un autre télégramme arrive et me touche particulièrement :

« Mon général,

J'apprends que vous avez un petit ennui mais que ce n'est pas grave. Vous connaissant, j'imagine, du reste, que vous n'aurez pas de difficultés à terrasser le mal. Tous mes vœux très sincères de prompt rétablissement. Veuillez accepter, mon général, l'expression de mon très cordial souvenir et de mes amitiés.

Jacques Chirac »

Oui, je suis très ému par ce télégramme même si je n'ai pas toujours apprécié son auteur. Alors qu'il est surchargé de travail, le Premier ministre a pris le temps de m'écrire. Ainsi va le grand Jacques, capable de coups de cœur.

Les 22 et 23 septembre 1987, ce sont les journées parlementaires UDF à Nice. Je suis assez rétabli pour m'y rendre. Nous sommes à huit mois de l'élections présidentielle. Raymond Barre est là, discret. Jacques Chirac vient présenter son bilan et, en pointillé, cherche à s'affirmer comme le patron de toute la droite. À la fin de ces journées, Raymond Barre se déclare candidat à la présidence de la République. Voilà l'UDF fixée. Giscard d'Estaing s'abstient de tout commentaire.

En octobre 1987, à Toulouse, les paras fêtent leur cinquantième anniversaire. C'est l'occasion d'une grandiose manifestation avec la présentation de tous les drapeaux des unités paras en présence du ministre de la Défense André Giraud. Je revois beaucoup de mes anciens compagnons, des capitaines devenus généraux. Ce sont surtout des anciens d'Algérie. Il ne reste pratiquement plus d'anciens d'Indochine. Ils sont morts là-bas au combat, des privations dans les camps viets, ou des séquelles de leurs blessures en France.

Je quitte Paris en Mystère 20 avec le ministre et je rentre aussi avec lui et le général d'armée Schmitt, un de mes anciens lieutenants du 3e Para pendant la guerre d'Algérie.

En cette fin d'année 1987, je reçois à déjeuner l'académicien français Maurice Rheims, accompagné de sa fille Bettina. Il vient pour une émission qu'il présente chaque mois avec Claude Sérillon, « Haute curiosité ». Ses questions sont insolites. Il me demande ce que je ferais si je devenais ministre de la Culture. Je lui réponds qu'à mes yeux, la véritable culture, c'est la liberté d'esprit. Je lui dis qu'en peinture, j'aime ce que je comprends et que les plus beaux tableaux sont ceux que j'ai vécus : les nuits dantesques à Diên Biên Phu ou le lever de soleil sur la mer de Chine, la descente en pirogue de la rivière Noire au Tonkin, à la tombée de la nuit. Je lui suis reconnaissant de m'offrir cette possibilité de discuter avec lui et de me faire oublier les soucis de la politique politicienne. Car celle-ci m'a rattrapé.

Chapitre 35

En campagne pour Barre

L'élection présidentielle de 1988 approche. J'ai choisi mon camp. En novembre 1987, j'annonce officiellement mon soutien à la candidature de l'ancien Premier ministre de Valéry Giscard d'Estaing, Raymond Barre. J'ai choisi la tenue de la journée barriste en Meurthe-et-Moselle pour le faire, alors que l'UDF n'a toujours pas pris position officiellement.

La guerre des chefs continue à faire des ravages et pousse certains à se plonger dans le mutisme. C'est le cas de François Léotard et d'André Rossinot, qui ont choisi de faire preuve de prudence. Valéry Giscard d'Estaing n'est pas de la partie. J'ai l'impression qu'il se réserve pour plus tard, lorsqu'il pourrait constituer un recours. Pour l'instant, il reste dans les starting-blocks.

Les raisons de mon choix sont simples. J'apprécie Raymond Barre. Comme Premier ministre, il a su faire face avec calme à toutes les tempêtes qui se déchaînaient autour de lui. Il a servi Valéry Giscard d'Estaing et la France avec sérénité et détermination.

À mes yeux, c'est le plus gaulliste de tous nos hommes politiques. Il ne cherche pas à se compromettre avec les partis et il s'efforce de rester au-dessus de la mêlée. Il déteste ce qu'il appelle le « microcosme » et je partage son point de vue.

Raymond Barre a une idée de la France assez proche de la mienne. Il fait passer l'intérêt du pays avant le sien. Il déteste les subtilités et les « byzantineries » de la politique politicienne, toutes ces intrigues subtiles qui dissimulent la soif du pouvoir pour le pouvoir. J'apprécie enfin sa méfiance instinctive envers les programmes qui n'engagent que ceux qui veulent bien y croire. Ce sont des paravents destinés à habiller les incertitudes et il ne cache pas son exaspération face aux tirades de ses adversaires.

À mes yeux, Raymond Barre pourrait être le « président au-dessus des partis » dont la France a tant besoin depuis le départ du général de Gaulle. J'ai eu l'occasion de l'observer au Palais-Bourbon et j'ai constaté sa rigueur et son sérieux. Il sait se montrer attentif sans jamais rien solliciter ni faire de courbettes. C'est une qualité que j'apprécie.

Sitôt mon ralliement annoncé, je me lance dans un nouveau tour de France. Je suis comme ça. Je ne me contente pas de mots, il me faut prouver par des gestes mes convictions. J'ai choisi Raymond Barre, il est normal que je mouille ma chemise pour lui.

Je ne me fais pas trop d'illusions. Comme le dit mon candidat, la droite a déjà mis en marche sa « machine à perdre ». Ses chefs se comportent comme s'ils voulaient faire le lit de Mitterrand. Jacques Chirac et son gouvernement se sont-ils laissé prendre au piège de la cohabitation ? Pis, ils refusent de s'unir, comme si l'union était une menace dirigée contre leurs intérêts personnels. Ils sont insensibles à la pression de la base. Eux seuls savent.

Début janvier 1987, je commence mon marathon de réunions aux quatre coins de la France, de Bitche à Villeneuve-sur-Lot. Ma seule détente sera une soirée passée avec des étudiants de Nancy. C'est peut-être idiot mais j'aime me retrouver avec des jeunes. Je suis plus à l'aise avec eux qu'avec les gens de mon âge. En fait, c'est parce que j'ai toujours côtoyé des jeunes en servant dans l'armée jusqu'à l'âge de la « retraite ».

Je me devais d'organiser une réunion chez moi, à Toul. J'ai décidé d'inviter un ministre qui m'inspire par sa classe, sa valeur et sa gentillesse. Un de ceux qui font les choses sérieusement sans se prendre au sérieux et en gardant le sens des réalités. Il s'agit de Bernard Bosson, ministre des Affaires européennes dans le gouvernement de Jacques Chirac.

Bernard Bosson vient à Toul puis m'invite à participer à un meeting chez lui, à Annecy. Le 22 avril 1988, je me rends au dernier meeting de campagne de Raymond Barre, à Lille, la ville natale du général de Gaulle. Tout un symbole.

Douze mille personnes sont là, sous un immense chapiteau. Parmi elles, des centaines de jeunes, tous très enthousiastes. Ils nous font une haie d'honneur et nous pénétrons dans la salle sous leurs acclamations. Je rejoins ma place, aux côtés d'Alain Delon.

À la tribune se succèdent Alain Poher, Philippe Vasseur, Bruno Durieux et Simone Veil. Je prends la parole juste avant Raymond Barre. C'est du délire dans la salle. Très applaudi, je prononce mon discours avec des mots qui en déridents plus d'un. Barre est plié en deux et rigole franchement. À la fin de la réunion, il me confie, goguenard : « Ah, si ç'avait été comme ça depuis le début ! »

Le 24 avril 1988, c'est le premier tour de l'élection présidentielle. Dans ma circonscription, Mitterrand obtient 35,3 % des voix, Barre 20,26 %, Le Pen 16,22 %, Chirac 15,4 % et le communiste André Lajoinie 3,65 %.

La surprise est de taille. En Lorraine et en Alsace, Jean-Marie Le Pen dépasse Jacques Chirac. À l'échelle nationale, il récolte 14,39 % des voix, presque autant que Raymond Barre. Chirac est devant, avec 19,94 %.

Il n'y a pas de quoi pavoiser. Dès l'annonce des premiers résultats, Raymond Barre se désiste en faveur de Jacques Chirac. Fair play et grand prince, Valéry Giscard d'Estaing déclare que Jacques Chirac devient le candidat unique de la majorité RPR-UDF et il appelle à voter pour lui. Pas du bout des lèvres comme l'avait fait un certain Jacques Chirac en 1981…

Les deux candidats en lice se livrent une guerre sans pitié. J'ai encore en mémoire le face-à-face télévisé entre Jacques Chirac et François Mitterrand. Cet échange à fleurets mouchetés est resté célèbre :

« Vous êtes candidat comme moi, vous n'êtes pas le président et je ne suis pas le Premier ministre.

– Certainement, Monsieur le Premier ministre ! »

De part et d'autre, on s'envoie des amabilités, des coups. L'affaire de la grotte d'Ouvéa, en Nouvelle-Calédonie, fait prendre un ton dramatique à la fin de la campagne, à peine atténué par la libération des derniers otages français au Liban.

Le 8 mai 1988, c'est le second tour. François Mitterrand l'emporte largement avec 55,72 % des voix. Il atteint même 66,18 % des voix à Neuves-Maisons, un canton d'anciens sidérurgistes rattaché par le découpage électoral à ma circonscription. Le président sortant repart rajeuni de sept ans. Qui l'aurait cru en 1983, 1984, 1985 ou 1986 ? Il a su tirer parti de la cohabitation. Celle-ci a fait oublier le bilan désastreux de la gestion socialiste et l'a remis sur orbite.

À droite, c'est la consternation. Mitterrand est réélu pour un nouveau septennat alors que les partisans de Jacques Chirac croyaient dur comme fer à la victoire de leur poulain.

Dans les états-majors, c'est l'heure des interrogations et des calculs. Mitterrand va-t-il dissoudre l'Assemblée élue en 1986 ? Que signifie l'ouverture dont il parle ? Certains songent déjà à se rallier. Et comment réorganiser l'UDF après la claque qu'elle vient de prendre ?

Je suis loin de toutes ces palabres qui me fatiguent. J'en ai marre et j'ai envie de raccrocher plutôt que de perdre mon temps en magouilles et en combines. Celles-ci ne m'intéressent pas. Je n'ai qu'un seul souci, la France.

Je préviens le président du groupe parlementaire UDF Jean-Claude Gaudin. Ma circonscription est à la disposition de toute personnalité d'envergure qui souhaiterait s'y présenter. Je dis à André Giraud, le ministre de la Défense :

« Venez à Toul, je ferai campagne pour vous s'il y a dissolution. »

C'est ce qui se produit. Fort de sa nouvelle popularité, François Mitterrand veut obtenir une majorité acquise à ses idées. Le premier tour est fixé au 5 juin 1988. Cela laisse peu de temps.

J'ai envie de décrocher. J'en parle avec Marie-France et Gaby. Je sais que la lutte sera serrée. En fait, la bataille est presque perdue d'avance. Le découpage électoral a rattaché à ma circonscription le canton de Neuves-Maisons, majoritairement à gauche. S'il n'y avait pas eu la dissolution, j'aurais pu y prendre pied et peaufiner ma relève, avec le concours des jeunes qui me soutiennent. Ce délai m'est refusé. Gaby et Marie-France sont du même avis : tu es seul juge, tu as toujours agi selon ta conscience.

On vient me voir, on me téléphone, on m'écrit pour me demander de me représenter. Envers et contre tout. Les résultats du premier tour de la présidentielle montrent que la droite, Barre et Chirac rassemblés, a fait seulement 35,66 %. Il y a bien sûr les 16,22 % obtenus par Le Pen, mais nul ne sait ce que feront les électeurs du Front national.

Un général breveté de l'École de guerre vient me voir et me dit :

« Je voterai Le Pen, avec lui, nous aurons assez de crédits et on ne nous marchera pas dessus ! »

Je me méfie de ce type de raisonnement. On cherche toujours quelqu'un à qui se raccrocher, un homme fort.

Encore faut-il qu'il soit responsable ! En ce mois de mai 1988, je sais que l'effet Le Pen ne tiendra pas la course. Il s'essoufflera vite.

Je cède finalement aux sollicitations de mes amis. Je décide de me représenter, pour un dernier mandat. Georges Husson est à nouveau mon suppléant. C'est une joie pour moi de le retrouver à mes côtés. Nous ne ménageons pas nos efforts et nous visitons tous les villages de la circonscription, méthodiquement.

Le 5 juin 1988, c'est le premier tour. Les résultats sont surprenants. J'obtiens 44,37 % des voix, le socialiste 42 %, le Front national 8,37 % et le communiste 5,23 %. À l'échelle nationale, la droite fait un meilleur score que prévu. Elle se maintient.

Quant à moi, j'ai également obtenu un meilleur résultat que prévu et j'ai toutes mes chances de l'emporter au second tour, à condition de donner un bon coup de collier. La droite peut aussi infliger un revers aux socialistes, déjouer leurs plans. François Mitterrand l'a bien compris. Il se lance dans la campagne et intervient à la télévision pour demander aux Français de lui donner une large majorité.

Chaque circonscription compte. Les socialistes sortent la grosse artillerie. Le syndicaliste CFDT Jacques Chérèque, futur ministre de Michel Rocard, très connu en Lorraine, vient soutenir le candidat socialiste dans ma circonscription. C'est un atout pour ce dernier.

Le 12 juin, c'est le second tour. Mes amis et moi sommes toujours confiants. Jusqu'à l'arrivée des résultats des premiers bureaux de vote : résultats sans appel. À Neuves-Maisons, j'avais perdu 1 500 voix au premier tour. Cette fois, j'en perds 2 063. Les socialistes se sont mobilisés et ont fait le plein, y compris des voix communistes. Les autres bureaux de vote confirment cette tendance même si les pertes de voix sont moins significatives. Finalement, il m'en manque 411 pour pouvoir l'emporter. C'est couillon mais c'est ainsi. Fallait pas y aller.

Vers 22 heures, les choses sont claires. Le socialiste obtient 50,44 % des suffrages, Bigeard 49,56 %.

C'est fini, je ne suis plus député.

Le lendemain, je me réveille à 6 heures du matin et je fais mes sept kilomètres de footing et mon tour de piscine, comme d'habitude, comme si de rien n'était.

Sans regret. Bruno en a vu d'autres !

Chapitre 36

Loin du Palais-Bourbon

Le 13 juin 1988, je me retrouve sans fonction officielle. Je ne suis plus député mais un simple citoyen. Pour la première fois depuis cinquante ans, je ne dépends de personne et personne ne dépend de moi. Je ne suis plus qu'un vieux soldat, avec ses souvenirs. Seule Gaby est là, à mes côtés. Un peu plus loin, Marie-France.

Cette fois-ci, je suis à la retraite, un mot que je n'aime pas et qui résonne tristement à mes oreilles. Serait-ce vraiment la fin ? Cette idée de ne plus rien avoir à faire un jour m'a toujours obsédé. En Algérie, en pleine force de l'âge et au sommet, je songeais : « Si tu t'arrêtes un jour, tu vas en crever. » Alors que dire, quand cela m'arrive à soixante-dix balais passés, avec quelque deux cent mille kilomètres dans les jambes, vingt ans de guerre, trente-trois ans de sauts en parachute, cinq blessures, deux captivités !

Jusqu'ici, j'ai eu la baraka, la célèbre baraka de Bruno, je m'en suis sorti et, à l'âge où l'on quitte l'armée pour retrouver ses petits-enfants, Giscard m'a nommé secrétaire d'État et m'a donné de la sorte quinze ans de rab en me filant le virus de la politique.

Maintenant, c'est cuit. J'en ai fini avec la politique. Je dois l'avouer, je ne regrette pas les dorures des palais nationaux. J'ai toujours préféré d'autres types de cantonnement.

De juin à décembre 1988, je décide de prendre du recul, de faire une cure de silence et de me consacrer à la rédaction de mes souvenirs. Du moins, j'essaie de le faire, ce qui n'est pas facile. Car je suis toujours beaucoup sollicité. Je reçois de nombreuses visites et des dizaines d'appels téléphoniques chaque jour. Je dois répondre à mon courrier, un véritable courrier de ministre ! On me demande aussi d'animer des débats un peu partout en France.

Je ne peux pas toujours refuser. En octobre 1988, je participe ainsi à l'assemblée de l'Amicale des anciens de la Société générale, la banque où j'ai commencé à travailler avant la Seconde Guerre mondiale. Je ne pouvais pas alors imaginer ce que serait ma carrière, bien différente de celle d'un employé derrière un guichet. Je suis toujours resté fidèle à la Société générale. Aujourd'hui encore, c'est la banque qui gère mes comptes. Quand je pénètre dans son agence de Toul, j'ai l'impression de rajeunir...

En janvier 1989, je me rends aussi à Saint-Brieuc, ville où j'ai été deux fois en garnison, en 1948 et en 1952. J'ai raconté dans ce livre cette mésaventure, lorsque j'avais voulu organiser une soirée de gala pour rapprocher les paras des habitants. Cette fois-ci, les organisateurs n'ont pas à se plaindre de leur initiative. La soirée est passionnante et il y a foule pour m'écouter. Cela me réjouit, j'aime trop sentir une salle vibrer pour pouvoir m'en passer.

L'actualité, que je suis passionnément, s'accélère. En mai et juin 1989, la Chine s'éveille ! Ses jeunes manifestent pour la démocratie, jusqu'à la sanglante répression de la place Tian'anmen. J'ai encore dans les yeux cette image d'un manifestant arrêtant à lui seul la marche d'une colonne de chars. Quel courage ! Braver ainsi les autorités chinoises ! La photo a fait le tour du monde. J'en suis persuadé, un jour, la Chine redeviendra libre.

Le monde communiste vacille. Un peu partout, en Pologne, en Hongrie, les opposants relèvent la tête et prennent même le pouvoir, comme cela a été le cas à Varsovie. Surtout, le 9 novembre 1989, c'est la chute du mur de Berlin, qui constitue le prélude à la réunification de l'Allemagne, séparée pendant des décennies par le rideau de fer.

Je n'en crois pas mes yeux. Le mur de Berlin est tombé ! C'est l'aboutissement du combat que nous menions en Indochine contre le marxisme et pour la liberté. Dans ces moments-là on peut mesurer combien les guerres ne sont pas toujours inutiles. Nous avions perdu une bataille mais nous n'avions pas perdu la guerre ! J'en étais convaincu.

Je suis heureux que le docteur Gauwin, notre médecin de Diên Biên Phu, ait pu voir ce miracle se produire. Il s'est éteint quelques semaines plus tard, le 31 décembre, à l'hôpital du Val-de-Grâce, à l'âge de soixante-quinze ans. C'était un homme admirable dont tous les anciens de Diên Biên Phu se souviennent avec reconnaissance.

La grande faucheuse prend beaucoup de mes amis et de mes contemporains. Début 1990, c'est au tour de Charles Hernu, l'ancien ministre socialiste de la Défense, de nous quitter. Quand j'étais président de la Commission de la Défense à l'Assemblée nationale, entre 1978 et 1981, j'avais beaucoup travaillé avec lui. J'avais pu apprécier sa rigueur et son honnêteté, ainsi que son patriotisme. Devenu ministre, il avait réussi à se faire accepter par l'armée, qui au début était particulièrement méfiante.

Charles Hernu m'avait toujours manifesté son estime et son amitié. Quand il s'était rendu en Centrafrique pour visiter la base de Bouar, il s'était fait prendre en photo, avenue Bigeard, la tête coiffée de la casquette Bigeard ! À son retour, il m'avait offert cette photo. Le ministre socialiste de la Défense portant la casquette interdite à mes hommes en Algérie, c'était tout un symbole ! Lors de l'affaire du *Rainbow Warrior*, il avait démissionné pour couvrir les véritables responsables. Sans dire un mot. Geste de dignité d'un homme fidèle. C'est d'ailleurs lors d'un meeting où il défendait ses idées qu'il est mort, debout, devant six cents personnes. Quel panache !

Moi qui avais peur de la retraite, je n'ai pas un seul instant de libre ou presque. Quand j'étais secrétaire d'État, ou député, j'avais autour de moi des collaborateurs qui s'occupaient des détails pratiques et des questions d'intendance. Maintenant, c'est à moi de le faire, tout seul.

Parfois, je me mets en colère et je dis à Gaby : « J'en ai ras le bol ! » Elle sourit mais elle sait que ce n'est pas vrai. De fait, elle me connaît trop bien. On me sollicite de toutes parts pour remettre une Légion d'honneur, un Ordre national du Mérite, voire un Mérite agricole. J'accepte neuf fois sur dix. Finalement, je suis heureux de me retrouver autour d'un pot avec des amis qui partagent mes convictions.

En 1990 et 1991, c'est la guerre du Golfe après l'invasion du Koweït par Saddam Hussein. La France participe à l'opération « Tempête du désert » aux côtés des troupes de la coalition internationale. Je ne suis pas sûr que cela ait été une bonne idée. Nous avons dû étaler nos faiblesses au grand jour : deux porte-avions à bout de souffle, des avions qui ne « voient » pas la nuit, et un mal fou à envoyer douze mille hommes sur le théâtre des opérations. Notre présence n'avait aucun sens, militairement parlant.

En fait, les seuls à profiter de tout cela auront été les politiques, surtout François Mitterrand qui pouvait alors se poser en défenseur du monde libre et regagner un peu de popularité.

Le seul à dire non sera le ministre de la Défense, Jean-Pierre Chevènement, qui préfère démissionner plutôt que de cautionner la guerre du Golfe. Il faut un certain cran pour abandonner ce portefeuille tellement envié. Nous aurons l'occasion de nous rencontrer lors d'une célébration du 14 Juillet à Belfort. Je lui ai serré la main en lui disant : « Nous ne sommes pas du même bord mais, comme moi, vous ne faites carpette devant personne. » Oui, c'est vraiment l'un des rares à ne pas s'être couché devant le président de la République. Et il a défié les sympathisants de son parti en réintroduisant à l'école l'instruction civique et l'apprentissage de la *Marseillaise* !

En 1991, le patron des armées, le général Schmitt, part à la retraite, lui aussi. Je ne peux m'empêcher d'éprouver un pincement au cœur. Il était le dernier militaire d'active à avoir sauté sur Diên Biên Phu. Il accorde une interview au *Figaro*. Lorsque le journaliste lui demande quels ont été ses grands patrons, il répond : « J'ai beaucoup d'estime pour Massu. Mais j'étais capitaine. Il commandait la division. Je ne l'ai vu que deux ou trois fois. Mon vrai patron, ce fut Bigeard, mon colonel. Un chef dans tous les sens du terme. Étudiant son terrain, économe de ses hommes, sachant utiliser les appuis, sachant manœuvrer. Un chef, quoi ! En plus, il savait bien faire et le faire savoir. C'était important pour le moral des hommes. »

Au premier semestre 1991, la mort m'arrache deux compagnons de combat. Le premier est le commandant Botella, notre « Dédé », dont j'ai toujours été très proche. Son franc-parler, ses appréciations sans détour et sa grande gueule l'ont privé du grade de général qu'il méritait tant. C'est une perte cruelle pour moi.

Quelques mois après, Christian de Castries nous quitte. De Castries, c'était Diên Biên Phu, où il a su faire preuve d'un très grand courage. On lui en a beaucoup voulu, à tort. C'est sur lui qu'on a rejeté le déshonneur de la chute alors que c'était le haut commandement qui nous avait envoyés au massacre et à l'oubli. J'ai toujours défendu et je continue à défendre de Castries. C'était un cavalier, né pour foncer, parfait pour les offensives fulgurantes. Mais à Diên Biên Phu, il était tombé sur une guerre de tranchées, s'était retrouvé isolé et enterré sous un feu d'obus, face à une fourmilière qui avançait inexorablement. Il n'était pas fait pour ce genre de combats.

Je poursuis mes conférences, changeant même de public. Plusieurs hommes d'affaires me demandent d'intervenir dans leurs réunions. À l'invitation d'Europe 1, je retourne à Paris participer à des émissions, ce qui me permet toujours de faire passer un message. Comme d'habitude, je reçois beaucoup de lettres : « On a besoin de vous entendre, mon général, vous devriez passer plus souvent à la radio ou à la télé. » Je ne chôme guère. Le temps file vite à parcourir la France. C'est dur mais dopant. Les années 1991 et 1992 passent sans que je m'en aperçoive.

À la fin 1992, on sent les prochaines élections législatives se profiler. Mitterrand est bien décidé à s'accrocher au pouvoir et à faire l'expérience d'une nouvelle cohabitation à laquelle je suis plus que jamais opposé. Dans ma circonscription, trois candidats sont en lice : le député socialiste sortant, qui a peu de chance d'être réélu, le gaulliste Éric Germain et l'UDF Aloys Geoffroy, ce jeune homme bon chic bon genre qui avait créé mon premier comité de soutien en 1978.

Toujours aussi distingué, Valéry Giscard d'Estaing vient soutenir Aloys Geoffroy à Toul : il sera élu député le 21 mars 1993, haut la main.

C'est le début d'une nouvelle cohabitation, avec Édouard Balladur à la tête du gouvernement. Mon ami François Léotard devient ministre d'État, ministre de la Défense. J'en suis fier. Léo, c'est un des rares hommes politiques à avoir du cœur, du panache.

Quelques mois après son installation rue Saint-Dominique, il m'invite à venir le rencontrer pour discuter de la situation internationale. Un an plus tard, il me convie à nouveau pour la première édition du concours national de photographie du ministère de la Défense. Le nom de ce prix : « Marc Flament ». Ce dernier fut mon photographe pendant plusieurs années et mon coauteur pour *Aucune bête au monde* et *Piste sans fin.*

Le 14 juillet 1993, j'accepte de commenter le défilé sur France 2. J'ai l'impression de ressembler à ces anciens footballeurs qui commentent les matchs de l'équipe de France, une équipe qui ne manque pas de se faire battre à chaque rencontre. Toutefois, contrairement à eux, je n'ai pas de petites fiches pour puiser mon inspiration. Je décide alors d'improviser et de me servir de mes souvenirs. C'est un pari risqué. Cette année-là, les paras ne sont pas de la fête. Heureusement, il y a la Légion où j'ai toujours compté de nombreux amis. Cela me permet de rendre un hommage appuyé à cette superbe unité.

Le 25 juillet 1993, je suis le parrain de la promotion d'élèves de l'École militaire interarmes de Coëtquidan, qui a décidé de porter le nom de « Combat de Tu Lê », mené par mon 6ᵉ bataillon parachutiste en 1952. C'est une dure journée, très émouvante, pendant laquelle je retrouve deux de mes officiers qui ont vécu cette galère, les colonels Laizé et Ferrari. En septembre, je revois les gars du 6ᵉ à Épinal, la ville de Philippe Séguin, que j'avais soutenu en 1978 lors de sa première candidature et dont je suis avec intérêt et sympathie la carrière prometteuse.

En 1993, je reçois un coup de fil de l'Élysée. On me prévient que François Mitterrand se rend en visite officielle au Vietnam et qu'il souhaite me compter au nombre de ses invités : on me propose de l'accompagner dans sa suite présidentielle. Ça aurait été pour moi une superbe occasion de renouer le contact avec ce pays auquel je suis si attaché, toujours atteint du mal jaune. Pourtant, après réflexion, je refuse l'invitation du président de la République. J'estime qu'un tel voyage, de ma part, ne s'improvise pas à la hâte. De plus et surtout, je ne veux pas être récupéré politiquement, ni par lui, ni par qui que ce soit. Ce n'est pas un problème de sensibilité politique, mais une question d'indépendance, toujours cette sacrée liberté. Je n'envisage pas de retourner un jour en Indochine, mais si je devais le faire, ce serait en toute indépendance politique.

François Mitterrand prend plutôt mal ce refus. Il dit à l'un de ses conseillers :

« Bigeard n'est pas la Loi, ni les prophètes, même s'il a de grands mérites lorsqu'on évoque Diên Biên Phu. »

Le propos sera rendu public, je me garderai bien de répliquer. Il est politique, moi militaire, c'est tout. Nous ne jouons pas dans la même cour. Nous sommes nés la même année et si nous avons autre chose en commun c'est cette volonté qui chez lui est devenue un art : être et durer.

Quelques jours plus tard, je reçois de nombreuses lettres d'anciens d'Indo, et même d'officiers vietnamiens s'étant battus avec nous, vivant à Hanoi et ayant réussi à échapper aux purges. Tous m'approuvent.

Pour bien montrer que j'ai l'Indochine au cœur, je me rends le 17 février 1994 à Fréjus pour l'inauguration du mémorial où reposent plus de vingt mille anciens d'Indo. J'y suis allé pour être un moment avec tous ceux tués au combat, morts en captivité, ayant donné le meilleur d'eux-mêmes sans jamais rien demander, si loin de leur mère patrie. François Léotard me l'avait personnellement demandé en m'écrivant : « Si Bigeard ne vient pas, ce ne sera pas une vraie cérémonie. »

Dans les semaines qui suivent, j'inaugure une rue « Ceux de Diên Biên Phu » en Lorraine, une place « des Anciens combattants d'Indochine » à Saint-Maur-des-Fossés. J'ai l'impression qu'avec le temps, la France commence à retrouver ses soldats et sa mémoire. Et, comme je l'ai raconté plus haut dans ce livre, j'irai quelques mois plus tard en Indochine, en mai 1994, pour rendre hommage à tous les combattants morts dans cette guerre que les politiques des années 1954 et suivantes voulurent oublier. 1954-1994... en ce mois de mai 1994, quarante années me séparent de la chute. Mon voyage de recueillement m'a bouleversé.

Le temps passe. En 1995, je me rends à Mont-de-Marsan pour retrouver les gars du 6e RPIMa. Pas moins d'une quinzaine de généraux sont à mes côtés pour cette journée. Je suis heureux de revoir ces hommes toujours aussi valeureux. C'est ce qui m'a décidé à venir.

Rien ne me préparait toutefois à l'accueil qui m'est réservé. Très ému, le colonel commandant le régiment est venu m'accueillir sur le tarmac avec son fils. Durant le parcours jusqu'à la caserne, nous avons le temps de faire connaissance et de discuter. Son fils nous écoute, attentivement, comme s'il voulait s'imprégner de nos propos.

À la caserne, je découvre une foule immense, venue pour une journée « portes ouvertes ». L'initiative est excellente. Elle permet de resserrer les liens entre la population et l'armée, à un moment où l'on parle de plus en plus de l'abandon de la conscription. La foule présente permet de mesurer le chemin parcouru depuis le milieu des années 1970 quand Valéry Giscard d'Estaing m'avait nommé secrétaire d'État, précisément pour combler le fossé grandissant entre civils et militaires.

Lors de cette journée à Mont-de-Marsan, les uns et les autres sont ensemble, avides de partager leurs souvenirs, leurs expériences et leurs connaissances. Je prends un véritable bain de foule. Les gens veulent me saluer, me toucher. J'ai l'impression de me transformer en une sorte de statue de saint que l'on promène en procession.

Une scène me marque plus particulièrement. Une femme, encore jeune, affirme à la cantonade que je lui ai sauvé la vie. Rien ne m'aurait fait plus plaisir, mais j'avoue n'avoir conservé aucun souvenir d'un épisode qui m'aurait fait sauver des flammes ou de la noyade une jeune fille. Je ne suis pas du genre à m'attribuer des actes immérités.

Très vite, je comprends ce qu'il en est. Et c'est cette femme elle-même qui m'éclaire en faisant le récit passionné d'une situation qu'elle avait embellie au gré des histoires de sa famille. Enfant, elle vivait avec ses parents dans la région de Saida, dans une ferme européenne isolée comme il en existait des dizaines dans cette partie de l'Oranie. Les propriétaires de la région vivaient dans la crainte du FLN qui n'hésitait pas à lever « l'impôt révolutionnaire ». Le soir, les habitants s'enfermaient chez eux, le fusil à portée de main. Leurs exploitations étaient devenues autant de petits forts Chabrol.

Quand je suis arrivé dans la région de Saida, j'ai aussitôt fait patrouiller mes hommes et j'ai multiplié les patrouilles autour des fermes européennes isolées. Le FLN n'a pas attendu très longtemps pour décamper. Voilà pourquoi cette femme affirmait à qui voulait l'entendre que je lui avais sauvé la vie. J'échange avec elle quelques mots sur cette période qui nous tient à cœur, échange vite interrompu. Des officiels me rappellent que je dois me rendre à la cérémonie au monument aux morts. Le colonel me propose de monter à bord de sa jeep. L'endroit est à un kilomètre, je refuse gentiment de grimper dans son carrosse, et nous remontons l'avenue, pavoisée, sous les vivats de la foule. Certains sont même venus avec des banderoles où l'on peut lire : « Vive Bigeard ! ». Je confesse mon émotion devant cette atmosphère de fête et je ne regrette pas de m'être rendu à Mont-de-Marsan.

Pour ma part, c'est une partie de ma vie que je vais retrouver en me rendant, en 1995, en République centrafricaine, l'occasion de revoir ce camp de Bouar où j'ai passé plusieurs années après mon expérience algérienne.

Cette visite est le fruit du hasard, enfin presque.

En 1993, j'avais reçu à Toul la visite d'Ange-Félix Patassé, ancien Premier ministre de Jean Bédel Bokassa, qui, après s'être brouillé avec lui, avait passé de nombreuses années d'exil au Togo. Il est aujourd'hui de retour à Bangui et se présente à l'élection présidentielle du 19 septembre 1993 contre le président sortant André Kolingba, un ancien militaire.

Patassé était venu à Toul pour obtenir mon soutien. Il m'avait expliqué que ce serait vital pour lui : « Vous avez laissé un tel souvenir dans mon pays qu'une lettre de recommandation de votre part m'assurerait la victoire. » J'ai accepté de le recevoir parce que j'avais pris des renseignements à son sujet : tous mes interlocuteurs m'ont expliqué qu'il était le seul à pouvoir faire redémarrer son pays après des années de crise et d'immobilisme. Je lui fais la lettre qu'il me demande et j'y ajoute un conseil qu'il ne suivra pas d'ailleurs, l'avenir en apportera la preuve : « Si vous êtes élu et si vous jouez à Bokassa, faites attention, je débarquerai pour vous demander des comptes ! »

Deux ans plus tard, Ange-Félix Patassé, qui a été triomphalement élu, m'invite à venir le rencontrer à Bangui. Au début, j'hésite mais mon éditeur et ami me convainc qu'il s'agit pour moi d'une formidable opportunité de revoir Bouar. Il m'a accompagné en Indochine et je le sais de bon conseil.

Nous voilà partis pour l'Afrique. À l'aéroport de Bangui, un comité d'accueil nous attend : un parterre de hauts gradés de l'armée, en grand uniforme et la poitrine bardée de décorations. Le voyage m'a fatigué et je n'ai aucune envie d'être pris en charge par ces gaillards qui ont dû me concocter un programme sans un seul instant de liberté.

Mon éditeur me tire d'affaire. L'un de ses cousins, marié à une Centrafricaine, est venu l'attendre à l'aéroport. Nous prétextons d'urgentes retrouvailles familiales pour prendre la poudre d'escampette. Nous traversons Bangui avec sa cathédrale de briques rouges et son quartier des deux cents villas où vivent les militaires français. Notre hôte habite un quartier populaire, légèrement excentré.

Mon arrivée ne passe pas inaperçue. Très vite, sa maison est entourée d'une foule joyeuse qui chante et bat des mains. Elle cherche à m'apercevoir mais se tient respectueusement à distance, par volonté de ne pas m'importuner. La famille qui m'accueille a mis les petits plats dans les grands. Elle a préparé un superbe cabri rôti à la broche, un véritable délice pour les gourmets, accompagné de patates douces et de manioc.

Nous devisons sur la véranda pendant que la nuit tombe d'un coup comme c'est le cas en Afrique noire. On a l'impression qu'une main mystérieuse tourne le commutateur et plonge les environs dans l'obscurité. Je ne m'attarde pas. Je regagne l'hôtel et ma chambre, où je dors d'un sommeil réparateur.

Le lendemain matin, je suis reçu, avec mon éditeur, à la présidence de la République par le chef de l'État qui, pour l'occasion, a convoqué tous ses ministres. Ils sont alignés en rang d'oignons dans la salle qui sert au conseil des ministres, debout et au garde-à-vous. C'est dans cette position que, pendant deux heures, ils vont entendre Ange-Félix Patassé leur raconter par le menu sa visite à Toul, sa demande et, bien entendu, l'efficacité de ma missive qui lui a valu d'être très largement élu.

Les ministres rient et applaudissent à ces explications. L'atmosphère est plutôt bon enfant et je constate que le président, s'il mène d'une poigne de fer son gouvernement, n'a rien d'un roitelet mégalomane à la Bokassa.

Dans l'après-midi, nous partons pour Bouar en hélico. Notre appareil est suivi par un Transall. Je suis heureux de retrouver mon ancienne base où rien ne semble avoir changé. Les bâtiments sont en bon état, la piscine est intacte. Il y a même le panneau indiquant ce qu'il est permis et ce qu'il est défendu de faire au bord du bassin : ce panneau, je l'avais fait installer au début des années 1960. Je le fais remarquer à la jeune femme lieutenant qui se tient constamment à mes côtés et qui prend très au sérieux sa mission. Ma constatation ne lui fait ni chaud ni froid. La discipline, c'est la discipline et, ici, on a été à bonne école, on obéit aux ordres du père Bigeard !

Comme pour me le démontrer, la foule qui me suit entonne des chants, ceux-là même que je faisais chanter à mes hommes trente-cinq ans auparavant. J'entends s'élever dans le ciel le refrain : « Moi mauvais soldat, en arrière, en arrière. Moi, bon soldat, en avant, en avant. » Et la foule d'onduler, d'avancer et de reculer. L'effet est saisissant.

Sur place, je retrouve un certain nombre d'hommes qui ont servi sous mes ordres et me racontent les épreuves par lesquelles est passé leur pays. J'ignore encore que ces souffrances sont loin d'être terminées. En 2003, Ange-Félix Patassé sera renversé par le général François Bozizé et une nouvelle guerre civile dévastera le pays, provoquant de nombreuses destructions à Bangui. D'après ce qu'on m'a dit, Bouar a été épargné. Je ne puis m'empêcher de penser à ce camp et à ma visite en 1995, une visite qui m'avait redonné l'espoir.

Les anciens veulent tous se faire photographier à mes côtés. En riant, mon éditeur m'affirme que, sous peu, une de mes statues ornera la place principale de Bouar. Et, me dit-il, « cela ne vous surprendra pas ». En fait, il me taquine sur ma récente entrée au musée Grévin, le célèbre musée de cire des grands boulevards parisiens. Cette entrée a donné lieu à une émission de télévision qui m'était consacrée et retraçait ma vie : elle avait d'ailleurs pour titre « C'est votre vie », et était présentée par notre actuel ministre de la Culture de 2010, Frédéric Mitterrand.

Au musée Grévin, toute une section est réservée aux gloires de l'histoire de France. Il est assez étrange de figurer parmi celles-ci. Quand j'étais gosse, l'un de nos instituteurs, qui s'était rendu à Paris, voyage à l'époque considérable, nous avait raconté sa visite du musée Grévin et l'émotion qu'il avait ressenti en contemplant les silhouettes de Louis XIV, Louis XVI, Marie-Antoinette et Napoléon. Si je lui avais dit « un jour, j'y serai », j'aurais écopé de quelques coups de règle sur les doigts pour me punir de mon insolence ! À juste raison. Cela dit, être au Grévin m'a fait plaisir. Moins pour moi que pour l'armée et pour ceux qui avaient combattu sous mes ordres. C'est à eux qu'on rendait véritablement hommage à travers ma présence en cire. Et l'on n'en avait plus honte. Un progrès décisif.

Chapitre 37

Se battre avec sa plume

Lors de mon départ du Palais-Bourbon, j'avais décidé de faire un « break » afin de commencer à rédiger mes souvenirs. Ce fut plus facile à dire qu'à faire. J'avais toujours une bonne raison de ne pas m'asseoir à mon bureau pour noircir des pages et des pages de notes et de souvenirs.

Pourtant, je savais qu'il était de mon devoir de témoigner sur cette partie de l'histoire de France à laquelle j'ai un tout petit peu participé, et de rappeler la mémoire de mes camarades morts au combat, dont le souvenir ne doit pas s'éteindre.

J'avais déjà publié quelques livres, quatre en fait. Les deux premiers, *Aucune bête au monde* et *Piste sans fin*. Puis j'avais écrit un essai, *Contre-Guérilla*, inspiré de mes expériences indochinoise et algérienne. Des décennies plus tard, en 1975, j'avais rédigé un livre, *Pour une parcelle de gloire*, qui allait rencontrer un grand succès. Il faut dire qu'on n'était pas très éloigné des événements de Mai 68 et que j'allais prendre mes fonctions de secrétaire d'État. Ma reprise en main de l'armée n'allait pas passer inaperçue. Avec cet ouvrage, les journalistes avaient largement eu de quoi piocher pour retracer ma carrière au moment de mon entrée au gouvernement, quand je fus nommé par le président Valéry Giscard d'Estaing.

En 1994, mon ami éditeur m'avait demandé de lui écrire un livre, *De la brousse à la jungle*, racontant mes tribulations, des rizières du Tonkin jusqu'aux couloirs du Palais-Bourbon. De père vendéen et, qui plus est, officier supérieur de la Royale, il était têtu, il est toujours têtu comme un Vendéen, et faisait mine de ne pas dissimuler son impatience à chacune de nos rencontres.

Je le soupçonnais même d'essayer de tirer les vers du nez à Gaby et Marie-France pour savoir où j'en étais dans la rédaction du livre. Elles étaient muettes comme des carpes, même s'il leur arrivait parfois de me remonter les bretelles et de me rappeler que j'avais une promesse à honorer. En riant, je les taquinais en leur répliquant qu'elles étaient surtout pressées de savoir ce que j'allais dire d'elles.

En fait, je n'en menais pas large. Il m'a bien fallu lever un peu le pied et me mettre sérieusement à l'écriture. Je ne voulais pas les décevoir. Inutile de dire que je n'avais jamais imaginé devenir un jour écrivain. Nous avons de très grands écrivains, en Lorraine, Maurice Barrès par exemple, même si on ne le lit plus beaucoup. Loin de moi l'idée de prétendre égaler de telles plumes. Mais j'aime faire les choses bien et ne pas avoir à rougir de ce que j'entreprends.

Je me souviens toujours de ma mère et de sa réaction quand elle avait vu mon premier livre. Elle l'avait soupesé et soigneusement examiné. Si son Marcel avait été capable d'écrire autant de pages, c'est qu'il était plus sérieux et plus méritant qu'elle ne l'avait pensé. Elle ne lisait pas, ce n'était pas une occupation pour les femmes de sa génération et de son milieu. Elle avait d'autant plus de respect pour les livres.

Finalement, c'est en 1994 que j'ai publié *De la brousse à la jungle* qui a aussi rencontré un beau succès. J'aurais dû le deviner, nombreux étaient ceux qui voulaient entendre ce que j'avais à dire. Non seulement mes contemporains, mais aussi les jeunes. J'avais d'ailleurs tenu à citer, à la fin du livre, la lettre que j'avais reçue d'un jeune étudiant au moment où je mettais le point final au manuscrit. Il m'écrivait alors :

« Mon général,

Permettez-moi d'abord de vous présenter tous mes vœux de bonheur pour cette nouvelle année. Je suis étudiant à Strasbourg en sciences politiques. Si je me permets de vous écrire, c'est que j'éprouve pour vous la plus grande admiration. Rien que de penser que ma lettre va être lue par le héros le plus illustre de la guerre d'Indochine et d'Algérie suffit à me donner le frisson. J'ai fait l'été dernier une préparation militaire parachutiste. Expérience formidable ! J'ai encore des images plein la tête : l'attente angoissante dans le Transall, le saut dans l'inconnu, le spectacle grisant des parachutes blancs ou vert sombre qui se balancent mollement dans un ciel bleu, et surtout le dernier jour, la remise des brevets, tous alignés au garde-à-vous dans une tenue impeccable, béret rouge sur la tête.

Dans des moments pareils, on se sent fier, fier d'avoir dompté sa trouille au ventre, fier d'être para et heureux d'échapper un temps à la médiocrité et aux bassesses humaines.

Je pars au service en octobre. En tant qu'appelé et volontaire pour le service outre-mer. J'ai un rêve : être affecté au 6e RPIMa, le bataillon issu du légendaire bataillon Bigeard, votre bataillon, celui qui s'illustra à Tu Lê, qui sauta sur Diên Biên Phu quand tout était déjà fini, qui endura les pires souffrances dans les camps viets.

Faire son service au 6e RPIMa, c'est pour moi marcher sur les traces des aînés, ces héros de la jungle et des rizières tonkinoises, ces braves parachutistes coloniaux qui combattirent avec courage et désintéressement ; c'est retrouver un esprit où tout est pur et spontané ; c'est éviter de subir, c'est lutter contre l'abandon et la médiocrité pour aspirer à un noble dépassement en partageant des idéaux comme la foi dans la patrie, le sens du devoir et de l'honneur, la fraternité et l'esprit de camaraderie, toutes ces valeurs qui, hélas !, sont parfois oubliées aujourd'hui dans la vie quotidienne.

En attendant d'être incorporé, peut-être au 6e RPIMa, permettez-moi de conclure cette lettre en sollicitant de votre part une faveur, celle de m'envoyer un mot d'encouragement et d'espérance.

Au revoir, Bruno, avec toute mon amitié et le respect que je vous dois, avant d'avoir la joie de vous rencontrer un jour peut-être.

Et par saint Michel, vivent les paras, vive le 6e. »

Cette lettre était un signe. Je n'étais pas seul et de nombreux inconnus attendaient que je m'exprime, que je clame ma foi en mon pays et affirme les valeurs pour lesquelles j'avais combattu.

Après la parution de *De la brousse à la jungle*, j'ai reçu des milliers de lettres. Oui, des milliers, même si ce chiffre peut paraître incroyable. En tout cas pour moi ça l'était. Je les ai toutes lues avec attention et je me suis efforcé de répondre à toutes. Pour moi, c'était un devoir. Mes conférences et mes séances de signatures dans des librairies, aux quatre coins de la France, m'ont d'ailleurs permis de rencontrer un certain nombre de mes correspondants, qui me disaient combien ils avaient été sensibles au message que je leur avais adressé.

Le phénomène s'est renouvelé à la sortie de chacun de mes livres. J'en ai parlé au début de celui-ci, en 1994, j'avais accepté de retourner à Diên Biên Phu et j'ai raconté ce voyage qui m'a profondément marqué.

De ce voyage est né un album, *Ma guerre d'Indochine*, publié en 1994. Il m'a valu un abondant courrier des anciens d'Indo qui, tous, approuvaient mon voyage au Vietnam et ce pèlerinage sur les lieux où tant des nôtres étaient morts.

Le succès de cet album m'a conduit naturellement à en publier un autre, en 1995, *Ma guerre d'Algérie*, dans lequel je racontais nos combats et remettais les points sur les « i ». De nombreux jeunes m'ont écrit. Ils découvraient une version de l'histoire qu'on ne leur avait pas enseignée à l'école, au collège ou au lycée. Ils avaient soif d'en savoir davantage et je suis fier d'avoir éveillé chez eux un intérêt pour cette période.

J'étais tellement occupé que je n'ai pas vu arriver mes quatre-vingts ans. Un homme – et quel homme ! – s'en est souvenu : l'ancien président de la République Valéry Giscard d'Estaing, celui qui m'avait donné une nouvelle jeunesse en m'appelant à siéger à son gouvernement. Il s'est toujours montré fidèle en amitié et me l'a prouvé cette fois encore en m'adressant une lettre très chaleureuse à l'occasion de mon quatre-vingtième anniversaire :

« Au général Marcel Bigeard,

Mon cher compagnon de lutte,

Au moment où la providence vous fait franchir brillamment une nouvelle décennie, je tiens à rendre un hommage affectueux et reconnaissant aux grands services que vous avez rendus à notre pays. Votre courage et votre fougue d'entraîneur d'hommes font déjà de vous un personnage légendaire de l'histoire militaire de la France. Vous avez su, quand j'ai fait appel à vous, rétablir le moral de notre armée et rendre aux sous-officiers, aux officiers et aux soldats, le goût et la fierté de leur mission. Lors de votre entrée dans le monde politique, vous avez su en renouveler les règles en lui apportant la verdeur de vos expressions et l'ardeur de vos convictions.

De tout cela, je vous remercie en mon nom personnel et au nom de tous vos compagnons de combat et de lutte et aussi au nom de la France que vous avez si bien servie.

Très affectueusement vôtre,

Valéry Giscard d'Estaing. »

L'ancien président ne s'en est pas tenu là. Il est venu me rendre visite à plusieurs reprises, notamment en 1999, lors de l'inauguration à Toul de l'avenue Bigeard. À cette occasion, il m'a dit :

« Vous avez une avenue plus longue que les Champs-Élysées et la Cinquième Avenue à New York. Je suis fier de la remonter à vos côtés. »

Et c'est ce qu'il a fait à bord du command car où nous avions pris place avec le préfet de région. C'est une marque d'estime que je ne suis pas prêt d'oublier. Il a été, il sera toujours mon président et je lui voue une immense admiration. Quand il a été nommé président de la Convention sur l'avenir de l'Europe, avec pour mission de rédiger la future Constitution européenne, je lui ai immédiatement écrit pour le féliciter et il m'a envoyé en retour une lettre tout aussi chaleureuse que les précédentes :

« Mon cher ministre,

Vous ne pouvez douter du plaisir que j'ai eu à recevoir vos félicitations.

C'est une tâche délicate mais passionnante que je suis personnellement heureux d'entreprendre et à laquelle je vais désormais me consacrer.

Merci de votre amicale et fidèle confiance.

Avec mes félicitations pour l'activité littéraire que vous déployez, je vous renouvelle, mon cher ministre, l'assurance de mon très amical souvenir et de mes fidèles pensées.

Valéry Giscard d'Estaing. »

Je l'avoue, je n'ai pas été peu fier de son allusion directe à mes ouvrages, mon « activité littéraire », comme il l'écrivait. Comment ne pas être sensible à cette remarque qui venait d'un homme dont la culture est immense, grand connaisseur de Maupassant, entre autres. Je lui ai toujours envoyé mes livres car je voulais qu'il sache que nous étions nombreux à partager ses interrogations et ses convictions.

J'avais d'ailleurs élargi le champ de mes préoccupations. Je ne voulais plus simplement raconter mes guerres, mes combats, mais aussi dire tout haut ce que je pensais de la situation française et internationale. C'est ce qui a motivé en 1997 la publication de mon premier coup de gueule, *France, réveille-toi !*, aux Éditions N° 1. Ce livre m'a valu des centaines de lettres de soutien.

En 1998 et 1999, je me suis consacré à la préparation des deux volumes des *Lettres d'Indochine*, une manière pour moi de rappeler ce qui avait été le sens de notre combat, un combat pour la liberté et la dignité de l'homme.

Chacun de ces livres m'a permis d'entrer en contact avec des lecteurs. Parmi eux, beaucoup de pieds-noirs. Je sais combien ils ont souffert dans leur chair et dans leur vie matérielle. Ils ont réagi très différemment. Certains en sont restés à « leur » Algérie, à « l'Algérie de papa », selon la formule du général de Gaulle, et ne veulent rien entendre de ce qui s'y est passé depuis l'indépendance. D'autres, au contraire, y ont tissé des liens d'amitié pour ne pas perdre le contact avec cette terre qui les a vus naître et grandir.

J'ai noué une solide relation avec l'un d'entre eux, Jean-Pierre Pascuito, qui s'était installé à Marseille et menait depuis des années un combat courageux pour la réconciliation entre tous les enfants d'Algérie, quelle que soit leur origine. Je lui dois l'un des événements qui m'a le plus marqué, la rencontre avec la famille de Larbi Ben M'Hidi, mon adversaire durant la bataille d'Alger.

Si j'ai tenu à consacrer une si grande place dans ce livre à cet épisode, si j'ai voulu placer ce chapitre vers la fin, c'est pour bien montrer que les divagations et les calomnies qui ont pu être déversées sur moi au sujet de la guerre d'Algérie sont loin de ressembler à la réalité. Les témoignages qui suivent émanent de personnalités dignes de foi, et engagées depuis toujours dans le combat des libertés en Algérie. Ces témoignages m'ont apporté une immense satisfaction que les lecteurs pourront comprendre après tous les mensonges dont une certaine presse française s'est fait largement l'écho.

Depuis 1997, Jean-Pierre Pascuito était entré en contact avec la famille de Ben M'Hidi, en particulier avec sa sœur, Drifa Ben M'Hidi, qui avait épousé Abdelkrim Hassani, l'un des compagnons de lutte de ses frères, Tahar et Larbi. Petit à petit, a germé l'idée d'une rencontre entre nous. Il nous a fallu beaucoup de temps pour concrétiser ce projet et mon éditeur aussi n'a pas ménagé ses efforts pour que cette intention, à première vue irréalisable, puisse se concrétiser.

L'idée d'être face à cette femme me renvoyait aussitôt aux images de 1957. De son côté, elle redoutait de rencontrer celui qui avait capturé son frère, et je comprenais ses réserves, ses interrogations. Je suis un partisan sincère de la réconciliation entre les adversaires de la veille, mais mon expérience de l'Indochine m'a appris qu'il fallait avant tout respecter la dignité de chacun.

Finalement, la rencontre fut fixée au 19 décembre 2001, entre la fin du ramadan et Noël.

La date devait tout au hasard. Elle avait été décidée en fonction de nos emplois du temps respectifs. Elle n'en prenait pas moins une signification particulière compte tenu des événements qui venaient de se produire.

Nous venions de vivre, comme le monde entier, la tragédie du 11 septembre 2001, qui marquait un tournant dans l'histoire des rapports entre le monde musulman et l'Occident. Noël célèbre la naissance du Christ venu transmettre un message de paix. Or, c'était à une œuvre de paix que nous voulions nous atteler. Pour rien au monde, je n'aurais raté ce rendez-vous. Autant dire que j'ai vite fait d'oublier la mauvaise bronchite qui me terrassait.

Ce 19 décembre 2001, je prends le train et me voici à Paris, dans une salle discrète du 6e arrondissement, juste en face de l'église de Saint-Germain-des-Prés : j'ai rendez-vous avec Drifa Ben M'Hidi et son mari.

Ce sont deux personnes d'une exceptionnelle intelligence et d'une grande ouverture d'esprit, comme le prouve leur volonté d'entamer ce dialogue riche de promesses pour l'avenir. Ils sont d'autant plus déterminés à le mener qu'ils ont un passé qui parle pour eux.

Lui, surnommé « Si El Ghouti », Abdelkrim Hassani, était étudiant à la faculté d'Alger en 1956 et avait adhéré aux cellules clandestines du FLN. Après avoir dirigé la grève des étudiants algériens le 19 mai 1956, il avait rejoint l'ALN et avait été l'un des créateurs de son corps des transmissions. Sa mission consistait à organiser les rapports entre les différentes wilayas. Il avait servi sous les ordres des colonels Boumediene et Boussouf.

Au moment de l'indépendance, il était devenu directeur général des Transmissions au ministère de l'Intérieur avant d'être nommé en 1975 directeur général de la Fonction publique, puis de prendre en 1976 la direction de la Caisse nationale de retraite et de s'occuper enfin de l'informatisation de l'administration algérienne. Membre du Comité central du FLN de 1979 à 1983, il avait siégé comme député de 1984 à 1997. C'était donc un collègue, nous avions exercé tous les deux, à la même époque, un mandat électif, de part et d'autre de la Méditerranée, et un homme dont la vie d'engagement militant est indiscutable.

Son épouse, Drifa Ben M'Hidi, était née à Ain M'Lilla, près de Constantine. Comme ses frères, Larbi, né en 1923, et Tahar, né en 1933 et tué au combat le 31 janvier 1957, elle s'était engagée dans la lutte armée, devenant agent de liaison du FLN. Son jeune âge lui permettait de transporter des documents d'un quartier à l'autre, puisque nul ne prêtait attention aux allées et venues d'une fillette de douze ans.

En 1961, ses chefs, prenant conscience des risques qu'elle courait, la firent passer clandestinement au Maroc. Depuis cette époque, elle n'a pas cessé d'appartenir au FLN.

En dépit de leur engagement passé, ce couple avait conservé une grande indépendance d'esprit. Eux aussi souhaitaient la réconciliation entre la France et l'Algérie. C'est ce qu'ils m'expliquèrent durant cette rencontre chargée d'émotion.

Même si je ne partageais pas certains de leurs points de vue, j'étais décidé à les écouter et je rapporte ci-dessous leurs propos sans que cela signifie que je les accepte. Toute ma vie j'ai respecté mes adversaires, pourquoi en aurait-il été autrement ce jour-là ? Ils m'ont fait confiance et je leur en suis reconnaissant.

Lors de cette rencontre, Abdelkrim Hassani m'expliqua les raisons et la nature de son engagement :

« J'ai combattu de 1956 à 1962. Pendant la bataille d'Alger, j'étais dans le maquis, membre de l'état-major de la wilaya V au départ d'Oujda au Maroc. Nous étions obligés d'avoir notre quartier général hors des frontières, tant l'Algérie était quadrillée par l'armée adverse. Les unités françaises procédaient à des opérations de grande envergure, des actions de "nettoyage" qui n'épargnaient rien. Ces opérations, comme celle appelée "Pierre précieuse" menée en wilaya IV, étaient destinées à ne laisser aucune place à des éléments de l'ALN. Plus tard, j'ai mené des missions dans d'autres zones d'Algérie. Mais aussi en Tunisie et même en Libye, à Tripoli, en 1959 et 1960. J'y commandais une base chargée de la centralisation documentaire et de l'organisation de l'acheminement de l'armement vers les terrains de combat. J'avais trois cent cinquante hommes sous mes ordres. Les armes arrivaient des démocraties populaires, étaient livrées par bateau en Égypte. À la frontière égypto-libyenne, nous prenions en charge les camions, nous traversions toute la Libye pour livrer ensuite les armes au maquis algérien. À notre retour de Tripoli, Drifa était parmi les combattants qui regagnaient leur pays devenu indépendant.

Plus de quarante années ont passé. Compte tenu de la situation spécifique au plan de l'histoire, au plan de la géographie, au plan des sentiments, des réalités de tous les jours, je considère qu'il y a nécessité à ce que les deux populations se rapprochent. Cette "mésentente" qui a existé – et qui existe encore pour certains – entre les deux peuples, est due à bien des fantasmes et au souvenir de quelques dures réalités. Il est temps d'y mettre un terme et de rapprocher les deux pays.

En Algérie, la plupart des citoyens considèrent qu'il y a eu de nombreux dépassements propres à toute guerre subversive. Du côté des forces militaires françaises, nous savons que les méthodes appliquées n'ont pu l'être que sous l'ordre des gouvernants de l'époque. Ils en portent toute la responsabilité.

Notre ennemi n'était pas la France. Nous ne luttions pas contre les Français, mais avant tout pour notre indépendance. Heureusement aujourd'hui, à la faveur des circonstances nouvelles, beaucoup pensent qu'il faut mettre un terme à ce passé douloureux, à ces sujets tabous, pour engager l'avenir de nos deux pays sur la voie de la réconciliation.

Mon épouse Drifa et moi-même, nous avons fait le voyage d'Alger à Paris pour vous adresser un message de réconciliation, et ce à la suite de l'heureuse initiative de M. Pascuito. Nous ne sommes pas venus en ayant oublié les douloureuses réalités du passé, mais on ne peut envisager de réconciliation entre nos deux peuples sans véritable dialogue. »

La sœur de Ben M'Hidi est là devant moi. Elle me rappelle Larbi : c'est très émouvant. En la voyant, j'ai devant moi le visage de l'homme qui fut mon prisonnier. Elle a la même finesse, la même dignité que son frère. J'ai la gorge serrée. Les propos de Ben M'Hidi me reviennent en mémoire. Je me dis que s'il était resté vivant, les relations entre nos deux peuples auraient été bien différentes. Abdelkrim Hassani me le confirme :

« Larbi Ben M'Hidi n'a pas été un ennemi de la France, mais celui de la présence coloniale. En 1955, alors qu'il était chef de wilaya, il écrivait : "Le peuple algérien, dans sa lutte de libération nationale et d'émancipation, compte sur le soutien indéfectible des peuples frères maghrébins, sur la solidarité agissante des Arabes, sur l'amitié des Africains et des Asiatiques, sur la sympathie du peuple français, et des démocrates et progressistes du monde. Cette victoire permettra d'établir des alliances solides, notamment avec le peuple français." »

Ben M'Hidi était un pur, attaché à sa religion, l'islam, sans être un fanatique religieux comme on en voit tant de nos jours. Son combat ne concernait que l'indépendance de son pays et jamais une adhésion à un quelconque totalitarisme international.

Puis c'est Drifa Ben M'Hidi qui prit la parole pour me raconter le milieu dans lequel elle avait grandi, un milieu où le mot patrie avait un sens :

« Toute notre famille œuvrait pour l'indépendance. Mes parents, mes deux frères et moi, qui agissaient dans la wilaya II, région de Constantine. Larbi avait commencé très jeune à avoir une action engagée. De chef scout, il a été, dans les années 1940, chef du PPA pour Biskra où, en 1945, à l'occasion des événements du 8 mai, il avait déjà été arrêté et interrogé par la police française. À partir de ce jour-là, il a compris que le seul moyen de libérer le pays était d'engager la résistance armée. Aujourd'hui, face à vous, général, je suis très émue. Je vous respecte parce que vous étiez un homme et un soldat qui défendait son pays. Mais je me trouvais de l'autre côté de la barrière. J'ai su, bien sûr, la relation qui vous a lié à mon frère Larbi et le respect que vous lui avez témoigné. Mais même si je connais l'obligation d'obéir aux ordres, je n'arrive pas à accepter que vous l'ayez remis à ceux qui l'ont tué. »

Je suis là, face à cette femme, et je comprends que ces questions l'ont tourmentée toute sa vie. Je lui explique les faits, tels que je les ai vécus à l'époque et tels que je les ai racontés dans ce livre. Je lui dis que nous avions l'obligation de remettre tous nos prisonniers entre les mains de la hiérarchie. Ils suivaient une filière qui envoyait les uns devant des tribunaux, les autres, des chefs politiques tels que Ben M'Hidi, dans des prisons où se trouvaient déjà Ben Bella et d'autres. Chaque jour, des prisonniers étaient remis à l'autorité qui venait les prendre en charge. En général, cela se passait quarante-huit heures après leur arrestation. J'ignorais le sort qui serait réservé à Larbi Ben M'Hidi. Pour lui, que personne n'avait touché pendant sa présence à mon PC, je pensais que c'était Paris qui réclamait son transfert. Nous avions d'ailleurs tenu à lui rendre les honneurs avant son départ, parce que c'était un grand monsieur. Et je n'ai jamais regretté ce geste.

Drifa Ben M'Hidi m'écoute attentivement. Puis elle me raconte que les siens n'ont jamais douté de ma sincérité et de ma loyauté. Je l'entends encore me dire :

« Mon frère aurait dû passer en jugement. Il aurait peut-être été condamné par un tribunal. Mais il aurait pu au moins se défendre, expliquer sa lutte et peut-être sa peine aurait-elle été différente. C'était l'un des quatre grands chefs de la révolution algérienne. Il avait le droit d'être jugé. »

Elle aborde alors un autre registre qui va beaucoup me surprendre : c'est le regard que j'ignorais, celui de l'adversaire qui vous observe et vous juge. Dans mon cas, ce jugement se révélait aujourd'hui moins sévère que je n'aurais pu l'imaginer. Mieux même, les propos de cette femme qui avait fait le voyage depuis Alger pour me rencontrer allaient m'émouvoir :

« Mon père m'a raconté la démarche personnelle qu'il a faite à l'époque auprès de vous, mon général. Juste après la mort de Larbi, il a cherché à récupérer le corps de son fils, ou du moins à savoir où il avait été enterré. Vous avez donc été suivi à distance par un homme qui a indiqué à mon père où vous étiez. Il vous a rejoint alors et vous a demandé de le recevoir, sans vous dire qui il était. Comme il portait le costume traditionnel, le burnous blanc en signe de deuil, vous l'avez pris pour un notable et vous l'avez appelé "Monsieur le bachaga". Mon père vous a répondu : "Je ne suis pas un bachaga, je suis le père de cet homme", en vous désignant la photo de Larbi que vous aviez sur votre bureau. "Donnez-moi s'il vous plaît les éléments pour retrouver le corps de mon fils, afin de l'enterrer suivant les règles de la religion musulmane." Cela vous a pris plusieurs jours, mais vous lui avez donné les indications demandées, le numéro de la sépulture. Muni de ce numéro de tombe, mon père a dû attendre l'indépendance pour que le corps de mon frère soit inhumé, en 1962, dans le Carré des Martyrs à Alger. Les autorités algériennes ont alors procédé à l'identification, en présence de mon mari. C'était bien Larbi. Vous aviez donné à mon père les bonnes indications. Et aujourd'hui, au nom de Larbi, et au nom de toute notre famille, je tiens à vous remercier, mon général. »

Son mari Abdelkarim Hassani ajoute alors :

« Avec ceux qui m'entouraient, nous vous considérions comme un adversaire loyal. Bien sûr, nous savions que les politiques français donnaient l'ordre de parvenir au bout des missions "par tous les moyens". Mais, pour nous, vous étiez un grand soldat redouté qui servait son pays de façon honorable. Par la suite, dans des ouvrages parus en France, nous avons lu la confirmation de ce qui a été perpétré sur Ben M'Hidi. Il n'est pas possible qu'un chef de son niveau ait subi le sort que l'on sait sans l'ordre des plus hautes sphères politiques. Aujourd'hui, nous pensons qu'il est temps d'ouvrir une nouvelle page de l'histoire. Nous sommes contre tous les extrémismes, contre tous les intégrismes religieux, quels qu'ils soient. Cette forme de violence, nous la condamnons tout comme les Français. Nous nous réjouissons des succès que la France remporte avec des Français d'origine algérienne, Zidane par exemple. Pour nous, ils sont français mais leurs origines nous associent à leurs victoires. Et nous sommes scandalisés quand de jeunes Beurs sifflent la *Marseillaise* lors d'un match de football. Dans ces moments-là, nous avons honte de partager les mêmes origines. Et nous vivons cette honte, ce rejet, plus fort qu'aucun Français ne peut le ressentir. »

Durant cette longue rencontre, ponctuée de rires, de larmes et d'émotion, nous évoquons une foule de sujets. Et c'est Drifa Ben M'Hidi qui a le mot de la fin que je livre, là aussi, sans le modifier :

« Si j'ai accepté de vous rencontrer, général, c'est parce que je connaissais bien sûr votre attitude humaine envers mon frère. Mon père en a été témoin avec sa visite à votre bureau. Si je suis venue vers vous, c'est parce que j'ai lu ou entendu, au fil des années, vos déclarations sur le respect que vous aviez des combattants. Sur la nécessité du dialogue avec l'Algérie. Et, pour cela, nous nous adressons à un Français qui constitue un symbole. Bien sûr, vous ne représentez pas l'État et vous ne pouvez pas parler en son nom. Mais, pour de nombreux Français comme pour de nombreux Algériens, vous êtes une figure qui a marqué cette guerre. Nous non plus nous ne pouvons pas parler au nom des gouvernants algériens. Néanmoins, nous sommes une minuscule partie de la conscience algérienne et c'est à ce titre que nous nous exprimons. J'ai perdu mes deux frères dans ces événements et c'est donc en mon nom que je m'exprime. Ma démarche est personnelle aujourd'hui. Surtout pas politique. Elle n'est qu'une question de sens moral. Notre souhait est que les deux États se rapprochent et que les deux peuples tirent un trait sur ce passé douloureux. »

Je repars à Toul, avec, dans la tête, une foule de souvenirs et d'émotions. Je suis fier et heureux d'avoir pu rencontrer ce couple. Ce sont des grands qui ont donné le meilleur d'eux-mêmes pour leur pays. Les Ben M'Hidi m'ont rendu l'espoir en l'homme, et en l'avenir. Ils m'ont revigoré.

CHAPITRE 38

Toujours libre

La rencontre avec Drifa Ben M'Hidi et Abdelkarim Hassani portait sur l'essentiel. Cela me consolait de la médiocrité de la vie politique française, que je suivais désormais de loin. Je n'étais plus député et je ne participais pas aux instances dirigeantes de l'UDF. Les intrigues de couloir et les complots des petits marquis, cela n'avait jamais été mon fort. Ce qui se passait autour de moi en France n'était pas fait pour me rassurer.

En 1995, François Mitterrand avait finalement quitté l'Élysée après deux mandats consécutifs. Seule la maladie qui le minait l'empêchait d'en briguer un troisième. Il est mort quelques mois après et un hommage unanime lui a été rendu. Ses anciens adversaires ont loué ses qualités de politicien et sa farouche détermination à ne jamais rien céder sur l'essentiel de ses prérogatives.

Pour ma part, je n'étais pas de son bord et je considère que le bilan des différents gouvernements socialistes a été profondément désastreux pour notre pays.

Faut-il le dire, je n'attendais pas grand-chose de son successeur, Jacques Chirac. Je n'ai donc pas été déçu. J'avais siégé dans son gouvernement et nous avions tous les deux démissionné à l'été 1976. Pour des raisons très différentes. De mon côté, on le sait, j'estimais avoir accompli ma mission. Mais Chirac démissionnait parce qu'il avait l'intention de trahir Valéry Giscard d'Estaing. Nous avons pu le constater de 1976 à 1981. Il était dans la majorité mais se comportait comme un dirigeant de l'opposition, n'hésitant pas à présenter des candidats contre ceux de l'UDF, histoire de leur savonner un peu la planche. Il ne s'est présenté à la mairie de Paris que pour faire échec à Michel d'Ornano, le candidat de Valéry Giscard d'Estaing.

J'ai fait l'expérience des méthodes de Chirac lors de ma première candidature en 1978.

En 1981, il a préféré faire élire François Mitterrand plutôt que de permettre à Valéry Giscard d'Estaing, l'homme qui l'avait fait Premier ministre, de pouvoir exercer un second mandat et d'achever son entreprise de modernisation de la France. Il a trahi Giscard en 1981 comme il avait trahi Jacques Chaban-Delmas en 1974.

On m'a raconté que Pierre Messmer, lors de la messe célébrée à la mémoire de Jacques Chaban-Delmas, aurait dit en entendant Jacques Chirac, alors président de la République, faire l'éloge du maire de Bordeaux: « C'est la première fois que j'entends Judas faire l'éloge funèbre de Jésus. »

Je n'ai pas été témoin de cette scène mais elle ne me surprend pas. Ancien de la Légion, Pierre Messmer avait son franc-parler et ce gaulliste historique ne supportait pas la trahison. D'ailleurs, en 1974, il était Premier ministre et certains avaient songé à lui pour succéder à Georges Pompidou. Un homme l'en avait dissuadé : Jacques Chirac !

En 1995, Jacques Chirac s'est fait élire sur le thème de la fracture sociale. En 1986, lors de son second passage à Matignon, il n'a cessé de citer Margaret Thatcher dont il vantait les mérites et la politique économique. Cette fois, il faisait le grand écart, histoire de mettre K.-O. et le candidat socialiste Lionel Jospin et son ancien « ami de trente ans », Édouard Balladur, qu'il a trahi à son tour. L'UDF soutenait Balladur, quant à moi je m'étais tenu à l'écart de la campagne. Balladur, ce n'était pas vraiment mon monde !

Dès qu'il a été élu, Jacques Chirac n'a eu de cesse de liquider le gaullisme et les valeurs qu'il était censé défendre. L'une de ses décisions les plus catastrophiques a été d'annoncer la fin de la conscription, du service militaire obligatoire. Pour moi, la conscription et l'incorporation des appelés étaient le creuset de l'intégration dans la nation, c'était le moment où chaque jeune homme faisait l'expérience concrète de la citoyenneté et recevait une formation qui le préparait à défendre son pays et, le cas échéant, à donner sa vie pour lui.

Le service militaire avait permis aux Bretons, aux Normands, aux Auvergnats, aux Lorrains, aux Alsaciens ou aux Languedociens de constituer une nation « une et indivisible », par-delà leurs particularismes locaux. Au moment où nous devions affronter le problème, crucial, de l'intégration des jeunes issus de l'immigration, notamment de l'immigration maghrébine, supprimer la conscription, c'était se priver d'un formidable outil de mélange et de partage.

D'autant plus que l'armée dite de métier, qui devait être mise en place pour se substituer à l'armée de conscription, était privée de moyens. Et pas uniquement de moyens financiers.

Après avoir fait procéder à un ultime essai nucléaire dans le Pacifique, Jacques Chirac n'a rien eu de plus pressé que de décider l'arrêt total de ces essais pour faire un pas vers les écologistes, les atlantistes et les pays de la zone Pacifique, Australie et Nouvelle-Zélande en tête.

Dès le début de son septennat, il a surtout opéré une véritable révision dans la perception de notre histoire nationale, un véritable tour de passe-passe, en demandant pardon, au nom de la République, pour les crimes commis par Vichy.

Faut-il le dire, je n'ai aucune sympathie pour Pétain. J'ai toujours condamné le racisme et l'antisémitisme, tous ceux qui me connaissent peuvent en témoigner. Autant dire que je ne suis pas suspect de la moindre compromission avec le totalitarisme. Je l'ai combattu sous toutes ses formes. Cela dit, de Gaulle, comme tous les autres présidents de la République après lui, ont eu parfaitement raison de considérer que les actes du maréchal Pétain et du régime de Vichy n'engageaient pas la France, qu'ils procédaient d'un autre esprit, d'autres valeurs qui n'ont pu et ne pourront jamais être celles de la République une et indivisible.

Cette lecture de l'histoire, si juste sur le plan de la mémoire collective, Chirac l'a réduite à néant. Il a reconnu les crimes de Vichy mais, surtout, il a demandé pardon au nom de la République ! Demander pardon pour les erreurs des autres ! En quoi la République était-elle coupable des crimes de Vichy ? En rien, bien sûr. Nous qui avons combattu dans les rangs de la France libre, nous savions qu'il fallait garder l'image de la France présente aux côtés des vainqueurs.

Jacques Chirac avait, il est vrai, bien mal commencé son septennat en nommant comme Premier ministre Alain Juppé, celui dont il disait qu'il était « le meilleur d'entre nous ». Juppé était de fait une véritable « bête à concours », plus à l'aise dans les épreuves de l'ENA qu'au contact du peuple de France, le véritable peuple, celui qui n'a pas eu le goût, le temps ou les moyens de faire de longues, de très longues études.

Alain Juppé a rapidement réussi à se faire détester par la quasi-totalité des Français. Élu sur un programme de réduction massive des impôts, Jacques Chirac, avec le concours d'Alain Juppé, a infligé au pays un véritable matraquage fiscal. En comparaison de l'impôt Juppé, la gabelle et la taille de l'Ancien Régime étaient des fariboles. Résultat, les années Juppé furent celles du plus grand mouvement social connu en France depuis Mai 68. Des conflits à répétition, tous les services publics en grève, l'impossibilité de se rendre de Toul à Paris, ou tout autre trajet semblable !

Autour de moi, je sentais la grogne monter. Les habitants de Toul étaient durement touchés par les conflits sociaux à répétition. Ils m'en parlaient, je les approuvais mais je n'avais guère les moyens de me faire entendre à l'échelon national. Les politiques, ceux qui prétendent tout savoir, avaient trouvé la parade infaillible, la recette miracle. Le cuisinier n'était autre que le secrétaire général de la présidence, Dominique Galouzeau de Villepin. Dans sa tour d'ivoire de l'Élysée, il avait eu une idée de génie qu'il a su faire partager à Jacques Chirac. Les Français étaient mécontents, il n'y avait qu'à dissoudre l'Assemblée et organiser de nouvelles élections qui ramèneraient au Palais-Bourbon une majorité parlementaire encore plus favorable à Chirac !

Pour un choc, ce fut un choc ! Les Français votèrent et ce fut une confortable majorité de gauche qui fit son entrée au Palais-Bourbon. Lionel Jospin devint Premier ministre d'un gouvernement comportant des ministres communistes et écologistes dont l'une voulut débaptiser, comme je l'ai raconté, une rue Bigeard à Trimbach parce que mon nom constituait, à l'en croire, une tache d'infamie

Ce fut le retour d'une désastreuse cohabitation, une de plus ! Chirac pensa s'en sortir en remplaçant le septennat par le quinquennat. Une erreur de plus à mon sens. Le quinquennat, trop court, ne donne pas le temps suffisant à celui qui dirige le pays pour mener à leur terme ses projets. De Gaulle avait eu raison de conserver le septennat, tout en introduisant l'élection du président de la République au suffrage universel. Le septennat permettait de distinguer clairement, dans le temps de la vie politique, le pouvoir du Parlement avec les cinq ans de mandat d'un député, et le pouvoir exécutif, avec un président de la République dont la durée de la fonction était volontairement dissociée des échéances législatives.

Le plus choquant, c'était que ce changement constitutionnel n'était pas une affaire de conviction, mais une grosse ficelle politicienne. Chirac se doutait que les Français ne le laisseraient peut-être pas rempiler pour sept années supplémentaires. Ils se montreraient peut-être plus indulgents s'il s'agissait d'un simple quinquennat. Il a fait son Mitterrand, il s'est accroché au pouvoir par tous les moyens. Avec les résultats que l'on sait.

Je l'ai répété et le répète encore, j'ai toujours conservé mon indépendance et dit ce que je pensais. Le fait que Chirac ait été président ne change rien à l'affaire. Là encore, la plume m'a servi. En 2001, j'ai publié *J'ai mal à la France*, un ouvrage où j'exprimais mon désarroi face à l'évolution de notre situation politique et le déclin de nos valeurs.

Des centaines et des centaines de lecteurs – et je devrais dire des milliers – m'ont écrit pour me féliciter, me dire que je disais tout haut ce qu'ils ressentaient, et combien ils déploraient que la France n'ait pas un dirigeant capable de leur redonner espoir.

Mon cri de colère était visionnaire. On l'a bien vu lors de l'élection présidentielle de 2002. Cette fois-ci, Jacques Chirac a remisé dans le grenier la fracture sociale. Il a décidé de faire campagne sur la sécurité, un thème fort et mobilisateur. Le gouvernement de Lionel Jospin avait fait preuve d'angélisme, voire de laxisme en la matière.

À tort ou à raison, les Français constataient que, sans atteindre le niveau de ce qui se passait aux États-Unis ou en

Afrique du Sud, leur sécurité n'était plus assurée. Des quartiers entiers de nos grandes métropoles sont devenus des zones de non-droit, où des gamins font la loi et participent activement au développement d'une économie souterraine fondée sur le trafic de drogues, dures ou douces, et sur le recel des objets volés. Les parents ont démissionné, incapables d'inculquer à leurs rejetons les règles les plus élémentaires de la morale.

En plus, les violences urbaines sont devenues « normales », elles se sont banalisées. Sous le moindre prétexte, parfois à cause d'un simple contrôle de police, les banlieues s'enflamment. Pour éteindre l'incendie, on débloque à la hâte des subventions et l'on organise des activités dites de « prévention » qui ne préviennent rien mais font comprendre aux bénéficiaires de ces mesures qu'ils n'ont qu'à recommencer leurs « exploits » pour obtenir une rallonge.

Chaque Saint-Sylvestre est ponctuée des traditionnels incendies de voitures dans les quartiers populaires. Oui, c'est incroyable mais c'est devenu une tradition, comme d'autres fêtent Noël devant un sapin en chantant de beaux refrains. Des idiots brûlent les voitures de celles et ceux qui en ont besoin pour aller travailler et pour qui l'achat d'un nouveau véhicule représente une dépense quasi impossible.

Il y a aussi le problème de l'intégration, un problème difficile que j'ai évoqué dans tous mes livres, pour crier ma révolte contre ceux qui insultent notre drapeau et nos valeurs tout en profitant de l'extraordinaire climat de liberté qui règne en France, une liberté pour laquelle mes compagnons et moi nous nous sommes tant battus.

L'immigration a toujours été une richesse pour la France. Elle a accueilli les Italiens, les républicains espagnols, les mineurs polonais, les Juifs fuyant les persécutions en Europe centrale et orientale. Tous ces groupes se sont intégrés et ont enrichi notre patrimoine national en faisant leurs les valeurs de la République et en affirmant leur fierté d'être devenus français.

Pourquoi cela ne s'est-il pas produit avec les jeunes de nos banlieues, qui constituent un formidable potentiel humain ?

Depuis le milieu des années 1990, je n'ai pas cessé de clamer qu'ils n'avaient pas accès aux valeurs de notre pays parce qu'on ne les leur avait pas enseignées. Leurs familles, venues du Maghreb ou d'Afrique noire, n'ont pas pu le faire, trop occupées qu'elles étaient à chercher à assurer leur subsistance quotidienne.

Plus grave et plus déterminant, l'école, la fameuse école républicaine, a cessé de jouer son rôle de moteur de l'intégration nationale et de la promotion sociale.

L'école de la République ne prône plus les valeurs de l'intégration et de l'assimilation. Résultat, ces jeunes se sont repliés sur eux-mêmes et en viennent à siffler la *Marseillaise* lors des rencontres de football entre la France, le Maroc et l'Algérie. Ils étaient fiers de cet acte stupide qui a révolté tout le monde, même leurs aînés de même origine.

Mais personne n'a pris la peine de leur expliquer la France, de leur dire pourquoi elle est aimable et pourquoi il faut l'aimer.

Durant son premier mandat, Jacques Chirac, qui a pourtant servi dans les spahis lors de la guerre d'Algérie, n'a jamais pris la peine de condamner ceux qui ont calomnié l'action de l'armée française en Algérie.

Les autorités françaises se sont voilé la face, si j'ose dire, pendant des années, devant les atteintes de plus en plus fréquentes et de plus en plus graves à la laïcité. Or, il est évident que certains musulmans intégristes de France et d'ailleurs souhaitent, au besoin par la violence, imposer à notre pays une religion étrangère à sa culture et à son histoire.

Bien entendu, il n'est pas question de demander aux musulmans de renoncer à leur religion pour se convertir au catholicisme. Il est simplement question d'abandonner certaines des pratiques de leur religion, incompatibles avec les lois de la République, la polygamie par exemple, ou le port du voile dans les établissements publics, pour ne citer que celles-ci, sans parler de la récente apparition de la burqa en France.

Les attentats du 11 septembre 2001 ont marqué un tournant dans l'histoire des relations entre l'Islam et l'Occident. Ils ont déclenché un sentiment de peur et de crainte à l'égard de l'islam. À tort, car le véritable islam n'a rien à voir avec ces fous de Dieu qui massacrent et égorgent les innocents, à commencer par leurs propres frères, pas plus qu'on ne saurait résumer le catholicisme à l'Inquisition. Et c'est un vieux briscard laïc qui parle !

Toujours est-il qu'à la veille de l'élection présidentielle de 2002, il régnait un climat détestable en France. En jouant avec les Français, en centrant la campagne sur les questions de sécurité, non par conviction mais par tactique, Jacques Chirac a joué au pompier pyromane.

Résultat : cette détestable soirée électorale du 21 avril 2002, où la France a appris que le second tour de l'élection présidentielle opposerait Jacques Chirac au leader du Front national Jean-Marie Le Pen. Pour la première fois dans notre histoire, l'extrême droite était présente au second tour de la présidentielle alors que ses idées étaient et sont toujours très minoritaires dans notre pays.

Les belles âmes y sont toutes allées de leurs commentaires, en oubliant au passage d'évoquer leurs propres responsabilités dans ce désastre. Et chacun a fait l'impasse sur les faits graves qui se sont déroulés le 5 mai 2002, date du second tour.

Que s'est-il passé ce jour-là ?

Place de la République à Paris, un lieu chargé de symbole, après l'annonce de la réélection sans surprise de Jacques Chirac, à une très large majorité, on a pu voir des jeunes des banlieues brandir et agiter des drapeaux algériens et marocains. Oui, les drapeaux de ces deux pays du Maghreb alors qu'il s'agissait de la désignation du président de la République française. Les images que j'ai pu voir défiler sur mon poste de télévision m'ont stupéfait et je n'étais pas le seul dans ce cas.

Je repense encore à cette scène. La place de la République ne payait pas de mine au crépuscule, sous une pluie battante. La musique algérienne d'un orchestre très prisé des jeunes montait d'une sono. Jacques et Bernadette Chirac, trônant sur une estrade surmontée par une sorte de dais, donnaient une impression de monarchie de pacotille. Lui avait son masque, bien connu des Français. Elle contenait à peine sa rage et fusillait du regard, on peut la comprendre, ceux qui brandissaient des drapeaux algériens et marocains, que l'on voyait très nettement dans le champ des caméras. Tout cela donnait l'image d'une fin de règne alors que Chirac entamait un nouveau mandat.

Il n'a pas été brillant, loin de là. Comme à son habitude, il a tenté de récupérer à son profit la vie politique. Cela a été aussi le cas avec le référendum portant sur le projet de Constitution européenne, un projet conçu sous la direction de Valéry Giscard d'Estaing, un homme qui, en matière d'engagement européen, n'a plus rien à prouver depuis longtemps.

Ce projet de Constitution, il aurait suffi à Jacques Chirac de le faire adopter par les deux chambres du Parlement, réunies en congrès à Versailles, comme cela se fait pour les textes importants. Il avait la majorité au Congrès et le texte aurait été ratifié sans problème.

Cela ne lui convenait pas. Il voulait mettre en difficulté le PS, très divisé sur ce sujet. Il a donc décidé d'organiser un référendum, pensant que le « oui » l'emporterait très largement. Il ne pouvait prévoir la victoire du « non », une victoire d'une rare ampleur : 55 % de votes négatifs.

C'est peu dire que je n'étais pas content. Je l'ai écrit dans un nouveau livre, *Adieu ma France*, publié fin 2005, et dont mes droits ont été reversés à la section de Toul de la Croix-Rouge française. Par le passé, j'en avais fait de même pour plusieurs de mes ouvrages. J'avais demandé à mon éditeur de verser mes droits d'auteur à des associations caritatives, dont une année aux Restos du Cœur.

Depuis 2005, je n'ai pas cessé d'observer la vie politique, avec ses péripéties. Dominique Galouzeau de Villepin n'aura été Premier ministre que peu de temps, assez pour constater qu'il n'était pas aimé des Français et qu'il était inutile pour lui de songer à la présidence.

J'ai observé l'ascension de Nicolas Sarkozy, puis son élection qui prenait chez lui comme un air de revanche. Il a des valeurs et il y croit, enfin, il donne l'impression d'y croire. Mais au début de son quinquennat, il a gâché beaucoup de sympathie par sa frénésie d'action, sa fébrilité, son incapacité à prendre du recul vis-à-vis des événements et des hommes.

Comme je l'ai écrit dans *Mon dernier round*, paru en 2009, au début, je dois le reconnaître, j'avais certaines réserves. Son côté « bling bling », cette espèce de voracité de « nouveau riche », avide de prendre sa place à la table des grands, m'exaspéraient au plus haut point. Ce n'est pas uniquement une question de génération. Je viens d'un milieu modeste où l'on se contente de ce que l'on a. Durant ma jeunesse, on pouvait certes songer à « améliorer l'ordinaire » mais, même si nous avions gagné à la loterie, il y a certaines choses que nous n'aurions jamais faites, certains milieux que nous n'aurions jamais fréquentés, certains achats que nous n'aurions jamais effectués. Nous serions restés les mêmes, avec simplement l'assurance de pouvoir faire face à l'avenir en cas de coup dur.

Autant dire que cela ne me poussait pas à avoir de la sympathie pour le côté enfant gâté de Nicolas Sarkozy et cette manie qu'il a de vouloir briller sous les feux de la rampe, son obsession quasi maladive de faire la une des journaux et d'être omniprésent sur l'ensemble des chaînes de télévision, au point d'entretenir avec les journalistes de curieuses relations, faites à la fois d'envie et d'hostilité. Je craignais pour lui qu'il ne gâche tout par sa fébrilité, son incapacité à prendre du recul, sa mauvaise connaissance de la « France d'en bas ».

J'étais aussi très méfiant face à sa manière d'étaler sa vie personnelle et de mettre en scène ses différents épisodes. La vie privée, c'est sacré, et je n'aurais jamais toléré pour ma part qu'on empiète sur la mienne. Les journalistes le savaient. Lui a choisi une autre façon de gérer son intimité et estime qu'elle est plus adaptée à ses contemporains.

Il l'a montré en divorçant de Cécilia et en épousant Carla. Il fallait un certain courage. Une tempête conjugale est toujours un moment difficile à passer. Quand rien ne peut réconcilier ceux qui se sont jadis passionnément aimés, leur séparation, même dans les meilleurs cas, est toujours délicate. C'est un échec pour les deux, échec qui reste en travers de la gorge. Plus encore si l'on est un personnage public et si l'on doit essuyer les commentaires désagréables ou les commérages mal intentionnés. Il est encore plus difficile de continuer à paraître en public et de faire comme si de rien n'était.

Nicolas Sarkozy a eu le courage d'affronter cette épreuve et le regard des autres. Là, même si j'ai été d'abord un peu surpris, je dois avouer que je me suis dit chapeau ! Il a eu le courage de le faire publiquement. Il s'est presque aussitôt remarié et est apparu aussi éperdument amoureux de sa nouvelle épouse qu'il l'avait été de la précédente. Carla Bruni a, il me semble, beaucoup de qualités et de tenue, elle est vive, intelligente et a connu le succès avant de rencontrer son mari. Le couple Sarkozy s'est imposé même si des plumitifs se sont amusés à le mettre en concurrence avec le couple Obama, comme si la vie politique se résumait à une course conjugale !

J'ai observé de très loin cette médiatisation maladive du chef de l'État. À chacun sa vie ! Nicolas Sarkozy et moi, nous ne sommes définitivement pas du même monde et je ne sais pas si nos chemins se croiseront un jour. À la vérité, je ne suis même pas sûr d'en avoir très envie. Mais j'ai progressivement changé d'avis sur lui. J'ai compris qu'il ne fallait pas se fier aux apparences et que tout l'aspect énervant de la personnalité de Nicolas Sarkozy tenait à ce qu'il n'a pas le temps de prendre la pose ou de soigner son image, comme se plaisaient à le faire ses deux prédécesseurs immédiats, très soucieux de l'image qu'ils entendaient laisser.

Nicolas Sarkozy ne peut se permettre ce luxe. Il travaille, il est au four et au moulin, il commande et il exécute, il déteste déléguer et veut en même temps entraîner derrière lui tous ceux qui estiment que la France ne pourra survivre sans de profondes réformes.

Même si Chirac n'a jamais été un fainéant, et qu'il s'est accroché à la tâche sans compter, j'avoue avoir été bluffé par l'extraordinaire capacité de travail de Nicolas Sarkozy, toujours en alerte, sa manie de répéter sans cesse que tout doit changer et que la France doit se réveiller de cette lente torpeur à laquelle elle a succombé depuis le début des années 1980.

Il le fait avec passion, en omettant parfois d'y mettre les formes. On l'a bien vu lors de la tragédie qui s'est déroulée à l'occasion d'une journée portes ouvertes organisée le 29 juin 2008 à la caserne de Carcassonne du 3e RPIMa, une unité à laquelle je n'ai pas besoin d'expliquer à quel point je suis attaché. Lors d'une démonstration d'une opération de libération de personnes prises en otages par un commando, l'un des militaires, victime d'une erreur de manipulation, a tiré sur la foule avec des balles réelles, faisant dix-sept blessés, dont certains dans un état grave.

L'affaire a suscité une très vive émotion. Le président de la République, bousculant son emploi du temps, s'est rendu sur place et a passé un savon aux responsables militaires. Il les aurait traités d'amateurs. Le fait, en tous les cas, a provoqué la démission du chef d'état-major de l'armée de terre, le général Cuche. Il n'aurait pas accepté la remontrance présidentielle. J'aurais préféré qu'il démissionne à cause de l'erreur commise par le 6e RPIMa lors de son exercice. Cela aurait eu plus de classe et aurait été une véritable réponse aux interrogations de l'opinion publique.

Je dois le dire, le coup de gueule de Nicolas Sarkozy m'a plutôt plu. Je lui ai donné raison. Il a assez de boulot pour qu'on ne vienne pas lui infliger un surcroît de travail avec des incidents de ce type. Il a eu raison de mettre un coup de pied dans la fourmilière et d'exiger des autorités militaires qu'elles reconnaissent leurs responsabilités et qu'elles disent la vérité sur les origines de ce tragique et regrettable accident.

Son coup de gueule montre qu'il est un perpétuel insatisfait. À mes yeux, c'est plutôt bien. Seul un homme de cette trempe peut faire avancer les réformes. D'autant qu'il y a urgence. Depuis l'automne 2008, tous les pays du monde, à commencer par le nôtre, sont confrontés à une très grave crise économique, la plus grave depuis les années 1930, cette triste période qui a vu l'Europe sombrer dans la folie. Une telle situation requiert la mobilisation et l'union de tous, ce pour quoi je plaide depuis des années. Il faut se serrer les coudes mais aussi la ceinture pour faire face et, surtout, mettre un bémol à nos misérables petites querelles, bien dérisoires. Nicolas Sarkozy l'a compris. Il a constitué un gouvernement d'ouverture, en choisissant ses ministres à droite comme à gauche. Il veut prendre les meilleurs dans chaque domaine et travailler avec eux sans se préoccuper de leurs couleurs politiques ou de leurs origines. Après la lecture de ce livre, les lecteurs comprendront que, sur ce point, je ne peux que lui donner raison. Mais je déplore aussi que bon nombre de Français se refusent encore à comprendre qu'ils doivent abandonner leurs comportements égoïstes pour faire les sacrifices nécessaires.

Cette crise peut être pour la France une occasion sans précédent de se réformer et de se moderniser. Pour cela, il faut que tous soient unis derrière Nicolas Sarkozy car son combat est celui de la France, pour le bien des Français, avec l'appui de chacun. La nation doit pouvoir se retrouver et partager un objectif commun. On en est encore loin mais, petit à petit, depuis l'élection de Nicolas Sarkozy, qui est l'empêcheur de tourner en rond, les choses bougent insensiblement. En tout cas, même si je demande à voir – mais serai-je là encore longtemps pour voir –, je lui tire mon chapeau. Et comme je l'ai fait pour tous les présidents de la République, car il y va du destin de tous, je lui souhaite bonne chance pour qu'il réussisse.

Tout cela, je l'ai observé depuis ma maison de Toul, à la fois mon point de départ et mon point d'arrivée. Je ne saute plus en parachute depuis longtemps et j'ai dû progressivement renoncer à mon jogging quotidien. La force et le dynamisme que j'avais dans les mollets et dans ma vieille carcasse, que je croyais increvable, remontent dans mon crâne : il bouillonne sans cesse au risque d'exploser. Heureusement, je me dépense en répondant à mes correspondants, en recevant de nombreux visiteurs, en poussant de temps en temps un coup de gueule que les médias veulent bien encore répercuter. Et de temps en temps, je vois débarquer chez moi des journalistes qui ne m'ont pas oublié. En juin 2009, Jean-Claude Narcy de TF1 est venu me voir avec une équipe de télévision. Puis, lors de son commentaire du défilé du 14 Juillet, il m'a lancé à l'antenne un salut amical, ainsi qu'à Gaby, que tous les téléspectateurs ont pu entendre. Ce geste nous a beaucoup touchés ; qu'il en soit remercié.

Je vis à Toul, avec ceux laissés sur la piste sans fin où j'écrivais, il y a plus de cinquante ans, ces lignes prémonitoires :

« Piste sans fin qui ramènera toujours au point de départ ceux qui ont duré et qui, usés et vieillis, retrouveront leurs villages… ceux-là ne pardonneront jamais à la piste de les avoir protégés, car elle les aura rejetés à la pauvre vie de tous les jours comme une maîtresse aimée et infidèle. »

J'ai autour de moi Gaby et Marie-France, les deux femmes de ma vie. Elles veillent sur moi comme l'avait fait avant elles ma mère. Par la pensée, j'ai aussi autour de moi tous mes compagnons. Je sais qu'ils m'attendent et qu'ils me pardonnent de prendre mon temps. Car j'aime trop la France pour pouvoir la quitter si vite alors qu'elle a tant besoin de tous ses fils.

Je suis là, toujours là, le jour de mes quatre-vingt-quatorze ans, avec la trace, si petite soit-elle, que je laisse sur terre, d'un Bigeard toujours libre, et aujourd'hui dans l'au-delà, plus libre que jamais.

Toul, le 14 février 2010.

Note de l'éditeur

Le général Marcel Bigeard s'est éteint à Toul
le 18 juin 2010.

Table des matières

Cet ouvrage a été imprimé par
CPI Firmin Didot à Mesnil-sur-l'Estrée
pour le compte des Éditions Rocher
en juin 2010

Composition et mise en pages réalisées par
Sud Compo - 66140 - Canet-en-Roussillon
040/2010

Éditions du Rocher
28, rue du Comte-Félix-Gastaldi
98000 Monaco
www.editionsdurocher.fr

Imprimé en France
Dépôt légal : juin 2010
N° d'impression : 100313